开明教育书系

蔡达峰○主编

U0723551

教是为了不需要教

叶圣陶教育文选·上册

叶圣陶○著　朱永新○选编

开明出版社

"开明教育书系"丛书编委会

主　　任　　蔡达峰

副 主 任　　朱永新

委　　员　　张雨东　　王　刚　　陶凯元

　　　　　　庞丽娟　　黄　震　　高友东

　　　　　　李玛琳　　刘宽忍　　何志敏

丛书主编　　蔡达峰

"开明教育书系"
总　序

中国民主促进会（以下简称民进）是以从事教育、文化、出版工作的高、中级知识分子为主的参政党。民进创立以后，在中国共产党的指引和帮助下，积极投身爱国民主运动，在这个过程中，发挥自身优势，举办难民补习培训，创办中学招收群众，参加妇女教育活动，在解放区开展扫盲教育，培养青年教师。

新中国成立以后，民进以推进国家教育事业发展为己任，贯彻党的教育方针，倡导呼吁尊师重教。

一方面，坚持不懈地为教育发展建言献策。从马叙伦先生在任教育部长时向毛泽东主席反映学生健康问题，得到了毛主席关于"健康第一"的重要批示，到建议设立教师节、建立健全《教师法》《职业技术教育法》《民办教育促进法》等法律法规、深化教育改革、促进学前教育发展、义务教育均等化、加强教师队伍建设、中小学教材建设、减轻学生课业负担等等，提出了一系列高质量的意见建议。

另一方面，坚持不懈地开展教育服务。改革开放以来，围绕"四化"建设的需要，持续举办了大量讲座和培训，帮助群众学习，为民工子女、下岗职工、贫困家庭子女、军地两用人才、贫困地区教师等提供教育服务，创办了文化补习学校、业余职业大学、专科学校、业余中学等大批学校，出现了当时全国第一所民办高中、规模最大的民办高校、成人教育学院、民办幼儿教育集团等；不断开展"尊师重教"的慰问、宣传和捐赠等活动，拍摄了电视片《托着太阳升起的人》；举办了一系列教育服务的研讨会和交流会。

在为教育事业长期服务的过程中，民进集聚了越来越多的教育界会员，现有的近19万会员中，约60%来自教育界，其中大部分是中小学教师。广大会员怀着崇高的使命感和责任感，爱岗敬业、默默奉献、积极作为，在教育事业和党派工作中取得了卓越的成就，涌现出无数感人的事迹，赢得了无数的赞誉，涌现出大量优秀教师、校长和著名教育家、专家学者、教育管理者等，他们共同写就了民进的光荣历史，铸就了民进的宝贵财富，是民进的自豪和骄傲。

系统地收集和整理民进会员的教育论著和教育贡献，是民进会史研究和教育的重要任务，对于民进发扬优良传统、加强自身建设、激励履职尽责具有积极的意义，对于我们深入学习多党合作历史、深入开展我国现当代教育历史研究，也具有重要的理论和现实意义。民进中央对此高度重视，组织编辑"开明教育书系"，朱永新副主席和民进中央研究室的同志们辛勤工作，邀请会内外专家学者共同参与，历时数年完成了编写工作。谨此，向各位作者和编辑同志，向开明出版社，向所有关心和支持本书编撰工作的同志，表示诚挚的感谢。

全国人大常委会副委员长
民进中央主席　蔡达峰

2022 年 12 月

教是为了不需要教

朱永新

教育家小传

叶圣陶（1894—1988），原名叶绍钧，字秉臣，后改字圣陶，著名教育家、作家、出版家和社会活动家。1894 年 10 月 28 日生于江苏苏州，1907 年考入草桥中学，毕业后任小学教员。1915 年开始在上海商务印书馆尚公学校任教，后应聘到甪直吴县第五高等小学任教，其间进行教育改革，编写新的教科书。1921 年，他与沈雁冰、郑振铎等发起组织"文学研究会"，提倡"为人生"的文学观。九一八事变后，他参加发起成立"文艺界反帝抗日大联盟"，积极参加爱国民主运动，为民族解放、人民革命和新中国的诞生做出了重要的贡献。

新中国成立后，叶圣陶先后出任中央人民政府出版总署副署长、教育部副部长、人民教育出版社社长和总编辑、中华全国文学艺术界联合委员会委员、中国作家协会顾问、中央文史研究馆馆长、第一、二、三、四、五届全国人民代表大会常务委员会委员，民进中央主席。1983

年当选为第六届全国政协副主席。为发展人民教育和出版事业，为巩固和发展爱国统一战线，为社会主义革命和建设事业，做出了卓越的贡献。

叶圣陶著有我国第一部童话集《稻草人》和第一部长篇教育小说《倪焕之》以及其他大量小说、散文、儿歌等文学作品。著作收录于江苏教育出版社 2004 年版的 26 卷本《叶圣陶集》中。

1988 年 2 月 16 日，叶圣陶在北京逝世，享年 94 岁。

一、"教育是农业不是工业"

一辈子与教育打交道的叶圣陶先生，对于教育问题有着自己独特的观察与理解。

叶圣陶认为，学校教育的目的在于使学生养成正确的人生观，因而就不能不注意教育与人生的关系。在《教育与人生》一文中，他从三个方面论述了教育与人生的关系，即以教育认识自己，以教育革新自己和以教育成就自己。教育与人生的关系具体表现在教育与生活的紧密联系上。

在《受教育跟处理生活》一文中，叶圣陶更具体地指出，教育的目标不外乎给予学生处理生活的一般知识，养成学生处理生活的一般能力，使学生能够成为一个"健全的公民"。所以，他特别欣赏陶行知的生活教育学说，把教学做统一起来，"过一天就是一天的充实生活，便没有像泄了气的气球似的预备生活"。在《"为己"》《"生活教育"》两篇文章中，他进一步发挥了孔子"为己"与"为人"的思想，认为，为己之学，就是所学都归自己受用，生活从而丰富美满；为人之学，就是所学跟生活不发生关系，学如未学，徒然摆个空架子，说些空话而已。

由此，叶圣陶提出了一系列教育改革的主张。在《知识本位与考试本位》一文中，他明确反对"用考试作为一个个的圈儿，把读书人的心拴住"的做法，认为过分重视考试对学生无益有害。读书不仅不是为了考试，甚至也不完全是为了就业。在《不相应的"因"与"果"》中，叶圣陶提出，识字的目标是使自己的知识丰富起来，能力增强起来，而不是简单为了"有事可做"。如果让其他的人失业，而唯有学校毕业生不应该失业，这样的逻辑也是错误的。在《何必升学》《升学与就业》这两篇文章中，他进一步指出，学习也少不了那个文凭，找个职业，但这毕竟不是教育最根本的追求，"必须把眼光放远，所学所业要有利于大群才行，如果纯为私利，必将走到岔路上去"。

叶圣陶主张的教育变革，不是零打碎敲的改良，而是从根本的精神上的革命。在《革除传统的教育精神》一文中，他明确提出，教育不能培养那种当官做老爷的"人上人"，而应该造就"处于主人地位的老百姓"，只有这一点才是教育的根本与灵魂，而没有根本的树木是枯木，没有灵魂的躯体是尸体。在《新精神》和《读书和受教育》两篇文章中，他更加清晰地表达了这一思想，主张建构以人生和生活为本的"新精神"，这种新精神的根本特征是"做人"，"做社会的够格的成员，做国家的够格的公民"，通过学习，"真能懂得事物，真能明白道理，真能实践好行为"，自强不息，让学生"一天天继续不断，一直往更真更美更善的路上前进"。

叶圣陶先生是国内最早大声疾呼改变片面追求升学率的学者。20世纪 70 年代末 80 年代初，我国恢复高考制度以后，出现了片面追求升学率等问题，叶圣陶及时而敏锐地发现了这个偏差，并且深刻地分析问题产生的原因，指出教育改革的方向。在《当前教育工作的几个问题》一文中，对大部分高中学生当考试的"陪客"的现象进行了尖锐的批评，认为教育应该重视学生的全面发展，重视行为习惯的养成："德育方面，要养成待人接物和对工作的良好习惯；智育方面，要养成寻求知识和熟悉技能的良好习惯；体育方面，要养成保护健康和促进健康的良好习惯。"他在教育部和政协教育组联合座谈会上的发言《不应单纯追求升学率》中，提出了坚决不搞分数排队、把学生从频繁的考试中解放出来、保证学生充足的睡眠时间等五条具体措施。

1981年10月，中国青年杂志发表了一篇《来自中学生的呼声》的调查报告，希望叶圣陶先生发表评论。老人家请孩子念给他听，结果，念的人越来越哽咽，听的人越来越难受。其后，他奋笔疾书，写下了一篇脍炙人口的《我呼吁》。

在这篇文章中，叶圣陶希望教育部的领导拿出比说话更加有效的实际行动；希望各省市自治区教育局的领导不要用摧残学生的身心来换取本地区的虚誉；希望高校的领导千万不要招收那些"死记硬背的东西太多，缺乏独立思考和丰富的想象力"的学生；希望小学的领导不要从小开始应试教育。尤其希望中学的领导要顶住上级领导、父母、舆论的压力，不要害怕"剃光头"；希望中学的老师处处为学生着想，保护他们的切身利益；希望父母们明白进大学是成才的一条道路，但不是唯一的道路；希望媒体的编辑不要为应试教育推波助澜；希望出版社的编辑不要印行高考试题解答之类的书。叶老在文章的结尾诚恳地写道："爱护后代就是爱护祖国的未来。中学生在高考的重压下已经喘不过气来了，解救他们已经是当前急不容缓的事，恳请大家切勿等闲视之。"

可以说，这是一篇批评应试教育的檄文，也充满着对于未来的素质教育的期待。

素质教育的关键，是形成学生的良好素养。这种素养，既体现在学问与技术的修炼，更体现在道德的修养上。这种修养，最集中体现在人生理想的建立上。叶圣陶指出，理想是人生的灯塔，青年人如果胸怀理想，"急于养成好习惯的愿望自然会像火一般的燃烧起来"。每个人都可以达到颜渊的境界。如果所有学生都拥有理想，就会形成好的学习风气，而好的风气形成了，学生在学校就如鱼儿在宽广的水里游泳自如，无往不宜。这种素养的形成途径，一是"自学"，因为只有学会了自学的本领，学会了"充实个己"，离开学校以后才能在工作和生活中不断地自我充实，自我修养，成为有益于人民和社会的人。二是"实做"。因为"品德教育重在实做，不在于能说会道"，比作文更要紧的是做人。学生守则制定得再具体，德目的内容再丰富，如果没有注重实践和化为习惯，就是一纸空文。而让行为的态度和精神合得上德目，才算是尽了"为人之道"。三是"协作"。既要家庭、学校、社会各方面的通力协作，也要学校内部全体老师的通力协作。

叶圣陶认为，在学校生活中，其实德智体三育是无法真正分开的，都是你中有我，我中有你。如课堂里的各门功课都是智育，但是这些功课要求严肃认真，自然就与德育相关了。体育竞技要求锲而不舍、勤奋锻炼、全神贯注，也是德育的基本要求。叶圣陶不主张把美育单独提，他认为可以把德育视为一个大圈圈，美育可以视为里面的小圈圈，因为"美的事物往往同时是合乎道德的，而不道德的事物绝不美，一定丑"。

叶圣陶对艺术教育给予了非同寻常的关心。他认为艺术教育的根本目的不在于使学生成为画家、音乐家，教学生学习图画，可以使他们精密地观察事物，辨认形象的美和丑，和谐和凌乱；教学生学习音乐，在于使学生能够用声音表达感情和意志，把个体融入团体之中。艺术教育的关键是让学生学会欣赏和创造。欣赏是创造的基础，欣赏和创造都是生命的一种享受。以音乐教育为例，学校音乐教育绝不是为培养出几个歌唱家，开几次独唱会，而必须是"一般人都受到音乐的滋养，能够唱，能够听，能够使生活进入更高更充实的境界，那才是成功"。

叶圣陶语重心长地提出，中小学要努力保护学生的健康。他认为，把学校人为地分为重点和非重点，把考试成绩当作评价学校好坏的标准，都是损害学生健康的罪魁祸首。那些过度而且勉强的记诵，使身体的机能收到强烈的阻障，有些学生没等到应考就病倒了，还有在考前考后死亡的案例。所以，"健全体格在目前的中等学校里差不多是稀有的宝贝"，应该给予高度关注。学校教育最可贵的，应该是"养成身体、知识、能力都健全的学生"。

总而言之，教育是一项非常复杂的活动，深刻理解教育，才能真正做好教育。叶圣陶曾经高度评价吕叔湘先生关于教育是农业不是工业的比喻。他深有体会地说，办教育的确跟种庄稼相仿，受教育的人的确跟种子一样，是有生命的，是能够自己发育成长的。教育者，就是努力给种子提供充分的合适的成长条件而已。当然，教育比种庄稼复杂得多，但是，"既然要办教育，就不怕什么难，就必得把这副难的担子挑起来"。

二、教是为了达到不需要教

教育就是培养良好的习惯，教是为了达到不需要教。这是叶圣陶教育思想的核心内容。他认为，教任何功课，都应该让学生自己去探索，自己去辨析，自己去历练，最后获得正确的知识和熟练的能力。所以，"给指点，给讲说，却随时准备少指点，少讲说，最后做到不指点，不讲说。这好比牵着孩子的手教他学走路，却随时准备放手"。在会见外地来京的民进教师会员的茶话会上，他进一步解释说，教是为了达到不需要教，不是意味着学生已经学成了，而是因为学生已经能够自己学习了，不再需要老师教了。所以，教师的职责，是"要引导学生，使他们能够自己学，自己学一辈子，一直学到老"。在《立志自学》一文中，叶圣陶则从学生的角度再次阐述了上述思想。他认为，其实进不进大学并不重要，学习是自己的事，自己要学习，在任何情况下都可以学。进了大学，或者大学毕业，仍然需要"努力自学，永不休歇"。

叶圣陶明确提出，教育就是养成习惯，习惯养成得越多，人的能力就越强。在《高等教育所要养成的好习惯》一文中，他进一步阐明了好习惯的内涵。一是从单个人来说，凡是有益于个人身心发展的，便是好习惯；二是从人群关系来说，凡是适应社会，有益他人的，便是好习惯。基础教育的目标，是养成一般人当公民的好习惯，高等教育的目标，是养成一些人做专门人才的好习惯。因为专门人才肩负着"推进文化的步子，增加文化的总和"的责任，所以接受高等教育的人，更应该具有学习的精神。

关于教学内容，叶圣陶也有比较系统深入的思考。他明确提出，教科书好比是一张旅行的路程单，如果要真正熟识那些地方，就必须亲自到那些地方去旅行，不能够单单记住一张路程单。所以，一方面要依据教科书的纲要，另外一方面要尽可能取得生活的经验，不要忘记和"杂然并陈"的外部世界打交道。在《各种科目的教育价值》和《秋季开学》两篇文章中，叶圣陶进一步论述了各门学科的价值以及文理是否应该分科的问题。在中学，各种学科好像是食物里的各种营养素一样，必须把各种营养素吸收到身体里去，身体才会正常地发育。在大学，无论是学习历史、研究经济，还是攻读理科，"凡所学问，皆属有为"。所以，叶圣陶明确反对文理分科。他深有感触地说："趋向文科的人如果不预备做一个浮而不实的文士，就不应该抛弃算学。"而"跨向理科的人如果不预备做一个不知其他的技士，也不应该抛弃史地"，因为"文士的思想行动往往漫无规律，欠缺精密"，技士则"除了自己的小范围之外，往往不知天地为何物"。叶圣陶关于文理兼修的论述，至今仍有十分重要的现实意义。

关于教学方法，叶圣陶更是有精彩的论述。在人民教育出版社的《课程·教材·教法》创刊时，他专门撰写了《关于探讨教材教法的几点想法》一文。其中谈到几个重要的观点：第一，教材即使编得再详尽，也不过是某一学科的提要，加上一些必要的范例罢了。教材只能作为教课的依据，关键还是教师要善于使用教材。第二，同样的教材，可以有不同的教法，因为教的人不同，学的人也不同。任何教法都有优缺点。第三不宜死搬硬套别人的成功教法，要结合自己的具体情况和学生的具体情况做适当的变通。同样的教法因为教的人不同，收到的效果也可能大不相同。第四，各门功课之间有着密切的关联，应该彼此配合，触类旁通。在为《全国特级教师经验选》和《霍懋征教学文集》写的序言中，叶圣陶也明确提出，教学方法很多，没有必要定于一尊。每位老师都有自己的特点与风格，有自己的看家本领拿手好戏，关键是彼此分享，取长补短。他指出："教法的改进是无止境的，是无尽无休的，一定要精益求精，不断地有所改进，有所提高。"

叶圣陶对学校教育中经常采用的老师讲、学生听的方法提出了尖锐批评。他认为，学生日复一日，月复一月，年复一年地坐在教室，听老师口干舌燥地讲说，"疲惫，厌倦，疲惫，厌倦，像两道纠缠无已的绳索，紧紧捆住学生的身心"。在这样默默地听讲之中，许多学生的生命被耗费了。所以他竭力主张"讲深讲透"和"精讲多练"的教学方法，让学生的思维活跃起来，主观能动性得到充分发挥。

关于考试与评价，叶圣陶认为，学习的根本目的不是为了拿文凭，不是为了装点门面，不是为了分数，而是为了充实自己的生活。因此，叶圣陶对于编写出版专门供应试使用的书籍，用各种"表解""问答"肢解学科内容，对各种临阵磨枪的"记诵"之学，对各种鬼鬼祟祟的考试作弊，对"为了考试而学习"的怪口号，都进行了辛辣的讽刺与批评。他指出，考试只是一种测验的方法而已，不是学习研修的目的。学生应该"为自身受用而修习，不该为对付考试而修习"。

三、"只有做学生的学生，才能做学生的先生"

1912年，18岁的叶圣陶从草桥中学毕业，心怀"立国之本、首在教育"的理想，来到了言子庙小学当老师。学校设施很简陋，功课只有国文、算术和修身三门，课堂三间，教师三人，只好采用复式教学。叶圣陶没有受过专业的师范教育训练，初为人师的叶圣陶对于教师职业还是忐忑不安的，情绪也不太稳定。

在《言子庙》的日记中我们可以看到，有时候，他为学生的进步欢欣鼓舞，如在算术课上，他看到学生"稍有进步"，就觉得"大增兴趣"，并且感悟到"学生与教师之精神固互相提携互相竞进者也"。有时候，他为教学次序混乱而沮丧不安，当他的课堂出现"嚣乱不堪""次序杂乱已极"的情况时，就深深自责，感到"汗颜"和"深为之悲"。有一次，他的修身课没有事先准备，所以"敷衍称述，毫无精意"，课结束以后，他为自己的准备不足而难过。

但是，他一开始就显示出与众不同的教育风格。他的日记记录和批评了当时学校的弊端，如省视学来校视察，转了几分钟就走了。他说：脚都没站稳，什么都不看，怎能算是视察？再如学校为了保护花草，禁止学生入园。他说：学生不能亲近自然，即使没有一花一叶损坏，又有何用？在课堂上，他给学生讲述鲁滨孙孤岛漂流的故事以释"独立"，讲美国总统林肯的故事以扬"民主"；讲武昌起义和辛亥革命，以引导学生关心国事。他与孩子们同喜共悲，在课余读书写作、篆刻绘画等。1914年，有点另类的他被学校以缩减班次为由解聘。

1917年3月，叶圣陶受同学吴宾若的邀请，来到苏州城郊的用直镇的吴县县立第五高等小学任教。他在这里如鱼得水，将自己的教育理想付诸实践。他自编国文教材，进行语文教学的改革；他重视课外实践，带领学生开出一片荒地办起了"生生农场"，捐款在学校办起了博览室和利群书店；他重视艺术教育，建戏台、编剧本，把课文改编成话剧、戏剧，师生一起排演；他重视家校合作，在"恳亲会"上为学生父母展示孩子们的习作、试卷、字画、雕刻，以及种植的瓜豆蔬菜，观看孩子们表演的团体操和戏剧；等等。

前后八年左右的从教生涯，使叶圣陶对教育的理解，对教师的认识不断深化。他明确提出教师问题是教育问题的关键，把师范教育看作是"推进和革新教育事业的根本"。他说："没有教师，教育无从实施；没有教师，受教育者无从向人去受教育。"因为教师的重要，培养教师的师范教育就显得非常重要。所以，他殷切地希望师范生都去从教当老师，"为学校里的太阳，代替以前昏暗不明的爝火"。

他认为教师应该不断学习，不断成长，尤其要向自己的教育对象学习："只有做学生的学生，才能做学生的先生。"在《如果我当教师》这篇文章中，叶圣陶用假想的方式，对理想中的小学教师、中学教师和大学教师进行了激情澎湃、酣畅淋漓的诗意表述。

他说，如果他当小学老师，一定不会把儿童当作讨厌的小家伙、烦心的小魔王，无论他们是聪明的还是愚蠢的，干净的还是肮脏的，他都要称他们为"小朋友"。他要从最细微处培养他们的好习惯。

他说，如果他当中学老师，他会努力使学生能做人，能做事，成为健全的公民。他不会把忠孝仁爱等抽象的德目往学生的头脑里死灌，不会叫学生做有名无实的事。

他说，如果他当大学老师，他不会照本宣科，不会用"禁遏的办法"对待学生，而是尽可能把自己的心得与学生分享，尽可能做学生的朋友。他说，无论自己当小学、中学或者大学老师，都会时时记住，自己面前的学生"都是准备参加建国事业的人"，建国事业有大有小，都是平等的。对所有的孩子，也应该是平等的。

叶圣陶对一线教师的感情也非常深厚。担任教育部副部长期间，只要有教师来信，他一定亲笔作复，而且专用毛笔恭楷书写。1957 年 6 月 8 日，他与时任教育部副部长董纯才在人民教育出版社听取大家对教育部的意见。一位编辑讲述了他们调研农村小学时发生的故事：晚上住的地方没有厕所，学校备了尿盆，第二天早上，校长颐指气使地命令一位小学老师给调研人员倒尿盆。前一天他们还在与这些老师座谈，旁听课程，敬佩这些老师在艰苦的条件中教书育人，现在看到他们得不到最起码的尊重，心中很是气愤。叶圣陶听了汇报，当场失声痛哭。

四、"学好语文就是学好听、说、读、写四项本领"

在用直从教期间，叶圣陶就开始自编国文课本，每篇选文后均附有题解、作者传略、注释、练习等，数篇选文后有一篇关于文章欣赏和习作指导的"文话"，非常受学生的欢迎。从此，他一生与语文教材结下了不解之缘。

1932 年，叶圣陶主持开明书店不久，就开始集中精力编写《开明国语课本》。他用一年的时间创作了 400 余篇课文，由丰子恺配画。这些课文均为原创或改编，"没有一篇是现成的，抄来的"。有文章介绍说，由于全力以赴工作，叶圣陶一年里"未听到蝉鸣，未看到荷花"。但是，他让孩子们在他的教材中听到了蝉鸣，看到了荷花。80 年以后，这本教材仍然数度再版重印，深受欢迎。

1949 年以前，小学的语文课程一般称为"国语"，因为小学阶段是让学生掌握国家的语言为主。中学阶段的语文课程则称为"国文"，因为中学阶段是让学生掌握国家的文字为主。1949 年以后，叶圣陶主持草拟《小学语文课程标准》及《中学语文课程标准》，第一次使用"语文"作为学科名称。

叶圣陶对于语文教育非常重视。他认为，语文教育对于儿童具有十分重要的作用，它是儿童非常需要的学科，也是"发展儿童的心灵的学科"。"除了技术的训练而外，更需含有教育的意义"。

叶圣陶认为，语文教育的重要任务，是培养学生听说读写的能力。听说读写又可以分为两类，听和读，说和写。"有了听和读的能力，就能吸收人家的东西，化为己有。有了说和写的能力，就能表达自己的心意，让人家完全明晓"。这四方面的能力是相辅相成的，听和读的能力的提高，有助于说和写的能力的提高。

在叶圣陶看来，小学语文偏重"语"，应该"把训练儿童说话这件事看得极其重要"。儿童的说话训练不但是语文学科和语文老师的事情，而且应该是各科教学和全体老师都要注意的事情。他认为，所谓善于说话，并不是一般意义上的口齿伶俐、虚文缴绕，而是"要修养到一言片语都合于论理，都出于至诚"。具体说，就是要精于思想、富于情感和工于表达。说话的训练，关键有两条，一是尽可能给学生说话的机会，二是老师的说话要成为学生的典范。

叶圣陶明确指出，阅读是教育的核心与关键。离开学校以后，学生的成长主要是通过阅读来实现的。所以"不待老师教，自己能阅读"，是学生在学校期间必须形成的能力。他主张给学生阅读的自由空间，曾经严厉批评了一些学校取缔学生阅读课外书报的现象，认为这样做其实是"把学生看作思想上的囚犯"，而"把学生的思想范围在狭小的圈子里"，听不见远处的风声唱着什么曲调，看不见四围的花木显着什么颜色，"这样寂寞和焦躁是会逼得人发疯的"。他建议要加强阅读的指导，认为阅读指导如同给走路的人指点某一条路怎么走，按照这个指点，走路的人不但不会走冤枉路，而且会"见得广，懂得多，心旷神怡"。他认为，图书就是"人类经验的大仓库"。仓库里藏的东西不一定全是好的，也有霉烂变质的，不合时宜的。所以，开卷未必有益。必须有选择地读书，选择那些对自己最有用的书来读。

作为一位著名作家，叶圣陶对写作有深切的感受和深刻的见解。他指出，"写文章跟说话是一回事儿。用嘴说话叫作说话，用笔说话叫作写文章。嘴里说的是一串包含着种种意思的声音，笔下写的是一串包含着种种意思的文字"。所以，写文章绝不是找一些稀奇古怪的话来写在纸上，只不过是把要说的话用文字写出来而已。也就是说，思想、语言、文字，三样其实是一样。"思想是脑子里在说话——说那不出声的话，如果说出来，就是语言，如果写出来，就是文字。"

既然写作就是说话，那么，怎样才算把话说好呢？叶圣陶认为，关键是做到四个不：不花言巧语，言不由衷；不认是为非，将虚作实；不含含糊糊，不明不白；不颠三倒四，噜里噜苏。前面两个是说老实，后面两个是说明确。说不老实的话，写不老实的文章，无非是想自欺欺人；说不明确的话，写不明确的文章，在自己是等于说了白说，在人家则是听了莫名其妙。当然，写作虽然说是说话，但是毕竟不同于一般意义上的口头说话。要让自己说的话老实而明确，就要锻炼我们的语言习惯。同时，也要了解文章与语言两样的地方，如说话有面部表情和身体姿势的帮助，文章则没有；说话可以天南海北，不讲究开头结尾，文章则需要讲究；说话可以没有题目，文章则需要；说话可以用方言土语，文章则不能过多采用；等等。

叶圣陶对于教师的写作和写作教学也非常重视，强调教师应该带头写"下水作文"，希望老师深知作文的甘苦，对取材布局、遣词造句能够"知其然又知其所以然，而且非常熟练，具有敏感，几乎不假思索，而自然能左右逢源"。如此，对学生的指导才是"最有益的启发，最切用的经验，学生只要用心领会，努力实践，作一回文就有一回的进步"。

叶圣陶认为，写作教学不是为了让学生个个成为著作家、文学家，而只是因为在现代社会，"写作已经同衣食一样，是生活上不可缺少的一个项目"。所以，一方面要关注写作的两个重要基础，阅读与生活，另外一方面要改进写作教学，如题目要尽可能让学生有话可说，让学生养成自己检查修改的习惯，学生共改和教师面批等，都是行之有效的写作教学方法。

五、"在各项教育里，家庭教育是最初最基本的一项"

1911 年，叶圣陶发表了人生中第一篇论文《儿童之观念》，呼唤尊重儿童。在他的女儿出生不久，他曾经以女儿的口吻写了一篇脍炙人口的散文《啼声》，批评了当时的人们不倾听儿童的心声，把孩子当玩偶，把自己的意志强加给孩子等问题。

叶圣陶先生特别重视家庭教育。他认为，"在各项教育里，家庭教育是最初最基本的一项"。家庭教育的作用甚至远远超过学校教育，因为"家庭久而学校暂"，孩子们大部分的时间是在家庭中度过的。家庭教育的作用，与儿童"先入为主"的心理效应分不开，因为儿童年幼时接触的东西阅读的材料，能够"印其脑中深镂而不可拔"。他认为，教育子女本身是事业的重要组成部分，是作为一个成人的基本义务和责任。"做了父母就注定应该负教育子女的责任"，如果放弃了这个责任，"就是不爱自己的子女，就是不应当有子女"。如果父母自觉缺乏教育子女的能力时，不妨先不要忙着生孩子。与其让孩子不能够得到合适的教育，还不如先不要让他来到这个世界。这也是对孩子的深爱。

如何爱孩子才是真正的爱，叶圣陶先生也有自己独特的看法。作为父亲，叶圣陶也面临为自己的孩子选择学校的问题。1930 年，他在《做了父亲》一文中就写道："一定要有理想的小学才把儿女送去，无异看儿女作特别珍贵特别柔弱的花草，所以要保藏在装着暖气管的玻璃花房里。特别珍贵么，除了有些国家的华胄贵族，谁也不肯对儿女做这样的夸大口吻。特别柔弱么，那又是心所不甘，要抵挡得风雨，经历得霜雪，这才可喜。我现在作这样想，自笑以前的忧虑殊属无谓"。

基于这样的思考，他的三个儿女不仅没有上好的小学、好的中学，两个儿子甚至连大学的门也没有进过。在叶圣陶担任教育部副部长和人民教育出版社社长时，他的孙子孙女，也没有到景山学校等北京的名校，而是在离家最近的学校读书。叶圣陶的孙女叶小沫说："在我们兄妹几个成长的过程中，爷爷和爸爸从来都没有规定过我们必须看什么书，背什么文章；没有要求我们的成绩一定要排在班上的第几名，一定要考上什么初中、什么高中；也没有要求我们一定要学会哪种技能；更没有因为什么事情非常严厉地批评过我们。相对成绩来说，他们更愿意听我们说说发生在身边和学校里的事情，我们正在参加的那些活动，正在看的课外书、看的电影。谈话中他们提出的一个个问题和建议，会引导我们多看、多想、多实践。"

教育就是培养良好的习惯，教是为了达到不需要教。这是叶圣陶教育思想的核心内容，也是他在家庭教育中一直坚持的做法。

在家庭教育中，培养习惯是关键。叶圣陶的孙子叶永和曾经说起一件往事：他小时候有一次着急出去，随手一甩，西屋的门在身后"砰"的一声关上了。他意识到这违反了爷爷的规矩，赶忙往姑奶奶房间躲，没想爷爷还是追到北屋，把他拽了回来，让他重新关门。孙女叶小沫回忆说，爷爷一直要求她搬东西时要轻拿轻放，但毕竟是小孩子，还是常常会把这些道理忘在脑后。她就多次被爷爷叫住，让她把椅子搬起来重放，把门打开来重关，反复练习，直到养成了习惯。她说，自己的有些好习惯，正是在爷爷不厌其烦的督促下养成的，至今受益匪浅。

叶圣陶先生在教育的思考是全面而系统的，以上只是截取了五个断面简要地介绍。他的教育思想与实践探索，最重要的特点就是直面当时当下的教育问题。

一个多世纪以来，叶圣陶先生的思想不仅没有褪色，而且越来越显现出深刻的时代意义。当年叶老对于应试教育的批评、对于减轻学生负担的呼吁、对于加强阅读的倡导等，似乎就是针对今天中国教育的许多问题来谈的。叶老从事编辑出版工作期间，经他之手出版发行的图书不计其数，其中《开明国语课本》《中学生》等优秀图书期刊，不仅能在风雨飘摇的战争年代激发青少年追求真理的信念和抗战报国的热情；即使到了今天，经过了长时间岁月磨砺之后，仍然能受到读者的喜爱和珍视。开明出版社出版的叶圣陶先生的著作和主编的《开明国语课本》依然长销不衰，这些都证明了叶圣陶思想具有跨越时空的强大生命力。

今天，我们学习、研究、实践叶圣陶思想，就是要发掘、认识和弘扬叶圣陶思想在当今时代的价值，以叶老那样的对学生关爱之心投入到教育工作中，用叶老高瞻远瞩的眼光来看待和思考问题。这些年，我一直在探索叶圣陶教育理念的道路上寻踪觅迹。早在 2002 年，我曾经请任苏民老师编写过一本《教育与人生——叶圣陶教育论著选读》，收入我主编的《新世纪教育文库》。2012 年开始，为了完成新教育新父母研究所"新父母晨诵"的任务，我再次通读了 26 卷本的《叶圣陶集》，并且编写了《叶圣陶教育箴言》和《大师教你做父母——对话叶圣陶》两本著作。2014 年，受人民教育出版社邀请，我选编了一本《叶圣陶教育名篇选》，全面反映叶圣陶先生教育思想，作为向先生诞辰 120 周年的献礼。

我在这本书的前言中说，教育是人类用来认识自我、确立自我的过程，需要一代又一代的传承与践行。我相信，当文字让我们穿越时空阻隔，得以与叶圣陶先生在教育路上并肩同行，一定会给我们的行走增添新的智慧与动力。

这一次，民进中央决定编撰"开明教育书系"，系统总结民进教育家的思想和著作，根据书系的总体结构和篇幅体量，我在《叶圣陶教育名篇选》的基础之上，再次精心选编了这本《教是为了不需要教——叶圣陶教育文选》，在保留原书精华的基础上，增加了一些教育文章，也删除了部分内容。特别感谢北京大学中文系教授、叶圣陶研究会副会长商金林先生在百忙之中为本书整理撰写了《叶圣陶著述年表》，让我们得以完整地看到叶圣陶先生的著作全貌，非常珍贵。希望这本小书能够帮助读者朋友更好地学习和把握叶圣陶教育思想的精髓。

叶圣陶先生不仅仅是中国民主促进会的重要领导人，也是中国现代教育的重要旗帜性人物。我相信，叶圣陶先生的思想一定会给我们今后前行的道路增添新的智慧和动力。我也希望，有更多的人通过这本书，走进叶圣陶的教育世界，走进民进的教育世界。

上　册

第一辑　教育本质论

第二辑　语文教育论

第一辑

教育本质论

今日中国的小学教育

我是个小学教师，小学教育界的情形，当然比他人晓得的详细些。就我所晓得的情形而论，竟可说"不如意事常八九"，好现象纵不是没有，至多只有二三分罢了。因此感喟频兴，思潮起落，觉得非改弦更张不可。这篇文字，一半算是我自己和一部分小学教师的忏悔，一半算是改弦更张的一个"楔子"。但愿读者不以人废言，将篇中所说审察一番，便是作者无上光荣了。

一棵花，一棵草，它那发荣滋长的可能性，在一粒种子的时候早已具备了。但是有些种子竟不能发芽，便发了芽，竟有苗而不秀、华而不实的。这是什么缘故呢？先天的遗传有什么不完全的地方，遭逢的环境有什么不适宜的地方，是一种原因。那从事栽培的种植家不知植物的可能性，横加摧残，是又一种原因。称职的种植家栽培植物，虽不能增加植物的可能性，却能渐渐改良那不良的遗传性和环境。不称职的种植家非但不能改良遗传性和环境，反而阻遏可能性，那么植物就糟了。如今把植物比作小学生，小学教师便是种植家。栽培小学生有效没有效，只有他负责任。

如今小学教师的缺点，就在欠修养功夫。无论什么事业，我们去做它，必须先把这项事业的价值理解明白。既经理解，我们确信这项事业是高尚的，神圣的，便一举一动都和它有精神的侔合，这便是成功的基础，便是修养。小学教育的价值是什么呢？这个问题已经过几许学问家的讨论，答案很不一致。若叫我下个完全的答案，我如今也没有这样的能耐。但是我常常自问：小学教育是为着小学生的，小学教师是栽培小学生的，我们究竟希望小学生达到怎样的地步呢？我便想，若是单叫他们摹仿古人的行径，记忆古人的思想，那么有记载前言往行的"陈编"在那里，识些字懂些讲解便完事了，要什么小学教育？若是单叫他们学得一技一艺，得以养家活口，那么各项商业工业有招收学徒的办法，否则也只消办些艺徒学校、商业学校就可以了，要什么小学教育？原来人之所以可贵，并不在他既已为人，乃在他将进而为更高尚的人。一个人的所作所为，如果能参加整个人类的进化历程，便算是个有价值的人。那么真实明确的人生观，当然是每个人必须具有的了。这真实明确的人生观不是随随便便就可以认识到的；但是又不能东寻西找，耗费了许多光阴，直到下半世才认识到。必须在幼年的时候就能认定方向，纵然没有什么"人生观"的名词在脑际，却走一步进一步，自然而然不走到岔路上去，才能越进越真切，不白做了一世的人。这幼年的时候，不就是做小学生的时候吗？替小学生定个方向，使他们对准了方向，充分发挥他们的可能性，不就是小学教育的力量么？所以我们可以说：小学教育的价值，就在于打定小学生一辈子有真实明确的人生观的根基。

我在上方说过，小学教师是栽培小学生的，如今要使小学生有一种真实明确的人生观，要用种种方法去陶冶他们，自己就不可不先有一种真实明确的人生观。如今的小学教师对于人生的问题，我并不武断，竟可说十之七八还没有讨论过。原来处世立身，定个见解，无论是好是坏，均得称为人生观。然而"道其所道，非我所谓道"，要求切合于人生的真实明确的"道"，他们就茫然无所闻了。其实中国各界的男女大抵如此。自己的方向还没有定，却要引导他人；自己从事的事业的价值还没有理解，却要做这项事业，陶冶他人：这是可能的吗？若是不可能，却虚有其表，挂个"为人先导"的招牌，岂不是戴着假面具闹着玩吗？这就是小学教育没有好成绩的根本原因——教师没有真实明确的人生观，没有修养功夫。

如今一般的小学教师抱的是怎样的人生观呢？原来我们中国人凡是称为读书明理的，从传统上环境上总带着几分学究气息，他们的人生观就是什么"继承道统""宣扬圣道"等等。这些话如果真实明确的，切合人生的，自当称赞他们窥见了真际，不必可怜他们辱没了自己的个性。但是他们所说的"道统""圣道"，都玄之又玄，找不出真际来。在他们看来，"继承道统""宣扬圣道"是人间一种特别神圣的事业，超出人生的普通行为之上，不是普通人都能做的事业，就因所谓的"道统""圣道"只可以"神会"的缘故。他们还在庆幸自己的人生观"玄之又玄"，不可捉摸，超出于普通的行为之上；究其实际，他们这些话只配在他们"摇头""摇笔"的时候运用，若说切合普通行为的人生观，他们一些也没有，简直同无知无识的人没有差别。如今做小学教师的虽然不能说都是这一辈学究，大概也不免沾些气味，带些色彩。他们抱定了他们的笼统玄妙的不切合人生的人生观去陶冶小学生，于是说："欲为圣贤便为圣贤，欲为豪杰便为豪杰，唯在立志而已。"圣贤豪杰是怎样构成名词的？这个"志"又怎样立法？他们就不去研究了。他们又把道德上的"玄名"作为训育的材料，什么"诚""敬""恭""俭"，许多名词说了一连串，便算"我尽我心"了。他们不知道这些名词不过是从各种行为概括出来的一种"玄名"。他们也不想用怎样的方法，才能使学生的种种行为配得上这些"玄名"。他们"循名遗实""倒果为因"，结果教育自教育，学生自学生，教育和学生不发生什么关系，自然难以得到好的结果了。

学究气味的小学教师，总的病根在于他们的笼统玄妙、不切合人生的人生观，若要洗刷一新，非去掉旧的，找到正路，用真实明确的人生观来替代那旧的人生观不可。可是要找到这替代品可不像从前那么容易，只须摇摇头、摇摇笔就可以完事。人生活在世间占个怎样的地位？人的知能是怎样的性质？种种社会是怎样的情状？个人处于社会中应当怎样？这等问题，都要切切实实作个答案。要作这等答案，又先要把关于这等问题的各门科学，如生物学、人类学、心理学、社会学、伦理学、哲学等等，下一番切实的研究功夫，从各门科学中得到切合现代人生的概念；把这个概念并合起来，找出个"人之所以为人"的道理，才能立定真实明确的人生观的根基。试问现在的小学教师，对于这种种科学抱的是什么态度？莫名其妙，从未接触过的，是一类；略一涉猎便嗤为无用的，是一类；至于明白科学的重要，处在"教人"的地位，还肯在那里孜孜不倦研究的，实在是寥若晨星了。我曾想过，那些学究气味的小学教师习染已深，根性难改，也不必加以责备了；那些受过完全师范教育的教师，都研究过上面所说的各种科学，他们的人生观与那些学究气味的总有所不同吧？然而考查他们的实际，竟和我的想法大不相同。他们在师范学校里，就把伦理、心理等等学科看作最无味的东西，一上这些课头便涨了，不过为了分数不得不勉强敷衍一下；等毕了业，做了教师，这等无味的东西快快撵出脑海还来不及，谁还肯费心思去研究。另一方面，那学究气味的人生观不消用分析的方法去精确研究，就可以笼笼统统，供"摇头""摇笔"时应用；他们欢喜的正是容易和普通，于是舍彼就此，自然而然加入了学究的行列。他们把学术看作无用之物，不是表示真理不是必需的吗？真理既然不是必需的，教育事业还有什么价值可言！

小学教师欠缺修养功夫，教育事业的根本就得了病，一切设施大概是错的；即使不错，也只会枝枝节节做去，绝不能做到根本上。我这句话，随便找些事实都可以证明。小学教师没有切合人生的人生观，对于教育就没有确定的主义；但是身为教师，又不可不有一种主义做幌子，于是人家主张的主义，只要它是通行的，有势力的，便亦步亦趋地拿来主张。人家说"军国民教育"是强国的根本，他们便叫学生唱《从军乐》，练习野战；人家说职业教育是富国的基础，他们便叫学生织草鞋，编竹席。这些主义是正当的还是不正当的？是全面的还是偏乖的？究竟哪一种是应当主张的？他们却不从学术上和自己的理性上下一个断语，——大概他们没有这能力。最妙的是熔各种主义于一炉，凡是世人主张的，他们应有尽有，不管是水乳交融的，还是相互矛盾的，其实牵强附会，舍己从人，简直没有自己的主义。人家主张的主义，有许多是迎合社会、迁就现状的；他们对于社会现状但求相容，本来没有矫正社会改进现状的趋向。教育和社会本当互相适应，脱离了社会，教育便失去根据。所谓"适应"贵在顺进化之理，以备应付将来；若以现状为已足，只求受教育者和现状相应，那么教育便成了一部印书机，还有什么价值！那盲从"印书机"的教育主义的人，不是走入了迷途吗？再说，人家抱定一种主义，用种种手段去贯彻它，才定下许多设施；设施的精神并不在设施的本身，而在它那主义。若是不明白这种主义的精神，单把许多设施搬来，这样"邯郸学步"，枝枝节节，支离破碎，勉强厮混，可以断定是劳而无功的。

凡是自己没有真实明确的人生观的人，对于他人的情性和希望，也模模糊糊，弄不明白。小学教师没有确定的主义，大半由于他们不明白学生现在的情性和将来的希望。学生有怎样的可能性？学生要求于学校的是什么？学生将来最好要做怎样的人？这等题目，他们都答不上来，他们只从自己的模糊的偏见来定一切设施，只拣那最容易的不用费心的做去。对于训导和管理，他们所取的唯一的方法叫作"严格"，六七岁的孩子便须规行矩步，不许他们有活动的自由。孩子的情性是最活动不过的，勉强他们受拘束，就不免有耐不住的时候，依旧活动起来。这时候教师如临大敌，仿佛官吏对待乱民一样，定要设法压服了他们，自己才神恬心安。除了这"如临大敌"的时候，除了上课的时候，教师和学生就没有接触的机会。从这个现象就可看出，他们主张教师是训斥学生的，因为学生好捣乱，具有劣根性的缘故。这个主张其实也谈不到训导管理，不过是摧残学生的可能性，使他们的可能性日渐消灭罢了。这个主张的反面，还有个最容易最不用费心的方法，就是"放任"。这种放任主义，若出于"顺着孩子的天性，引导他们接近那切合人生的人生观"的见解，那是再好没有了。可惜的是他们只做那上半句，并没有做完全。小学生的许多行为，确也有染了恶习的，那决不能说是他们的天性；然而抱放任主义的教师一律放任，不想个方法，谋个补救。大家说改良社会首在教育，尤其是最普及的小学教育。如今小学生染了社会的恶习，教师没有能力帮他们洗刷，却要以教育去改造社会，岂不是个梦想！我想，做教师的果真要使训导收到效果，应当以生物学、心理学等等做起点，把儿童的情性详细研究一番，然后本着自己认识人生观的方法，顺了他们的天性，指导他们也走上正当的轨道。这期间，教师怎样指导怎样纠正，都是满足学生对于学校的要求。种种现象在我跟前呈现，各不相同，我只须抱定了根本大法，就是使小学生打定具有真实明确的人生观的基础，随机应付；切不可执定一种方法，以牢固的成见去应付千变万化的现象。况且学生并非处于"被治者"的地位，所以连"宽猛相济"的"诒道"也不适用，还说什么"严格"，说什么"放任"！

书籍的作用，简单说来只是古人的思想行为的符号。古人的思想行为已经到了什么地步，我们认为是不错的，就拿来作根据再向前进步，省得重走那古人已经走过的路；若认为是错的，就改个方向，省得跟古人同入迷津。要知道古人的思想行为是怎样的，不得不去寻找古人思想行为的符号，这就是读书。学校教育要叫学生读书，便是这个意思。但是要注意，读书是要学生知道"已往"，为"未来"作准备。那些没有切合人生的人生观的教师不很领会读书的作用，只知道自己是读过书的，别人也是读过书的，以为读书是人生一件特别的事情，于是也叫学生读书；至于怎样才能使读书跟人生发生关系，要怎样读法才能引导学生为未来作准备，他们就不去问询了。他们最勤恳的功夫便是参考古典，罗列考据，做教科书的注释家。至于教科书里的材料是不是切合人生的？是不是为未来作准备所必要的？离开了教科书，是不是别无教授的材料？这等问题，他们是决不敢想的。我想学生受这样的教授，若是不很用心，倒是他们的造化：如果全部容受，无不记忆，那么吃亏就不浅了。为什么这样讲呢？读书只求记忆，没有研究的方法，没有实验的机会，那究不会切合人生，丝毫没有用处。然而听讲、记忆、背诵，一件件做去，却费了许多精神，占了许多时间。一个人在幼年的精神和时间是何等可贵，无端被教师引导用在"死读书"上了，就同抛在汪洋大海里一样。这是吃亏的第一层。幼年吃了亏，走错了路，将来改换方向，弥补缺憾，即使容易，许多精神和时间已经耗费了，如果不耗费而用在正当的方面，将来的成功定能增加许多。何况习惯既成，便根性难移；幼年所做的功夫，用"盲从"二个字便可概括，那"喜明辨""爱真理"的可能性已渐渐渐灭无余，将来处理人生事务就脱不了随波逐流，没有自己的主张，到那时受旁人批评，说什么"不知道人之所以为人""做了他人的奴隶"，不都是现成话吗？这是吃亏的第二层。然而究竟是谁的罪过呢？

上面说的，是那些完全领受教师的教训的学生，其余的学生对于这样的教授又怎样呢？他们会想："我睁开眼来，看见天然界的现象是最好玩不过的。我走到各处，看见种种人为的事业是最奇妙有趣的。但是教师要我们读书，这有什么趣味！拘束了我的身体，耽搁了我东寻西找的工夫；什么课什么课上个不完，不知为的什么？难道不读书就不能做人！"我想他们这样想实在也难怪，儿童的天性本是注重事实的，欢喜自己去做的，凡是合乎他们天性的，他们就愿意知道它，学会它；与他们的天性不相侔合的，他们就不想知道，不高兴学。学校教育定出各种科目叫学生学习，只为帮助他们确定切合人生的人生观，那么应当就他们耳闻目见的种种事物，把研究的方法，推理的途径，一一给以指导。为教授的便利起见，把种种事物分析开来，便有了关于身体、关于修养、关于知识的种种科目，许多科目统贯起来只是一条线索，就是帮助他们确定切合人生的人生观。学生在学习的时候，觉得样样是事实，样样有趣，样样做得到，他们便分外勤奋。这时候他们觉得很有用得着书籍的地方，他们便去读书。因此可见，教师教各种科目，教各种教科书，并不是教过就完事了，还要以教育的价值为出发点，适应着学生的天性，拣那学生需要的给他们指导。教师日常教的虽是某科某书，然而心思力量必须集注在这个出发点上，那么所有的设施才有根基，没有茫无目的的弊端。又因为要使学生为"未来"作准备，当然不能只教给他们以往的成法和科学的结果。须知"成法"和"结果"是有限的，"未来"却是只顾进步没有穷尽的。所以最要紧的是引导他们练成能处置未来，进而使自己成为更高尚的人的动力。但是如今的小学教师，只顾教书的竟占了大多数，却不管学生是否需要，能否容受。其中也有很热心的，他们把以往的成法，科学的结果，凡是自己懂的，一一明明白白教给学生，很有手段，而且确无谬误；学生自己不必费什么心力，只须记住教师的教授就算受到"衣钵"了。其实这两种教法都算不得学校教育，却把学校变成了"学科杂货店"；学生到学校里来，充其量不过得到些学科的皮毛，还说不到货真价实。由于教法的不得其当，学科各各独立，没有认定教育的价值是共同的出发点，教历史的只顾教他的历史，教算术的只顾教他的算术；各种学科互相没有关联，也没有适应人生事务的应用方法。我曾听见一个商人批评学校教育说："学校里头科目太多，徒费学生的精神，有什么用处！"他这样说固然没有明白教育的价值，然而用来批评当前大多数学校的教育现状，也不能说他不对。

小学教师对教育没有主义，对教授没有根本的出发点，那么教育事业就非常简单了，教师只须逢场作戏，做一天和尚撞一天钟，今天不登场，不做和尚，和教育便没有丝毫关系；换一句话说，他们做教育事业是适逢其会，偶一为之，至于精神的俘合，是根本就没有的。他们抱着这等态度，对事业的成功和失败便不负责任，所以对于学校里的一切设施只求省事，只求"无为而治"；什么校园、运动场、工作场、会堂、图书馆、博物室等等设备，什么集会、工作、运动、旅行、考察种种活动，他们一概看得无足轻重，可省即省。目前许多学校的设施不能周妥，经费的缺乏固然是一个大原因；但是这种种设施可以使学生接触实际事物，促进他们求知求能，发展他们的可能性，使他们认识到真实明确的人生观，因而决不能抛弃，应该从省俭方面去寻找替代。也有许多学校居然有这等设施，然而设施是死的，怎样利用它们使学生得到知识和能力，还需要活的手段。教师的手段全仗他的修养，教师若没有修养，便同没有技术的工匠一样，对着机械只好瞪着眼看，不知道如何使用。然而他们并不感到自己的缺憾，原来他们置备这等设施之初意，不过看人学样，用来做学校的装饰品，他们甚至把学生也当作学校的装饰品。所以现在一般的学校不是枯寂无味，像座古庙，便是五花八门，像个杂乱的古董铺，没有意义，没有生气，没有趣味。他们把学校弄得非常简单，仿佛是天地间的一个特别的境界；而家庭和社会，都没有这样简单。家庭是学生产生的地方，学校却和家庭不同；社会是学生将来发展的地方，学校又和社会不同，然而学生偏偏要进这样的学校，在这特别的境界里消磨上许多岁月。学生等到毕了业，出了学校，却依然故我，没有得到处理家庭事务和社会事务的较好的方法。这究竟是怎么一回事呢？就因为学生一进这样的学校就觉得没趣，就把学校里所教授的抛在一旁，心思和气力都用到学校以外的事物上去了，那么社会上的种种弱点不免乘虚而入。这不是一个弊端吗？学生到学校里来，本想为"未来"作准备，如今学校和家庭社会都格格不入，学生即使努力也是枉费心力；那些惰性较深的索性看穿了，不去枉费心力了。然而为着未来的人生，绝不能没有准备；如今把作准备的时间胡乱葬送了，学生将来的一生也就可想而知了。这不是又一个弊端吗？

小学教师不明白教育的真价值，又容易流于偏重形式的弊端。他们不知道学生的情性怎样，便把学生当作一件机械。他们又不知道学生要求于学校的是什么，便叫学生迁就学校，给学校装场面，以满足他们的虚荣心。就因为把学生当作机械，不承认学生有活动的个性，所以行动作息都要求一律，整日叫学生坐在教室里或站在操场上，各占二三尺见方的地位，此外便没有活动的所在，便是这班教师的绝妙的管理法！教授学科，他们预先编定教案，自己怎样问，学生应当怎样答，逐句话逐个动作，一一配定了各占若干时间；到了上课的时候，只把自己问的和学生答的照所列的表表演完毕，没有不合预先设计的，连时间也没有差错，这便是这班教师的无上教授法！他们还以为这等机械的动作练习得多了，学生一定得益不少，所以增加授课钟点，到太阳落了山才放学，便是他们的热心教授！他们又定出种种规则，什么事得怎样，什么事不得怎样，都详载无遗，仿佛一部《违警律》；只求学生不犯规，不必叫他们来训斥，便自以为"训育有方"了。为查察学生的成绩，他们便注重考试；为严格学习的年限，他们便扣算学生的缺课；这等事一时也写不尽。我并不是说学生不应当进课堂、上操场、习答问、守规则、应考试、不缺课，但是教师对教育没有确定的主义，单单把这些事项作为题目来做，那么能不说是"徒具形式"吗？他们认为学生是为学校而来的，所以叫学生开运动会、学艺会等等，叫学生作了书画文字向各处投稿，好给学校装场面。他们还细行密字编成各种表册，管理上的训导上的教授上的都有，但是不从这些表册求个统计，找出什么改进教育的方法，只求他人看了赞一声"表册完备"，便算得到了全部的功用。我并不是说学生不应当锻炼身体，不应当学艺，也不是说学校里不应当编造表册，作为"证往知来"的依据；但是对设施的着眼点不正确，这等设施就完全失却了教育的精神和价值，那么能不说是"专务形式"吗？

我把现今小学教育的大部分情形，差不多都说到了。照我所说的情形看来，不能不想到非改弦更张不可。现在有许多人和我一样，也有同样的感触，觉得小学教育若再因循下去，必然对孩子非徒无益，而又害之。于是有许多报纸杂志在那里鼓吹"教育者须修养""立教育基础于人生观""人格教育"等等主张，这不是很可喜的现象吗？可惜做这些文字的不是教师，更不是小学教师。我想旁观者的言论纵然清切详明，决无强人必从的力量；或者竟有人愿意听从，但是能不能觉悟到自己的不是，把不是根本抛弃，然后努力研求，自己寻到个是的趋向，还说不定。教育事业原是教师做的，教师不能只等旁人来"觉我"，要靠自己觉悟。"自觉"和"外铄"，在旁人看来似乎没有区别，在实际上精神上却大异其趣。凡是人生的一切，从"外铄"得来的，虽言表名理，行合正谊，也不过是被动的；若是从"自觉"得来的，便灵心澈悟，即知即行。我是个小学教师，所以我要"自觉"！我希望小学教育收到真实的功效，所以要请许多小学教师一同"自觉"。

（1919 年 2 月 27 日作，原载于《新潮》1919 年第 1 卷第 4 号，署名叶绍钧）

敬告创办义务学校诸君

今天读了顾学君《对于工商界义务学校之意见》一文，他那真切的见解，感人极深。他的主要的意义，是说"义务教育重在演讲的教育，不重在书本的教育；重在知识的教育，不重在技能的教育"。这话精当扼要，我绝对赞同。我对于这个问题，也有些意见，写在下面，做顾学君这篇文字的"申义"吧。

今请问，办义务学校为的什么？回答这一问题，尽可不假思索地说道："使一辈失学的人受教育。"那么请再问，他们没有受而必须受的教育是什么？这一问题可难回答了。他们能说话，能吃穿，能谋生，能游戏，若说长此以往，毫无变更，也可以消遣一世，不感到缺少些什么。如今开了义务学校，请他们入学。倘若还是枝枝节节，从他们说话、吃穿、谋生、游戏等等上不相侔合地进行授受，纵有成效，也不过增加他们几许零星的能力。这些零星的能力，不经过整统的训练，那就不一定有益；有时反竟有害。俗语所说"聪明反被聪明误"，便是个适当的例。所以他们所必须的虽是生活的种种知识，但必经过整统的训练。换一句话说，他们所必须的是以种种知识为基础，立于真实的人生观上的教育；便是"怎样做人"的教育。

我们的伴侣们最缺乏的是什么？我以为无过真实的人生观了。他们随时消遣，忘其所以，自然毫无感觉。有时处身清寂之境，扪心自省，便有一缕疑虑来袭脑蒂："做人究竟是为什么？"对于这等疑问，他们平时没有体验过，哪里答得上来？因为得不到解答，烦闷便由此而起。于此烦闷之中，而求聊以自慰的方法，便有"得过且过""做一天和尚撞一天钟""不了了之"……种种谬妄的人生观，一时也写不尽许多。这是何等危险的现象！既已做人，却不晓得怎样做人，那么种种行为便是盲目的，没方向的。大众如此，还说什么社会的进化？

义务学校应当帮助来学的人的，便是使他们认识到真实的人生观。有人说："这个题目太高深了，如今还谈不到，还得逐步逐步地引导他们，如今且引他们走第一步。"我却不大相信这样的话。思想尽管高深，只要是切合人生的，虽属下愚，总有感受和印合的可能，不该说"谈不到此"。人生观可以比作走路的目的地，不该将它比作步子。没有目的地尽管走去，走了十步、百步、千步，还是个无意识的行动。说什么先走第一步？

况且我们做事总要求彻底，不彻底的、似是而非的，还是不做的好。如今我们要帮助我们失学的伴侣，使他们得到真实的利益，唯有照我上面所说的做去，使他们认识到真实的人生观。譬如我们寻到一块地方，生满乱草。乱草是没有用的，刺人的，我们便把它一齐刈去，种些有用的植物。我们希望极丰满的收获，所以要选择最优良的种子；倘若种了些中等下等的种子就算了事，这不是辜负了地力吗？

办义务学校既认定了主旨，施行教育有了个总的出发点。教他们算术，目的不单在算术；教他们国语，目的不单在国语；……要使他们觉得算术、国语等等知识是切合人生的，是认识真实的人生观的材料；便是说话、吃穿、谋生、游戏，也使他们有人生评价的觉悟。这样的教育才有真切的效益。以前的或者现在的教育没有实效，就为了没有这个总的出发点。

用书教育，早有人怀疑了。在我们的学校里，有几种科目，像历史、地理、理科等，想废去教科书，也不用讲义，只用演讲和直观的方法来授受。我们还要把这样做的理由和实施情况，逐一宣布出来，酿成一种学校革新运动哩。如今先把理由略述一些，贡献于办义务学校诸君。我国学校有一种弊病，便是学生只知读书。他们对于读书的观念，仿佛说"读书者，读书也"。他们不晓得读书是供给我们酿成经验的材料，不去根据书里的内容，体验四周的事物，再创造自己的新经验。这样读书，丝毫没有触着做人，怎样能够根据已往，应付未来呢？扼要说来，便是"但知读书，忘却人生"。如今把教科书废了，讲义也不用了，只把种种事物讲给他们听，引起他们的推理力；指给他们看，引起他们的观察力。倘若对于国文、算术种种科目的名称，他们不大理会，或竟忘了，也不打紧；但使他们感觉到这些都是人生必要研究的事物，都是认识真实的人生观的材料。

教室教授的方法绝不是最妥善的，只为了求人工、场所、时间的经济，才采用这个办法。这个办法所以不妥善，就因为使学生感觉到教室是处于家庭社会以外的一种特殊的境地。有许多学校为了弥补这个缺陷，所以有表演、谈话、校外教授、修学旅行种种方法，使学生觉得他们所做的只是切合人生的事实，忘了自己是在学校这个特殊境地里。换一句说，便是"受教育，求知识，并不是特殊的事情，只不过是努力做人罢了"。

照上两段所说，义务学校不必用什么教科书，也不必拘什么上课形式，只消施教的和求学的真诚相投，团结一致，形式上是知识的授受，精神上却是认识到真实的人生观的结合。吾知办义务学校诸君，一定不以此为奢望，一定愿达到这个地步。

倘若全国都兴办义务学校，而且有同一的精神，那么所收真实的效益，将超越"强国"这一标的，乃在我们的伴侣，都进而为更高尚更合理的人。

这是何等的功利！

（原载于《时事新报·学灯》1919年8月6日，署名圣陶）

小学教育的改造

　　以前的小学教育的任务是什么？我们不希望得到一个像"教育儿童"这样的笼统的回答。于是我们留心观察以前的担任小学教育事业的人，看他们持的什么见解。我这里所说的"以前"，指的是中国自办学校起直到今日。我不能知道中国教育界的整个情况，我常接触到的只不过是百数十位小学教师和数十个小学校，然而我从所谓的"视察报告""参观笔记"中留心观察，也可以说知道个十之五六了。就从这十之五六来看（虽不能说是全部，然而是多数的），中国的小学教育事业立足在哪一种任务观念上，或是或非，或当或不当，就有可以注意和评论的价值。

　　一般担任小学教育事业的人，以为儿童所需求于学校的，是取得前人的知识和克制自己的德行。他们又以为知识是可以授予的，德行是可以勉强修炼的。所以小学教育的任务就是把知识授予儿童，勉强儿童修炼德行。授予知识的方法，便是诵习古人思想行为的记录。诵习纯熟，疏解明白，便算是得到了知识的本体了。修炼德行的方法，是使儿童将平时的习惯嗜好一概摒弃，另外过一种一言一行都须顾虑的符合玄虚抽象的概念的生活；能够耐得下、过得惯这种生活的，便算是有德行了。

对于古人的记录能悉数容受，对于这种特殊生活能身体力行，便是成绩最好操行最好的学生。那么，传授记录最明白，督促诵习最勤恳，责备儿童过这特殊生活最谨严的，当然就是最尽职的教师了。他们以为这个观念一定是不错的，这等方法又是万世不变、放之四海而皆准的。除了这个任务，小学教育就没有别的责任了。有时儿童对于知识竟不能容受，对于特殊的生活竟不能成为习惯，他们便非常恼怒，以为自己对于学生可谓倾诚竭力，无以复加了，而学生竟不体谅他们的苦衷，承教之后丝毫不产生影响，这不是学生的罪过吗？于是加以训斥和种种惩罚，幽闭，留级，甚至开除。惩罚之后，这些儿童如果仍旧在学校里受教育，教师还是照样只管授予知识，只管勉强儿童修炼德行。好像学校是一个模型，儿童是一种物质。玻璃厂里的做瓶子的模型，一定要把玻璃装进去才能成器，把泥土装进去是成不了玻璃瓶的，所以玻璃厂不要泥土。学校对于儿童也是如此。你若是个不中式的儿童，学校就认为是不能成器的，不合制造之用，定必将你剔出。

小学教育立足在前面所述的任务观念上，出现了什么结果呢？我见到许多进过小学的儿童，觉得他们并没有从受教育上得到什么幸福。其中也有学行真不差的，然而这样的儿童并不普遍，这就不能说是小学教育的效果。从社会的整体来观察，也看不出从小学教育上得到了什么进步。倘若一般儿童都不进学校，从儿童个人来看，从整个社会来看，也不过如此。这并非过激之词，试把许多受过教育的和没受过教育的人混杂在一起，若从某些零碎的知识看，或许可以分辨出谁受过教育，谁不曾受过教育；若从真的知识作为观察的着眼点，恐怕就很难加以区分了。

以前的小学教育没有效果，一定是任务观念有不惬当之处。为什么会有不惬当之处？因为担任小学教育事业的人把人生看得太简单太机械了。他们以为人生的种种行为，只不过是各不相关的表现，把这些各不相关的种种逐一学会，便是人生的真义。他们根据这个观念去教学生，列举出德目和科目来，向学生讲明这是什么意义，那该怎样修炼，有时还真个引导学生去学习。讲到教师的职务，便分出训导、教授、管理三大项，哪一事属于哪一项，划分得非常清楚，似乎彼此之间全不相关。这种设想是否谬误，只消看看我们的生活实际是否和它相应，就可以得到答案了。我们无论做什么事，未做之先总有一种需求，这就是目的；以为目的达不到，便是非常的缺憾；唯有朝着目的做去，觉得越来越接近目的了，兴趣也就自然来了；这样越做越有兴趣，结果便是成功。在这个过程中，几曾想到这样做才符合德目所称的"勤"和"毅"？几曾想到为了要有"勤"和"毅"的德，我们才这样做？

德目对于儿童来说，是绝对不会发生兴趣的。成人有着牢固的成见，不能自己破除思想里笃古尊贤的偶像，才会对德目产生病态的兴趣，并且成为种种德目的牺牲。教师把儿童当作固守成见的成人一样看待，真可谓"拟不于伦"了。把教师的职务划分为训导、教授、管理，从儿童的发展来看也不切合自然。教师预存着划分的观念，于是在教授的时候，只想着我此刻的职务全在于知识的传授，此外如养成良习、陶冶性情，都非所问。在训导的时候，只想着我此刻的职务全在于诏告善言，免去恶德，此外如事务的经验与技术的修炼，悉非所及。这样做去，前者何异于贩卖的商贾？后者何异于传教的牧师？至于管理，计划事务的设置，稽核学生的功过，倘若离开了教育的本旨，便像商家的会计和社会上的警察了。教师既然如此，儿童的感觉会怎样呢？他们觉得一件一件零碎的知识，硬要他们理解、记忆、练习；然而这些知识并不是他们感到需要的，因而不发生兴趣；只为了教师谆谆督责，从旁逼迫，他们才不得不去理解它，记忆它，练习它。临了去考查他们，他们还并未真个理解，对他们的生活，影响非常之少。因为这样的授受，最好的结果也不过使儿童理解了教师的教授罢了。教师所教授的并不是切合人生的事事物物，儿童并不感到缺少这些知识的困苦，对这些知识自然无所需求，怎么会发生兴趣呢？教授怎么会得到成功呢？他们聆受教师训诲之时，只听得教师说："你们应当这样！""遇到什么时候，你们应当怎样做去！"他们可能会想："我们觉得什么事有兴趣，高兴做就做了，你们所说的遇到什么的时候，我们什么时候才会遇到呢？即使遇到了，要先从脑子里去寻找教师说过的应当怎样做去才去做，岂不麻烦累事吗？"如果儿童提出这样的疑问，我们不能认为毫无理由。也许他们并不提出这样的疑问，只觉得教师的训诲是枯寂的、虚玄的、拘束的，因而不加理会。也许由于特种的原因，他们早已养成了信仰教师的习惯，因而恪守教师的训诲，把教师的训诲作为立身之本，那么最吃亏的就是儿童本身了。

以前担任小学教育事业的人，又把儿童的心理看得太简单太机械了，认为认识、联想、练习、应用等等都是各自独立的事，相互没有联络，没有整统的关系。他们无论教什么东西总是段落分明，按步循序，以为认识的时候只是认识，和联想等等无关；在联想的时候只是联想，也和其他无关。其实无论儿童和成人，他的一思一动，总是心灵和机体的复杂活动。研究心理的时候固然不可不细细分析，按诸实际，哪有一件事像教师教儿童专练什么这样单纯？认识的时候，就是应用旧有的经验的时候；练习的时候，就是得到新的认识的时候；这其间参互错综，果就是后者的因，因还是前者的果，不必分开，也无法分开。如果要勉强划分阶段，以为按步循序，儿童便可以得到真的知识，其弊病就在于不顾整体的统一，忽略了根本。我不得不说这是个劳而无功的方法。

前面的两节说的是教师对于人生没有真实明确的观念：自己不明白人生的究竟，也就不明白儿童的究竟。换一句话说，便是不明白使儿童怎样才算真好。又因为不明白儿童的心理，所设计的德目和科目，以及教育步序方法，往往成为徒劳。而要明白儿童的究竟和儿童的心理，教师非先自觉不可。

教师在没有自觉之前，他羡慕往古，务求佾合，他的人生观只不过是一种虚玄的抽象的观念。这样的观念只能供空幻的默想，影响到行为，便成为笼统、散漫、迷信种种现象，都成事不足，败事有余。有许多人以为人生的究竟只是要生活，这固然不错，然而怎样改善生活，使生活永远继续下去，他们就不去研究了。还有一些人什么都不想，对于人生的究竟从未形成观念，那就更没有可说的了。但是人生终究是实际的，不是虚玄的；生活终究是希望改善和永远继续下去的，不是随时敷衍而是需要有意识的。如果"胡天胡帝"，人生还有什么价值。儿童受了教师的影响，他们的人生也就没有什么意思了。又，教师的训导、教授、管理，既不能引起儿童的兴趣，然而他们那欢喜观察、玩弄、仿效等本能，却仍然要随处发泄的，不在这里就在那里，如果不从合理而系统的路走去，就跑到了散漫无归的荒野。也有一些儿童，他们的本能薄弱，仿佛孱弱的种子，发出的芽细弱可怜，若不加培壅，等不到开花结果先就枯萎了，滋长发荣的本能就此永远埋没了。本能薄弱的儿童接受那不明白儿童心理的教育，就和这细弱的幼芽一样。——可知以前的小学教育，对于儿童没有积极的效果，消极的影响却随处皆是。

以前的教师有时也考察儿童受教育之后，有没有得到实际的效益；谁知一经考察就得了五个字："他们不好学。"因而想，儿童不好学，或者由于他们不懂得功课的效益的缘故，于是细细地给他们讲这科有什么效益，那科有什么用处。又怕他们虽然很愿意得到这等效益，而没有途径，目的难以达到，于是学这科学那科的方法——给他们讲个明白。这样试验了一番，哪里知道并没有好结果，他们的不好学依然如故。其实，这样的推想本身有两层谬误。第一，以为我们对于一件事物所以能达到"好之"的地步，一定因为羡慕它的效益，贪图它的用处；却不曾想到其中还有解决疑难和应付环境等种种兴趣。第二，以为儿童的心理和习性，和深谋远虑的成人是没有区别的；成人对于事物力求精研，往往有为着未来的功利目的，便以为儿童的心理和习性大约也是如此。实则儿童的各种举措哪里为了什么未来的效益和功利？他们头脑里无所凭借，几曾忽然定出个预计表，而后才有举措？逢到疑难当前，他们只想去弄明白，去应付，所以他们只管自己玩弄，抚摩，观察，试验，在成人看来也许觉得可笑，而他们却有无上的乐趣。他们从解决疑难得到了快感，就欢呼跳跃，继续练习。因为对任何事物都有兴趣，他们就肯练习，新的经验就逐渐增多了。这是真的效益和功利，但是他们何尝先定下个预计表？可知儿童的不好学，一定是学校里的设施不能引起他们玩弄、抚摩、观察、试验的动机，因此不能使他们产生快感，结果就是使他们不高兴去练习。

我们且去考查一下小学校里的设施。我先说人们有一种弊病，凡是一种制度，大家受到了利益，就觉得这是最好的了，必须永远保存下去，不再想还有没有更好的，能使大家受到更大的利益。这种弊病，是从"凡是成立的制度都含着真理"这个概念来的。不知任何制度所以建立，只因为当时可以使大家得到更多的利益，自然就认为是真理。时代向前推移，世事发生了变易，先前的制度就不能满足人们的欲望了，当然应弃去旧的，别寻新的制度。然而一般人却普遍地保守着先前的制度，不肯有所更改，以为仍旧可以满足现在的欲望，这是何等的顽固！以前的小学制度是当年比较有益的，也并非最好的，然而后人仍保守着，当作千古不变的定则。其中最显著的便是教室制度和用书制度。

许多事理往往非常浅显，而且眼前即是；人们看它过分平常，因而不加注意，于是总绕着纡远的道路，行那不切实际的方法。拿知识的获得来说，只不过是欲望、兴趣和努力相连续的结果。孩子看见人步行，非常艳羡，于是本着他的足的本能，努力学步，后来竟自己能走了。只有自己能走了，才可以算知道了走的意义，具备了走的知识。其实任何知识的获得，都与孩子学走一样。以前的教师以为这是孩子的状态，不适用于引导他们成为成人；学走路的过程，不适用于求知识；于是认为过去传下来的制度才是切当的授予知识的方法，哪里知道成人正是孩子的发展，求知识和学步的情形原来是一样的。

教室制度的好处，就在于节省教育的人力和时间，论它的起源，还由于宗教的遗制。于是历世相传，凡是学校都有教室，仿佛是天经地义。大家不想一想：这是最妥当的办法吗？除此之外，有没有更妥当的办法不使儿童受到牺牲，而能收到节省人力和时间的效果呢？我们试想，使欢喜活动的儿童离开了他们玩弄、抚摩、观察、试验的环境，坐在教室里，所占的地位不过一桌一椅，所见到的东西不出于一室之外，所接触的事物就是某某科目，这不是一种特异的拘束的境界吗？在教室里进行教授，教师即使能注意启发，引起旧观念，授予新事物，然而为什么一定要在规定的时间内，提出儿童没有预想到的事物来讨论呢？对于没有预料到的事物即使认真去讨论，哪里及事物当前，自己用思想去应付它那样亲切有味呢？即使有实观教育，得以验证，哪里及在实际生活中遇到事物，自己设法去试验它证实它那样有兴趣呢？在教室里是学习的时候，仿佛出了教室就不是学习的时候了。在教室里须要应用学习得来的知识，仿佛出了教室就不必应用学习得来的知识了。为什么会造成这样的印象呢？就因为教室是一种特异的拘束的境界。虽然并没有向儿童明说，然而事实如此，早已在暗地里默默诏示他们了。

书籍的效用在于传授以往的成绩，流布个人的思想。用书制度的好处，就在于使学生知道这些成绩和思想，并备遗忘。世间倘若没有什么新的发现和发明，把人类的思想行为一一保留在书籍中，那么读书当然是重要的事。但是知识的获得并不专靠读书，读书不过是种种学习方法中的一种罢了。我们为了研究事物，应付事物，为了备自己参考，省却妄费心思，于是去读书。可见读书是一种手段，并不是最后的目的。以前的人对于书籍的概念非常模糊，以为书籍便是知识，所以要得到知识只消读书，于是学校里就有了用书的制度。儿童进了学校，就觉得唯一的重务便是读书，但是不知道读书为的什么。久而久之，自己的生活，实际的事物，他们都淡忘了，心里就只有书籍了。儿童受到这样的陶冶，怎么能不走到知行不能合一的道路上去呢？也有能够知行合一的人，他们多是出了学校之后，从实际生活的经验中自己觉悟过来的。他们的心力全用在书籍上，或者注释，或者讲解，或者记忆，或者议论，自己只处于客的地位；有时也关合到自身，影响到生活，然而不过是摹拟书上所说的罢了。为什么会这样？因为这些知识并不是从实际的经验中得来的。真要收到知行合一的好结果，必须使儿童从实际中获得知识。书籍是非用不可的，是必需的，但是只宜于用来帮助思考，而不应该当作绝对的不可争议的结论。书籍中的种种结论，不是不可以用来做学习的材料，而且正是要使儿童获得的材料，但是怎样获得这些材料，必须让他们自己去经验；倘若经验之后，结论和书籍不同，其中的是非曲直还当诉诸事实，不当盲从书籍。总而言之，学校宜使儿童多多接触实际事物，使他们随处觉得有兴趣，随处可以研究，他们就随处可以获得切己的利益。学校里多备书籍固然是很好的事，但应当摆在图书室里，而不把书籍特定为儿童每天必须接触的东西，这样才能使书籍的权威不超出于实际事物之上。儿童要解决疑难，满足欲望，自己去观察试验，这和查考书籍一样重要。有人以为诵习了书籍，再用事物来做实证，也未尝不是什么办法。不知道我们是为了解决实际的事物才去运用书籍的，不是为了书籍上怎样说，才去找相巧的事物来做证明。所以实际事物是主，书籍是宾。如果照那些人的说法，就是主和宾换了位置，根本的观念先已谬误，还会有什么好结果呢？

儿童在进学校之前，自有他们的生活；进了学校，自然是继续他们的生活。所以两者必须顺着一个方向，不过在质的方面有所不同，便是学校生活比以前的生活合理而有系统。他们将来出了学校，终其一生，把学校生活所得的经验作为基础去应付事物，这才收到了学校教育的效果。倘使儿童一进学校，就把他们关闭在教室里，只让他们诵习书籍，他们的生活境遇可以说骤然改变了。生物的境遇改变了，能渐渐变化以求适应；儿童的境遇骤然改变，他们也会渐渐改变生活，适应那新的境遇。但是这种适应和深谷里的鱼变为盲鱼一样，是一种消极的倾向。学生出了学校，人家以为他们有知识了，他们也以为自己有知识了，实则上真实的知识，不知道究竟得到了百分之几。他们把活动的心性和丰富的兴趣，白白地埋葬在教室和书籍里头了。

有了用书的制度和教室的制度，就不得不分科目来教儿童。与实际生活相比较，就觉得科目的划分有简单和支离的缺憾。学校里选定了若干科目来教授儿童，教者以为儿童一定要学习了这许多东西，方算是一个有知识的人。所以只要进了学校，不管你需要不需要，有兴趣没有兴趣，这些科目是非学习不可的。科目之外，关系人生的事物还有许多，这许多事物因为和日常的事物混在一起而无法区分，就没有列为专门的科目，就够不上教授的价值。儿童倘若在科目之外另有需要的事和感兴趣的活动，因为没有定在科目之中，在学校里只得舍弃而不去弄它。学校里只顾选定现成的科目，叫儿童来凑合，来购买，只为了教者的方便，哪里肯顺着儿童的需求来规定种种设施呢？不妨请教师自己来省察省察，这几个科目能把实际生活中的事物包括得尽吗？这几个科目都是合理而且有系统的吗？只要学习了这几个科目，就能应付人生的种种事物了吗？这种划定科目的教授方法，主客易位，不切实际，能不使知识和实际背道而驰吗？对这几个问题如果不能回答个"不"字，那么可以概括断定：划分科目的方法将使儿童误会科目就是他们的目的。这个误会深入于儿童的心中，科目的价值也就极其微薄了，因为既然把各种科目看作独立的目的，科目的价值自然只限于科目的自身了。若问学生为什么要学习这一科目，他就回答，因为这是一种科目：学历史的原因就因为有历史这一科目，学算术的原因就因为有算术这一科目。科目各个独立，没有共同的出发点，支离破碎，没有相互联络之处，不切合人生的应用，并无实用的价值，儿童何苦耗费心力去学习这等没用的玩意儿呢？

话已经说了很多，现在把上面的意思扼要提纲，再叙述一遍：担任小学教育事业的人，他们的任务观念只在将知识授给儿童，还勉强儿童修炼德行。教育立在这个观念上，得不到良好的效果。这个观念的由来，是没有了解人生的真义，又没有明白儿童的心理。这样的教育"非徒无益，而又害之"，会使儿童受到许多恶影响，其中最显著的就是不好学习，无从得到真知识，不能理会人生的价值。造成这个结果的原因，从方法上讲便是教育的设施不得当，如教室制度、用书制度和分科制度。

我们要使小学教育得到真实的效果，必须先弄清楚以前的种种谬误，把以前的见解和态度尽行抛弃，求个彻底的改造。要知道以前的见解和态度，并不是一定不可以变更的，只要真诚地观察批评，种种谬误自然会显露出来，于是我们就有一种新的要求；有了要求，运用我们的思想可以得到新的经验和知识。这新的经验和知识，其价值就在于支配我们的行动，帮助我们作出计划，使小学教育得到真实的效果。

第一，我们要明白新的人生观应当是怎样一种观念。我们的生活离不开社会，没有社会，我们个人就非常痛苦。这个社会，由于许多人欲求相同，利害相同，感情相同，才组合起来，做一致的有秩序的向前推进的行动。社会和个人的关系密切，不可分割：个人的功利便是社会的福祉，社会的进步就是个人的快乐。既然如此，我们就应该根据自己的才知和能力，做那直接有益于社会的事。然而这也不单为社会，同时为了自己；因为社会进步了，自己便能成为更高尚、更合理、更幸福的人。又因为我和他人的欲求、利害、感情都相同，彼此相助，力量就愈大，收益就愈宏，所以我们尊重我们的伴侣，赞助我们的伴侣。彼此永永相助，社会永永进步，人类方始可以得到圆满的、普遍的、永久的快乐。

担任小学教育事业，便是一种帮助儿童、尽力社会，并有益于自己的活动。然而要使给予儿童的帮助确属有用，要使社会的幸福确有增进，要使自己对于本分确无遗憾，不是担任了就行，还得认清教育事业的意义。小学教育的意义，概括地说来，便是使儿童在行为上得到新的人生观。要达到这个目的，须承认人生必须是自觉的，自动的，发展的，创造的，社会的，而以教育做手段，使学生养成这种种品德和习惯，以至于达到最高的高度。那玄虚、抽象、仿效、克制、被动的人生观，当然不是现代人所应当具有的，当然不能拘守着作为教育的出发点。

小学教育的意义既然认识清楚了，第二，我们就要想一想：知识究竟是什么？求知识的动机由于需求，没有需求，便得不到知识。所谓需求，就是满足现在的欲望，达到愉快的境地，所以知识是帮助我们计划、支配我们行动的。我们的行动要有意义，计划要收到效果，非有知识不可。我们不是先有了知识，才有计划有行动的。知识的价值全在于即知即行，当时应用。以前的教育叫儿童学习知识技能，预备着他们将来应用，所以儿童在学习的时候就很不高兴。为什么会这样呢？就因为不是他们当前所必需的。教师说："你们有了知识，可供将来应用；你们修炼品德，预备将来进入世间生活。"儿童就会想："我们现在难道不生活在世间吗？现在和将来的分界线在哪里呢？现在的所作所为原来只是预备，那么都可以不算数吗？到了将来，就可以什么都不用预备了吗？"这等怀疑影响到实际，便是没有学习的诚意。如果改变以前的见解，认定儿童的现在就是他们整个人生的一部分；他们现在的所作所为，就需要他们自己去应用知识方能完成；那么他们在当前的环境中有所需求，自然会自己去研究，寻求出道理和办法来，还会自己去试验这些道理和办法是否切合实用，来证实它们的价值。经过这样的研究和试验，他们得到的便是真的知识。试问真的知识有不能支配行动，不和行为合一的吗？

教师有什么可以授予儿童的呢？除却物质的东西可以授受，属于精神方面的知识是谁也不能授予谁的。因为知识是求知者主观的欲望和兴趣的结晶体，离开了求知者的主观便无所谓知识，所以知识只有自己去求，别人的知识只能由别人去应用，我不能沾他的一些光。教师的真知识终究是教师的，与儿童没有关系；教师用语言和文字将古人的和自己的经验一一传授给儿童，即使这些经验千真万确，毫无疑义的，也不一定能使儿童得到真知识。因为这许多经验在教师固然已心领神会、亦知亦行了，在儿童也许不觉得需要，不发生兴趣。如果这样，这许多经验就不会加入儿童的知识的总和。儿童总要在他们的实际生活中有所需求，自己去研究解决的办法，还要自己证实过，经验过，才会得到真的知识。有时他们听讲看书，却不立即信从别人的经验；而运用自己的推想力去寻求实证和实验，最后得到了和听到的看到的相同的结果，这也是他们的真知识。但是这等情形不一定常常遇到，总要自己实际经验实际证实，才能得到真个理解。

我们既然认定知识不是可以传授的，那么对于儿童，我们绝不能将现成的知识装进去，而要使儿童自己做将出来；不是使儿童学习了现成的知识，预备应付将来的事物，也不是使他们只为了有知识而去求知识，而是使儿童从事物中寻求真知识，并用真知识来支配他们的行动。儿童遇到事物，发生了求知识的动机，于是亲自去观察，去试验，结果，他们对于这事物得到了一宗新知识，他们在生活中就有了一个新趋向。这种活动创造的能力，什么时候什么地方都用得着，这才是怎样做人的根本方法。学校教育能注重这一点，学生就能不断创造，以谋社会的进步。他们何尝有为了有知识而求知识的观念呢？何尝觉得自己做了求知识这样一件特别的事呢？

知识的由来既如上面所述，那么第三，我们就要想一想：怎样可以让儿童经常有求知识的动机？要讨论这个问题，先要说明一下本能、欲望和兴趣。儿童都有他们的本能，在粗心的教师看来，这没有什么意义，有时还加上一个"无意识"的评语，表示厌恶和不屑道。其实本能正是教育的原料，如果不加以陶铸，对于人生不产生价值，所以无所谓善恶。如果能引导，没有一种本能，没有积极的倾向，不过有的比较容易陶铸成良好的品德，有的比较难一些罢了。教师如果能留心儿童的本能，便可以在教育上找到扼要的手段，随时获得新的经验和知识。儿童的某一本能倘若有善的倾向，便应该设法使他们尽量发展，渐渐成为有意识的习惯；倘若有恶的倾向，便应该设法引导他们转向积极，不使造成恶的结果。阻遏绝不是正当的方法，如果将儿童的各种本能阻遏净尽，教育就失去了原料，那还有什么教育？

欲望是人生活动的原动力。欲望的起源由于感到缺陷。渡水不得，便想造船；致远累事，便想造车；推而广之，便是哲学科学，哪一件不是从弥补缺陷起源的。儿童的活动逾越常规，就因为他们对环境感到新奇，非常羡慕，于是引起了求知求行求享受的欲望。顺着他的欲望的趋向，作为教育的入手方法，使他们如愿以偿，才是教育者最应当尽力的事务。顺着他们的欲望，并不是使他们纵欲肆志，而是不加摧残，不与违拗，引导他们满足欲望，归结到合理而有系统的道路上去。他们的欲望有时是不应达到的，或者是扰乱秩序的，这也不可以遏止（无论何人，欲望受到遏止将会何等懊丧！），最好用替代的方法以求补救。他们有了替代的欲望，不蹈空虚，不生恶果，终于得到了满足，那是何等的安慰，何等的快活！倘若为了维持秩序，不想个替代的方法，只一味遏止，秩序固然维持了，却断丧了他们活动的原动力，实在得不偿失。

兴趣是我们生命所寄托着的。一个人的世界，不能大于他兴趣所及的范围，唯有这个范围方是他内在的真实的世界。在他所感兴趣的范围以外，固然有许多事物围绕着他，但是他视若无睹，听若不闻，对他来说，可以说实际上并不存在。平常大家以为，我们的环境便是围绕我们的一切事物的总和，其实我们所寄托的只有我们经验过的一部分事物罢了。所以人的生活，以他的兴趣所及的事物来划定广狭远近的范围。一个人兴趣所及的事物很少，那么他的生活就非常狭小浅近。以前的小学教育，较好的也不过求教授有趣味，至于儿童是否真有兴趣，他们就不管了。他们这样做，怎么能不收到儿童的人生非常狭小浅近的结果呢？今后的教育要着力于扩充儿童兴趣所及的范围，并使他们养成终身的习惯。一个人影响他人的能力的大小强弱，多半靠他自己的兴趣的多少和深浅。无论何人，如果要影响他人，必须同情和了解他人的兴趣所在。所谓同情和了解，就是从他人的观点去看当前的事物。所以教育者需要扩充自己的兴趣范围，更需要真切了解儿童的兴趣可能及到的范围。

要使儿童经常有求知识的动机，须要根据他们的本能、欲望和兴趣，想方法来引导他们的本能，顺应他的欲望，扩充他们的兴趣。教育者要尽这许多义务，仿佛戏台上值场面的人，把种种事物都安置妥当，但是怎样表演怎样说白，还要让演员自己去做。教育是有最终的目的和价值的准绳的，教育者的义务便是使儿童得到合理的系统的知识，确定他们的新人生观。如果能给儿童布置个极其适当的环境，自己却忘记了自己是教师，而且使儿童也忘记了我是个教师，只觉得我是他们的环境之中的一个同情的互助的伴侣，这才是今后所需要的教育者。儿童和教师生活在一个环境里，彼此是同情的互助的，那么学校便是社会，学校生活便是社会生活。

小学教育设施的要义既然如以上说的，那么第四：小学教育的设施应当怎样安排呢？以前的制度既然造成了种种恶果，必须根本铲除，才有改造的基础。今后小学必须的设备是会场、工场、农场、运动场、试验室、娱乐所、图书馆、博物馆、卫生处，等等，一个学校便是一个社会；因为各种设施都是从现在创造的，可以脱去历史的拘束，进入比较圆满的境界。儿童进了学校，只是与各种事物相接触，只是觉得有许多事情要做；有必要的时候，他们自然会到会场里去讨论，会到图书馆里去看书。他们对于环境，兴趣所及有所不同；他们各从所好，随时运用心力和体力，或是工作，或是游戏，来满足各自的欲望，便随时长进经验，随时有所创作有所进步。教师对儿童自然要担负帮助和指导的责任，但是教师自身也随时长进经验，随时有所创作有所进步。教学事业就是教师的社会生活，帮助和指导儿童就是他的"尽其所能"。

照上面所说的，儿童在学校里便知和行合一，修养和生活合一。他们的本质是创造的、进化的，所以教育愈进步，他们便养成更健全的人。同时，这样的学校生活便是社会生活，而且更有系统，更有价值，更有改进的精神。他们并不觉得进了一个特殊的境界，游戏依旧，工作依旧，社交依旧，却不知不觉得到了做社会中的一员的经验。全社会都包含着这样的个人，社会便永永改进！

（1919年11月4日作，原载于《新潮》第2卷第2号，署名叶绍钧）

教育与人生

在讨论教育与人生的问题之前，我们先看什么是教育，什么是人生。

教育的意义究竟是什么？许多人认为，教育是"成熟的人对未成熟的人，以一定的目的方法使能自觉"。这种说法固然不能说不对，但总有些空泛。又如杜威所谓"教育即生活"，舒新城所谓"教育是启进人生的活动，其目的在于为社会创造自立的个人，为个人创造互助的社会；其方法在利用社会的（自然环境及社会环境）刺激，使受教育者自动解决问题，创造生活"（见《教育通论》）。这些理论也偏于空疏，没有切实道破具体的教育的意义。

我以为教育应该指学校教育而言。所以教育是用学校作为工具，把旧有的知识系统传授给继起的青年，使他们养成一种适合于既成社会的人格，以维持和发展这个社会。所以教育是人类获得生存资料和经营生活的一种工具。教育本身并非目的，而是工具。这种工具，大而言之可以挽救国家社会，小而言之可以指导个人，改造个人的错误，实现个人的本能，它的作用是很大的。

人生的意义是什么？所谓"人生"，系包括人类的物质生活和精神生活而言。各人对于人生的见解，就是所谓"人生观"。

认为人生是快乐的，就是快乐的人生观；认为人生应该献身于国家与社会的，就是责任的人生观。各人的环境不同，着眼点各异，因而各人的人生观亦不一致。学校教育的目的就在于使学生养成正确的人生观，因而不能不注意教育与人生的关系。

教育与人生的关系，大致有后列三点。

一、以教育认识自己。天下最可怜的事情莫过于自己不认识自己。有的人因为不认识自己的缘故，走入歧途，一切堕落，事业不得成功，甚至危及生命，这是何等的危险。

认识自己有两方面：一为自己的主体，或称"自我"；一为自己的环境，或称"外物"或"客体"。单是自我，不会有正确的认识；单是被认识的客体，也不能认识自己：必须明白了主体与客体的关系，认识了环境，方能认识自己。所以我们首先要认识的就是我们的环境。我们的行动与环境发生密切的关系：环境有支配或决定人生的力量，同时又有引诱人生入于某种途径的力量；我们受种种外物的支配和引诱都是必然的，不是偶然的。所以要认识了我们的环境，我们的行动才会有目标有意义，不至于成为盲目的不正当的行为。

在认识环境之后，应当认识自己的本身。认识自己的本身，最主要的是认识自己的地位。一个人能否尽自己的责任，就以认识自己的地位与否为先决的条件。各个人的地位本来是环境的反映，但是对付这个环境因人而不同，不是机械的受其支配而已。所以对于环境，就有能否适应的分别。所谓适应，既非屈从，又非反抗，乃是恰当利用环境之谓。要利用环境，除了认识环境之外，第一要注意自己所处的地位，第二是自己的能力，第三是自己的能力在所处的地位能够发挥的作用。所以环境的认识和自我的认识都是必要的。

认识客体的环境和自我主体的地位，不是一件容易的事情，必须有相当的知识学力，才能辨别是非，分清黑白。这当然是教育的责任了。教育不仅要增加学生的知识学力，同时要引导学生走入正轨，使其了解世界的大势，本国的情状，以及学生所负的使命和个人所处的地位。

二、以教育革新自己。既然认识了自我与环境，就应当从事于革新自己。革新可以分两个方面来说。

一方面是铲除一切障碍物，如虚荣心、怠惰心，等等。一般人很容易受这些魔力的支配，自己不能节制自己，这是人类本性上的缺陷。但人类的本性也具有许多优点，如仁爱、求知，等等。我们应当发扬自己的长处，铲除这些短处。

另一方面是革新过去的错误观念。我们认识了环境和自己的地位，就应当铲除以往的错误观念，向新的路线上走去。一个人总有自己的人生观和宇宙观。较进步的人对社会更有认识，这种种认识，构成了人类行为的基础。我们在认识了环境和自我之后，对这种种当然会有相当的认识。在我们的本能中虽然有除旧布新的成分，同时也有迷恋过去的成分，所以革新过去的错误观念，便非常重要了。

要铲除一切障碍物，革新过去的错误观念，必须在教育上下功夫。因为怎样铲除虚荣心、怠惰心，如何革新错误观念，是要以教育力量为原动力的。

三、以教育成就自己。由认识自己而革新自己，由革新自己而成就自己，是一种自然的步骤。如何才能达到成就自己的目的呢？这当然有研究的必要。我以为应当按照自己的所长和所好去成就自己。譬如性情爱好理科的，就可以在理科方面努力；爱好文学或政治经济的，就可在文学或政治经济方面努力。这样作去，是很容易成功的。要使人们都能够这样成就自己，非借助于教育不可。可见教育对于人生所负的责任，真是不小。

以上三件事，无论缺了哪一件，都很难成为健全的分子。今后的教育应当从这三件事着手，尤其对于中学生，更应当特别训练。希望负有教育责任的人注意。

（原载于《每周评论》1934 年第 57 期，署名王钧）

受教育跟处理生活

中等教育的目标不外乎给与学生处理生活的一般知识，养成学生处理生活的一般能力，使他能够做一个健全的公民。依照教育学者的说法，话决不会这么简单；他们罗列各派的学说，比较各国的国情，一下子一章，再一下子又是一章，可以写成一本很厚的书。但是说来说去，总脱不出这一句简单的话的范围。

所谓生活，无非每天碰到的一桩桩一件件的事情。客人来了，该要款待他，这是一件事情。夏天快到了，该要下稻种，这是一件事。东北四省失去已经三年了，该要想法收回，这是一件事。太阳上的黑子今年又扩大起来了，该要研究它的所以然以及对于地球的影响，这是一件事。事情是举不完数不完的；许许多多的事情积聚起来，其总和就是人类的生活。

根本地说起来，处理生活的知识当然该从一桩桩一件件的事情上去取得，处理生活的能力当然该从一桩桩一件件的事情上去历练。唯有这样，才无所谓学习跟实做的界限，才没有支离破碎的弊病；过一天就是一天的充实生活，便没有像泄了气的气球似的预备生活。

教育的最高境界该怎样呢？说出来也平淡无奇，不过实现上面所说的罢了。在现今世界上，并不是没有施行这种教育规模的地方。在我国，有一部分教育者提出教、学、做合一的主张（又有人说该是做、学、教合一），也是想把教育推进到最高境界的一种企图。

但是要知道，教育是不能离开了种种的社会关联而独立的。教、学、做合一的主张不能普遍于整个教育界，正受着种种的社会关联的限制。此刻我们必须明白的是：现行的教育规模，例如把训育跟教科分为两橛，又如定下公民、卫生、国文、算学等等科目教学生学习，实在不是顶妥当的办法，而只是不得已的办法。

为什么不是顶妥当的办法？因为这样一来，就把教育跟一桩桩一件件的事情，也就是跟生活的距离拉得远了；故而在学校里当学生，总不免有"预备生活"之感。但是不这样就得全盘推翻，另起炉灶；在不能另起炉灶的时候，要让青年取得知识，历练能力，就只得照现在这样做。所以说只是不得已的办法。

明白了这一点有甚么益处呢？益处就在于能使我们不忘记我们的实际生活。我们学的虽然是公民、卫生、国文、算学等等科目，而实际生活里并没有这些科目，只有一桩桩一件件的事情。事情临到我们的面前，我们要能综合地运用这些科目去处理，那才是真个取得了知识，历练了能力。如果徒然记住在心里，写在笔记簿上，临到事情还是茫然失措，那就等于没有受什么教育；我们绝不肯这样耽误了自己。

连带地，我们自然会领悟教科书的本质只是各种科目的纲领而已。譬如演戏，教科书好像一张节目单，背得出节目单并不就是演了好戏。纲领自有纲领的用处，繁复的头绪须得理清楚，才可以结成概念，纲领的必要就在乎此。因而死命地记诵教科书是无谓的，把记诵教科书当作受教育的终极目的尤其无谓。我们固然不肯把节目单抛开不顾，可是我们更得好好地演我们的戏——随时随地好好地处理我们的生活。

（原载于《中学生》第53号，1935年3月1日，署名编者）

知识本位与考试本位

　　最近数月来，我们常觉到一种存在于青年学生间的关于应付考试的严重空气，特别是今夏修完初中或高中学业的人，从春季开学起，学校就为他们排定程序，停授正课，专习考题，有的甚至专预备考试所着重的英、国、算三科，其他常识都不顾及的。在近暑假的时候，有不少题名为《会考试题汇编》之类的书，代替了正式的课本而流行在学生中间。等到考毕放假以后，另有一类题名为《升学投考指南》的书籍，与许多学校的招生广告同时出现。似乎在现今的教育制度中，考试已成为一种专门的技术，需要特殊的训练了。本期《青年文艺》栏丁宁君的《三重关外的回忆》，就隐约告诉了我们这样的事实。但是，这篇文字还告诉了我们更重要的事实，就是为应付考试而造成的紧张空气，对于青年学生常常是有害的。

　　我们不否认考试在学习上的价值：它的价值在于考验学生的学习过程的是否正确与学业知识的达到何种程度。为便利计，在现在非普及的教育制度下，它也被用以评定学生的成绩，作为督促学生用功的一种方法的。然而，渐渐地这种方法被重视得过分了，教育的成绩不良，学生对于功课没有兴趣，唯一的补救办法，似乎只有把考试加紧。于是有了重重的考试；于是学校和学生都把应付考试作为一种严重的功课；于是所谓指导应考的投机书籍，便代替了正式的课本和有益的参考读物，而占据在许多中学青年的案头了。我们借用今年的一种时髦的说法，现在的教育似乎不是以求取知识为"本位"，而是以应付考试为"本位"了。

上述的弊病，不但有许多认真求学的青年感觉到，有不少负着教育之责的人大概也知道的。今年夏间教育部曾经通令各省市教育厅局，纠正举行会考时的几项事件。天津《大公报》在"社评"中和"明日之教育"栏中，也都有专文批评考试的流弊，以为教育的目的，"绝不是为背名词与公式，不是为制造'活动的百科全书'，而在增强吾人适应环境的能量，启发理智，陶冶情绪，实现更优美的人格"。同时，我们听到不少贤明的教师的口头意见，也以为学生滥用指导应考的书籍（这些书籍当然不免于许多排印上的错误的），单重机械式的记忆，是并无益处的。不过，这些批评的着眼点主要是在现行考试的技术上的缺点，我们更应纠正的是对于考试的根本态度。现在有人要用考试作为一个个的圈儿，把读书人的心拴住；被考者则把它看作一道道的关口，希望能侥幸通得过去：这样还有什么教育的意义留存下来呢？我们竭诚地希望负责教育者注意：考试只能在学习的过程中占一个小小的位置，把它过分地重视，甚至忘却了求取知识的本义，对于学生是无益有害的。

（原载于《中学生》第 57 号，1935 年 9 月 1 日，署名编者）

"为己"

任何事情只怕不想，如果肯想，没有想不明白的。

住学校，当学生，学习各种功课，所为何事？对于这个问题，凡是当学生的都该想一想，想明白了，一天天的用心用力才有意义。否则自己都莫名其妙，想是胡想，动是盲动，不说别的，这样的生活也太无聊了。

咱们先这样想起。一个人遇见任何种物，不懂得它的道理，着手任何种事，不懂得它的做法，这样的人要得要不得？那是无知无能，当然要不得。为什么说当然要不得？因为做一个人必须与物跟事打交道，打交道必须凭借知和能。你不懂得道理和做法，交道就打不成，你的生活必将一塌糊涂，这如何要得？

世间的物非常多，各有各的道理；世间的事非常多，各有各的做法。一个人要完全懂得一切的道理跟做法，正像庄子所说"以有涯逐无涯"，事实上必然办不到。可是咱们也并不要完全懂得一切的道理跟做法。咱们可以用执简御繁的办法，把所谓道理跟做法分为若干门类，提纲挈要地懂得它们，懂得了纲要之后，待碰到个别的物跟事的时候，就可以用比照或类推的方法分别对付，往细密处精深处再加研求。

学校里的各种功课就是这样来的。简单说一句，各种功课就是一切道理跟做法的分类的纲要。咱们生活中，无论物质方面或精神方面，凡是必需的道理跟做法，各种功课都有涉及；所以说是一切道理跟做法的纲要。咱们生活中，物跟事纷然而至，并不标明什么是什么；学校里的功课可分了门类，数学科专讲关于算数的道理跟做法，公民科专讲关于公民的道理跟做法，其他准此；所以说是一切道理跟做法的分类的纲要。

学习了各种功课，咱们可以懂得许多物的道理。这所谓懂得，不仅能够挂在口头"摆"一阵，而且能够心领神会，真个了解其所以然。学习了各种功课，咱们可以懂得许多事的做法。这所谓懂得，不仅能够一是一二是二地说出来，而且确然能够这么做，这么做化成了自身的习惯。

懂得了许多的道理跟做法，咱们的生活才丰富，才美满。就日常说，咱们绝不会存着迷信的念头，说出无理的言语，做出狂妄的举动。就事业说，咱们种田就能把田种好，做工就能把工做好，总括一句，做任何事业都能够守分尽职。就人伦说，咱们做儿女能尽儿女之道，做公民能尽公民之道，如果做父母，就能尽父母之道，做领袖，就能尽领袖之道。以上把丰富的美满的生活约略加以说明。咱们现在学习各种功课，就为要增长咱们的知跟能，实现这样的生活。

孔子说："古之学者为己，今之学者为人。"为己，就是说所学都归自己受用，生活从而丰富美满。为人，就是说所学跟生活不发生关系，学如未学，徒然说些空话，摆个空架子，使人家误认他已经学了。孔子这个话，慨叹他当时的学者学而不得其道。学如未学，又何必学，诚然可以慨叹。咱们从此应该相信，事不论古今，学必须"为己"才行。

咱们认定了"为己"这个标的，然后去学习各种功课，情形就大不相同。咱们将不再以为做功课仅是"读书",只须记得牢,背得出,答得出老师的考题,取得到及格的分数。书固然要读,可是印在书本上的不过是各种道理跟做法的记录,最要紧的一步还在把这些道理跟做法化为咱们的知跟能。说到"化为",光是"读"绝不济事,必须随时随地使各种功课跟咱们的思想行为打成一片才成;打成一片是咱们自己的受用,咱们不但要知道必须如此,而且要乐于做到如此。"知之者不如好之者,好之者不如乐之者。"到了"乐之"的阶段,凡是所学的东西还有不是"为己"的吗?

(1943 年 1 月 4 日作,原载于《四川学生》第 1 卷第 2 期)

革除传统的教育精神

不变应万变的话儿，一半儿对，一半儿不对。无论如何要抗战到底，无论如何要建立个全新的国家，无论如何要由老百姓当主人，要使老百姓的生活——物质与精神两方面都好起来。从这一点看，不变应万变没有错儿。但是，照以往的做法，这个目标都达不到，都会落了空；要达到，要不落空，非改弦更张，另起炉灶不可。从这一点看，谁还说不变应万变，简直是自甘没落，荒谬已极。

"穷则变，变则通"，《系辞传》里的这两句，如今被引用得很普遍了。虽然一部分人只当它是作文的滥调，也可见在当前的局势之下，"变"这个字已经在人人心目中占了重要的位置。

这儿不说旁的，单说教育。教育不是独立的部门，与政治、经济等项都有关系。怎么能够"单说"？话是不错。可是就教育方面谈一些原则，那些原则当然决定于其他部门，而不再谈及其他部门，这样去枝去叶、只取本干的办法，也未尝不可以。

教育应该变了，一个月内，各地报纸上都有表示这个意思的论文。各人有各人的看法，各人有各人的注意点，为学生着想的看法。至于学制与课程之类，待教育专家去讨论，这儿不说。

为学生着想，我们以为急需革除传统的教育精神。传统的教育精神是什么？让一些人读书，应考，考上了的做或大或小的官，帮助皇帝统治老百姓。无论其人的存心是仁义道德，或是声色货利，无论其人的出身是贵胄高门，或是翁牖绳枢，只要一读了书，一做了官，就站到皇帝一边，事实上与老百姓对立。这样的教育，说得好听些，是为国家教育人才，拆穿了说，无非替皇帝找帮手的途径而已。就受教育的人一方面看，由此可以得些利禄，不能算没有好处。可是离开了老百姓，与老百姓处在对立的地位，有意无意地加害于老百姓，只要这么一想，就知道实在没有什么好处。

依理说，传统的教育精神到了民国时代应当废弃了，因为民国时代不再有什么皇帝，大家都是老百姓，也不再有什么个人或集团与老百姓对立。但是，究竟习染太深了，传统的教育精神到了民国时代依然保持着。这不能就学校的设置与学科的安排那些事项上看，就那些事项上看，如今的教育当然与以往的两样。这要就精神上看。在施教的一方面，无非想造就一班公务人员与技术人员，这些人员高明不高明无关紧要，能不能为老百姓服务尤其不需顾虑，只要撑得起那么个场面就成。在受教的一方面，看重分数，看重文凭，认定自己走的是利禄之途，此途走通的时候，就可以出人头地，高高在上。至于自己本是个老百姓，该一辈子为老百姓服务，这样的认识自始就没有听说过，到了文凭到手，高高在上，自然更不容易领悟了。以上说的未免抽象，可是，似乎已经抓住了如今的教育的精神。试想这样的教育精神与传统的有什么分别？

民国时代要行真正的民主，必须人人自己觉着是老百姓，是个不折不扣的老百姓，是个处于主人地位的老百姓。公务人员，技术人员，乃至于什么什么家，都是社会间不可缺少的，自然得由许多人去当。但是有个重要条件，当这些人员这些家的，仍然是个老百姓，他的一切努力都是为老百姓服务，也就是为他自己的伙伴服务，绝不为旁的。传统的教育不管这一点，不能怪它，因为已往时代老百姓注定被踩在皇帝脚底下。如今的教育不管这一点，就失去了教育的意义，任凭你说得天花乱坠，干得花样翻新，总之毫不相干，因为这一点才是如今的教育的根本与灵魂，而没有根本的树木是枯木，没有灵魂的躯体是尸体。

教育要变，就得在精神上变，革除传统的教育精神，认定以老百姓为本位。学制与课程之类也不是不重要，然而精神不立，单就这些上讨论如何如何更改，就是舍本逐末，必然没有什么好处。对谁没有好处呢？对受教育的没有好处，对国家民族也没有好处。

（1945 年 1 月 4 日作，原载于《中学生》1945 年第 83 期，署名圣陶）

升学与就业

　　暑假将近，升学与就业的问题又将在一部分同学的心头盘旋了。每年逢到这样的时期，我们总要说些话，供给同学们做参考。现在谈谈关于原则上的认识，就是为什么升学，为什么就业。

　　我国一般人把学校教育看作变相的科举，其中一部分人意识上并不清清楚楚这么想，骨子里却死死地抱住那个旧传统，牢不可破。从前读书人读书准备应科举，考上了一级再考一级，一步步往上爬，爬的目标是做官从政。他们认为现在受学校教育也无非如此。不过他们把做官从政的范围扩展得更广，不限于做官，凡是社会间最优越的地位，有利有势的，都是他们所认为的目标。

　　要一般人改掉这种旧观念，须待社会改变过来，须待他们自己明白过来，我们且不说。我们要说的是此刻预备升学的同学们决不能同样抱着这种旧观念，必须在意识上把它彻底排斥才行。不然的话，出发点就错了，出发点一错，在学习的过程中不容易真有所得，即使学而有成，也没有什么可贵之处。

　　我国一般人把就业看作吃饭的手段。为要吃饭，才去就业。如果不就业也可以有饭吃，譬如有祖宗传下来的遗产，有各种生产事业的利润，那就乐得空闲，无须就业。解决吃饭问题当然以家庭为范围。就个业，自己有饭吃了，是起码的满足，整个家庭有饭吃了，是进一步的满足，整个家庭不但有饭吃，而且能吃顶好的饭，那才是达到了极点的满足。

这也是一种旧观念，要一般人改掉它，与前面说过的一样，我们且不说。我们要说的是此刻预备就业的同学们绝不能同样地抱着这种旧观念，必须在意识上把它彻底排斥才行。饭当然要吃，可是就业不专为吃饭。这一层不弄清楚，出发点就错了，出发点一错，就业不会有好成绩。

为什么说"此刻"预备升学、"此刻"预备就业的同学们，决不能同样地抱着旧观念？我们希望改变什么，总得找到端绪，开个头儿。一般人习染太深了，虽不是不能改变，也该是不易改变。预备升学预备就业的同学们却正站在出发点上，固然从家庭与社会间也不免有些习染，但究竟不怎么深，从这批同学们改起，正是开个头儿。

为什么说抱着旧观念，升学就学不好，就业就干不好？旧观念以学与业为取得私利的手段，其实学与业是同类的事项，既不纯为着私利，也不纯属于手段。现代人的一大进步是认识个己与大群关系的密切。这种认识从实际生活体验得来，要于大群有利，才于个己有利，欲求个已有利，就必须顾到大群。因此，为学与就业必须把眼光放远，所学所业要有利于大群才行，如果纯为着私利，必将走到岔路上去。这是一。所学所业都是即知即行的，说到行，就是当前个己受用，当前大群受用，这个受用便是目的，不是手段。要把为学与就业说成手段也未始不可，可是须认定一个最广大最终极的目的，就是把大群的物质生活精神生活提高起来，对于这样的目的，为学与就业那才是一种手段。这是二。

我们以为在升学与就业之前须有这么一种简要的认识。

（1945 年 5 月 6 日作，原载于《中学生》1945 年第 88 期，署名朱逊）

新 精 神

　　曾经与一些民众学校的教师谈话。他们说他们的工作无非教来学的人识若干字，读几本书。识得了，读过了，就让来学的人毕业。毕业之后，他们没有相当的读物可看，应用上也不大需要什么文字，大约经过相当于入学的时间，就把识得的字读过的书忘得差不多了。教师们觉得他们的工作很空虚似的，辛辛苦苦，费心尽力，可没有一点儿切实的成绩。

　　我很同情他们，可是没有什么话安慰他们。事实摆定在那里，切实的成绩不会像变戏法一般变出来的。

　　正规的学校教育不也是一样吗？课程规定把一些知识装进学生的头脑，装到了限度就算毕业。毕了业又经过若干时日，装进去的忘干净了，与自始没有装什么进去无多分别，徒然耗费了若干年一去不返的光阴，以及若干笔勉力支撑带血带泪的学杂费！最近上海《大公报》刊载了许多篇文字，是大、中学生写的，说法各各不同，可是一致地控诉他们所受的教育对他们没有好处。写文字投登在报纸上的当然是极少数，极大多数的学生只在嘴上说说，心里想想，我知道他们的意思，归总一句话，也是他们所受的教育对他们没有好处，因为这一类的陈说我听见得太多了。学生们的反应如此，教师们，尤其是有良心有责任感的教师们，岂不要发生空虚之感？

教育不以生活为本位而以知识为本位，是一个大毛病。由于不以生活为本位，所以不讲当前受用，读了植物学可以不辨菽麦，读了生理卫生可以绝无卫生习惯。由于不以生活为本位，所以只讲记诵，能够照书本回答就得一百分，不能够照书本回答注定吃大亏。由于不以生活为本位，所以受教育成了一件奢侈事情，譬如穿一件绣花衣服，穿了固然体面，可是不穿也没有关系。

这种精神是承袭传统的教育精神而来的。传统的教育，其目的只在替皇帝选拔一批驯良的帮手，向来不管受教育者的生活，谁问你当前受用不受用！为要把驯良训练得到家，自然需钦定一些教材，叫你只许在范围之内用心思，这就来了记诵之学。而从前的受教育原是带着奢侈性的，一旦飞黄腾达，固然走上利禄之途，可是，犹如买奖券，大多数的人只好执着没有中的奖券空叹气，你想发财就是你的奢侈性作怪。

现在与往昔，时代不同，而现在的教育还是承袭着往昔的教育精神，这是蜕变期间应有的现象。就一个人看来，五六十年是一段很长的时期，可是就历史看来，社会蜕变（教育包括在内）经历五六十年还没有变过来，不能算了不起的久长。传统的教育精神总有一天会完全摆脱的，而吃亏的是生当其时，现在正在受教育的少年与青年。

摆脱了传统精神的教育，对于受教育者必有切实的好处。以生活为本位，随时学习，随时受用。知识不是点缀品，追求知识是为充实生活，知识必须化为身体上的血肉，生活上的习惯，不仅挂在口头笔头装点门面。多受一天教育将与前一天不一样，在做事，为人，想心思，辨事理种种方面多少必有进步，如是一天天继续不断，一直往更真更美更善的路上前进。

也有不少的教育者已经感到了这种新精神，他们虽不能完全摆脱环境的拘束，但是他们努力使他们的学生得些实益。他们的学生也比较有福了。方在受教育的少年青年们如果感到了这种新精神，也可以努力使自己的学习合着这种新精神。那么，他们比较有福了。

[1948 年 3 月 14 日作，原载于《中学生》1948 年 4 月号（总第 198 期），署名圣陶]

当前教育工作中的几个问题

当前教育工作中的问题很多，有的问题还很严重。

许多教师很努力，都想做好工作，但是不得其法。不少教师只知道逼学生做功课，连小学二三年级的学生，家庭作业也很繁重。语文老师常常要求学生把一篇课文抄写若干遍，还出一些孩子力所不及的练习题。例如，指定一个字，要学生写出含有这个字的三个或四个词来。学生写不出，问过家长才写出来，可是对这些词的意义并不理解，这有什么好处呢？算术也这样，一大张一大张的补充习题，听说是上面发下来的，需要很长的时间才能做完。做这些作业，每天都做到很晚，弄得困倦不堪。小学生是这样，中学生也是这样。体质下降了，近视眼增加了，问题很严重。

抓教育是应该的，但是怎么抓，要好好研究。一味加重学生的负担，不是办法。

要重视德、智、体全面发展。现在似乎是重视智育，对德育和体育有些忽视。

教育是什么？往简单方面说，只需一句话，就是要养成良好的习惯。德育方面，要养成待人接物和对待工作的良好习惯；智育方面，要养成寻求知识和熟习技能的良好习惯；体育方面，要养成保护健康和促进健康的良好习惯。咱们社会主义社会的教育，就是要使学生养成在社会主义社会里生活的一切良好习惯。

良好习惯主要在学校里养成。坐要有坐的样子，站要有站的样子。早上见到老师，说不说"老师，您好"？称呼"您"还是称呼"你"？态度是真诚还是虚伪？都应该注意。现在学校里似乎不大讲究这些，这不好。当然，应该要求家长同样注意。

孩子到五六岁，已经很能说话了，大体能把他们的思想表达清楚，有时候还很生动。可是上了学，认了字，话反而说得结结巴巴，词不达意，作文也是这样。前几年受"四人帮"的影响，把空话、套话、大话、假话当作教材，学生学会了这一套就受到表扬。"四人帮"打倒了，这种现象的改变还不怎么大。新编的语文课本也不能令人满意。这不仅因为"四人帮"的影响没有彻底清除，也由于我们还没有摸清楚语文教育的客观规律。

孩子长到两三岁已经能说简单的连贯的话，已经有了初步的表达能力；至于听话的能力，也就是接受的能力，发展得更早一些。对于这些，幼儿园应该加以引导。进了小学，孩子们的接受能力和表达能力，包括口头的和书面的，都应该循序渐进，逐步提高。循序渐进的"序"必须符合客观实际。客观实际是什么？一是语言学习的需要，一是学生接受的可能。哪些词是哪个年级可能学的和必须学的，哪些句式是哪个年级可能学的和必须学的，词和句之外还有全篇结构的问题，还有文章体裁的问题。这个符合客观实际的"序"，就是语文教育的客观规律，这个规律还没有找出来。这个规律必须找出来。因此，要加强语文教育的科学研究。

现在上课，还是那个老习惯，教师讲，学生听，好像教师是演员，学生是观众。这是不行的。

教师讲，目的是要达到不用讲，好比帮孩子学走路，先牵着他走，扶着他走；进一步让他自己走，在旁边护着他；最后完全可以放心了，就让他自己走，护也不用护了。上课也一样，教师不能光灌输，要多启发，多引导。学习是学生自己的事，不调动他们的积极性，不让他们自己学，是无论如何学不好的。不光是语文，别的科目也是这样。如果学生不会自己动脑筋，不会自己求知识，学本领，事事都得依仗老师，这样的人培养出来有什么用呢？

作文为了什么，看法还不一致。是不是为了培养作家呢？不是。学生当中出几个作家，当然很好，但是绝不会所有的学生都当作家。作文是为了培养表达的能力。这个能力，人人都必须有，在日常的生活中工作中都要用到。

过去几年受"四人帮"的影响，学生作文学会了说空话、套话、大话、假话。教师让他们写一篇学雷锋的文章，许多学生就写他怎样在大街上搀扶一位老奶奶。首先要问，到底有这回事没有？如果没有这回事，文章即使写得像个样子，也是骗人。骗人，怎么能说是学雷锋呢？这是个有关品德的问题，应该引起教师特别注意。

有人认为读就是为了写，这种看法也不全面。读和写，接受和表达，这是语文教学的两个方面。读的目的主要是培养理解的能力，理解能力提高了，对写作自然也有好处。

许多人评价学校，只看升学率，升学率高的学校就是好学校。为了提高校誉，有些学校就专门逼学生，考学生，想尽办法提高升学率。这就给学生造成一个很坏的印象，上学为的就是高考，高考考不上，一切都完了，十年的工夫等于白费。听说高中毕业生只有百分之三四能升学，难道普通教育就是为这百分之三四办的吗？难道剩下的百分之九十六七都是这百分之三四的"陪客"吗？上学为的是具有建设社会主义的实力，不是专为考大学。普通教育不能光从高考着眼。这个问题已经引起重视，开始在那里抓了，但是抓得还不够紧。

（原载于《教育研究》第 4 期，1979 年 10 月）

不应单纯追求升学率

在全国重点中学工作会议上，教育部张承先副部长提出的五条纠正单纯追求升学率的措施，我完全赞同。这五条措施非常及时，对关心中学教育的人来说，如大旱之望云霓。

纠正措施第一条：坚决不搞高考分数排队，不给学校下达高考指标；第二条：坚决把学生从频繁的考试中解放出来，学校只实行期中、期末两次考试，从省、市到县区都不得统考统测。

两个"坚决"，好！希望各级教育部门和各个中学都能贯彻执行。不要教育部说了"坚决"，下面却仍其旧贯，来些变相的花样。近年来考试的名目多得很，什么摸底考试，模拟考试，我也记不清这许多，总之，考，考，考。为什么要考试？就期中、期末考试来说，我以为最重要的是教师从考试的结果，可以知道自己教的成绩怎么样：教得不错，有长处，要继续发展；教得有问题，有缺点，要想办法改进。至于学生，要让学生知道自己并非为考试而来学习的，看待考试，应该跟平时举手答老师的提问一样平常，既不藐视，也不特别重视，逢考就考，不必特别做准备；不考的时候，照样认认真真地学。总不要使学生对考试有过关似的感觉。这样的情形，希望能在所有的学校里尽快实现。

第三条说："严格按照教学计划、教学大纲的规定进行教学，不得搞突击，过早结束课程……"

这一条非常重要。去年《光明日报》发表过一篇通讯，对许多学校的高二班在秋季开学不久就停止课程，专搞复习，表示忧虑。我看了这篇通讯，心里非常难受。有的学校甚至把高考不考的课程取消了。有一位生物教师怅怅地对我说："我的课程被高考挤掉了。"高中只有两年，已经嫌少，再用半年以至一年来搞复习，学习时间不是更少了吗？当然应该学到第二学年终了为止。教师真正认真教，学生真正认真学，就用不着变更平时的教学秩序，过早地搞什么复习。还有，几年来年年发布高考复习提纲，过去由于各地教材不同，发布复习提纲有它的必要，今后是不是可以不用复习提纲了。现在有些学校和出版社发行考题解答之类的书，销路很好，可以赚钱。这个事情非常不好，对学生的学习没有好处。解放前我编《中学生》杂志的时候，几乎年年撰文表示反对。在旧中国，书店这样做是为了牟利。现在，我们的学校和出版社绝对不应该这样做。

第四条也是很切中要害的。学校要对全体学生负责，不能只抓毕业班，忽视非毕业班；在毕业班，不能只抓少数"尖子"，放弃大多数学生。如果忽视非毕业班，放弃大多数的非"尖子"，这就毫无道理，简直没有一点儿教育的气味了。第四条说不能忽视和放弃，是绝对正确的。

第五条说，要保证学生每天有九小时的睡眠时间。据我所知，在今天以前，高中学生九小时的睡眠是得不到保证的。我的邻居有收音机不开，有电视机不看，因为孩子要考大学，功课做到半夜十二点才灭灯，就算明天六点半起床，最多也只睡六小时半。这恐怕不是个别的吧？现在有些小学生身体不好，有些中学生大学生身体不行。说不好不行，举不出统计数字，似乎空口无凭。但是，身体不好的哪怕只有百分之一，不是也必须重视吗？

　　纠正单纯追求升学率的五条措施，已经刊登在报纸上了，文件一定就会发下去的。不知道担负教育行政工作的，当教师的，做家长的，能不能都认真对待，共同贯彻。只有全社会都重视起来，单纯追求升学率的问题才能得到彻底纠正。

　　（1980 年 8 月 11 日在教育部和政协教育组联合座谈会上发言，原载于《光明日报》8 月 18 日）

吕叔湘先生说的比喻

最近听吕叔湘先生说了个比喻，他说教育的性质类似农业，而绝对不像工业。工业是把原料按照规定的工序，制造成为符合设计的产品。农业可不是这样。农业是把种子种到地里，给它充分的合适的条件，如水、阳光、空气、肥料等等，让它自己发芽生长，自己开花结果，来满足人们的需要。

吕先生这个比喻说得好极了，办教育的确跟种庄稼相仿。受教育的人的确跟种子一样，全都是有生命的，能自己发育自己成长的；给他们充分的合适的条件，他们就能成为有用之才。所谓办教育，最主要的就是给受教育者提供充分的合适条件。

办教育决不类似办工业，因为受教育的人绝对不是工业原料。唯有没有生命的工业原料可以随你怎么制造，有生命的可不成。记得半个世纪以前，丰子恺先生画过一幅漫画，标题是《教育》。他画一个做泥人的师傅，一本正经地把一个个泥团往模子里按，模子里脱出来的泥人个个一模一样。我现在想起那幅漫画，因为做泥人虽然非常简单，也算得上工业；原料是泥团，往模子里一按就成了产品——预先设计好的泥人。可是受教育的人绝非没有生命的泥团，谁要是像那个师傅一样只管把他们往模子里按，他的失败是肯定无疑的。

但是比喻究竟是比喻，把办教育跟种庄稼相比，有相同也有不相同。相同的是工作的对象都有生命，都能自己成长，都有自己成长的规律。不同的是办教育比种庄稼复杂得多。种庄稼只要满足庄稼生理上生长的需要就成，办教育还得给受教育者提供陶冶品德、启迪智慧、锻炼能力的种种条件，让他们能动地利用这些条件，在德智体各方面逐步发展成长，成为合格的建设社会主义的人才。

对受教育者提供充分的合适的条件，让他们各自发挥能动作用，当然比把他们往模子里按难得多。但是既然要办教育，就不怕什么难，就必得把这副难的担子挑起来。

（1982 年 12 月 21 日作，原载于《文汇报》1983 年 1 月 6 日）

读书和受教育

儿童开始进小学，中学毕业生考上了大学，都说是去读书。"读书"是个通常的说法，大家说惯了，随和地说说也无妨，可是绝不能信以为真，看得太死。如果信以为真，看得太死，学生本身大吃其亏自不必说；而且吃亏的范围非常之广，并不夸张地说，简直是整个社会，整个国家。

所以谁都要辨别清楚，学生上学，随俗地说是去读书，正确地说可不是去读书，是去受教育；受教育是上学的全部意义和整个目的，读书是受教育的一种手段。为什么说是"一种"手段？因为除了读书还有其他手段。

受教育的意义和目的是做人，做社会的够格的成员，做国家的够格的公民。想到"做"字，就可以悟出光记住些什么是远远不够的。必得把某些精要的东西化为自身的血肉，养成永久的习惯，终身以之，永远实践，这才对于做人真有用处。

无论是谁，从各级各类学校出来之后还得受教育，大学生和研究生毕了业并非受教育的终结。那时候哪儿去受教育呢？从社会各方各面都可以受教育，只要自己有要受教育的坚强意愿。这就是自我教育，简化地说就是"自学"。自学能力的强或弱根据在校时候所受教育的好或差。假如在校时候常被引导向自学方面前进，学生有福了，他们一辈子得到无限好的受用。而且，不但他们自己，社会和国家也得到无限大的利益。不怕他人嗤笑，我简直要外行地说，所有各级各类学校以及补习、进修的机构的主要职能，全都在引导来学的人向自学方面不断进展。

我说这句外行话源于两点意思。一点意思是，所有做人的必需的东西非常之多，教不尽的，各种教育机构只能取其重要的，作为例子来教。来学的人如果学一光知一，不能举一而反三，受益就不多。所以教了一，同时要引导来学的人能够反三：这就是引导他们自学。再一点意思是，学了什么如果光能守住什么，即使一丝一毫没遗漏也是不够的。不妨试想一下，要是半坡村人光知守而不知变，要是咱们的先民全都光知守而不知变，那么直到今天，茫茫神州还是不计其数的半坡村，哪会有灿烂光昌的中华人民共和国？所以执一不二，光知守而不知变，不求变，不善变，是极不适宜于做人之道的，尤其是在多变激变的 20 世纪80 年代。这就给各种教育机构规定了必须担当的任务，在教育来学的人的同时，要特别注意引导他们知变，求变，善变，有所改革，有所创新：这就是引导他们自学。

一辈子坚持自学的人也就是一辈子自强不息的人。不难想象，这样的人不断增多，社会和国家将达到何等繁荣昌盛的境界。

因此，教师特别致力于引导学生善于自学，绝不是越出了教师的职责，绝不致贬低了教师和尊严。正相反，我以为唯有能这样做的教师才够得上称为名副其实的教育家。

现在来说读书。因为这篇拙作谈的是学校教育的事，姑且只说课内的读书，不说读课外书。课内的书就是各科的课本，也叫教科书。

不妨先设一问：为什么要有各科的课本？

　　我想，回答应该是这样：做一个够格的人，必须懂得许多事物，明白许多道理，实践许多好行为；可是事物不能全部直接接触，道理不能一时马上渗透，好行为不能立即正确实践，因而只能写在课本里，以便间接接触，从容揣摩，积久成习。学生读课本并非目的，真能懂得事物，真能明白道理，真能实践好行为，才是目的。

　　这三个"真能"极为重要。学生果真"真能"了，才是真正受到了教育。另外一种情形，要是学生能把课本读熟，考试的时候能按课本对答无误，可是跟三个"真能"却有或大或小的距离，那就成问题了。问题是学生在受教育的意义上有或大或小的亏缺。所以致此，或由于课本的编写失当，或由于教师的教学欠妥，或则二者兼之。因此，我诚恳地祝愿编者和教师，你们在编写和教学的时候务必注意到学生的三个"真能"，同时还要注意到引导学生向自学方面进展，终身做得到三个"真能"。

　　四十年前，一位同事编小学课本，要说明蒸汽机能带动列车是怎么一回事。他写得很辛苦。一改再改，总不满意。他把稿子给我看，我看过后说，小学生念了这篇课文，恐怕对蒸汽机还是不甚了了。要是学校里有个蒸汽机的模型，酒精灯一点燃，活塞一推动，孩子们看了就大致懂得蒸汽机了，这篇课文也就不用写了。要是当地有火车站，火车站的站长容许孩子们爬上机车去看一看，那就懂得更清楚了。

　　看蒸汽机的模型开动，或者爬上机车去看一看，都是直观。直观是受教育的又一种手段。我想，无论什么学校总要尽可能让学生直观，光凭一堆课本总有不足之嫌，直观就是跟事物直接接触，因而容易懂得，容易明白其中的道理。学校里能有动植矿标本室、理化实验室、图书阅览室（那里的书不是课本了）、实习工场、种植园地之类，当然最好。如果经费不充裕，小规模的设备有一些总比完全没有好。地方上如果有动物园、植物园、博物馆、天文馆、地质馆、科技馆、图书馆等等，自当组织学生去参观学习。此外如工厂参观，农村访问，社会调查，假期旅行，也是使学生从直观中受到教育的好途径，不必细说。

还有一问，要使学生"真能"实践好行为，有没有直观的门径呢？我说有。其一，教师以身作则，事事处处为人师表，这就是学生最亲切的直观。其二，让学生多接近各方面的先进模范人物，也是极为有益的直观。

（1983 年 7 月 5 日作，原载于香港《大公报·星期论文》10 月 24 日）

第二辑

语文教育论

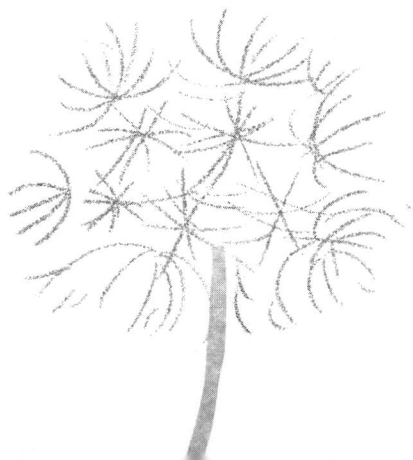

小学国文教授的诸问题

　　谈到小学国文教授，很容易引起"没有把握"的感想。这不同算术等科，有一定的学程，有方式的传授，教了就明白，多练习了就纯熟。这向来随教师的意的；程度的浅深，教法的精粗，百问可得百答，各不相同。唯其如此，所得结果从没有定状。有些学生国文程度很好，但由于他们的天赋和努力，是偶然的，不可以律一切的，不能说就是教授的成功；即归功于教师，教师未必敢自承。有些学生国文程度太坏，这当然是教师之咎；但教者亦曾竭尽心力，以求有效，归咎非所原任；教者更可说，这一科本来是没有把握的，我即承咎，也不能承其全部。国文教授天天在全国小学校里进行，结果却止见这两种现象。别的且不说，总是正待哺育的学生们吃亏罢了。

　　国文教授的问题太多了。已往或现在的情状应否改革，已不成问题，因为所谓"没有把握"的办法，就有改革的必要。其外，在已往或现在的情状里，什么是病根？应从何道改革？是一个问题。教材纯用语体还是兼用文言？又从哪里去选择教材？是一个问题。教授的方法应当怎样，才能确有把握地收效果？又是一个问题。分析开来，读法、话法、书法、作法又有种种的问题。现在不为分析的说明，但就意想所及，统合地述说如下。

一、已往或现在的情状里的病根何在？

我有一点细小的经验，国文教授的开始不在学校而在家庭，不在学龄时代而在幼孩时代。一个学童的国文程度的好坏，与他的家庭、他的幼孩时代很有关系。父母本来是儿童的最初最重要又是无所不教的教师，当然也是儿童的国文教师——我愿轶出本篇范围，敬告为父母的，这是你们应当负荷的责任呀；现在有大多数人卸了肩，这是对不起他们的后继者的。我看见许多家庭里，不仅是贫苦而无暇顾及孩童的，对于孩童，不承认他的本有的地位，不了解他具有可以发展的能力；对他只有玩弄，只有责骂，而没有谈话。更有绝对不理孩童的，当给衣给食或斥责的时候，用着命令的语气吩咐，就完了。在这种家庭里的孩童，虽然同成人住在一起，差不多完全隔离。孩童所以能有种种能力，解释者说由于学习，而学习又由于需要。婴儿不会说话，因为要表出心意，随时随地学习，不到三岁，便能举习见的器物的名称，能说简短的达情意的话。这一种成绩真足以惊人，倘若每三年都有这么长足的进步，或者就是超人了。可是哪里会，他到了差足应用的时候，进步就迟缓了。在不理孩童的家庭里的孩童，便异常不幸，他只从成人那里学到些习见的器物的名称，和日常行动的不完全的表现语，此外就没有情思，没有话语，因为他没有发引情思、练习话语的机会。才入国民学校的学童，十分之七八可归入这一类。问他们一句简单的话，他们便茫然如痴，休说要他们充分地回答。他们启口说话时，大概是不明显不完全的短语。他们日后的国文程度，平均在中等以下。我所见的如此，推想国内学校或者同有这种现象。其外十之二三（此数或犹说得过多），家庭里会与他们以种种的训练，他们便能说清楚显明的话，能就所问的回答，能有丰妙的情思。调查国文成绩时，这一类常属于优良一面。由此可知，情思的训练和言语的练习与国文程度的高下有关系，家庭里设备着引起情思的境遇，常与孩童谈话，便可说是国文教授的正常的基础。反过来，置孩童于不理，不为他们植重要的基础，便阻遏了他们几分之一关于国文程度的发展力——被阻遏的当然不止此。

学童受教育的历程是不可划分的，他们是在不绝地发展的路途之中。所以教育者什么地方都要注意到"衔接"两字。可是一方面又要注意到弊病的免除，务使学童趋入正轨，不受损害。凡在正轨以内的，那么衔接着以前的状况做去。不幸一般教授国文的却衔接了不良家庭的办法！他们也是置儿童于不理，非授课时间竟判若两国，绝无笑语一堂的时机。所谓授课，便是授学童以教科书，教他们读音，识形，讲解，书写。这四事做完，便谓责任已尽；不管他是机械不机械，切实不切实。教科书里所讲的是不是学童所能讲的，爱讲的？这一层更不暇顾虑。教科书之外，不复与学童以读物。他们也要学童练习，看能否应用所学习的。可是止本自己的主观，课学童以无从设想、莫名其义的文。学童苟本平日上课时所听闻，鹦鹉似地学语，便可得很好的奖评。倘若本童年的真心，勉强成文，那便招不通的斥责。初学年如此，高学年也如此。学童年级有递升，国文的教法无递进。很繁复的国文教授情形就是这样了。

抉出病根，可得两点，都是教师观念错误之处：（一）不会了解儿童，不以儿童本位一义为教授的出发点；（二）不明白国文教授之真作用，徒视为形式的教科。由第一种谬误观念，引起非正当的教授态度；仿佛儿童本不定需要国文，乃是成人要教他们以国文。于是选材、练习，都归成人做主，学童全居于被动地位。由第二种谬误观念，便轻视文字的内容和表出的方法；仿佛学习国文的目的，至能读、能识、能讲、能写而止。于是尽不妨以非儿童所能感受、所能了解了的内容和表出法授与儿童，止须它是一个形式。儿童既居于被动地位，所学的又不过是一个形式，即教者有特殊的方法，能够达到他的目的，终认为国文教授的失败。何况在这等状况之下，儿童对于国文科绝不感有兴味，便是谬误的目的，也绝对不能达到。

二、小学国文教授应当怎样改革呢？

国文教授要有成功之望，先要教者将谬误的观念改正。第一须认定国文是儿童所需要的学科。在家庭教育尚被视为稀世奇珍的时候，儿童大半是被损害的，要待他们自然地需求，实是难遇的事。国文教授常与失败为缘，这也是多种原因之一。然而不足虑；教育所以可贵，乃在能为儿童特设境遇使他们发生需求，努力学习。所以国文教授也须为学童设备一种境遇，引起他们的需求。我常有一种空想，以为学科的分开独立，不适宜于小学教育。因为分开独立，易于忘却何所需此科；全部所习，复难得有统贯的精神；徒使学童入于偏而不全、碎屑而遗大体之途。理想的办法，最好不分学科，无所谓授课与下课的时间，唯令学童的全生活浸润在发生需求、努力学习的境遇里。这个境遇，范围自然很广，不仅为欲达某一学科的目的而设。可是分析地考查它的结果，则各科的目的无不达到。因为人才与劳力经济的关系，这种理想的办法尚不能实现于现时。不过教师应知道这是较善的一个理想，因而引起一种觉悟，就是教师当为学童设备一个普遍适应各科的境遇。国文是各科之一，教授上所需要的，正就是这种普遍适应的境遇。此说看似空泛，细思却无以易。倘若没有境遇，何需一切学科。一切学科所以有学习的必要，就因为吾人处于必要那些学科的境遇里。担任国文教授的教师呀，你们为儿童全生活着想，固当特设一种相当的境遇，即为国文教授的奏功着想，也当特设一种相当的境遇。儿童既处于特设的境遇里，一切需要，都从内心发出。教师于这个当儿，从旁导引，或竟授与。这个在儿童何等的满足，安慰，当然倾心领受，愿意学习。单言国文教授，教师绝不欲勉强教学童以国文，须待他们有记录、发表、诵读、参考的需要时，然后教他们以国文。果真如此，成功的把握已有十之六七。我前文言，优良家庭的儿童，国文成绩恒属于优良一面，便足为此说之证。所谓优良家庭，便是比较完好的境遇，足以引起向上进取的需求的。

第二，须认定国文是发展儿童的心灵的学科。文字所以表声音，声音所以达情思，那是人人知道的。没有情思，就没有发出声音的必要，更何需文字？可见情思为声音的泉源，而文字为声音的符号。学童所以需要国文，和我们所以教学童以国文，一方面在磨炼情思，进于丰妙；他方面又在练习表出情思的方法，不致有把捉不住之苦。这两方面，前者为泉源，为根本，所以从事开浚和栽培，最为切要。切要的一步既然做到，自然联带及于后者，才研究到种种形式的问题。倘若观念颠倒，以为一切讲习作述，就是国文教授的出发点。于是种种功夫都空渺的劳力；在学童唯感这是并非需要的学科，即不努力亦无甚损害。到此地步，国文教授当然失败。所以欲求成功的教师，当从为儿童特设的境遇里，发展儿童的心灵，务使他们情绪丰富，思想绵密，能这么做，才是探源的办法。顺次而训练学童的语言，使其恰当所思，明显有序，最后乃着力于记录写述等形式的方法。读者不要说这是全部教育的事，我所负的是国文教授，是一部分的责任。也不要说这话太虚空，我所需的是明确可行的实施法。要知全部教育和一科教授是不能分开的。国文两字，不过立个名目，以便称说而已，实即负全部教育一部分的责任。何况小学功课，国文实占最多数，又须知一切实施法，都以理论为本，而理论大都可随意谥以实虚之名。况且拘泥了实施法，易使远大的目的缩为微小；唯以理论做引路之灯，即随时有适切的实施法自然地产生。此等自然产生的实施法，恒为最能收效的方法。

以上两节，是教授国文的必须认定的两个观念。我人做什么事，本着里面的观念变为外面的态度。观念与态度不变更，则一切改革方法，转换材料，都成空话。所以我说国文教授的改革，在教者观念与态度的变更。本着第一个新观念，则知不为学校有国文科而教授国文；宜为学童特设境遇，引起他们的需要、他们学习国文的动机，而后教授国文。本着第二个新观念，则知教授国文不以教授形式为目的，这不过是附带的目的；宜为学童开发心灵，使他们视学习国文如游泳于趣味之海里。至于实施之方，将于后幅说明。

三、教材用语体抑文言的问题

照上面所说，似乎国文科的教材，将成非常广大的范围，环绕于学童四周的，无不可为国文教材。这确是如此。但有一层，无论什么事物，都要化而为文字，才与国文有关系。于是文字终为国文科的重要材料。在现时任教的常有一种疑问，语体文既已通用，而文言未能全废，此后小学国文教授，将全用语体文呢，还是兼用文言呢？要回答这个疑问，实在不必多研虑。先问我们何以要学习文言，岂不因前人曾经以文言著书么？又问语体何以能通行，岂不因语体切合语言，更能通达今人的情思么？为今人的便利计，自然通用语体；为参观昔人书籍的便利计，于是兼治文言。小学生有参考昔人书籍的必要么？我想经子之部，乃专家所研究，非小学生所宜涉猎。史书文艺，或有益于小学生，而浩繁者多；宜重加编次，或为之翻译——果能做这两件事，也不妨应用语体。于是更不能寻出小学生需用文言的地方了。所以我敢断言，小学国文教材宜纯用语体。

以文言为教材，也是以前国文教授失败的要因。尽教师的能力，做了一番翻译的功夫，竭学童的心思，做了一番记忆的功夫罢了。至于内容，因出于教师所选择，未必便为儿童所领悟。且一面翻译，一面记忆，更加上几重模糊的外幕。在初步的国文教授，更常有这等情形遇到。譬如训"观"为"看"，固已确切不移，而学者因记音记义，反把活泼的"看"的一个动作淡忘了，倘若竟教"看"字，则不费一语，而教授之效全收；因为平日早已说惯了"看"字，明知"看"是什么意义了。唯此一例，即知教授文言所以不能收效之故。教材纯用了语体，于是教师无须有翻译讲解之劳，学童亦不必有勉强记忆之苦。国文教授所应有的事，将迥异昔时。唯事训练情思，使学童对于周围常常有欲了解、欲发表的冲动。更使练习语言，求发音和语调的正确；一面能正确地传达自己的情思，一面能领解他人的言语。待感到有记录的必要时，便书成纸面的文字。以前所谓引起动机、提示、讲解、应用等等阶段，本是分析的；至此而浑成一气，只是学童全生活里的一件事实。小学教育的不论何科，必须能成为整个的一件事实时，而后学童感觉亲切有味。所以国文教材宜纯用语体。

四、教材的选择的问题

本于上述的见解，教者至少有一种觉悟，就是不可专恃坊间的教科书，以为所求教材，可以在里头取携无穷。现在语体教科书非常之少，而且所有的全由翻译以前文言本而来，其不适于用，已不必细说。进一步说，就是坊间能编出很好的语体教科书，教师也不得遽取应用，不复筹思。因为既以儿童为本位，则非儿童所自需，就不得强为授与。而坊间所编教科书，总希望通行于全国，全部的内容，绝不会聚集于一个儿童的境遇里。倘若取以应用，一定有一部分非儿童所爱、所能领受的，那就要减少效率了。所以教科书只得供参考，只得备采用，教材还当在教科书以外去选择或搜集。

为欲从事选择或搜集，须先定一个教科内容的普遍的标准。教师既为儿童特设境遇，所希望的，就是在这境遇里可以得到适当的教材。所谓适当的教材，无非是儿童所曾接触的事物。然则将儿童所曾接触的事物，尽行记录或说明，就可算最好的教材么？那又未必。因为儿童的生活，差不多浸渍于感情之中；冷静的理解，旁观的述说，在儿童殊觉无味。要使儿童感觉无味，就不是最好的教材。所以国文教材普遍的标准，当为儿童所曾接触的事物，而表出的方法，又能引起儿童的感情的。换一句说，就是具有文学趣味的。儿童的一句随意的话，往往比成人更为文学的，这是我观察所得的经验。文学趣味本是儿童的夙好呢，教师当然要教他们以富有文学趣味的教材了。

夏月乘凉的场上，或是冬日融融炉火之旁，几位老人讲些童话故事，孩子们就听得陶醉了，仿佛全心已窜入童话或故事里。教师从这里可得一个教训，童话故事就是儿童所需要的，应当取为教材。我国地方很大，各地民情互异，传说故事之类，一定含有很好的意义和趣味。可惜从事搜集和汰别，到现在才视为最新的事业，没有已具优良评价的成书可得。所可以应急需，聊以慰情的，止有些外国童话的译本。因风俗习惯太相悬殊的缘故，或者不能充分地引起学生的趣味。所以教师宜应儿童所需，取传说故事之合乎上述标准的，以为国文教材。这是一条来源。

各地有特殊的历史、地理、习俗等等，总而言之，可包括叫作人事。人事是儿童所乐知的，也是儿童所必须知道的，关系这个，各地往往有谐韵的歌曲，演唱的戏剧；歌咏之余，实长民志。教师如获得这等东西，就当视为至宝，取为教材。即使没有，也当酌量创作，以飨儿童。——我欲附带说一句：教师应当能创作的，或者唯教师的精神，才是儿童适宜的粮食；倘若自己不敢创作，而唯赖编辑先生信手挥来的作品以临事，乃是教师的奇耻。这又是一条来源。

教材也许可以从儿童自身得到。儿童生活里面，恒有大感兴味，永记不忘的。这等事件，在他们的脑际便是丰妙的情思；出于他们的口，便是有味的一段语言。更令笔之于书，使他们多一种玩索的方法和机会，岂不成为最适切的教材？譬如共同种菜，一切经过的，他们都非常地感有兴味，则令他们自记种菜之事，即令自读，便是最好的教材。这又是一条来源。

总之，教材或由搜集，或由创作，俱当相度机会，待儿童需要而后与。所以要说定搜集或创作的范围，是不可能的事。准此理论，可知现成教科书决非完全切用之本。切用的教材应非整本。今年的二年生与明年的二年生，未必讲同样的教材，如其他们的境遇不同，生活互异。

更有一事，应在此节说明。就是：倘若学校里境遇完好，即儿童求知之欲很易引起；在国文教授方面说，便是读书之欲必盛。这正是国文教授里一种重要目的——养成读书习惯，而一般教师常是忽视或遗忘的。科内教材既以含有文学趣味为标准，即日常生活的必需知识之获得，当然更有赖于以外的书籍。此等书籍，但须泛览，不必精读。然而足以补充，可为参考，功用很大。又从分量讲，科内教材有定量，虽足使儿童感兴味，尚不能厌足。唯有取兴味相类的书籍供给儿童，使他们有取之不尽的乐趣。如此，国文教授的收效必更大。本着这两个意思，于是搜集教材以外的书籍也成为重要的事项。我以为在现今时代，关于补充用、参考用的书籍，只有教师们努力创作。坊间原堆着满架的书，但大部是非儿童本位、非语体文的，因此难得采用。关于厌欲的读物，则有旧小说、译本童话等，只须合乎标准，便不妨取以供需。但因为数不多，仍急待有创作品出世。

五、国文教授之方法

往昔所谓授法，殆可谓全属阶段之研究。教授倘拘于阶段，将整个的事件判析为零星死物，很有弊害。并且不论何种教材，必使经过同程度的阶段，岂是可通之理？但阶段的区分，并非全属不必要。倘能相机活用，务求保存所教授的为整个的事件，则旧时阶段之节目，正不妨应用，或且更生新义。以下略述教授法的大旨；因为阶段非重要的全部，所以不复分述，但说可以达到国文教授的目的之方法。

前文言教师当为儿童特设境遇，目的在使其自生需要，不待教师授与。设备简陋的学校，什么东西都没有，即比不良家庭，亦觉干枯百倍。儿童处这等境遇里，聪明闭塞，心无所注。然而先生所授的书本，偏要天天相亲。试想，就是书本里满盛着有味的故事，好玩的花鸟，在儿童有什么趣味？所以授与书本之先，必定要有可以引起需求这书本的境遇。有了听故事的习惯，玩花鸟的嗜好，自然想寻求故事，记述花鸟。这个当儿，教师与以相当的书本，最是自然凑拍的事。儿童只觉满足，并不觉我是学习功课。然而功效却比由教师特授的为大。在初学年儿童，才习文字，尤当纯用直观教授。从前授课，也曾有直观教授的方法，教师特取一事物，提示学生，然后教以书篇。这也似是而实非。事物出于提出，可知不与周境相和，而必突入儿童意境。虽然也能引起需求，若论动机，已属被动。倘若境遇里面已足引起需求，则不必提示，便达目的。譬如儿童早从园庭里审知鸟的一切，教授"鸟"字便算不得一回事。可见要行直观教授，首须设备的周密。所以学校里宜有会场、农园、工室、博物室、图书室等等设备；而教师也是儿童境遇里一要件，切不可远远隔离，授课时才相见。如果能设备这等完备的境遇，当然不仅国文教授独享其利。可是要国文教授成功，非有这等境遇不可。国文教授并非是限于教室以内的教科啊！

既然引起儿童的需求，则此后的事，如观察、试验、批判、欣赏等，可以全归儿童，教师偶或帮助而已。经过这许多功夫，结果便是心灵的发展。这心灵的发展便是国文教授的重要目的。倘若并没有教师所预备的教材，儿童所怀的也就是这些教材；所以他们诵读之际，仿佛就是自己发抒情思。这多么快活呀！根据这层意思，则诵读的练习，不仅要在理解以后，更要采用表演的方法。我尝听小学生读国语教科书，一顿一歇，首尾莫定，竟不辨是什么话。又闻教师说，语体文不能读。这都错了，声音足以表情思，便叫作读。不能读语体文的学生和嫌语体文不能读的教师，他们都将情思和声音分离了。所以学童读书，须使完全理解内容，更须注意其音节，使声音恰与内容一致。如表演故事，儿童处个中人的地位说话，情思与声音易于一致，既多兴趣，复收练习之效。其他若演讲、谈话、辩论，都是练思且练习达思的方法，均须常用。国文教授并非是限于书本以内的教科啊！

儿童既有说话的练习，进于写作，实是自然联络的事，并不烦难。因为写作的本质是情思，本质的符号是许多声音，由本质化为符号，须遵社会的律令，差一点人家便不懂。练习语言的重要意义，实在模仿这社会的律令。律令既明，以下不过写录这些声音出来的功夫罢了。昔人往往说，古文的通不通竟难明其理；熟读书篇，一旦豁然，谁也不知道究竟是什么缘故。这个疑问正可以说明我义。古文是古人的语言，别有一种律令；熟读古文，犹如练习说话，在模仿其律令；律令学成，写古文自然通顺了。

命题作文，人人知道不对。我以为定期作文，也不很自然。果真儿童心灵充分发展，则随时有丰妙的情思，便随时可以作文。即如阅览书籍，笔记所得，也是一种作文的练习。总之，简单干枯的生活里，一切不能着手，趣味的生活里，才可找到一切的泉源。

以上标称方法，但仍不外乎议论。实因我国教育太过幼稚，顾及一端，便牵动全体。前提之前更有前提，所以不得不为统合的议论，以求全体的改善，前提的确定。本篇绝无深义，语又芜杂，是我的惭愧！

（原载于《教育杂志》第 14 卷第 1 号，1922 年 1 月 20 日，署名叶绍钧）

说话训练

——产生与发表的总枢纽

我现在想说出一个意思，就是小学校里应当把训练儿童说话这件事看得极其重要。这不单是国语科的事，也不单是国语教师的事，应当是各科里都要注意的事，是全体教师都要注意的事。

我先说明所以要说出这个意思的来由。这是很简单的，因为得到一些实感的启示，觉得这意思颇有说一说的必要。先说我的实感。

先从我自己说，我就是个不会说话的人。怀着一种意思，往往苦于不能透彻地达出来，说得很辛苦，心里还是不痛快。这当然是一种弊病。但假如不会说话的弊病仅止于不能透彻地达出意思，倒也罢了，因为胸中自有个完整的意思在。无如不会说话，也就是不大会思想，不大会得到完整的意思。思想的进行到了"差不多""大致如是"的地步，就此停止了，不再向前去求一个清楚明白。不把意思弄得清楚明白，所以说出来总感不痛快。说出来不痛快，爽性不大高兴多说。不高兴多说，所以不一定要把意思弄得清楚明白。循环无端，互为因果，使我终于成为不会说话又不大会得到完整意思的人。刘彦和说："意翻空而易奇，言征实而难巧。"我想假若用一种旁敲侧击的方法，自然地或者强迫地与我以督责，要我好好吐出征实的言，那么对于翻空的意，也不容我不弄一个清楚明白了。可是我的父母不曾想到这等地方，现在的儿童所惯做的唱儿歌讲故事等等玩意儿，我都不曾领略过，不知是什么味儿。他们只同我讲些"你到那边去""你吃这东西"的话，我当然没有多费口舌的必要。至于先生，他只是教书讲书，我只是背书回讲，他不肯开一声多余的口，我自无发言之余地。我想幼年是开端，是萌芽，将来的命运，大部分在这时候就注定了，所以很重要。虽然直到现在依然不大会好好思想，应怪自己的不知奋勉，但父母先生当初不与我以督责，使我不得不弄一个清楚明白，总是一个缺憾。

从涉世的经验，觉得一般人的情感上有点淡薄之嫌。这当然仅是觉得而已，并没有什么统计。而且我也知道确有情感浓厚的人，如事业家、文学家等等，但是与所谓一般人比较起来，简直微少到几乎不成数目。所以我就不顾他们而竟说一般人。我们试从一般人彼此相与之间这一点来看，不论家人父子、朋侪宾从，他们不是虚有形式的周旋，便是漠然若各不相关。他们的心仿佛缸中一薄片的水，任你尽力撼摇，也兴不起壮大的情感的波浪，若说要待其自生，更是绝无的事了。情感的要不要让它浓厚是个甚深的问题，我只能从浅薄的见解着想。我觉得大家的情感淡薄，至少要使社会减损活动的机能，而在各个人，则因少有热力，将沦于冥漠。假如我们以"社会须要活动进步，各个人须要奋力有为"为已定的前提，则情感当然要让它浓厚。至于一般人的情感不能十分浓厚，有如前面所说，也不是一朝一夕之故，与礼法、遗传性等等都有关涉。而切近的原因，尤在幼年的不经训练，反受遏抑。一般做父母的已是情感未经培养的人，所以对于孩子很少有亲切的情感，快活的时候，至多抱在身边叫一声好孩子，不快活的时候，简直不当孩子是一件东西，再也不去理他。至于先生，他只抱着出卖讲读、书写的观念，纵使对于这孩子偶尔觉得高兴，也不过在练习簿上多画几个圈而已。孩子自然不能像大人这样淡漠，有时高兴得跳起来了，有时哀苦得哭起来了，他有他的心绪，总要想倾吐出来。可是大人早已把他禁住，以为这太讨厌了，又不合于大人的模样。一压再压，儿童的情感的萌芽如经了春雪，长大起来，就淡漠到与父母先生们一个样子。我们偶然在几个稀有的家庭里，听母亲柔和地说："我欢喜你，像太阳欢喜一切的花草。"又听孩子娇婉地乞求着说："妈妈，我同你好，我要贴一贴你的脸。"我们就觉深深地感动，说不出的舒适。这真是可宝贵的芽儿，从此逐渐培养，这孩子的前途不将成锦样的芳春么？在这里更可以得到一些消息：情感固然动于内，而正动之际每每要表于外，这是一。要培养儿童的情感固然在大人对于儿童有浓厚的情感，而尤在大人能利用适当的工具来表示他们的情感，这是二。儿童的情感正被培养，同时要使他们能利用适当的工具来表于外，感受满足的快适，这是三。所谓适当的工具，当然语言独占重要，因为它最能把人与人的心联锁起来。内面的情感并不浓厚，徒然求之于外面的语言，诚然是没有效果的事。但不常利用表示于外的工具，渐使内面的感动因向来不感满足的经验而减弱，终于漠然不大起感动，却是可能的。所以一般人的情感有淡漠之嫌，我要把一部分的原因归属到幼年未经训练，不会利用适当的表情的工具——语言——这一桩上边。

我们遇见的学生也多了。小学校的毕业生未必能对于一个论题作五分钟的演说，未必能绝无错漏地传述一番受托付的话，甚至未必能把什么教科书里的材料照样讲一课出来。至于羞涩不肯就开口，开了口又含糊不清晰，更是很普遍的事情。中学生似乎比较地能说话了，但说来往往没有条理，又欢喜学说人家说烂了的话。他们的话语留下痕迹来就是文章。把他们的文章来检查，就可以发见若干说得不妥当的地方，不当"然而"的却"然而"了，不当"所以"的却"所以"了，又可以发见若干勉强要说话的地方，这几句是从那里移来的，那几句是前面已经说过了的。我并不敢存一毫的挖苦的意思，实际上是这样的情形。我们不能单看少数的都市里的学生就下判断，应当也去看多数的都市以及非都市里的学生，又不能单看少数的在儿童杂志、少年杂志以及报纸的附张里投稿的学生，应当也去看多数的不想投稿以及想投稿而没有力量的学生。假若这样一般地看，自会感到能说话的学生太少了。何以至此呢？我们要回答这问题，不妨查考他们在学校里对于说话这件事下了怎样的功夫。更因开端与萌芽比较重要这一个观念，我们单是查考小学校。在小学校里，儿童开口说话的机会大概有问询、答问、申诉这几种。在此要注意，这些都不过是零碎的短句，并不是整篇的完美的话语。也有些明白风会所趋的学校，每星期开一两次谈话会、演说会之类，算是叫儿童练习说话的意思。但是，听厌了的故事三番四番地讲出来，咿唔错乱的地方不一而足。教师高兴批评，也至多说某人讲得清楚，某人说话不很明白罢了。这回清楚了，下回能不能依然清楚？这回讲得不明白，下回要怎样才会明白？在儿童都是没有把握的。其外要数到作文，也是儿童说话的机会。但效果也只与谈话会、演说会之类相等。本来说话是平时应用的事情，现在不在平时练习，却在每星期的某一时间内练习，颇含有滑稽的意味了。儿童当很重要的幼年，或则全不曾练习，或则只经过滑稽意味的练习。他们出了学校不善说话，甚且终其身不善说话，难道不是应该的事情么？

从上述的这些实感，可以知道儿童时期如不经说话的训练，真是遗弃了一个最可宝贵的锁钥。若讲弊病，充其量将使学校里种种的教科与教师的心力全然无效，终生不会有完整的思想与浓厚的情感。这不是可悲的结果么？以前的小学生过去了，当然不用管。而现在一般的小学生也正待结成这可悲的果！我们不当改变灌溉培养的方法，使他们的命运转过来么？

我们又知道，儿童不经过特意的训练，但因实际的需要，话是仍旧要说的。这些时候就是他们唯有的练习的机会。可是没有人在旁边给与暗示，加以指导，所以零碎地说了，朴陋地说了，不完整地说了，也就算数。这譬如让他们在暗中摸索，可以摸到什么地方是说不定的。而所谓"习惯成自然"却是常遇证明的通则，像这样自然地练下去，往往成为永久只会零碎地说，朴陋地说，不完整地说，而且思想情感也跟着零碎、朴陋、不完整起来。只有其中的少数，幸而摸索得法，走在正当的路上。

所以对于说话这件事，不能只让儿童随便去摸索，应当认为一个宝贵的锁钥，开通儿童一切的门的，由学校里特意地训练。单单开些谈话会、演说会之类，自然算不得特意训练。即便是现在几处很好的学校里，他们给儿童念的是儿童文学，他们教儿童把所读的东西很自然地讲述出来，或者用戏剧的方法来表演，这诚然是很好的办法，可是也算不得尽了特意训练的能事。因为儿童文学的材料，大部分是童话物语。这些固然与儿童的想象经验等等很相适应，但从训练说话这一点看，还不免有所欠缺。他们说了张儿、李儿、猫儿、兔子的话，自己的话却是没有机会说，这是一。他们单在国语科里练习说话，或者会想这是专属于国语科的事，而不是平常生活里的事，这是二。所以我们要尽特意训练的能事，从范围上讲，应当不限于儿童文学，不限于国语一科，而要普及到各科，在各科里都认为重要的项目，并且还要推广到课时以外。次从方法上讲，不是只叫儿童开口去说，要为他们特地设计，怎样给与暗示，怎样加以指导，务在达到真个练习说话的目的。

这样的训练，其实就是要促迫儿童的内面有所产生，合理且丰富地产生。换一句话说，就是要他们磨炼思想，培养情感。他们在适当的境界中，受着合宜的暗示或指导，自然要把思想弄一个清楚明白，让情感发抒得真切浓厚。这是一种开源的办法，许多批驳订正的工夫，在此不妨省却。假如效果不显，我们却有把握，还是从源头上着力，尽心于暗示或指导。（像单单开些谈话会、演说会之类，便是不去开源却想舀水喝，这是没把握的。没把握而想着力，只能说些某人讲得清楚，某人说话不很明白的话了。）在这种努力里，同时也就是要促迫儿童向外发表，尽量地发表。尽量发表则内面与外面一致，内面的活动更见有意义。成为习惯，对于自己的享受与生活的实际都有益处，至少会感到这生命是充实而不是空虚。所以训练儿童说话实在是一个总枢纽，要他们内面产生得出，又要向外面拿得出来。外界的事势虽是万变，而这是一种应付事势的万应的工具。获得了这工具，而且会使用，岂不是已满足了普通教育的期望了么？

训练说话既应是各科里重要的项目，又要推广到课时以外，则可知凡是教师就负有这事的责任，而且应时时负这事的责任。教师负这责任的基本条件，便是自己善于说话。在此我要想起所见几许教师的以及我自己的过失了，这种过失的根源在于相信自己教儿童的是什么什么科，不管三七二十一，只要把什么什么科授与他们就完事了。也有一部分根源在于把儿童看作被制造的原料，而忽视他们内面的精神。一个儿童放出好奇的眼光来问："这东西为什么这样子呢？"我们偶尔不大起劲，便随口回答说："这东西自然是这样子的。"我们以为这句答语并没有违背了什么什么科的意思。又当一个儿童走近我们，脸上含着颇想亲近的微笑，仿佛等待我们的招手。但是我们偶尔感到麻烦，便随口示意说："你到运动场去玩吧。"我们以为这一句也不至于违背了教育的原理。但是试一细想，这些随便倾吐的话语多少没有理性，多少缺乏情感啊！把这等例子多多举出来，固然可以不必，只要不是偏护自己的教师，我想总肯承认自己要不知不觉说出这些话语来。这就是不善于说话，确是重大的过失。教师负了这种过失，却说要去训练儿童说话，非但不会有一毫效果，而且也不会有这么一回事。他自己先不明白在内面怎样地产生，向外面怎样地发表，还能讲到给与儿童以暗示与指导么？总要自己知道甘苦，才能够对于人家有所帮助。所以教师当先自修养，要善于说话，要不负这些易于犯着的过失。

在前面所写的我的一些实感里，我们更可见一个意思，就是儿童的不善于说话，固然因不经训练，而也因大人从来不与儿童好好地说话。本来先觉与后觉间的关系是这样的：若是出于故意或偶然，就是像煞有介事的示范，效力也很微细的；若是出于自然且恒常，则不论消极方面或积极方面，都有重大的影响。浸染诚是不可抗的势力啊。倘若大人能与儿童好好地说话，就是不再给儿童特意训练，未尝不可使儿童得到些浸染的益处。无奈这是做不到的，内面根本上很少有产生出来，自然也不会好好地有所发表了。所以就是要想叫儿童得到一些浸染，也非教师先善于说话不可。我们更可抛开了儿童着想，我们做人，不应当要求内面的充实，向外的发抒么？如其觉得是必要的，则我们本当要对于说话这事好好修养了。何况我们又正充任教师呢。

在这里我们当可以明白了解，所谓善于说话，绝不是世俗所称口齿伶俐、虚文缴绕的意思。要修养到一言片语都合于论理，都出于至诚，才得称为善于说话。所以这简短的标语实在含蕴得很丰富，分析开来，有精于思想、富于情感、工于表达等等的意思。这就牵涉得很广了：要精于思想，应当有种种的经验推断；要富于情感，应当有种种培养陶冶；要工于表达，应当有种种的学习准备。爽直地说，这就括了人生的一切活动，成了所谓正当地做人的事情了。

看我这篇文字的人一定要觉得奇怪，起先说得很狭小的，不过说教师应当善于说话而已，不料却推衍到正当地做人的大问题。其实我并不是信口开河，说到哪里就是哪里，我早就想定，到这地方要说这一番话的。以下索性再说得畅达一点：我觉得我们的教师中间，（叫我怎样说才好呢？）有些太忘了自己以及所任的职务了。他们只知道充任教师就是走进课堂教些"天地日月""一二三"之类，走出课堂则在预备室里坐坐，儿童打架时当一任临时审判官，再没有别的事情了。让步一点说，这还可以原谅，因为不过是没有积极的好处而已。尤可痛心的，就在他们偏有消极的坏处！他们不具常识，就把这些连常识也够不上的东西授与儿童。他们不讲立行，乡里间的坏事，社会上的恶俗，如舞弊营私、赌博、嫖妓等等，他们都要沾染。他们与什么人什么事都少有感情，至多只能权一权对于一己的利害，对儿童当然也是漠然无情。我们不必走得远，只要就自己所处的地方留心观察，这一类的模型就会活现在我们眼前了。就是教育最发达的地方，也不是绝对没有。我们不要被道尔顿制、设计教育法等等名词所蒙蔽，就说教育发达的地方的教师都是很合适的。教育的重要，而且永久重要，不论世界主义或国家主义的时代都是一样，因为人总是人，做人总是要做。而看到我们这地方（不必一定要说国土）的教育的里面，却繁殖着很多的病菌，这能不使我们寒心！我们固然要很多的学校，要新鲜的教育法，但尤其需要的是在水平线以上的教师。教师不一定要是大学问家，但必要是超出于水平线的人。若是有些教师还在水平线以下，则学校虽多，无异于少，教育法虽新鲜，受到益处的儿童也只有小部分而已。所以我有一种诚意，希望教师自觉觉人，一齐奋发努力，高高地超出于水平线以上。在这篇文字里，就借了"教师要善于说话"这标语来说。我相信人生的活动是不可分割的，只是一个浑整的全体，真要做到善于说话，必须回到根本，讲到思想、情感、表达等等，讲到正当地做人。骤然看去，似乎两端距离得太远了，其实并不远。一提到说话，就要问所说是什么；一想到所说应该是很好的情思，就会引起正当做人的意念。我希望我们的教师因为要训练儿童说话，先自修养到善于说话，先自好好地做人。这步做到了，然后去训练儿童说话，则浸染也好，暗示也好，指导也好，总可使儿童得到实益。于是这些儿童不比过去的儿童了，教育的里面就可谓比较地充实了——但我这想法太迂远了，也许太幼稚了。

以下我们谈谈关于训练儿童说话的方法。入手的办法，就是要与儿童一起生活。这里所谓一起生活，并不只是住在一处地方的意思，乃是要接触他们的内心，而且完全了解，而且自己也差不多融合在里头。唯有如此，才能知道一切的机会，不至于错过了机会，徒然叹无从着手。其实凡是从教育事业得到快慰满足的教师，他自然会与儿童一起生活。他不自以为是一个特殊的人，他只是儿童之中的一个。他明白儿童的想象、欲求、嗜好是什么，而且也这么想象、欲求、嗜好。他不过负一点领袖的责务，所以更要去帮助别个。这样，就是他终身的快慰满足，此外再没有别的了。我们听见泰戈尔所设的森林学校的情形了。大概一个教师伴着十个儿童，一队队地聚集于树荫之下，或是讲授功课，或是随意游戏，有时临流洗浴，放声歌唱，纯任自然的法则，唯图相互之间的内部的交通。这些儿童固然很可艳羡，而这些教师与儿童一起生活，融合在儿童之中如水之与乳，也足令我们想望心动了。

教师与儿童一起生活，便常常会觉得有很好的机会。有的机会是偶至的，有的机会是待创的。像我在前面所说，一个儿童放出好奇的眼光来问，"这东西为什么这样子呢？"以及一个儿童走近我们，脸上含着颇想亲近的微笑，仿佛等待我们的招手，都是所谓偶至的机会，很可宝贵的，我们绝不该让它们随便过去。我们知道这一句问话里蕴蓄着求知的热望，这一种动作里蕴蓄着人间的深爱，就当利用这个机会，让儿童的内面产生些新的东西，而且发表出来。于是我们回答先前这一个，很自然地，绝非做作地说："你从这边想，又从那边想，你一定会知道这东西为什么这样子了。"对于后来这一个，我们又说："来吧，我知道你要同我在一起呢。但是，你能告诉我为什么要同我在一起么？"这些话语绝对不是寻常的话语，乃是真的教育家吐出来的珠玉。儿童受了这种暗示与指导，他立刻想做一个发见者，想做一个抒情诗人。他的努力使他的内面扩大且丰满了，倾吐出来，自然是合理的论法，真挚的诚语。本来只求知道，现在却由自己发见了；本来只是浑然之感，现在却更益绵密深至了。亦练习，亦享用，随产生，随发表，学行合一，内外合一，这多么有意味啊。是真的教育家，一定会利用这些偶至的机会。

所谓待创的机会，凡是设备一种境界，诱起儿童内面的产生者皆是。我们一点钟两点钟为儿童讲"整理的必要"，不如把学校里一切整理得秩然有序。因为这样之后，他们所知道的"整理的必要"才会真切，说出来才是真的发表而不是鹦鹉学舌。我们一点钟两点钟为儿童讲古代的历史，不如把许多古物以及原人生活的图画模型有条理地陈列起来。因为这样之后，他们的想象依了自然的径路，可得清切的了知，说出来才会真实而不致模糊影响。当着群儿围集，歌呼跳跃的时候，我们要他们自白心中的欢快。当着校园里的母羊抚育小羊的时候，我们要他们陈述他们的母亲怎样爱他们。他们本已感受很深，今更表白于外，差不多又加上一番深深镂刻的功夫。总之，所谓训练儿童说话，不是要他们鼓弄唇舌，随便说说而已，也不是要他们说话给我们听听而已，乃欲使他们所说的实质渐进于完善深美，而不说空虚无聊的话。假若无所设备，所谓渐进将凭借什么？是真的教育家，一定会利用许多待创的机会。

以上是说课业以外的训练。若在课业以内，我想须要每科都有"演述"这件事，把演述视为很重要的工作。所谓演述，与普通的回讲与答问两样，要有组织、有条理，发于真知真情，而不是盲从了教科书或教师的话机械地讲述一遍。机械地讲述不关于内面，就是时时练习也没有什么效果。必要所演述的是内面的、真切的实质，才能收练习说话的佳绩。因此，我们应当觉悟，教科书里的虚文缴绕，以及教师的饶舌不休，与儿童实在无益而有害。我们最主要的企图在叫他们明白事物，懂得种种的法则，不过利用文字语言来帮助而已。虚文缴绕，饶舌不休，徒然使他们多应接之烦，甚至把事物及法则弄糊涂了。所以积极的方法，要把教材织得极有条理，不论是教科书或演讲，总循着思想自然的径路，事理发见的径路。这有两好处，一是他们可以切实地了知，二是他们受着浸染，内面的产生也会这样。到这地步，叫他们演述出来，一定不同于机械的回讲与答问。所说的就是他们所学的，也就成为他们自己的了。当这演述的时候，他们更要加一番整理与搜求，所以决不是劳力的浪费，却是产生的促迫。当然的，能够不只是演述，又加以戏剧的方法的表演，使他们活动于所知所感之中，尤其是美满的办法。

就是艺术的课程，我们也可以把列入"演述"这件事视为很重要的工作。如制作的动机、制作的顺序、成功的喜悦、欣赏的实感，都是很好的题目。我们如不去留心，自然把它们随便放过了。不让放过，要使儿童演述出来，儿童就可因此得到许多益处。他们必得把心情由反省而净化了、美化了、熟化了，才能演述出来。而这个对于当时就是深深的镂刻，对于将来又是丰美的泉源。

我们再讲到一些枝节的话。像这样的训练说话，着眼在产生与发表的联合，但儿童说话时，绝不能全免语言上的错误。大概语言上的错误不出两端，一是语句不完全，二是用词不适切。这当然须待教师的订正与订正之后的多所练习，而尤重在教师的说话绝无错误，使他们于不自觉中得到浸染。至于订正，与其说"这应当这样说"，不如说"按诸事理，这还有更妥当的说法"，或者"试从实际上想，会发见更切当的词了"。这无非因为发见贵于受来，自觉愈于外铄的缘故。

这一些浅薄的意思，并无整然的系统，只欲供教师们的参考。或者觉得它有点儿道理，对于所务的事业更益磨砺，因而得到很大的成功，这是我的私望。

我也想这一点意思贡献于做父母的。

（原载于《教育杂志》第 16 卷第 6 号，1924 年 6 月 20 日，署名叶绍钧）

国文教学的两个基本观念

　　我们当国文教师，必须具有两个基本观念。我作这么想，差不多延续了二十年了。最近机缘凑合，重理旧业，又教了两年半的国文，除了同事诸君而外，还接触了许多位大中学的国文教师。觉得我们的同行具有那两个基本观念的诚然有，而认识完全异趣的也不在少数。现在想说明我的意见，就正于同行诸君。

　　请容我先指明那两个基本观念是什么。第一，国文是语文学科，在教学的时候，内容方面固然不容忽视，而方法方面尤其应当注重。第二，国文的含义与文学不同，它比文学宽广得多，所以教学国文并不等于教学文学。

　　如果国文教学纯粹是阅读与写作的训练，不含有其他意义，那么，任何书籍与文篇，不问它是有益或者有损于青年的，都可以拿来作阅读的材料与写作的示例。它写得好，摄取它的长处，写得不好，发见它的短处，对于阅读能力与写作能力的增进都是有帮助的。可是，国文是各种学科中的一个学科，各种学科又像轮辐一样辏合于一个教育的轴心，所以国文教学除了技术的训练而外，更需含有教育的意义。说到教育的意义，就牵涉到内容问题了。国文课程标准规定了教材的标准，书籍与文篇的内容必须合于这些个标准，才配拿来作阅读的材料与写作的示例。此外，笃信固有道德的，爱把圣贤之书教学生诵读，关切我国现状的，爱把抗战文章作为补充教材，都是重视内容也就是重视教育意义的例子。这是应当的，无可非议的。不过重视内容假如超过了相当的限度，以为国文教学的目标只在灌输固有道德，激发抗战意识，等等，而竟忘了语文教学特有的任务，那就很有可议之处了。

道德必须求其能够见诸践履，意识必须求其能够化为行动。要达到这样地步，仅仅读一些书籍与文篇是不够的。必须有关各种学科都注重这方面，学科以外的一切训练也注重这方面，然后有实效可言。国文诚然是这方面的有关学科，却不是独当其任的唯一学科。所以，国文教学，选材能够不忽略教育意义，也就足够了，把精神训练的一切责任都担在自己肩膀上，实在是不必的。

国文教学自有它独当其任的任，那就是阅读与写作的训练。学生眼前要阅读，要写作，至于将来，一辈子要阅读，要写作。这种技术的训练，他科教学是不负责任的，全在国文教学的肩膀上。所谓训练，当然不只是教学生拿起书来读，提起笔来写，就算了事。第一，必须讲求方法。怎样阅读才可以明白通晓，摄其精英，怎样写作才可以清楚畅达，表其情意，都得让学生们心知其故。第二，必须使种种方法成为学生终身以之的习惯。因为阅读与写作都是习惯方面的事情，仅仅心知其故，而习惯没有养成，还是不济事的。国文教学的成功与否，就看以上两点。所以我在前面说，方法方面尤其应当注重。

现在四五十岁的人大都知道从前书塾的情形。从前书塾里的先生很有些注重方法的。他们给学生讲书，用恰当的方言解释与辨别那些难以弄明白的虚字。他们教学生阅读，让学生点读那些没有句读的书籍与报纸论文。他们为学生改文，单就原意增删，并且反复详尽地讲明为什么增删。遇到这样的先生，学生是有福的，修一年学，就得到一年应得的成绩。然而大多数书塾的先生却是不注重方法的，他们只教学生读，读，读，作，作，作，讲解仅及字面，改笔无异自作，他们等待着一个奇迹的出现——学生自己一旦豁然贯通。奇迹自然是难得出现的。所以，在书塾里坐了多年，走出来还是一窍不通，这样的人着实不少。假如先生都能够注重方法，请想一想，从前书塾不像如今学校有许多学科，教学的只是一科国文，学生花了多年的时间专习一种学科，何至于一窍不通呢？再说如今学校，学科不止一种了，学生学习国文的时间约占从前的十分之二三，如果仍旧想等待奇迹，其绝无希望是当然的。换过来说，如今学习时间既已减少，而应得的成绩又非得到不可，唯有特别注重方法，才会收到事半功倍的效果。多读多作固属重要，但是尤其重要的是怎样读，怎样写。对于这个"怎样"，如果不能切实解答，就算不得注重了方法。

现在一说到学生国文程度，其意等于说学生写作程度，至于与写作程度同等重要的阅读程度往往是忽视了的。因此，学生阅读程度提高了或是降低了的话也就没听人提起过。这不是没有理由的，写作程度有迹象可寻，而阅读程度比较难捉摸，有迹象可寻的被注意了，比较难捉摸的被忽视了，原是很自然的事情。然而阅读是吸收，写作是倾吐，倾吐能否合于法度，显然与吸收有密切的关系。单说写作程度如何如何是没有根的，要有根，就得追问那比较难捉摸的阅读程度。最近朱自清先生在《国文月刊》创刊号发表一篇《中学生的国文程度》，他说中学生写不通应用的文言，大概有四种情形。第一是字义不明，因此用字不确切，或犯重复的毛病。第二是成语错误。第三是句式不熟，虚字不通也算在这类里。第四是体例不当，也就是不合口气。他又说一般中学生白话的写作，比起他们的文言来，确是好得多。可是就白话论白话，他们也还脱不掉技术拙劣，思路不清的考语。朱先生这番话明明说的写作程度不够，但是也正说明了所以会有这些情形，都由于阅读程度不够。阅读程度不够的原因，阅读太少是一个，阅读不得其法尤其是重要的一个。对于"体会""体察""体谅""体贴""体验"似的一组意义相近的词，字典翻过了，讲解听过了，若不能辨别每一个的确切意义并且熟悉它的用法，还算不得阅读得其法。"汗牛充栋"为什么不可以说成"汗马充屋"？"举一反三"为什么不可以说成"举二反二"？仅仅了解它们的意义而不能说明为什么不可以改换，阅读方法也还没有到家。"与其"之后该来一个"宁"，"犹"或"尚"之后该接上一个"况"，仅仅记住这些，而不辨"与其"的半句是所舍义，"宁"的半句才是所取义，"犹"或"尚"的半句是旁敲侧击，"况"的半句才是正面文章，那也是阅读方法的疏漏。"良深哀痛"是致悼语，"殊堪嘉尚"是奖勉语，但是，以人子的身份，当父母之丧而说"良深哀痛"，以学生的身份，对抗战取胜的将领而说"殊堪嘉尚"，那一定是阅读时候欠缺了揣摩体会的功夫。以上只就朱先生所举四种情形，举例来说。依这些例子看，已经可以知道阅读方法不仅是机械地解释字义、记诵文句、研究文法修辞的法则，最紧要的还在多比较，多归纳，多揣摩，多体会，一字一语都不轻轻放过，务必发现它的特性。唯有这样阅读，才能够发掘文章的蕴蓄，没有一点含糊。也唯有这样阅读，才能够养成用字造语的好习惯，下笔不致有误失。

　　阅读方法又因阅读材料而不同。就分量说，单篇与整部的书应当有异，单篇宜作精细的剖析，整部的书却在得其大概。就文体说，记叙文与论说文也不一样，记叙文在看作者支配描绘的手段，论说文却在阐明作者推论的途径。同是记叙文，一篇属于文艺的小说与一篇普通的记叙文又该用不同的眼光，小说是常常需要辨认那文字以外的意味的。就文章种类说，文言与白话也不宜用同一态度对付，文言——尤其是秦汉以前的——最先应注意那些虚字，必须体会它们所表的关系与所传的神情，用今语来比较与印证，才会透彻地了解。多方面地讲求阅读方法，也就是多方面地养成写作习惯。习惯渐渐养成，技术拙劣与思路不清的毛病自然渐渐减少，一直减到没有。所以说阅读与写作是一贯的，阅读得其法，阅读程度提高了，写作程度没有不提高的。所谓得其法，并不在规律地作训诂学、文法学、修辞学与文章学的研究，那是专门之业，不是中学生所该担负的。可是，那些学问的大意不可不明晓，那些学问的治学态度不可不抱持，明晓与抱持又必须使他成为终身以之的习惯才行。

以下说关于第二个基本观念的话。五四运动以前，国文教材是经史古文，显然因为经史古文是文学。在一些学校里，这种情形延续到如今，专读《古文辞类纂》或者《经史百家杂抄》便是证据。"五四"以后，通行读白话了，教材是当时产生的一些白话的小说、戏剧、小品、诗歌之类，也就是所谓文学。除了这，还有什么可以阅读的呢？这样想的人仿佛不少。就偏重文学这一点说，以上两派是一路的，都以为国文教学是文学教学。其实国文所包的范围很宽广，文学只是其中一个较小的范围，文学之外，同样包在国文的大范围里头的还有非文学的文章，就是普通文。这包括书信、宣言、报告书、说明书等等应用文，以及平正地写状一件东西载录一件事情的记叙文，条畅地阐明一个原理发挥一个意见的论说文。中学生要应付生活，阅读与写作的训练就不能不在文学之外，同时以这种普通文为对象。若偏重了文学，他们看报纸、杂志与各科课本、参考书，就觉得是另外一回事，要好的只得自辟途径，去发见那阅读的方法，不要好的就不免马虎过去，因而减少了吸收的分量。再就写作方面说，流弊更显而易见。主张教学生专读经史古文的，原不望学生写什么文学，他们只望学生写通普通的文言，这是事实。但是正因所读的纯是文学，质料不容易消化，技术不容易仿效，所以学生很难写通普通的文言。如今中学生文言的写作程度低落，我以为也可以从这一点来解释。如果让他们多读一些非文学的普通文言，我想文言的写作或许会好些。很有些人，在书塾里熟读了《四书》《五经》，笔下还是不通，偷空看了《三国演义》或《饮冰室文集》，却居然通了，这可以作为佐证。至于白话的写作，国文教师大概有这样的经验，只要教学生自由写作，他们交来的往往是一篇类似小说的东西或是一首新体诗。我曾经接到过几个学生的白话信，景物的描绘与心情的抒写全像小说，却与写信的目的全不相干。还有，现在爱写白话的学生多数喜欢高谈文学，他们不管文章的体裁与理法，他们不知道日常应用的不是文学而是普通文。认识尤其错误的，竟以为只要写下白话就是写了文学。以上种种流弊，显然从专读白话文学而忽略了白话的普通文生出来的，如果让他们多读一些非文学的普通白话，我想用白话来状物、记事、表情、达意，该会各如其分，不至于一味不相称地袭用白话文学的格调吧。

学习图画，先要描写耳目手足的石膏像，叫作基本练习。学习阅读与写作，从普通文入手，意思正相同。普通文易于剖析、理解，也易于仿效，从此立定基本，才可以进一步弄文学。文学当然不是在普通文以外别有什么方法，但是方法的应用繁复得多，变化得多。不先作基本练习而径与接触，就不免迷离惝恍。我也知道有所谓"取法乎上，仅得其中"的说法，而且知道古今专习文学而有很深的造诣的不乏其人。可是我料想古今专习文学而碰壁的，就是说一辈子读不通写不好的，一定更多。少数人有了很深的造诣，多数人只落得一辈子读不通写不好，这不是现代教育所许可的。从现代教育的观点说，人人要作基本练习，而且必须练习得到家。说明白点，就是对于普通文字的阅读与写作，人人要得到应得的成绩，绝不容有一个人读不通写不好。这个目标应该在中学阶段达到，到了大学阶段，学生不必再在普通文的阅读与写作上费功夫了——现在大学里有一年级国文，只是一时补救的办法，不是不可变更的原则。

至于经史古文与现代文学的专习，那是大学本国文学系的事情，旁的系就没有必要，中学当然更没有必要。我不是说中学生不必读经史古文与现代文学，我只是说中学生不该专习那些。从教育意义说，要使中学生了解固有文化，就得教他们读经史古文。现代人生与固有文化同样重要，要使中学生了解现代人生，就得教他们读现代文学。但是应该选取那些切要的，浅易的，易于消化的，不宜兼收并包，泛滥无归。譬如，老子的思想在我国很重要，可是，《老子》的文章至今还有人作训释考证的功夫而没有定论，若读《老子》原文，势必先听取那些训释家考证家的意见，这不是中学生所能担负的。如果有这么一篇普通文字，正确扼要地说明老子的思想，中学生读了也就可以了解老子了，正不必读《老子》原文。又如，历来文家论文之作里头，往往提到神理、气味、格律、声色的话，这些是研究我国文学批评的重要材料，但是放在中学生面前就不免徒乱人意。如果放弃这些，另外找一些明白具体的关于文章理法的普通文字给他们读，他们的解悟该会切实得多。又如，茅盾的长篇小说《子夜》，一般都认为是精密地解剖经济社会的佳作，但是它的组织繁复，范围宽广，中学生读起来，往往不如读组织较简范围较小的易于透彻领会。依以上所说，可以知道无论古文学、现代文学，有许多是中学生所不必读的。不读那些不必读的，其意义并不等于忽视固有文化与现代人生，也很显然。再说文学的写作，少数中学生或许能够写来很像个样子，但是绝不该期望于每一个中学生。这就是说，中学生不必写文学是原则，能够写文学却是例外。据我所知的实际情形，现在教学生专读经史古文的，并不期望学生写来也像经史古文，他们只望学生能写普通的文言，而一般以为现代文学之外别无教材的，却往往存一种奢望，最好学生落笔就是文学的创作。后者的意见，我想是应当修正的。

在初中阶段，虽然也读文学，但是阅读与写作的训练应该偏重在基本方面，以普通文为对象。到了高中阶段，选取教材以文章体制，文学源流，学术思想为纲，对于白话，又规定"应侧重纯文艺作品"，好像是专向文学了，但是基本训练仍旧不可忽略。理由很简单，高中学生与初中学生一样，他们所要阅读的不纯是文学，他们所要写作的并非文学，并且，唯有对于基本训练锲而不舍，熟而成习，接触文学才会左右逢源，头头是道。

我的话到此为止。自觉说得还不够透彻，很感惭愧。

（1940 年 8 月 18 日作，原题为《对于国文教育的两种基本观念》。原载于《中等教育季刊》1940 年 9 月 30 日创刊号，署名叶绍钧）

变相的语文教学

有人说现在中学课程太多，五花八门，使学生应接不暇。我说现在中学课程并不多，除了英文，只有一门，便是国文。从中学往下，小学的课程似乎也不少；然而也只有一门，便是国语。从中学往上，大学的课程真可谓五花八门了；然而除了英文以及第二外国语，也只有一门，便是国文。

读者或许要怀疑我没有看见过大学的课程表，没有参观过中学的实施情形，甚而至于没有跨进过小学的校门。我本来想竭力辩解，说我看见过，参观过，跨进过；可是辩解自辩解，怀疑自怀疑，各人有各人的自由，辩解又有什么用处？我还是说几个实例吧。

一个小学上自然课。课本摊在书桌上，学生看到"常绿树是四季常绿的，落叶树是秋冬落叶的"这样的文句。教师讲解了，"常"是什么意思，"绿"是什么意思，"落"是什么意思，"四季"是什么意思，"秋冬"是什么意思，一一说明，不厌其详；然后贯串起来说："一年四季总是生着绿叶子的那种树，叫作常绿树；到了秋天或冬天落掉叶子的那种树，叫作落叶树。"的铃……的铃……下课了。

一个中学上劳作课。教师受了学生的敬礼，回转身去就写黑板，一面写，一面看手里的"脚本"。最先写上六个大字："书架子的制造"。接着是个小标题："书架子的材料"。随后便是木与竹都可以做书架子，从价值方面说，竹比木便宜，从效用方面说，木比竹坚实；以及什么木什么木都可以做书架子，哪一种木最好，可是价贵，哪一种木最差，可是便宜，诸如此类。写完了一段，再来个小标题："书架子的制法"。随后便是书架子的大小，视需要而定；假定它五尺高，分作六层，每层该多少高，横里该多少宽，诸如此类。第二段没有写完，下课铃响了。教师这才面对学生开口道："今天来不及讲了，下一回再给你们讲吧。"

一个大学上教育学的课。教师先在黑板上抄了满板的英文，教学生抄在笔记本上；然后用国语讲解这满板的英文，教学生记录在笔记本上；待学生记录完毕，便抹掉第一板，再抄第二板。在第三板还没有抹掉的时候，下课铃声就由远而近，渐渐地清朗起来了。

坐在位子上，听教师讲解课本或讲义上的文句；拿起笔杆来，抄写教师的板书，记录教师的讲解，这就是各级学生在教室里所做的全部工作。不问是社会或自然，是公民或理化，是什么学或什么研究，科目虽不同，工作的方法却并无二致，都与上国语课、国文课、英文课的情形差不多。所以按实际说，社会和自然便是内容专讲社会或自然的国语；公民或理化便是内容专讲公民或理化的国语（中学教本或讲义也有用白话编的）或国文；什么学或什么研究（只要他是外来的）便是内容专讲什么学或什么研究的英文。而这三科本来没有特殊的内容，非牵涉到其他各科不可。我说大中小学的课程只有英文、国文与国语，意思就在此。

你若去请教语文教学专家，他们一定要说学习国语、国文与英文，除了听讲、抄写与记录外，学生该做的工作还有许多。为了教师不能够一辈子站在学生的面前，学生非得由自己的努力去阅读许多书籍文字不可，他们主张学生在课前应做预习的工作。为了预习未必能够到家，不免有错误与疏漏的地方，他们主张学生在课间应做讨论的工作。为了语文的学习重在养成习惯，仅仅懂得还不够，要能运用自如才行，他们又主张学生在课间与课后应做复习与练习的工作。然而主张是一回事儿，实际教学又是一回事儿。你若去打听大中小学的学生，他们就会告诉你，他们上英文课、国文课与国语课的时候，只须听讲、抄写与记录好了，再没有别的。

这是个很朴素的想头：学生犹如一个空瓶子，胸中没有什么；现在给他们一本书，一篇文字，逐字逐句给他们讲一遍，又写一点注释或表解在黑板上，他们听过一遍，抄过一遍，书中的文字中的内容与方法便一齐装进去了。这又是个很省事的办法：要学生预习，就得给他们一些指导或暗示；要学生讨论，就得给他们一些纠正或补充；要学生复习与练习，就得给他们做许多督察与订正的工作。——那多麻烦！现在不要学生做什么，让他们光是听，光是抄，岂不干脆得多？这就是一般语文教学所以如现在情形的原因。

我在这里并不想讨论语文教学如现在情形的效果是好是坏。我只是说明现在的语文教学是这样的情形：大家根据一个很朴素的想头，采用一个很省事的办法。而其他各科的教学，教材尽管五花八门，实际都如现在的语文教学一样，解字义，讲文句，作注释，立表解，下课铃响，一了百了。这不是可以看出我们的教育学有如下的共通认识吗？他们以为一切的知识与技能，非通过文字无法授予；一切的训练和陶冶，非通过文字无法着手。所以必须有书为凭，给学生讲明文句，实做"教书"。他们又以为只要通过了文字，一切知识、技能、训练、陶冶，便化为学生的血肉，使他们渐渐充实起来。所以学生除了静听讲书，抄写黑板上的文字，记录教师口头的讲解而外，不用再做别的。

从这种认识推想开来，自然见得教学的对象是书本，而不是具体的事物；"为学"两字并不包含广多的意义，不过等于"读书"而已。什么设计教学法，什么道尔顿制，以事物为中心，以多方研究为学习门径，那只是一些富于幻想的好事者的玩意儿，标新立异，无裨实际。我们的教育家只要守着个最简要的办法——拿书来教，便抵得那些好事者的全部努力了。有人说，除了语文学科而外，其他学科的教学都不妨脱离书本文字；即使不完全脱离，书本文字也只是工具之一种，而不是终极的目的。这样说法，我们的教育家当然不能同意，所以抗战开始以后各地闹"书荒"，在学校中常常可以听到这样的叹声："没有教本，怎么能教呢！"照我们的教育家的意思，就是教体育，也得有一本教本才行。——《体育教本》确实有的，你可以去翻商务印书馆的《图书汇报》。

在这样的教学情形之下当学生，虽然科目繁多，样样都要学习，其实却是简单不过的事儿；只要像准备去上国语课、国文课与英文课一样，带一双耳朵，一双眼睛，一本教本，一本笔记本，一支铅笔或钢笔，保证你没有错儿了。你将欣幸你没有遇到那些想出设计教育法与道尔顿制之类来的好事者；否则你得去搜集、观察、比较、综合、试验、实习，那是多么辛苦的一串工作啊！除了听讲、抄写和记录，你一样都不用做；教师偶尔在讲解中间添一个笑话，插一个故事，你就情不自禁地笑一笑；上物理化学之类功课的时候，教师偶尔揭示几张挂图，做一个实验，你就如新年间看了年画与戏法那样开一开心：今天如此，明天也如此，这个学期如此，下个学期也如此，不是太舒服的生活吗？通常说，学生时代是黄金时代，就不必消费太多的心思与功力在功课上的那种舒服而言，的确不是夸张的话。

但是，假如有一个人，绝对不熟悉现在的教育的实况，他跑进无论哪一级的学校参观一天两天，必将惊讶地想道："平常人听了两个钟头的平铺直叙的演说，就会打呵欠，伸懒腰，用鞋底擦地板，给演讲者暗示，让他赶快把演讲结束；这班学生天天听讲，年年听讲，某字什么意义，某句怎么讲法，无非那一套，他们怎么忍受得住呢？"他或许还有奇怪的想头："看他们一声不响，谁知道他们的心思在哪儿？说不定会如《孟子》上说的'一心以为有鸿鹄将至'吧？或者无思无虑，空空洞洞，像禅家的入定吧？"他如果是一个慈悲的人，更将往深处去想："'游心外骛'是训练清楚头脑的障碍，'心无着处'是趋向槁木死灰的途径，而他们的情形恰正如此。太可怜了！太可怜了！让他们多做一点儿事吧，用他们的心，用他们的手，用他们的口，无论怎样都是好的。退一步说，让他们跑出教室来种一方地，锯一根木头，甚至跑跳一阵，争论一阵，也是好的。只要不再教他们听讲那变相的语文功课，以至陷入'游心外骛'或'心无着处'的魔境，他们就有福了。"

这个人的想头如果是"旁观者清"，那么，不必消费太多的心思与功力在功课上的那种舒服，未必就是现在学生的幸福了。他们的幸福或许就在相反的情形，就是：教师糊涂一点儿，放弃他们一切功课一切教导的授受必须通过文字的那种信念；同时马虎一点儿，虽然有一本教本或一份讲义在手头，可不全像教国语、国文和英文那样逐字逐句地讲解；同时又残忍一点儿，不惜让学生劳心劳力，提出一些问题来，指出一些工作来，叫他们自己去搏斗，搏斗而遇到了困惑的时候，然后请教教师、教本或讲义。然而我们的教育家却多数是不肯糊涂，不肯马虎，又不肯残忍的。

有一天，学生离开了学校，离开了教师的讲解，不得不开始用自己的心与力，跟当前的事物打交道。当发现树叶怎样发芽，果实怎样长成的时候，他们惊奇着造化的神妙，感到莫大的快慰。当悟出某一种自然势力怎样推移，某一项历史事物怎样演变的时候，他们欣赏着自己的成功，怀有与自来的物理学家、史学家同等的骄傲。尤其作专门研究，作实际事务，起初茫无头绪，暗中摸索，忽然望见一线光明在前面闪耀的时候，他们那欢喜与满足宛如见了宇宙全部的奥秘，不禁要跳起来喊道："从今以后，可以安身立命了!"但是他们的记忆力如果不太坏，总有时候会想起学生时代的种种；只要一想起，他们便会爽然若失。原来他们的快慰、骄傲、欢喜和满足，本该在学生时代早就享受的，现在却拖延到多少年后才享受，还值得高兴吗？只有自认倒霉的份儿罢了。

教师本位与学生本位；一切的授受必须通过文字，与可能与事物直接打交道就直接打交道；专教学生听讲变相的语文功课，与多数学生做搜集、观察、比较、综合、试验、实习等工作：这些是旧教育与新教育分界的标志。依通常说，新的不一定就是好的，所以舍旧趋新也未必是天经地义。可是在"教育"的高头加上了"新"字，而且要大吹大擂把这种"新"的教育"兴"起来，必然是旧的教学有了毛病，新的教育值得仰慕。我国兴新教育几十年了，学校、课程、训育、导师等等名词，从前是没有的，现在有了，的确是"新"。然而就实际考察，各科教学都是变相的语文教学，而且是从前私塾时代的语文教学，那是"新"还是"旧"呢？

现在大家看重教育，复兴民族和建设国家的重担子放在教育的肩膀上。这是不错的。不过有一个根本条件，教育必须真是"新"的才行。

(1941 年 1 月 15 日作，原载于《读书通讯》第 20 期)

中学国文学习法

认定目标

学习国文该认定两个目标：培养阅读能力，培养写作能力。培养能力的事必须继续不断地做去，又必须随时改善学习方法，提高学习效率，才会成功。所以学习国文必须多多阅读，多多写作，并且随时要求阅读得精审，写作得适当。

在课内，阅读的是国文课本。那用意是让学生在阅读教本的当儿，培养阅读能力。凭了这一份能力，应该再阅读其他的书，以及报纸杂志等等。这才可以使阅读能力越来越强。并且，要阅读什么就能阅读什么，才是真正的受用。

在课内，写作的是老师命题作文。那用意是让学生在按题作文的当儿，培养写作能力。凭了这一份能力，应该随时动笔，写日记，写信，写笔记，写自己的种种想要写的。这才可以使写作能力越来越强。并且，要写作什么就能写作什么，才是真正的受用。

就一个高中毕业生说，阅读能力和写作能力应该达到如下的程度。

阅读方面——（一）能读日报和各种并非专门性质的杂志；（二）

能看适于中学程度的各科参考书；（三）能读国人创作的以及翻译过来的各体文艺作品的一部分；（四）能读如教本里所选的欧阳修、苏轼、归有光等人所作散文那样的文言；（五）能适应需要，自己查看如《论语》《孟子》《史记》《通鉴》一类的书；（六）能查看《国语辞典》《辞源》《辞海》一类的工具书。这里所说的"能"表示了解得到家，体会得透彻，至少要不发生错误。眼睛在纸面上跑一回马，心里不起什么作用，那是算不得"能"的。

写作方面——（一）能作十分钟的演说；（二）能写合情合理合式的书信；（三）能把自己的所见所闻思所感记下来；（四）能写类似现社会中通用的文言信那样的文言。这里所说的"能"指表达得正确明白而言。至少也得没有语法上、论理上的错误。就演说和书信说，还得没有礼貌上的错误。为什么把演说也列在写作方面？因为演说和写作是同一源头的两条水流，演说是用口的写作，写作是用笔的演说。

以上虽只是个人的意见，我自以为很切实际，一个高中毕业生能够如此，国文程度也就可以了，自己也很够受用了。至于阅读不急需的古书如《尚书》《左传》《老子》《庄子》，写作不切用的体裁如骈文古文旧体诗，各人有各人的自由，旁人自然不便说他不对。可是就时代观点和教育立场说，这些都是不必叫中学生操心思花工夫的。还有文艺创作，能够着手固然好，不能够也无须强求，因为这不是人人都近情的。

靠自己的力阅读

阅读要多靠自己的力，自己能办到几分务必办到几分；不可专等老师给讲解，也不可专等老师抄给字典辞典上的解释以及参考书上的文句。直到自己实在没法解决，才去请教老师或其他的人。因为阅读是自己的事，像这样专靠自己的力才能养成好习惯，培养真能力。再说，我们总有离开可以请教的人的时候，这时候阅读些什么，非专靠自己的力不可。

要靠自己的力阅读，不能不有所准备。特别划一段时期特别定一个课程来准备，不但不经济，而且很无聊。也只须随时多用些心，不肯马虎，那就是为将来做了准备。譬如查字典，如果为了做准备，专看字典，从第一页开头，一页一页顺次看下去，这决非办法。只须在需要查某一字的时候看得仔细，记得清楚，以后遇到这个字就是熟朋友了，这就是做了准备。不但查字典如此，其他都如此。

应做的准备大概有以下几项。

（一）留心听人家的话。写在书上是文字，说在口里就是话。听话也是阅读，不过读的是"声音的书"。能够随时留心听话，对于阅读能力的长进大有帮助。听清楚，不误会，固然第一要紧；根据自己的经验加以衡量，人家的话正确不正确，有没有罅漏，也是必要的事。不然只是被动地听，那是很有流弊的。至于人家用词的选择，语调的特点，表现方法的优劣，也须加以考虑。他有长处，好在哪里？他有短处，坏在哪里？这些都得解答，对于阅读极有用处。

（二）留心查字典。一个字往往有几个意义，有些字还有几个读音。翻开字典一看，随取一个读音一个意义就算解决，那实在是没有学会查字典。必须就读物里那个字的上下文通看，再把字典里那个字的释文来对勘，然后确定那个字何音何义。这是第一步。其次，字典里往往有些例句，自己也可以找一些用着那个字的例句，许多例句聚在一块儿，那个字的用法（就是通行这么用）以及限制（就是不通行那么用）可以看出来了。如果能找近似而不一样的字两相比较，辨明彼此的区别在哪里，应用上有什么不同，那自然更好了。

（三）留心查词典。一个词也往往有几个意义，认真查词典，该与前一节说的一样。那个词若是有关历史的，最好根据自己的历史知识，把那个时代的事迹想一回。那个词若是个地名，最好把地图翻开来辨认一下。那个词若是涉及生物理化等科的，最好把自己的生物理化的知识温习一遍，词典里说的或许很简略，就查各科的书把它考究个明白。那个词若是来自某书某文的典故或是有关某时某人的成语，如果方便，最好把某书某文以及记载某时某人的话的原书找来看看。那个词若是一种制度的名称，一个专用在某种场合的术语，词典里说的或许很简略，如果方便，最好找些相当的书来考究个详细。以上说的无非要真个弄明白，不容含糊了事。而且，这样将词典作钥匙，随时翻检，阅读的范围就扩大了，阅读参考书的习惯也可以养成了。

（四）留心看参考书。参考书范围很广，性质不一，未可一概而论。可是也有可以说的。一种参考书未必需要全部看完，但是既然与它接触了，它的体例总得弄清楚。目录该通体一看，书上的序文，人家批评这书的文章，也该阅读。这样，多接触一种参考书就如多结识一个朋友，以后需要的时候，还可以向他讨教，与他商量。还有，参考书未必全由自己购备，往往要往图书馆借看。那么，图书分类法是必要的知识。某个图书馆用的什么分类法，其中卡片怎样安排，某一种书该在哪一类里找，必须认清搞熟，检查起来才方便。此外如各家书店的特点以及它们的目录，如果认得清，取得到，对于搜求参考书也有不少便利。

以上说的准备也可以换成"积蓄"两个字。积蓄得越多，阅读能力越强。

阅读不仅是中学生的事，出了学校仍需要阅读。人生一辈子阅读，其实是一辈子在积蓄中，同时一辈子在长进中。

阅读举要

如果经常作前面说的那些准备，阅读就不是什么难事。阅读时候的心情也得自己调摄，务须起劲、愉快。认为阅读好像还债务，那一定读不好。要保持着这么一种心情，好像腹中有些饥饿的人面对着甘美膳食似的，才会有好成绩。

阅读总得"读"。出声念诵固然是读，不出声默诵也是读，乃至口腔喉舌绝不运动，只用眼睛在纸面上巡行，如古人所谓"目治"，也是读。无论怎样读，起初该用论理的读法，把文句中一个个词切断，读出它们彼此之间的关系来。又按各句各节的意义，读出它们彼此之间的关系来。这样读了，就好比听作者当面说一番话，大体总能听明白。最忌的是不能分解，不问关系，糊里糊涂读下去——这样读三五遍，也许还是一片朦胧。

读过一节停一停，回转去想一下这一节说的什么，这是个好办法。读过两节三节，又把两节三节连起来回想一下，这个办法可以使自己经常清楚，并且容易记住。

回想的时候，最好自己多多设问。文中讲的若是道理，问问是怎样的道理？用什么方法论证这个道理？文中讲的若是人物，问问是怎样的人物？用怎样的笔墨表现这个人物？有些国文读本在课文后面提出这一类的问题，就是帮助读者回想的。一般的书籍报刊当然没有这一类的问题，唯有读者自己来提出。

读一遍未必够，而且大多是不够的，于是读第二遍第三遍。读过几遍之后，若还有若干地方不明白不了解，就得做翻查参考的功夫。这在前面已经说过了，关于翻查字典词典，以及阅读参考书，这儿不再重复。

总之，阅读以了解所读的文章书籍为起码标准。所谓了解，就是明白作者的意思情感，不误会，不缺漏，作者表达些什么，就完全领会什么，必须做到这一步，才可以进一步加以批评，说他说得对不对，合情理不合情理，值不值得同情或接受。

在阅读的时候，标记全篇或者全书的主要部分，有力部分，表现最好的部分，这可以帮助了解，值得采用。标记或画铅笔线，或做别种符号，都一样。随后依据这些符号，可以总结全部的要旨，可以认清全部的警句，可以辨明值得反复玩味的部分。

说理的文章大概只需论理地读，叙事叙情的文章最好还要"美读"。所谓美读，就是把作者的情感在读的时候传达出来。这无非如孟子所说的"以意逆志"，设身处地，激昂处还他个激昂，委婉处还他个委婉，诸如此类。美读的方法，所读的若是白话文，就如戏剧演员读台词那个样子。所读的若是文言，就用各地读文言的传统读法，务期尽情发挥作者当时的情感。美读得其法，不但了解作者说些什么，而且与作者的心灵相感通了，无论兴味方面或受用方面都有莫大的收获。

读要不要读熟？这看自己的兴趣和读物的种类而定。心爱某篇文字，自然乐于读熟。对于某书中的某几段文字感觉兴趣，也不妨读熟。读熟了，不待翻书也可以随时温习，得到新的领会，这是很大的乐趣。

学习文言，必须熟读若干篇。勉强记住不算熟，要能自己成诵才行。因为文言是另一种语言，不是现代口头运用的语言，文言的法则固然可以从分析比较而理解，可是要养成熟极如流的看文言的习惯，非先熟读若干篇文言不可。

阅读当然越快越好，可以经济时间，但是得以了解为先决条件。糊里糊涂读得快，不如通体了解而读得慢。练习的步骤该是先求其无不了解，然后求其尽量地快。出声读须运动口腔喉舌，总比默读仅用"目治"来得慢些。为阅读多数书籍报刊的便利起见，该多多练习"目治"。

阅读之后该是做笔记了，如果需要记什么的话。关于做笔记，在后面谈写作的时候说。

最要紧的，阅读不是没事做闲消遣，无非要从他人的经验中取其正确无误的，于我有用的，借以扩充我的知识，加多我的经验，增强我的能力。就是读文艺作品如诗歌小说等，也不是没事做闲消遣。好的文艺作品中总含有一种人生见解和社会观察，这对于我的立身处世都有极大的关系。

写作须知

写作必须把它看成一件寻常事，好比说话一样。但是又必须把它看成一件认真事，好比说话一样。

写作绝不是无中生有。必须有了意思才动手写作，有了需要才动手写作。

没意思，没需要，硬找些话写出来，这会养成不良的写作习惯，而且影响到思想方面。

写作和说话虽说同样是发表，可也有不同处。写作一定有个中心，写一张最简单的便条，写一篇千万字的论文，同样的有个中心，不像随便谈话那样可以东拉西扯，前后无照应。写作又得比说话正确些，齐整些，干净些。说话固然也不宜错误拖沓，可是听的人就在对面，不明白可以当面问，不心服可以当面驳，嫌啰嗦也可以说别太啰嗦了。写了下来，看的人可不在对面，如果其中有不周到不妥帖处，就将使他人不明白，不心服，不愉快，岂不违反了写作的本意？所以写作得比说话正确些，齐整些，干净些。

写作的中心问自己就知道。写一张条，只要问为什么写这张便条，那答案就是中心；写一篇论文，只要问我的主要意思是什么，那答案就是中心。

所有材料（就是要说的事物或意思）该向中心集中，用得着的毫无遗漏，用不着的淘汰净尽。当然，用得着用不着只能以自己的知识能力为标准。按标准把材料审查一下总比不审查好，不审查往往会发生遗漏了什么或多余了什么的毛病。

还有一点，写作不仅是拿起笔来写在纸上那一段时间内的事情。如前面所说，意思的发生，需要的提出，都在动笔之前。认定中心，审查材料，也在动笔之前。提起笔来写在纸上，不过完成这工作的一段步骤罢了。有些人认为写作的工作在提起笔来的时候才开始，这显然是错误的。如果如此，写作就成为一种无需要、无目的，可做可不做的事了。

写作完毕之后，或需修改，或不需修改。不改，是自以为一切都写对了，没有什么遗憾了。至于修改，通常说由于自己觉得文字不好。说得确切一点，该是由于自己觉得还没有写透那意思，适合那需要。于是再来想一通，把材料增减一些，调动一些，把语句增减一些，变换一些，这就是修改。

练习写作，如果是课内作文，也得像前面所说的办。题目虽然是老师临时出的，可是学生写的意思要是平时有的，所需的材料又要是找得到的，不然就是无中生有的勾当了。（老师若出些超出学生能力范围的题目，学生只好交白卷，但是不必闹风潮。）练习是练习有意思有材料就写，而且写得像样，不是练习无中生有。

无论应用的或练习的写作，以写得像样为目标。记事物记清楚了，说道理说明白了；没有语法上的毛病了；没有论理上的毛病了；这就是像样。至于写得好，那是可遇而不可求的。经验积聚得多，情感蕴蓄得深，思想钻研得精，才可以写成好文章。换句话说，好文章是深度生活的产品，生活的深度不够，是勉强不来的。希求生活渐进于深度，虽也是人生当然之事，可是超出了国文学习的范围了。

要写得像样，除了审查材料以外，并得在语言文字上用心，这才可以表达出那选定的材料，不至于走样。所谓在语言文字上用心，实际也是极容易的事，试列举若干项。

（一）所用的词要熟习的，懂得它的意义和用法的。似懂非懂的词宁可不用，换一个熟习的来用。

（二）就一句句子说，那说法要通行的，也就是人家会这么说，常常这么说的。一句话固然可以有几样说法，作者有自由挑选那最相宜的使用，可是绝不能独造一种教人家莫名其妙的说法。

（三）就一节一段说，前后要连贯，第二句接得上第一句，第三句接得上第二句。必须注意连词的运用，语气的承接，观点的转换不转换。一个"所以"、一个"然而"都不可随便乱用。陈述、判断、反诘、疑问等的语气都不可有一点儿含糊。观点如须转换，不可不特别点明。

（四）如果用比喻，要问所用的比喻是否恰当明白。用不好的比喻还不如不用比喻。

（五）如果说些夸张话，要问那夸张话是否必要。不必要的夸张不只是语言文字上的毛病，也是思想上修养上的毛病。

（六）不要用一些套语滥调如"时代的巨轮""紧张的心弦"之类。这些词语第一个人用来见得新鲜，大家都用就只有讨厌。

（七）运用成语以不改原样为原则，如"削足适履"不宜作"削足凑鞋"，"怒发冲冠"不宜作"怒发把帽子都顶起来了"。

（八）用标点符号必须要审慎。宜多用句号，把一句句话交代清楚。宜少用感叹号，如"以为很好""他怕极了"都不是感叹语气，用不着感叹号。用问号也得想一想。询问和反诘的语气才用问号，并不是含有疑问词的语句都要用问号。如"他不知道该怎么做""我问他老张哪一天到的"都不是问句，用不着问号。

写作举要

练习写作，最好从记叙文入手。记叙文的材料是现成的，作者只须加上安排取舍的工夫，容易着手。

议论文也不是不必练习，但是所说的道理或意见必须明白透彻，最忌把不甚了了的道理或意见乱说一阵。因此，练习议论文该从切近自身的话题入手，如学习心得和见闻随感之类。

应用文如书信、如读书报告，往往兼包记叙和议论。写作这类东西，一方面固然应用，方面也是练习。所以也得认真地写，多一回认真的练习，就多一分长进。

以下略说写作各类东西的大要。

（一）记物的文字须把那东西的要点记明。譬如记一幅图画，画的什么就是要点，必须记明。也许画面上东西很多，而以某一件东西为主，这某一件东西必须说明。

（二）叙事的文字须把那事件的始末和经过叙明。譬如叙一个文艺晚会，晚会的用意和开会的过程必须叙明。也许会中节目很多，几个重要的节目必须详叙，其余节目只说几句简单的话带过。

（三）书信须把自己要向对方说的话说清楚。不清楚，失了写信的作用，重复啰嗦，容易混淆对方的心思，都不能算写得适当。书信又须注意程式。程式不是客套，程式之中实在包含着情分和礼貌。不注意程式，在情分上礼貌上若有欠缺，就将使对方不快，这也违反写信的初意。

（四）日记最好能够天天写，对修养有好处，对写作也有好处。刻板式的日记比较没有意义。一天里头总有些比较新鲜的知识见闻和想头，就把那些记下来。

（五）读书笔记不只是把老师写在黑板上的注解表格等抄上去，也不只是把一些书本上的美妙紧要的文句抄上去。除了这些，还有应该记的，如：翻了几种书，就可以把参照比较的结果记录下来。读了一篇文章一部书，自己有些想头，或属怀疑，或属阐发，或属欣赏，都可以记录下来。

（六）给壁报揭载的或投寄报纸杂志的文章与其他文章一样，也应该以写自己熟知的了解的东西为主。可是有点不同，这类文章是特地写给他人看的，写的时候，心目中就须顾到读者。既然顾到读者，人人知道的事物和道理就不必写。至于自己还没有弄清楚的大问题大道理，那非但不必写，简直不容写，写出来就是欺人，欺人是最要不得的。

写　字

末了儿还得说一说写字。一般人只须讲求实用的写字，不必以练成书家为目标。实用的写字，除了首先求其正确之外，还须求其清楚匀整，放在眼前觉得舒服，至少也须不觉得难看。

临碑帖，一般人没有这么多闲工夫。只须逢写字不马虎，就是练习。写字是手的技能，随时留意，自然会做到心手相应的地步。

目前写字的工具不只毛笔，钢笔铅笔也常用，也许用得更多。无论用什么笔写，全都得不马虎，才可以养成好习惯。

就字体而论，一般人只须注意真书行书两种。行书写起来比真书快，所以应用更广。行书是真书的简化，基本还是真书。真书写得像样，行就不会太差。

真书求其清楚匀整，大略有如下几点可以说的。

（一）笔笔交代清楚，横是横，撇是撇，一点不含糊。

（二）横平竖直，不要歪斜，这就端正了。

（三）就一个字而言，各笔的距离务须匀称，不太宽也不太挤。这须相度各个字的形状。偏旁占一半还是三分之一，头和底各占几分之几，中心又是哪一笔，相度清楚，然后照此落笔。距离匀称，不宽不挤，看在眼里就舒服。

（四）就一行的字而言，须求其上下连贯，无形中好像有一条直线穿着似的。还须认定各个字的中线，把中线放在一直线上。中线或是一竖，如"中"字、"草"字，或是虚处，如"非"字、"井"字，很容易辨明。

（五）就若干行的字而言，须求两行之间有一条空隙。次行的字的笔画触着前行的字的笔画固然不好看，就是几乎要触着也不好看。

（六）写一长篇的字须要前后如一。如果开头端端整整，到后来潦潦草草，这就通篇不一致，说不上匀整了。

如果有工夫练习实用的写字，可以按字的形体分类练习，如挑选若干木旁字来写，又挑选若干雨头字来写。木旁雨头的字是比较容易的。比较烦难的尤宜如此，如心底的字，从之的字。手写之外，宜乎多看，看人家怎样把这些字写得合适。看与写并行，心与手并用，自然会逐渐有进步。

（原载于为纪念《中学生》总 200 期出版而编辑的增刊《中学生手册》中，为"中学各科学习法"之"国文"篇，开明书店 1949 年版）

语文教学二十韵

教亦多术矣，运用在乎人，
孰善孰寡效，贵能验诸身。
为教纵详密，亦仅一隅陈，
贵能令三反，触处自引申。

陶不求甚解，疏狂不可循。
甚解岂难致？潜心会本文。
作者思有路，遵路识斯真。
作者胸有境，入境始与亲。
一字未宜忽，语语悟其神，
唯文通彼此，譬如梁与津。
学子由是进，智赡德日新。
文理亦畅晓，习焉术渐纯。

操觚令抒发，二事有可云，
多方善诱导，厥绩将无伦。

一使需之切，能文意乃申，
况复生今世，交流特纷纭。
一使乐其业，为文非苦辛，
立诚最为贵，推敲宁厌频。

常谈贡同辈，见浅意殷勤。
前途愿共勉，服务为新民。

（1959 年 8 月 26 日作，原载于《语文》1959 年第 9 期）

改变字风

常听人说起，写字潦草已成风气，为了工作和交际，不得不看连篇累牍的潦草字，实在头痛。我也有同感。读一篇稿子，看一封信，往往要顿住，因为好些字面生，一眼认不清，必须连着上下文猜详，跟本件中相似的字比照，一遍不成再来一遍，才认得清。少数几个字面生还不要紧。面生的字多到连篇累牍，当然要头痛了。

字怎么写，人人有自由。但是写出字来让别人头痛，未免自由过分了。我早就想向凡是写字给别人看的人呼吁。我的呼吁不过一句话，写字务恳为看的人着想。分别言之，就是写信要为收信人着想，起什么稿子要为商量这份稿子的人着想，写的稿子准备付印付排的要为打字员排字工人着想。为看的人着想，是人与人的协作，对工作和交际有莫大好处。这些道理似乎无须多说，因为多数人都能说。重要的不在于能说，而在于真正能顾到看的人，真正能养成习惯，每逢写字绝不潦草。那么，用一句简要的话点醒一下也就够了。每逢写字绝不潦草，当然要多花些工夫，但是跟多花工夫看的人相比，跟潦草字所引起的事故相比，多花些工夫还是非常值得的。这一层意思，我倒要附带地点醒。

学生写字大多潦草，也是人们常常皱着眉头说起的。皱着眉头，为的是从中看到一般潦草的局面势将继续下去。但是这个局面能让它继续下去吗？不能。必须赶快改变这个局面，造成写字端正的风气。而造成风气的主要阵地在学校。无论小学、中学、大学，出来的学生都写得一手端正的字，风气不就丕变了吗？绝不说写几个字无关宏旨，绝不想潦草点儿也无所谓，教育工作者和学生共同努力，一边认真训练，以身作则，一边认真练习，积久成习，在这样情形之下，做到学生都写得一手端正的字又有何难呢？

所谓端正的字，说得具体些，无非个个字笔画清楚，间架匀称，整幅字行款整齐而已。工作上和交际上有这样的需要，所以人人要写这样的字。并不要求什么碑神帖意，钟王欧颜。那是艺术方面的事，有爱好有兴趣的人尽不妨努力追求，可不是人人所必需。既然如此，习字的范本不一定要出于名家之手，凡是笔画清楚，间架匀称，行款整齐的，都可以作范本，楷体铅字印的书也可以作范本。也不一定要用毛笔，只要养成认真写字的好习惯，钢笔同样可以写得清楚匀称整齐。没有好习惯，用了毛笔也可以写得很潦草。目前一般小学里正是在这样的认识之下训练学生写字的。学生写得不错的也不少，如兰州工人子弟小学的一位老师所教的学生，他们的文稿我见过十来篇，都够得上端正二字。

小学里教识字总要教笔顺，这就同时教了写字。单体字好比合体字的零件，单体字的笔顺教会了，合体字的笔顺就不须多教了。多数老师教写字又给学生指点，某个字的言旁占二分之一，某个字的言旁占三分之一，某个字的竹头占二分之一，某个字的竹头占三分之一，这就是教间架。至于行款，习字本子或者印着格子，或者印着一条条的直线，只要把字写在格子里，写在两条直线之间，自然不至于歪歪扭扭。可以这么说，属于教的方面的事差不多应有尽有了。但是学生写字的成绩大多不怎么好，叫人皱眉头，这又是什么原因呢？

大凡传授技能技巧，讲说一遍，指点一番，只是个开始而不是终结。要待技能技巧在受教的人身上生根，习惯成自然，再也不会离谱走样，那才是终结。所以讲说和指点之后，接下去有一段必要的工夫，督促受教的人多多练习，硬是要按照规格练习。练成技能技巧不是别人能够代劳的，非自己动手，认真练习不可。如果只讲说指点，而疏于督促，要求技能技巧在他身上生根就很难说了。疏于督促，是不是学生写字的成绩不怎么好的原由之一呢？如果是的，老师就可以在这上头多用些工夫，方法不妨多种多样，各有巧妙不同，总之，要学生多练，要严格要求。学生初学写字就注意督促，从早把底子打好，是事半功倍的法门。老师可以少为学生写字操许多心，而学生一开始就养成写字的好习惯，也将终身受用不尽。

还可以这样考虑，教的方面的事差不多应有尽有了，而学生写出字来潦潦草草，不按规格，这里头似乎不仅是写字的问题，而且是学习态度的问题。就是说，学习态度不够认真严肃。如果这个说法中肯的话，那就要在写字教学以外想办法了。字写得潦潦草草，演算草未必就端端正正吧，读课内课外各种书籍未必就仔仔细细吧。既然叫作态度，对于各方面自当一视同仁，不会薄于此而厚于彼。这是比写字潦草更为严重的事。学习态度本来非端正不可。而学习态度一端正，自然会把写字当一回事，又何况写得清楚些，匀称些，整齐些，究竟也没有什么难。要求端正学习态度，说道理，讲任务，固然不可少，但是督促实践，即知即行，蔚为风气，尤其是成功收效的关键。

写字潦草，原由之一是求快，要写的字有那么多，慢慢地写来不及。求快是必然之势，毛病在带来了潦草。针对这个情形，最好开始教写字就多注意，先要求写得端正，成为习惯，在端正的基础上再要求写得快，成为习惯。这样就又端正又快，双方兼备。要是求快而不端正的习惯已经养成，把它扭转来当然要多费些工夫。但是为了长久的方便，多费些工夫也在所不惜，还得回到开始教写字的阶段上去，先要求端正再要求快。

孟子说的"引而置之庄岳之间"（《滕文公下》）的办法可能有些用处。就是说，让学生处在这样的环境里，只看见写得端正的，看不见写得潦草的，从而受到影响，练成写字的好习惯。在学校以内，造成这样的环境似乎不太难。凡是揭示的标语，指示的牌子，张贴的写件，刻蜡的印件，写在黑板上的粉笔字，批在作业本上的毛笔字或是钢笔字，全都端端正正，一笔不苟，这样的环境不就差不多了吗？课堂里图书室里或是其他适宜的地方，既然可以挂画，自也不妨挂一些写得不错的字幅，那么环境就更见得美备了。教导和指点不一定要在课堂教学中进行，任何时候说说这一件写得多端正，那一件为什么那么好看，哪怕一句两句，也是教导和指点。学生耳濡目染，不知不觉鼓起了兴趣，提高了眼力，将会严格地要求自己，心到手到，非练成端正的字不可。学任何技能技巧，到了严格地要求自己的地步，成功的把握少说也有十之六七了。

现在一般的理解，小学毕业生要能写端正的字。这个要求切合实际，适应工作和交际的需要，所以必须达到。有好些小学毕业生已经达到了，又可见这个要求并不高，只要师生共同努力，所有小学毕业生能都达到。到中学阶段，按理说，写字不须再劳老师的神，再费学生的力了。但是实际情形并不然。那没有别的办法，只有补课，补应当在小学里完成的课。时间不妨抓紧些，要求不妨严格些，中学生比小学生大了，一定要在限定的时期内练成端正的字。老师不要怕给学生添麻烦，学生也不要嫌老师给添麻烦。现在麻烦点儿，写得一手端正的字，将来体会到好处，感觉到方便，将会永远珍爱这个麻烦呢。至于写字潦草的大学生，对他们提出呼吁，请他们务必为看的人着想，也就可以了。人与人要协作，写在纸上的字是工作和交际的必要工具，不能马虎，大学生哪有不明白的？只望他们前进一步，把这些道理贯彻在写字的实践中而已。再说，改变字风总比改变文风容易些吧，文风尚且要改变，字风不好，当然要改变。手头当心点儿，积久成习，也就改变过来了。

（1961 年 6 月 22 日作，原载于《光明日报》6 月 24 日）

怎样教语文课

——在呼和浩特跟语文教师的讲话

今天我只对语文教学问题谈一些个人的法和看法，供同志们参考。如果有不对的地方，请大家提出来，以便彼此补充，互相纠正，得出比较正确的意见。

在语文教学中，近年来提出一个"文与道"的问题，大家讨论得很起劲，《文汇报》和《光明日报》上发表了很多文章。"文与道"的问题，原来不是语文教学方面的问题，而是文学创作方面的问题，即为什么要写文章和写些什么的问题。古代韩愈曾主张"文以载道"，也就是说，作文章无非是要阐明"道"。古代所谓的"道"，具体内容是什么，我们且不去管它。用现代的话说，"道"就是政治思想。那么"文以载道"，就是说文章要表达政治思想，要为政治服务。另外有一派人不作这样想，他们从孔子的话"盍各言尔志"中取两个字，主张"文以言志"。他们认为写文章是表达自己的思想情感，不一定要讲什么大道理，有什么思想情感，就表达什么思想情感。一派"载道"，一派"言志"。但是实际上，主张"言志"的人所写的文章，谈的也是他们自己的"道"。可以这么说，没有无"道"的文章。换句话说，写文章总是反映作者的世界观。说得浅显一点，世界观就是人们对事物和周围环境的看法，大至宇宙世界，小至一花一草。有什么样的世界观就会写出什么样的文章，决不能脱离自己的世界观而写出文章来。在一篇文章中，或者明显地，直接地，或者曲折地，隐晦地，归根结底都是反映作者的看法。写山水的诗，也是反映作者的看法。写文章不比简单的拍照。即使以拍照来说，为什么要取这样一个场面，不取另外一个场面，为什么要从这个角度拍，不从另外一个角度拍，也都反映拍照的人的看法。因此，可以说文章没有不反映作者的看法的。

我们在学校中教语文，应如何对待"文与道"的问题呢？报纸上登的文章很多了。有些文章似乎把作者和教学工作者混起来了，好像是在谈创作问题。我认为对语文教学来说，只要把文章讲透了，也就是"文"与"道"兼顾了。那么怎样才算把文章讲透了呢？所谓讲透，就是让学生充分领会和消化文章的内容，变成他们自身的东西，化为他们生活中的一部分。比如教了某篇讲公社的文章。文章把公社描写得很好。老师把这篇文章讲了以后，仅使学生对公社的性质、组织有更明确的认识还不够，还应通过这篇文章使学生思想情感上有所变化和提高，从内心受到感染，更加热爱公社。同时还应把这篇文章的思维方法、语言的运用方法讲透，使学学习了这篇文章以后，在思维方法和语言运用上也有变化和提高，能在生活中运用这种思维方法思考问题，运用这种语言说话写文章。在讲解的时候，一定要靠讲明语言的运用和作者的思路——思维的发展来讲内容。要知道作者为什么要这么说而不那么说，为什么用这一个词而不用那一个词，为什么用这种口气而不用那种口气，所有这些，都跟文章表达的内容密切相关的。不能把两者分开来讲，这一堂讲思想内容，另一堂专门讲语言；只有把两者结合起来，这堂课才算成功。总之，讲一课书，不仅是使学生多知道一些东西而已，重要的在使学生真实受用，不只是一天两天受用，而是一辈子受用。实际上，不仅是教语文如此，教其他各科都如此，要使学生一辈子受用。

讲透课文，这件事的本身就是一项重要的政治工作。在学校里，历史、地理、物理、化学等课是分科教学的；而在语文课本中，也选入一些关于社会科学和自然科学的文章。这些文章与各科的课本不同，往往富有文学意味。学校中单设有政治课，而语文教材中也选入一些政论文。因此，语文课除了该科本身的教学任务外，还要使学生获得各科的知识和教养，又不是代替各科。再说，人从会说话起就开始动脑筋，想心思，能养成良好习惯，终身受用不尽。如果我们通过语文课，训练学生从小就好好动脑筋，提高他们的思维能力和说话能力，这对他们的学习和将来的工作都有极大的好处。我们常说某人的语文水平跟不上知识水平，就是指思维能力和说话能力跟不上。因此，中央和各级教育部门都很注意语文训练，并已收到了一定的效果，但是还不够。有些人写不好工作中需用的文稿，有些人大学毕业了，当了助教，不能独立阅读必需参考的古籍，还得请人教。如果我们能在普通教育阶段，就把学生的语文水平提高到应有的水平，那不就是完成了一项很大的政治工作吗？至于讲一篇课文是否要外加政治思想内容，我想不需要了，把课文本身讲透就尽够了。刚解放的几年，很盛行离开课文讲一些大致与课文相同的政治道理。这个风气直到现在还没有完全改变。上半年我在四川参观一所学校，教师讲一篇诗"一家人"，这一家的成员都是公社的先进模范人物。教师的讲法并不是通过讲透课文使学生受到感染，有动于衷，发出"唔！""啊！"的感叹，真正爱慕这一家人，从而更热爱公社。教师的讲法是离开了课文大讲其公社，而把课文作为公社如何美好的例证。这位教师实际上是忘记了自己是在教语文课了。

有些教师往往说，"某篇文章看不出它有什么政治思想意义"，实际上是把政治思想意义看得太狭窄了。我是参加编课本的工作的，在编辑工作中也有类似的情形。总认为只有和当前形势和中心任务有关的文章才富有政治思想意义。要多一些政治，用心当然是好的。但是实际上，这样做不是政治多了而是政治少了，直到最近听了几次报告，才明白这个道理。再说，这种必须结合当前形势和中心任务的要求，报纸可以做到，杂志也可以做到，教科书是很难做到的，因为从编辑到出版总得花一年的时间。政治思想的范围是很广的。我们需要记住，我们所培养的是建设社会主义的接班人。他们要担当各方面的工作，所需要的知识是很广的。只要这样想，就可以跳出狭窄的小圈子，选材的范围自然会扩大了，凡是有助于培养合格的接班人的有教育意义的文章都可以选。而且除了课本之外，还有补充教材和乡土教材的教学时间，各地可以根据具体情况，选一些有关当前形势和中心任务的教材来讲授。看来这个想法，将会成为大家共同的想法。

语文课和其他课程有所不同，比如数学，不能没有加减乘除，比如历史，不能短少汉朝唐朝，而语文课则不然。中学六年，假定要教三百篇文章，是否非教课本上所选的三百篇不可呢？不一定。不教课本上这三百篇，而另选三百篇也可以，只要文章是好的，同样可以提高学生的政治思想和语文水平。这是说语文课的材不像数学、历史等课的教材那样固定。当然，选入语文课本的文章，通过教学实践的检验，教学效果好的会越来越多，可以固定下来的篇目也会越来越多。

上边的话是从讲透说起的。现在再说说这个"讲"字。过去的所谓"讲"，就是教师讲给学生听。私塾中讲"四书五经"。"四书"大概先讲《论语》。"五经"大概先讲《左传》。讲的办法是逐句逐句地讲。到清末兴办新学堂，新学堂里分设各门课程，其中有一门就是国文。国文的讲法继承了讲"四书五经"的传统，也是逐句逐句地讲。这种讲法是不好的，只有少数优秀的教师不采用这种讲法。讲文言文，用逐句逐句讲的办法似乎还过得去，到了五四运动以后，小学课本全换成了语体文，中学里是语体文文言文都教，再用逐句逐句讲的办法，问题就出来了。比如"一天早上"该怎么讲呢？所以当时语文教师说语体文没法教。有的教师干脆把课本里的语体文放过不讲，只讲文言文，因为逐句逐句地讲还可以消磨四十五分钟。现在一部分学校中还在用逐句逐句讲的办法。我认为教文言文也不应该逐句逐句讲，至于逐句逐句讲语体文，那简直是浪费学生的时间和精力。所谓讲，应当理解为给学生以指点和引导，使学生逐步达到能自己阅读。假如一篇文章，学生能充分理解，那么教师就用不着讲了。解放后有一个时期，有些人反对学生预习，认为学生预习了，教师的主导作用就不能发挥了。现在是大部分人倾向于主张预习，我也主张预习。学生预习而领会了的就不必再讲。去年教育部派人到各地了解语文教学情况，也找了一些学生座谈。有一个学生说："老师讲得太多了，对我们没有好处。我们预习《粮食的故事》一课，读过几遍非常感，几乎掉下泪来。后来老师在课堂上讲解，左分析，右分析，把一篇文章拆得零零碎碎，讲了些空泛道理，我们听了，反而把感动冲淡了。"这样看来，学生能够理解和领会的东西，教师完全可以不讲。学生了解不透领会不深的地方，才需要教师给以指点和引导，但是也不宜讲得很多很琐碎。教师要善于引导学生自己多动脑筋，适当地多动脑筋，脑筋是不会受伤的。学生自己动脑筋，得到的东西格外深刻，光听教师讲，自己不思考，得到的东西就不太深刻。经过教师指导，学生还是不能自己了解自己领会，那就只好由教师讲了，还得注意讲得多而啰嗦不如讲得少而精。总之，讲的目的，在于达到不需要讲。如果一个教师能做到上课不需要讲，只做一些指点和引导，学生就能深刻理解，透彻领会，那就是最大的成功。这样做能使学生读了若干文章以后，能触类旁通，自己去领会别的文章。学生必须学会自己读书，不能老是带着一位教师给他讲，所以我们要培养学生独立读书的能力。

　　要做到讲好，教师只熟悉一套课本是很不够的。你要讲透一篇文章，首先自己要喜爱这篇文章，知道这篇文章好在什么地方，对这篇文章有深刻的感受。作者写一篇文章，来源是多方面的，如思想修养、生活经验、组织能力、写作技巧等等。在这种种方面，教师如果有和作者相差不太远的水平，就能很好地理解这篇文章，把文章讲透，根据学生的实际指导学生阅读。死守一套课本就做不到这样。因此，要求教师多多读书，不断提高自己，力求达到与作者相差不远的水平。有的教师说："我只有一杯水，要教给学生一杯水，那是很难教好的。要教给学生一杯水，我至少要有一桶水，这样才能随机肆应，左右逢源。"这个意思很好。当然并不意味着教师要留一手，而是说只有教师自己懂得多，懂得广，懂得深，才能真正教好课文。

　　各地都有教师提出：政论文应该如何教？我认为政论文也和其他课文一样地教。现在觉得政论文不容易教，恐怕是有些教师对政治理论、方针政策和当前形势的学习不够，政治和历史知识还嫌欠缺的缘故。还有些人说教政论文怕讲错了犯错误，实际上你并不是写政论文而是讲人家的政论文，要是你能像其他文章一样地理解透彻，怎么会讲错呢？所以说，认为政论文不容易教，主要是个学习问题。学习要看怎样学，如果没有很好地动脑筋，真正下功夫去学，即使经常捧着书本还是得不到什么东西。有些人不看《人民日报》的社论，有些人看了，可是不求甚解，有些人不关心党的政策，不关心国内外的形势，这就很难怪对政论文觉得无从下手了。要能够很好地理解和分析政论文，非得加强学习下苦功不可。

　　政论文往往有一百个字以上的长句子，这就需要运用语法知识把它剖析清楚，看哪是主语，哪是主要动词，哪些是句子的主要成分，哪一个词语是修饰哪一部分的，限制哪一部分的。然后再看第二句和第一句是什么关系，第三句和第二句又是什么关系，第二段和第一段是什么关系，第三段和第二段又是什么关系，以至通篇是如何结构的。重要的地方可以用红笔蓝笔分别划出来。只要经常这样练习，有几个月的工夫就熟练了。碰到一篇文章，一看就会知道这篇文章为什么提出这个问题，论点论据有哪些，思路是怎样展开的，怎样推理和得出结论的。这个办法并不难做，大家不妨试试看。

现在大家都很注意语文课中的基本训练。基本训练确然要加强。在基本训练中，最重要的还是思维的训练，不要只顾到语言文字方面，忽略了思维的训练。各门功课都和思维的训练有关，特别是语文课是着重训练思维的。语言是和思维分不开的。语言是思维的固定形式。只有想清楚了才能说清楚。我们常说某人说话写文章没有条理。没有条理，就因为他没有养成很好的思维习惯，乱七八糟地想了，也就乱七八糟地说了写了。所以教语文的一项很重要的任务就是训练学生的思维，训练思维的材料就是课文。一篇篇的课文都是作者动了脑筋写出来的。在学习一篇文章时，就要学习作者是怎样动他的脑筋的，看作者是怎样想和怎样写的。教师一方面给学生指点和引导，一方面督促学生练习，这就是训练。语言的训练，要让学生在语言实践中去领会，去比较，这从小学阶段起就应注意。小孩从小就学会说话，说一些简单的话是不会违反语法的，但是说一些复杂的话，就不免要犯语法上的错误。我们给学生一些语法训练，目的就在使他们由不自觉达到自觉，即使说复杂的话也能百分之百的准确，不犯语法错误。如果使学生自觉地知道为什么这句问话后边该用"吗"，那句问话后边该用"呢"，那么他们在任何时候用"吗"、用"呢"都不会用错了。在中学里还要教一些修辞的知识，篇章结构的知识，这些方面的知识化为思维和语言的习惯了，运用的时候就会自觉地不犯错误。对于我们当教师的来说，应当系统地学习语法修辞等知识，达到非常熟练。但是在教学生时，不宜像你自己学习的时候一个样，只要教一些最简要的，主要在使学生能实际运用。我们过去编的一部汉语课本就没有注意这一点。学生不是专门研究语法修辞的，所以教师不需要把自己所知道的全都教给学生，只要让学生知道和掌握所需要的最基本的东西就够了。前边说过，在语文课的基本训练中，语言文字的训练和思维的训练关系很密切，所以我希望教师们把心理学中语言和思维的关系问题好好地看看。这也不是为了教给学生，而是为了指导学生和改进我们的语文教学工作。

在基本训练方面，有人说有些教师要求得不严格。所谓要求严格，并不是说要留很多作业，让学生连吃饭、睡觉和玩的时间都没有，而是说学生应该掌握的东西如果还没有掌握，教师就决不放手，直到学生切实把这些知识变成生活里的东西才罢休，不能认为教过一次就算了。比如写字问题，现在有些学生写字很不认真，潦潦草草，一篇文章里有几十个错别字。这不仅是基本训练不够的问题，也是学习态度不够端正的问题。如果一个学校的风气好，各科教师都注意这个问题，学生的学习态度端正，写起字来就不会那么潦草，不会那么错误。兰州职工子弟小学有一位李景兰老师，她教的学生个个写字好，错字也很少。原因是这位教师把学生的学习态度培养好了。假若一个班的学生学习态度好，不仅写字写得好，读书也一定认真仔细。反之，写字马虎潦草的学生，他们读起书来难道会认真仔细吗？对于一个个字，你要是不动脑筋去分辨，写字时不能心到手到，那总是容易写错的。仔细辨认，养成手到心到的习惯，那就不会错了。对于错别字问题，大家很伤脑筋。这个问题要从根本上解决，就是端正学习态度，造成事事认真的风气。我们对写字的要求很简单，只要求笔画清楚，不错，无论横写竖写，行款整齐，这就够了，并不要求学生成为书法家。写字的基础在小学就应该打好。

作文教学应当和阅读教学联系起来。把课文讲好，使学生学习每篇文章的思路是怎样发展的，语言怎样运用的，这就是很好的作文指导。不要把指导阅读和指导作文看成两回事。平时让学生作文，出题非常简单。要让学生写他们知道的或者经历过的事物。如组织学生到什么地方去参观，就让学生写参观所看到的东西。总之，要让学生写脑子里有的东西。现在学校里，教师和学生经常接触，不像旧社会的学校那样，师生只在课堂上见见面，现在的教师是完全有条件知道学生脑子里有什么没有什么的。

作文教学要收效，我认为首先要做到以下两点：第一，让学生深刻理解作文的重要。在现代的社会里，光靠口说是不够的，处处需要动笔写。动笔写文章应该是人人必须具备的一种技能；第二，让学生喜欢作文，对作文深感兴趣。现在有些学生怕作文，我家几个孙子里就有怕作文的。学生怕作文，不能完全怪学生，恐怕教师也有责任。比如出的作文题，学生没有什么可说的，或者学生作文中有些优点，没有适当地给他鼓励，这些都会使学生扫兴，渐渐讨厌作文。如果学生觉得作文并不重要，又没有兴趣，作文还能作好吗？所以教师应千方百计地引导学生，使他们懂得作文的重要，使他们喜欢作文。至于如何做到这两点，请教师们多想办法。

要教好作文，教师自己也要常常动笔，深切体会作文的甘苦。这样才能作切实的指导，光给学生讲一些作文的方法是不够的。

再说作文的批改问题。在作文教学中，事先指导得好，批改就容易，事先指导得不好，那高高的一叠作文本，批改起来真有点儿可怕。批改的时候，通行在学生的作文后边加批语，这是旧社会传下来的，不管是否需要，往往空空洞洞地批八个大字，如"清畅流利"之类。这实在没有多大意义，不如实事求是，在横头加一些小批语，指出学生作文中的优点或毛病。对全篇确有可说的，就加批语，如学生进步很快，总的优点在哪儿等。如没有什么可说的，就可以不批。

教师改作文，对于那些改动的地方，必须说得出所以改动的理由来。为什么这几个字多了？为什么这句话不通顺？为什么这个词用得不对？为什么要添几个字或者去掉几个字？教师要想清楚了再改动。所谓改动，实际是改学生的思维，是帮助学生把那些想得不完整的地方改正过来。教师不要替学生写文章，不要把学生的文章勾掉抹掉，再大段大段地替他说些话。假如学生作文中出现了一些反动的话，这就不是怎么给他改的问题了。必须引起所有学校教师的注意，共同来找一下原因，研究这个学生为什么会说出这样的话来。这应当是全校教育工作中的问题，不只是语文教学中的问题。在批改方面还有很重要的一点，就是必须想种种办法使学生注意和了解他的作文为什么要这么改。这一点要是做不到，学生对改过的地方毫不理会，那么你辛辛苦苦的批改功夫就白下了。每个学生如果能每个学期轮到一回，当面看教师批改，或者与教师共同商量着改，那是很有好处的。或者教师和几个学生在一起改，让一个学生读，大家来听。看哪里多了字，哪里少了字，哪个词用得不确切，哪里不通顺，毛病在什么地方。找出这些毛病以后，如果学生经过思索自己能改正，教师就不用改了。如果学生感到困惑，不知道该怎么改才合适，教师再给他启发指导，或帮助他改。这个办法对学生的帮助很大，不仅在学校里，对自己的子弟也可以试一试。如果能多来几回，学生的作文一定会进步很快。

还有一个问题，如果学生喜欢写文艺作品，教师是没有理由反对的，应该帮助他。但是必须明确，语文课并不是要学生搞创作，并不是培养作家的。那是另外一回事。

我说了很多，不甚有条理，占用大家很多时间，对大家帮助不大，非常抱歉。

（1961 年 9 月 8 日讲话记录，无标题）

认真学习语文

学习语文很重要

学习语文的确很重要。近几年来，越来越多的人觉得自己的语文程度不够高。需要学习，需要补课。

语文程度不够高，大约指两个方面：一方面是阅读。比方看《人民日报》社论，有些人看是看下去了，可是觉得不甚了然，抓不住要点，掌握不住精神。另一方面是写作。写了东西，总觉得词不达意，仿佛自己有很好的意思，只因写作能力差，不能充畅地表达出来。这就可见阅读和写作两方面的能力都要提高。

阅读是怎么一回事？是吸收。好像每天吃饭吸收营养料一样，阅读就是吸收精神上的营养料。要做一个社会主义时代的公民，吸收精神上的营养料比任何时代都重要。写作是怎么一回事？是表达。把脑子里的东西拿出来，让人家知道，或者用嘴说，或者用笔写。阅读和写作，吸收和表达，一个是讲，从外到内，一个是出，从内到外。这两件事，无论做什么工作都是经常需要的。

这两件事没有学好，不仅影响个人，还会影响社会。说学习语文很重要，原因就在这里。

对学习语文要有正确的认识

什么叫语文？平常说的话叫口头语言，写到纸面上叫书面语言。语就是口头语言，文就是书面语言。把口头语言和书面语言连在一起说，就叫语文。这个名称是从 1949 年下半年用起来的。解放以前，这个学科的名称，小学叫"国语"，中学叫"国文"，解放以后才统称"语文"。

语言是一种工具。工具是用来达到某个目的的。工具不是目的。比如锯子、刨子、凿子是工具，是用来做桌子一类东西的。我们说语言是一种工具，就个人说，是想心思的工具，是表达思想的工具；就人与人之间说，是交际和交流思想的工具。

思想和语言是分不开的，想心思得靠语言来想，不能凭空想。可以说，不凭借语言的思想是不存在的。固然，绘画、音乐、舞蹈表达思想内容是不凭借语言的，绘画凭借线条和色彩，音乐凭借声音和旋律，舞蹈凭借动作和姿态，可是除了这些以外，表达思想都要依靠语言。

就学习语文来说，思想是一方面，表达思想内容的工具又是一方面。工具有好有坏，有的是锋利的，有的是迟钝的，有的合用，有的不合用，这是一方面。思想也有好有坏，有的是正确的，有的是错误的，有的很周密，很深刻，有的很粗糙，很肤浅，这又是一方面。学习语文，这两方面都要正确对待。

有些人认为只要思想内容好，用来表达的语言好不好无所谓。有些人甚至认为语文是雕虫小技，细枝末节，不必多注意。既然这样，看书无妨随随便便，写文章无妨随随便便。文章写出来半通不通，不认为不对，反而认为只要思想内容好，写得差些没有关系。实际上，看书，马马虎虎地看，书上的语言还不甚了然，怎么能真正理解书的内容？写文章，马马虎虎地写，用词不当，语句不通，怎么能说思想内容好？文章写不通，主要由于没想通，半通不通的文章就反映半通不通的思想。

有些人认为只要学好了语文，思想内容的问题也会随之解决，因而就想专在字词语句方面下功夫。这个想法也不对。有人写工作总结写不好，写调查研究的报告写不好，认为这只是"写"的问题。学好了语文，工作总结和调查报告是不是一定写得好？不一定。为什么？工作总结必须参加了某项工作，对这一项工作比较全面地了解，知道这一项工作的优点和缺点，经验和教训，再加上语文程度不错，才能写好。调查报告也一样，一定要切切实实地调查，材料既充分而又有选择，还要能恰当地安排，才能写好。

这样说起来，要写好工作总结和调查报告，既要在语文方面下功夫，也要在实践方面下功夫。两方面的功夫都要认真地做，切实地做。

学语文为的是用，就是所谓学以致用。经过学习，读书比以前读得透彻，写文章比以前写得通顺，从而有利于自己所从事的工作，这才算达到学习语文的目的。进一步说，学习语文还可以养成想得精密的习惯，理解人家的意思务求理解得透彻，表达自己的意思务求表达得准确；还有培养品德的好处，如培养严肃认真、一丝不苟的态度等。这样看来，学习语文的意义更大了，对于从事工作和培养品德都有好处。

学习语文不能要求速成

我常常接到这样的信，信上说，"我很想学语文，希望你来封信说说怎样学"。意思是，去一封回信，他一看，就能学好语文了。又常常有这样的请求，要我谈谈写作的方法。我谈了，谈了三个钟头。有的人在散会的时候说："今天听到的很能解决问题。"解决问题哪有这么容易？哪有这么快？希望快，希望马上学到手，这种心情可以理解；可是学习不可能速成，不可能画一道符，吞下去就会了。学习是急不来的。

为什么？学习语文目的在运用，就要养成运用语文的好习惯。凡是习惯都不是几天工夫能够养成的。比方学游泳。先看看讲游泳的书，什么蛙式、自由式，都知道了。可是光看书不下水不行，得下水。初下水的时候很勉强，一次勉强，两次勉强，勉强浮起来了，一个不当心又沉了下去。要等勉强阶段过去了，不用再想手该怎么样，脚该怎么样，自然而然能浮在水面上了，能往前游了，这才叫养成了游泳的习惯。学语文也是这样，也要养成习惯才行。习惯是从实践里养成的，知道一点做一点，知道几点做几点，积累起来，各方面都养成习惯，而且全是好习惯，就差不多了。写完一句话要加个句号，谁都知道，一年级小学生也知道。但是偏偏有人就不这么办。知道是知道了，就是没养成习惯。

一定要把知识跟实践结合起来，实践越多就知道得越真切，知道得越真切就越能起指导实践的作用。不断学，不断练，才能养成好习惯，才能真正学到本领。

有人说，某人"一目十行"，眼睛一扫就是十行。有人说，某人"倚马万言"，靠在马旁边拿起笔来一下子就写一万字。读得快，写得快，都了不起。一目十行是说读书很熟练，不是说读书马马虎虎；倚马万言是说写得又快又好，不是说乱写一气，胡诌不通的文章。这两种本领都是勤学苦练的结果。

要学好语文就得下功夫。开头不免有点勉强，不断练，练的功夫到家了，才能得心应手，心里明白，手头纯熟。离开多练，想得到什么秘诀，一下子把语文学好，是办不到的。想靠看一封回信，听一回演讲，就解决问题，是办不到的。

有好习惯，有坏习惯。好习惯养成了，一辈子受用；坏习惯养成了，一辈子吃它的亏，想改也不容易。譬如现在学校里不少学生写错别字，学校提出要纠正错别字，要消灭错别字。错别字怎么来的呢？不会写正确的形体吗？不见得。有的人写错别字成了习惯，别人告诉他写错了，他也知道错，可是下次一提笔还是错了。最好是开头就不要错，错了经别人指出，就勉强一下自己，硬要注意改正。比方"自己"的"己"和"已经"的"已"搞不清楚，那就下点儿功夫记它一记，随时警惕，直到不留心也不会错才罢休。

学习语文要练基本功

学习语文要练基本功。写一篇文章，就语文方面说，用一个字，用一个词，写一个句子，打一个标点，以及全篇的结构组织，全篇的加工修改，这些方面都要做到家才算好。这些方面都得下功夫，都得养成好的习惯。这样，写起文章来就很自由，没有障碍，能够从心所欲。培养这些方面的能力，养成好的习惯，就叫练基本功。

一出戏要唱功做功都好是不容易的。最近我看周信芳、于连泉（筱翠花）几位总结他们表演艺术经验的书，讲一个动作如何做，一句唱词如何唱，都有很多道理。道理不是嘴上说说的，是从实践里归结出来的。我们学习语文，看文章和写文章也能达到他们那样程度，就差不多了。学戏的开始，不是从整出的戏入手的，一定要练基本功，唱腔，道白，身段，眼神，一举手一投足，都要严格训练，一丝不苟。起初当然勉强，后来逐渐熟练，表演起来就都合乎规矩。然后再学一出一出的戏。学绘画，要先练习写生，画茶杯，画花瓶，进一步练速写，这些都是基本功。学音乐、舞蹈也一样，都要练基本功。木工做一张桌子也不简单，锯子、刨子和凿子，使用要熟练，要有使用这些工具的好习惯，桌子才能做得合规格。总之，无论学什么，练基本功是很重要的。

学语文的基本功是什么？大体上说有以下几方面。

第一，识字写字。可能有人想，谁还不识字，这个功夫没有什么可练的。可是一个字往往有几个意义，几种用法，要知道得多些，个个字掌握得恰当，识字方面还得下功夫。譬如"弃甲曳兵而走"，这是《孟子》上的一句话。小学生可能不认识"曳"字，其余都是认识的。可是小学生只学过"放弃""抛弃"等词，没学过单用的"弃"字。至于"甲"知道是"甲、乙"的"甲"，"兵"知道是"炮兵""伞兵"的"兵"，"走"知道是"走路"的"走"。他们不知道"甲"是古代的军装，"兵"在古代语言中是武器，古人说"走"，现代人说"逃跑"。"曳"这个字现代不用了，只说"拖"。"而"字在现代语言中是有的，如"为……而奋斗"。可是照"弃甲曳兵而走"这句话的意思说，"而"字就用不着了。用现代话说，这句话就是"丢了铠甲拖着武器逃跑"。到高中程度，识字当然要比小学比初中更进一步，对某些字知道更多的意义和用法。中国字太多，太复杂，谁也不能夸口说念字不会念错。字要念得正确，不要念别字，这也是识字方面应该下的功夫。

写字也要下些功夫。不一定要去买什么碑帖，天天临它几小时，这不需要；可是字怎么写，总要有个规矩。写下的字是让人家看的，不是使人家看不清楚，看得很吃力。有时候我接到些信，字写得不清楚，要看好些时间，看得很吃力。不要自己乱造字，简化字有一定的规范，不要只管自己易写，不管别人难认。字要写得正确，一笔一画都辨得很明白；还要写得熟练，如果写一个字要想三分钟，这怎么能适应需要？要把字写得正确熟练，这就是基本功。

第二，用字用词。用词要用得正确，贴切，就要比较一些词的细微的区别。这是很要紧的。譬如与"密"字配合的，有"精密""严密""周密"等词，粗粗看来好像差不多，要细细辨别才辨得出彼此的差别。"精密"跟"周密"有何不同，"精密"该用在何处，"周密"该用在何处，都要仔细想一想。想过了，用起来就有分寸。如果平时不下功夫，就不知道用哪一个才合适。

用词，有时也表示一个人的立场。立场，就是站在哪一方面；比方有人说，在土地改革的时候，某村地主很"活跃"，这就是立场不对头。"活跃"往往用在对一件事表示赞美的场合。对地主用"活跃"不合适，要用"猖獗"。否则人家会认为你是站在地主的立场呢。这些地方如果平时不注意，就会出错。用词还有个搭配的问题。比方"成绩"，可以说"取得成绩""做出成绩"，如果说"造出成绩"就不合适。前边的词跟后边的词，有搭配得上的，有搭配不上的，把不相配合的硬配在一起，就不行。所以用词也是基本功，无论阅读或是写作都要注意。

第三，辨析句子。句子是由许多词组成的，许多词当中有主要的部分和附加的部分。读句子，写句子，要分清主要部分和附加部分，还要辨明附加部分跟主要部分是什么关系。比方"在党的领导下，我们取得了中国革命的胜利。"这句话的主要部分是什么？是"我们取得了胜利"。取得了什么胜利？取得了"中国革命的"胜利。还要弄清楚，"在党的领导下"是"取得"的条件，虽然放在头里，却关系到后面的"取得"。读一句话，写一句话，要能马上抓住主要的部分，能弄清楚其他的部分跟主要的部分的关系，这就是基本功。长句子尤其要注意。有些人看文章，又像看得懂，又像看不懂，原因之一就是弄不清楚长句子的各个组成部分的关系。

读文章，写文章，最好不要光用眼睛看，光凭手写，还要用嘴念。读人家的东西，念出来，比光看容易吸收。有感情的文章，念几遍就更容易领会。自己写了东西也要念，遇到念来不顺的地方，就是要修改的地方。好的文章要多读，读到能背。一边想一边读，有好处。这好处就是自己脑子里的想法好像跟作者的想法合在一起了，自己的想法和语言运用能力就从而提高不少。长的文章可以挑出精彩的段落来多读，读到能背。读的时候不要勉强做作，要读得自然流畅。大家不妨试试。

第四，文章结构。看整篇文章，要看明白作者的思路。思想是有一条路的，一句一句，一段一段，都是有路的，这条路，好文章的作者是绝不乱走的。看一篇文章，要看它怎样开头的，怎样写下去的，跟着它走，并且要理解它为什么这样走。譬如一篇议论文，开头提出问题，然后从几个方面来说，而着重说的是某一个方面，其余几个方面只说了一点儿。为什么要这样安排呢？一定有道理。读的时候就得揣摩这个道理。再往细处说，第二句跟头一句是怎样连接的，第三句跟第二句又是怎样连接的，第二段跟第一段有什么关系，第三段跟第二段又有什么关系，诸如此类，都要搞清楚。这些就叫基本功。练，就是练这个功夫。

总起来一句话，许多基本功都要从多读多写来练。读人家的文章，要学习别人运用语言的好习惯。自己写文章，要养成自己运用语言的好习惯。要多读，才能广泛地吸取。要多写，越写越熟，熟极了才能从心所欲。多写，还要多改。文章不好，原因之一就是自己不改或者让别人改。有人写了文章，自己不改，却对别人说："费你的心改一改吧。"自己写了就算，不看不改，叫别人改，以为这就过得去，哪有这么容易的事？

写之前要多想想，不要动笔就写。想得差不多了，有了个轮廓了，就拟个提纲。提纲可以写在纸上，也可以记在脑子里。总之，想得差不多了然后写。写好以后，念它几遍，至少两三遍，念给自己听，或者念给朋友听。凡是不通的地方，有废话的地方，用词不当的地方，大致可以听出来。总之，要多念多改，作文的进步才快。请别人改，别人可能改得不怎么仔细，或者自己弄不明白别人这样那样改的道理，这就没有多大好处。当然，别人改得仔细，自己又能精心领会，那就很有好处。

认真不认真，是学得好不好的关键

希望学得好，先要树立认真的态度。看书，不能很快地那么一翻；看文章，不能眼睛一扫了事。写文章，不能想都不想，就动笔写，写完了自己又懒得改。这些都是不认真的态度。如果这样，一定学不好。某个中学举行过一次测验，有一道题里学生需用"胡同"这个词，竟有不少学生把极容易的"同"字写错了。从这上头可以看出学生学习态度不认真。这应该由老师负责，老师没有用种种办法养成学生认真的习惯。大事情是由无数小事情加起来的，小事情不注意，倒能注意大事情，这是不能令人相信的。

有的人写了文章，别人给他指出某处是思想认识上的错误，某处是语言文字上的错误，他笑了笑就算了，这也是不认真的态度的表现。写个请假条，写封信，也要注意。无论读或是写，都不能马虎。马虎是认真的反面。马虎的风气在学校里和机关里都有，要想办法改变这种坏风气。

有的老师有的家长往往说，某某孩子两天就看完了《红岩》，真了不起。

我认为这不很好。这样大的一本书两天就看完，可能只看见些影子，只记得几个人名，别的很难领悟。这样的读书法是不该提倡的。先要认真读，有了认真读的习惯，然后再求读得快。

一句话，希望同志们认真自学。在这里听到的，只能给同志们一些启发，一些帮助，重要的还在自学。再说，在这里听到的不一定全接受，要自己认真想过，认为确然有些道理，才接受。

（本文为 1962 年 9 月 21 日在北京中华函授学校语文学习讲座所作第一讲的讲篇，原题为《认真地努力地把语文学好》。后刊于 1963 年 10 月 5 日《文汇报》，原稿过长，刊出前由作者做了压缩，并改了题目）

当语文教师的准备

——跟北师大中文系学生讲话的提纲

师范生自己宜为研究者，并为熟习者。但出而任教，不宜令学生亦为研究者。能令学生于阅读时多加练习，知道最重要的几条规律，养成敏捷的语感，即可。

例如：语音——自己要掌握语音学知识，可是作教时不必讲这些知识，能口耳接受，使发音准确，即可。尤其教方言区学生，要掌握对应规律，使能扼要练习，举一反三。

语法——自己要掌握较系统之语法知识。作教时尽可从观察语言现象入手，令做练习。如一句分两部分，两部分都可以加上修饰或限制，各种附加语都是修饰或限制之扩大，前后呼应之不可忽略，等等。出习题固是练习，随时留心，察其正误，也是练习。练习多了，熟了，敏捷的语感即养成了。

修辞——自己亦须略有系统知识。作教时首先要使学生知道修辞并非"外加"，而是表达的本身的要求。如反诘语、重叠语，如比喻，如拟人，都是谁都经常用的。学生在读写中，应学会体会得透，应用得适当，如此而已。

逻辑——自己亦须略有系统知识。首先宜令注意概念（用词）之正确与一致，判断之确切（成句），推理之合理（联成若干句）。四个律恐亦不必抽象地讲，唯须于指导时运用其精神即可。

篇章结构——要令学生看出作者之思路。不唯议论文如此，文艺性文章亦宜察其思路，如何创造境界，描绘形象。总之，无非要领会其中心意旨，根本思想。阅读如此，令学生作文，则在引导他们自己整理思路，编成大纲。大纲或许是粗线条，在动笔之际，在成篇之后，还得加密地整理。凡是修改，全是修改思想。思想须修改，语言当然须修改，因为思想不是凭空的，是用语言的形式来固定的。

以上说的都是语言训练方面的事，但是也牵涉到思维训练。总之，教师要教这些，必须有比较全面的知识，而且有熟练的运用技能。如果仅仅知道三四分或一二分，那就连三四分或一二分也教不好。又如作文，教师要教好作文，固然要研究些方法，如何指导，如何批改，如何评讲，但是尤其重要的，教师自己有丰富的作文经验，深知其中甘苦。假如自己经验不多，指导和评讲或将是公式化的，批改也可能不中要害。你们将来要教学生作文，改作文，现在作文要特别留意。现在知道其中甘苦，将来对于学生就能多所助益。

"以身作则"说到此为止。换言之，先求诸己而后求诸人，必须充实自己，才能教好学生，在教育工作中尽光荣的责任。

以下再说一些。所谓教师之主导作用，其义在"引导"，并非一切由教师主动，学生处于被动地位，只听教师讲说。譬如走路，教师指点一下，或者在前边走，路还是要学生自己走。引导之后，学生能自己理解，自己练习，教师又何必多事口说？要在学生走不通的时候，才给他们扼要点明。教师不能一辈子跟着学生，学生必须随时读写，直到老年，这又是必须让学生自动发挥他们积极性创造性的理由。所以，径直讲课不如布置预习，径直说明不如提出适当的问题，安排适当的练习，让他们自求得之，如有不合，才给他们纠正或补充。这些常识或许你们的老师早经说过，我以为当任何学科的教师都宜如此，所以在此说一说。

你们要多多参观，最近去过五个中学，听十三位教师讲课和发文课，这是最好的事。不要参观了就算，要细心考虑，他们的长处在哪儿。所谓长处，就是对学生非常有益的教学活动。你们还可以设想，要是我去教这堂课，我去发这些作文本儿，还有什么地方可以改进。

你们要多多接触中学生。自己是中学生过来的，家里的弟妹现在或许正是中学生，了解当前中学生的精神面貌，你们并不困难。现在在师院，你们应当为准备当教师而了解中学生。

你们要更深更透地体会教育方针的精神。无产阶级政治，是怎样的意思？服务，怎样才服务得好？教育与生产劳动相结合，究竟怎样结合？从在校的学习，从自己的实践，从学习毛泽东著作，从看书看报，从参观访问，只要随时记住，随时都会有新的体会。而这些体会，都将影响你们将要从事的教学工作，会使你们左右逢源，当成具有积极性创造性的语文教师。

教育革命，浪潮掀动全国。学科中，教学中，少慢差费之现象不少，势在必改。现在的教师，将来的教师（你们），都要在"改"的高潮中贡献全力，这也就是"为无产阶级政治服务"。祝你们加强努力，做奋勇当先的促进派。

（本文为 1963 年 2 月 26 日叶圣陶与北师大中文系毕业班讲话的提纲）

认真写字

接到好几封来信，问起写字的事，现在作个总答复，供来信的同志参考。

除了只准备自己看的日记笔记，咱们写些什么都是给别人看的。写封信，给收信人看。起个文件稿，给有关的同志看。老师写板书，批作业，给学生看。编辑者写付排的稿子，给排字工人看。只要相信随时随地给人方便是正当的态度，咱们就得把字写得好些，因为写得不好就叫人不方便不容易认清，要猜详大半天，不方便。不干不净，满纸错乱，看上去毫无快感，不方便。看了大半天还是有些字认不清，或者以为认清了而实际是认错了，那就不仅是不方便了。写字好像只是一件小事，照前边所说的那样一想，就知道涉及对人的态度，其实并非小事。

什么叫写得好些？好的标准是什么？从怎样叫人方便着想，就明白了。笔画清楚，间架合式，一看认得清，决不会认错，人家就方便。行款整齐，通体匀称，看着很舒服，乐于看下去，人家就方便。"笔画清楚，间架合式，行款整齐，通体匀称"，做到这十六个字很够了，简直可以说写得好了。

做到前边所说的十六个字，难吗？不难，谁都做得到。不过写字是一种技能，凡是技能，不能要它会就会，更不能要它好就好，一定要经过练习才能会，一定要经过认真练习才能好。练习写字当然用手，可是同时要用心，心到手到，持之以恒，习惯成自然，写字的技能就掌握住了。

形近的字如"己"和"已"，"处"和"外"，辨清楚分别在哪儿。形近的偏旁如"氵"和"讠"，"礻"和"衤"，想明白怎样才不混。至于行书，几笔怎样连起来的，点画转折怎样才适当，尤其要熟悉那约定俗成的规格，因为差一点儿可能是另外一个字，也可能不成字。辨清楚了，想明白了，认熟悉了，这算是心到，还要手到。拿起笔来写，硬是分辨得很清楚，一点儿也不混，完全合乎约定俗成的规格，这就是手到。这样心手俱到，就能做到笔画清楚。

同样是"讠"旁的字，"讨"字的"讠"旁占二分之一，"谢"字的"讠"旁占三分之一。同样是"心"底的字，"态"字的"心"底占二分之一，"愁"字的"心"底占三分之一。"中""年""皮""也"之类，一竖都居正中。"王""佳""真""青"之类，几画距离均匀。"呼"字的"口"在左上，"和"字的"口"在右下。"乡""勿"的几笔一顺往左斜，"常""墨"的两竖上下相承贯。"里""周""帝""章"天生长形，"也""比""以""归"天生扁形。"口""日""白""主"形体较小，"园""盛""隆""顾"形体较大。也说不尽许多。总之，在这方面注意，就是注意字的间架。间架本来指房子的宽窄的格式，借用到字上，指各个字的结构格式。能够注意这些方面，这算是心到。还要手到。拿起笔来写，硬是按照所知的办，占多占少，该正该斜，是长是扁，较大较小，都合乎字的本形，这就是手到。这样心手俱到，就能做到间架合式。

字是一行一行写的，无论横行直行，行与行之间要有适当的距离。就一行说，横行要左右齐平，直行要笔直到底。这就叫行款。为什么要这样？也无非要看起来方便。如果行与行挤得很紧，各行又写得弯弯扭扭，看起来就很不方便。字写在有格子的纸上，行款当然有了保证，但是也不一定。如果不受格子的约束，行与行之间的距离就可能不显明了或者没有了，左右齐平或者笔直到底就可能谈不上了。所以写字在有格子的纸上，一定要受格子的约束，不要向格子争自由。进一步说，写字在没有格子的纸上，心目中也要在纸上打无形的格子，受它的约束。没有格子的纸是常常要用的，不能说没有格子就不写。而且练习正该用没有格子的纸，没有格子而能写得跟有格子一样，行款就真有把握了。还有一点要说的。一封信，一份稿子，前后字迹一样，行款一律，看着就很悦目。叫人看着悦目，也是写字的人应该做到的，并非过分的要求。因此，有一些容易犯的毛病要注意克服。开头留心笔画间架，写到后来就不怎么留心了，开头注意行和行距，写到后来就不怎么注意了，这些都是容易犯的毛病。知道容易犯，就必须时时警惕，直到养成习惯，无论写一千字一万字，总是通体如一，功夫才算到家。前边所说的道理非常简单，重要在知而能行。任何时候拿起笔来写，不管纸上有格子没格子，硬是当心行款，硬是写得一落匀，这样心手俱到，就能做到行款整齐，通体匀称。

辨别容易缠误的笔画，认清各个字的本形，明白行款和通体匀称的必要，都不须特别花时间。只要心思放在上头，有几分钟空闲就可以看一看，想一想，日积月累，所知就丰富了，印象也深刻了。花时间的是练字，不要说多，认认真真练三百个字，就得花二十分钟。如果每天有二三十分钟的时间练字，当然很好，但是没有也不妨事。前边不是屡次说过拿起笔来写吗？所谓拿起笔来写，指一切写字的时候，写信，写笔记，写板书，写稿子，全是拿起笔来写。信、笔记、板书、稿子，固然为了实际需要而写，但是写这些东西同样是一个字一个字地写，跟练字并无分别，故而也就是练字。咱们天天为了实际需要而写字，其实是天天在练字，更不必特别划出练字的时间。假如特别划出时间练字，可能引起这样的想法，练字是"练"，要认认真真，为实际需要而写字不是"练"，无妨马虎点儿。这样的想法显然很不对头，练字的唯一目的，不正是要在实际应用的时候写得好些吗？假如"练"跟实际应用不分开，认定拿起笔来写的时候全是练字的时候，这样的想法就决不会引起了。

也许有人要说，为了实际需要而写字总要写得快些，都像练字那样写，不嫌太慢吗？这里头仿佛看出了写得好与写得快之间有点儿矛盾。果真有矛盾吗？可以说有，也可以说没有。要是在实际应用的时候图快随便写，久而久之，成为习惯，那么即使特别安排时间练字，而且认认真真地练，快与好还是有矛盾。实际应用的时候写得快，可是不好，练字的时候写得比较好，可是不快，这不是矛盾吗？要是实际应用的时候跟练字的时候一样认认真真地写，固然慢一点儿，但是久而久之，成为习惯，写得比较好就靠得住了，而熟能生巧，越熟越快，这就达到快与好没有矛盾。从此可知，要达到快与好没有矛盾，不能先讲快，要在好的基础上求快，不能忘了好，随你写得怎么快也要留神写得好，因为写得好是没有止境的。

还有一个问题：练字要不要看看碑帖，临临欧褚颜柳，研究研究执笔法"永字八法"之类？假如有兴趣，有时间，干这些事当然也可以。不过要知道，这些事虽然属于练字的范围，跟咱们所说的练字却是两回事。干这些事，是把写字看成一种艺术，目的在继承传统而又能推陈出新，成为写字的艺术家。艺术家自然很好，但是人人当写字的艺术家，似乎不必。咱们所说的练字是把写字看成一种技能，这种技能涉及对人的态度，因而人人必须学好。学好并不难，只要做到前边所说的十六个字。记住一句话，拿起笔来的时候绝不马虎，就一定能做到这十六个字。

（1963 年 5 月 21 日作，原载于《中国青年报》1963 年 7 月 5 日）

给与学生阅读的自由

我们知道现在中等学校里，对于学生课外阅读书报，颇有加以取缔的。取缔的情形并不一律。有的是凡用语体文写作的书报都不准看。说用到语体文，这批作者就不大稳当。却没有想到给学生去死啃的教科书大多数是用语体文写作的。有的是开列一个目录，让学生在其中自由选择。说目录以外的书报都要不得，谁不相信，偏要弄几种来看，只有一个断然处置的办法——没收！有的更温和一点，并不说不许看什么，却随时向学生劝告，最好不要看什么。一位教师在自修室外面走过，瞥见一个学生手里正拿着一本所谓最好不要看的东西，他就上了心事，跑去悄悄地告诉另一位教师说："某某在看那种东西了呢！"那诧怪和怜悯的神情，仿佛发见了一个人在偷偷地抽鸦片。于是几位教师把这事记在心上，写上怀中手册，直到劝告成功，那学生明白表示往后再不看那种东西了，他们才算在心上搬去了一块石头。——这虽然温和一点，然而也还是取缔。

这样把学生看作思想上的囚犯，实在不能够叫人感服。学生所以要找一点书报来看，无非想明白当前各方面的情形，知道各式各样的生活而已。既已生在并非天下太平的时代，谁也关不住这颗心，专门放在几本教科书几本练习簿上。当然，所有的书报不尽是对于学生有益处的。但只要学校教育有真实的功效，学生自会凭着明澈的识别力，排斥那些无益的书报。现在不从锻炼学生的识别力入手，只用专制的办法来个取缔，简便是简便了，然而要想想，这给与学生的损害多么重大！把学生的思想范围在狭小的圈子里，教他们像号子里的囚犯一样，听不见远处的风声唱着什么曲调，看不见四围的花木显着什么颜色。这样寂寞和焦躁是会逼得人发疯的。我们曾经接到好些地方学生寄来的信，诉说他们被看作思想上的囚犯的苦恼。只要一读到那种真诚热切的语句，就知道取缔办法是何等样的罪过。

教师和学生，无论如何不应该对立起来。教师不是专制政治下的爪牙，学生不是被压迫的民众。教师和学生是朋友，在经验和知识上，彼此虽有深浅广狭的差别，在精神上却是亲密体贴的朋友。学生要扩大一点认识的范围，做他们亲密体贴的朋友的教师竭力帮助他们还嫌来不及，怎忍把他们的欲望根本压了下去！我们特地在此提出来说，希望做了这种错误举动的教师反省一下，给与学生阅读的自由。

（原载于《中学生》第 72 号，1937 年 2 月 1 日，署名编者）

中学生课外读物的商讨

——教育播音演讲稿

一

这个题目是教育部出给我的。我以为对于诸位同学来说，这个题目的确很关重要，为着自己的知识和能力的长成起见，你们本就应该仔仔细细想一想。我说的不过是我个人想到的一些意思，也许多少可以供你们作参考。你们听了我说的，如果对于课外读物有了更清楚的认识，对于利用课外读物有了更适当的方法，就是我的荣幸了。我准备分两次来讲。这一次讲两个节目：一个是课外读物的必需，一个是课外读物的类别。下一次再讲怎样阅读课外读物。

课外读物是必需的吗？这是个不成问题的问题，谁都知道是必需的。但为什么是必需的呢？这有给以回答的必要。假如回答不出来，或者只能模模糊糊地回答，都不能算已经懂得了课外读物是必需的。

和课外读物相对的，自然是课内读物。课内读物指的什么呢？无非是各科的教科书，也有不用教科书而用讲义的，那讲义也是课内读物。

要知道，教科书和讲义的编撰，都不是由编辑员和教师自作主张的，须得根据教育部颁布的"课程标准"。"课程标准"详细规定着各科教材的内容纲要；编辑员编撰教科书，教师编撰讲义，都得按照规定的内容纲要，逐一加以叙述或说明；叙述和说明还不能过分详细繁复；要不，每一科的教科书和讲义都将成为很厚的一部书。所以教科书和讲义还只是一个纲要，比"课程标准"规定的内容纲要略为详明的纲要。单凭这个略为详明的纲要来学习是不济事的，所以还得请教师来给学生讲授，教师的讲授并不重在文字的解释，而重在反复阐明教科书和讲义所提及的内容。万一学生把教师所讲授的某一部分忘记了，翻开教科书和讲义来看，就可以唤起记忆，追回那些忘记了的。说到这里，你们就可以明白教科书和讲义的作用了：在学习之前，不过提示纲要；在学习之后，不过留着备忘罢了。

课内读物的作用既然不过如此，就见得课外读物的必需了。读了历史教科书，再去找一些关于历史的课外读物来看，读了动物讲义，再去找一些关于动物的课外读物来看，其意义等于在教室里听教师的反复阐明的讲授。教师的讲授限于授课的时间，实际上还是只能作扼要的叙说，举几个简单的例子；课外读物却不受什么限制，叙说尽可详尽，举例尽可繁富，你要知道历史上某一事件的前因后果，你可以看专讲这一事件的书；你要知道某种动物的生活详情，你可以去看专讲这种动物的书；看过以后，对于教科书和讲义中所提示的，教师口头所讲的，你就有了更深更广的印证。任何知识都是这样的，仅仅浮在面上，猎涉一点儿概要，是没有多大用处的；越是往深里往广里去研求，越是容易豁然贯通，化为有用的经验。而课外读物，正是引导你往深里广里去研求的路径。

以上说的是你们学习各种科目，为了求得深切的了解，单读教科书和讲义是不够的，还必须找与各种科目有关的课外读物来看。

除了与各种科目直接有关的读物以外，你们还要看其他的课外读物。譬如，你们修养身心，不但在实际生活中随时留意，还想知道古人今人是怎么说的，以便择善而从；这时候，你们就得看关于修养的书。你们要认识繁复的人生，理解他人的生活和思想感情，不仅为了领受趣味，还想用来陶冶自己，使自己的人格更为高尚；这时候，你们就得看各种文学作品。国难日重一日，这是无可讳言的，你们深感"知己知彼"的必要，在"知彼"这个项目下，你们自然而然想知道日本的一切情形；这时候，你们就得看关于日本的书。广义地说，这些书也和各种科目有关：关于修养的书，可以说是公民科的课外读物；各种文学作品，可以说是国文科的课外读物；关于日本的书，可以说是历史科地理科的课外读物。可是这些书讲的并不限于教科书和讲义的范围，更不是教科书和讲义的详尽的注脚，因而跟前面所说的那些书究竟有所区别。前面所说的那些书通常称作参考书，是学习各种科目的辅助品；这些书却直接供应实际生活的需要。实际生活中需要什么，你们才去找什么书来看，为了充实你们的生活，你们必须扩大阅读范围，去看各科参考书以外的各种性质的课外读物。

对一个中学生来说，有两种习惯是必须养成的。哪两种习惯呢？一是自己学习的习惯，二是随时阅读的习惯。无论什么事物，必得待教师讲授过了才去关心，教师没有讲授过的，即使摆在眼前也给它个不理睬，这种纯粹被动的学习态度是万万要不得的。你们大概听说过"举一反三"的话吧，教师的讲授无论如何详尽，总之只是"举一"；学校教育所以能使学生终身受用，全在乎让学生受到锻炼，养成"反三"的能力。教师决不能把学生所需要的事事物物一股脑儿教给学生，学生在一生中需要的事事物物却多到不可以数计，如果没有"反三"的能力，只有随时碰壁而已。所以，纯粹被动的学习态度必须彻底打破。学生不应该把教师的讲授看作学习的终极目的；教师的讲解只是发动学习的端绪，学生必须自己再加研求，才可以得到能运用于实际生活的知识和能力。即使教师不曾讲到的，不曾给过端绪的，学生为了实际生活的需要，也必须自找门径加以研求，这才是自动的学习态度，也就是自己学习的态度。凡是态度，勉强装扮是不行的，勉强装扮只能敷衍一时，不能维持永久；必须养成习惯，行所无事而自然合拍，才能历久不变，终身以之。所以单知道应该采取自己学习的态度是不够的，尤其重要的是要养成自己学习的习惯。

自己学习不限于看书，从实际事务中历练，对具体事物的观察、推究、试验，都是自己学习的方法。可是书中积聚着古人今人的各种经验，收藏着一时找不到手的许多材料，对于自己学习的人来说，书究竟是必须发掘的宝库。因此阅读课外读物实际上有双重的效果，除了随时得到各种新的收获外，还可以逐渐养成自己学习的习惯。

你们大概也听说过一些文化发达的国家，它们的人民是如何地爱好读书，学问家不必说了，就是商店里的店员，工厂里的工人，也都嗜书如命，得空就读书成了习惯。你们再想想自己的周围，家里的人有几个是经常读书的？亲戚朋友中有几个是经常读书的？如果你们花点儿工夫考察一下，就会知道那些企业家就很少经常读书的，政治家中嗜书如命的也不多，甚至大学教授，除了他们所教的课本以外，有的也不再读什么旁的书了。我国一向把求学叫作"读书"，又以为求学只是学生该做的事，不当学生了就无须再求学，也就用不着再读书了。这个观念显然是错误的，而普遍不读书的现象正是这个错误的观念造成的。大家都说我国的国力不如人家。所谓国力，不限于有形的经济力量、军事力量等等，一般民众的精神和智慧也占着重要的成分；普遍的不读书，民众的精神如何能振奋起来？智慧如何能得到发展？跟经济力量军事力量的不如人家相比较，普遍的不读书至少有同等的严重性。

不爱读书的中年人和老年人是没有什么办法的了，除非他们忽然觉悟，感到读书的必需，自己去养成读书的习惯。可是青年人为了充实自己，也为了充实我国的国力，非在学生时代养成随时阅读的习惯不可。所有的青年人都注意到了这一点，那么在不久的将来，我国就可以成为一个普遍爱好读书的国家。随时阅读的习惯，不是读几本教科书和讲义能够养成的。教科书和讲义是教师指定要读的，而要养成的，却是不待别人的指定，能随时阅读自己所需要的书的习惯。教科书和讲义不过是一个比较详明的纲要，而要养成的，却是不以只知道一个纲要为满足，能随时阅读内容丰富体裁各异的书的习惯。这种随时阅读的习惯，只有多读课外读物才能养成。

至于课外读物的类别，依据前面所说的，大致可以分为四类，第一类是各种科目的参考书。如学习了动物学、植物学，再去看一些有关生物学方面的书，学了物理学、化学，再去看一些讲这些科学家发现和发明的书，这些书就属于这一类。第二类是关于修养的书，如伟大人物的传记，学问家、事业家的言行录，都属于这一类。第三类是供欣赏的书，小说、剧本、文集、诗歌集，都属于这一类。第四类是供临时需要的书。如预备练习游泳之前，去看一些讲游泳方法的书；当社会上发生了某种问题的时候，去看一些关于某种问题的书，这些书就属于这一类。

这样分类，并非由书的本身着眼，而是以读书的人如何利用这些书作为依据的。同一部书，由于读它的目的不同，可以归到不同的类别中去。譬如一部《史记》，如果作为历史科的补充来读，当然属于第一类；如果为了欣赏它的雄健的文笔和生动的描写，就属于第三类了。一部《论语》，如果作为领受儒家的伦理来读，当然属于第二类；如果为了知道《论语》是怎样的一部书，就属于第四类了。还有一点必须说明的，读一本书的目的虽有所专注，但是读过以后，所受的影响并不限于原来的目的。为着参考去读《史记》，多少也会欣赏到一点儿《史记》的文笔的雄健和描写的生动。为着修养去读《论语》，同时也会了解《论语》是怎样的一部书。我们只能这样认定，为着某个目的去读某一部书，就把某一部书归入哪一类。

现成的书并不是都为中学生编撰的，因而有许多不是中学生所能理解所能消化的。尤其是古书，除了内容外，还有文字上的种种障碍。就像方才说到的《史记》和《论语》，恐怕高中学生也难以通体阅读，没有丝毫疑难。如果能各编一个删节本，把不很重要的部分删去，再加上简明精当的新注，前面再加一篇导言，说明这本书的来历，指示这本书的读法，方能适合中学生阅读。因为提到了两部古书，才引起了我的这一番话，中学生需要的课外读物多数不是古书。但是不管怎么说，现成的书大多不很适合中学生的理解能力消化能力，所以特地而又认真地为中学生编撰各种科目的课外读物是十分必要的。出版界现在渐渐地明白了这一点，而且正在努力，这是一个很好的现象。

除了整本整部的书，各种各样的杂志也是课外读物。杂志上的文章，可以归入第三类、第四类的居多，其中属于第四类的尤其重要，当社会上发生了某种问题的时候，杂志上会及时地有所论述，这是其他的课外读物所不能代替的。

至于第一类，专供学习某一科目做参考的杂志，现在还不多见，希望出版社看到中学生的需要，将来能办起来。

这一次，我就讲到这里为止，其余的话留到后天再讲。

1937 年 5 月 20 日讲

二

上一次，我讲了课外读物为什么是必需的，还依据阅读的目的不同，把课外读物分为四类。又说阅读课外读物可以养成两种好习惯：自己学习的习惯和随时读书的习惯。这一次主要讲怎样阅读课外读物。在讲之前，我想先说一个另外的问题。

我知道各地的中学，大体上是鼓励学生阅读课外读物的，但是往往指定某些读物必须加以取缔，不准学生阅读；被取缔的大多是暴露现实的文学作品和关于政治经济的叙述和评论。学校当局采取这种措置，我们可以体谅他们的善意和苦衷：他们无非要学生思想纯正，感情和平，不为偏激的震荡的东西所扰乱；他们取缔的，就是他们认为偏激的震荡的那些读物。但是他们不想一想，对于学生来说，最重要的是培养明澈的识别力。学生有了明澈的识别力，对某一件事物应该有怎样的看法，什么议论应该赞同，什么议论应该反对，就会自己作出判断。学生要是没有明澈的识别力，你要学生坚持的东西即使都是对的，学生也不明白到底对在哪儿；你要学生回避的东西即使真是要不得的，学生也不明白到底为什么要不得。而取缔某些读物的做法，正剥夺了学生自己锻炼识别力的机会。

学校当局大概不会不知道，取缔的办法实际上是无法彻底做到的。越是不准阅读的东西，越是想弄一本来看看，这是青年人的常情。为了遵守学校的禁令，在学校里固然没有人看那些被取缔的读物了，可是出了学校的大门，只要能弄到手，尽不妨自由阅读。再进一步说，学生即使出了学校也不去看那些读物，社会上的各种现象罗列在学生眼前，各种议论在学生耳边沸沸扬扬，学生能视而不见听而不闻吗？对的、不对的，要得的、要不得的，学生在生活中既然随时都得碰到，那就只有用明澈的识别力去判断，才可以立定脚跟，知所取舍。学校当局取缔某些读物固然出于善意和苦衷，实际上只是个消极的不很有效的方法；积极有效的方法要从锻炼学生的识别力着眼；不采取取缔的措置，让学生自由地阅读，同时给学生以平正的通达的指导，使学生的识别力渐渐地趋向正确，趋向坚定。经过这样的锻炼而养成的识别力，不但在学生时代有用，简直可以终身受用不尽。这样的效果，不是比漫然取缔某些读物强得多吗？希望学校当局为学生的利益着想，仔细地考虑一下这个问题。

学生在阅读课外读物的时候也应该明白，写在书上的东西并不是完全可以信赖的。阅读固然要认真，但是尤其重要的是要抱着批判的态度，要区别哪些是应该接受的，哪些是不该接受的，不能"照单全收"。不加区别地"照单全收"绝对不是妥当的读书方法，也不能提高自己的识别力。那么批判用什么作为标准呢？我想，用"此时""此地"来做标准，大致不会出什么错。凡是跟"此时"和"此地"相适应的，大概是可取的，当然还得经过实践的检验；凡是跟"此时"和"此地"不相适应的，一定是不可取的，至多只可以供谈助而已，绝不能作为自己的行动方针和生活目标。

阅读课外读物，首先不能不谈到时间问题。中学里科目繁多，各科的教科书和讲义都得在课外温习，还有笔记和练习等作业大部分得在课外做，要划出充裕的时间来阅读课外读物，事实上是办不到的。上一次我说过了，阅读课外读物可以养成随时读书的习惯，这就要每天阅读，持之以恒，时间少一点儿倒不妨事。有的书读起来并无困难，一个钟头可以阅读一万字，即使要费点儿心思的，一个钟头也可以读五千字。就以五千字算吧，一本十万字的书，每天读一个钟头，二十天就可以读完。二十天读一本书，一年不就可以读完十八本吗？从初一到高三这六年里年年如此，不就可以读完一百零八本吗？这就很可观了。一年里头还有两个不短的假期，暑假和寒假，都是阅读课外读物的好时机，假如每天读三个钟头，这不算太多吧，两个假期合起来作为八个星期计算，就有一百六十八个钟头，至少可读完八本书，六年又是四十八本。所以时间并不是不充裕，只要坚持不懈，成绩是很可观的。

上一次，我说课外读物大致可以分为四类：第一类是各种科目的参考书；第二类是关于修养方面的书，第三类是供欣赏的书，第四类是供临时需要的书。因为读书的目的不同，阅读的方法也就各异。读第一类和第四类读物，目的只求理解。只要读过之后，能通体理解书中所说的内容就可以了。譬如在物理课上学到了杠杆定理，你想多知道一些杠杆的实际应用，就可以找一本这样的书来看；你学游泳，想知道一些游泳的方法，就可以找一本游泳入门之类的书来看：读这些书，只要达到了目的，理解了书中的内容，你就不妨把书丢开；如果真个理解了，就会终生难忘，不必再看第二回了。至于作者的身世，作者写书的旨趣是什么，作者的文笔怎么样，都可以不必过问，因为对于理解杠杆的运用和游泳的方法没有多大的关系。但是阅读的时候必须认真，不能放过一个词语的含义，一句话语的真义，绝不能采取不求甚解的马虎态度，以致造成曲解和误解。

阅读第二类和第三类读物，可不能但求理解。读第二类书，目的在于修养身心，是要躬行实践的。读第三类书，目的在于跟着作者的眼光去观察社会，体会人生。所以阅读这两类书，不但要理解书中的内容，还要对作者有充分的认识。在读这两类书的时候，其实等于和作者交朋友，由文字作媒介，求得与作者心心相通。但是光靠一两本书，对作者的理解究竟是有限的，还有进一步熟悉他的生平的必要。阅读一位哲人的言行录，同时要考求他生活的历史时代，他一生的重要事迹；阅读一位作家的文学作品，同时要考求他对生活的态度，他创作的时代背景：经过一番考求，得到的益处就会比仅仅读他的一两本书多得多。这两类书往往不能读过一回就算了事。第一回读，在这一方面得到了若干解悟，第二回读，又在另一方得到了若干解悟，或者解悟一回比一回深入。善于读这两类书的人都有这样的体会。有些书竟能使人终身阅读而不感厌倦，好像是发掘不完的宝藏，每读一回总会有新的收获。

无论读哪一类书，都必须使用工具书，如字典、辞典、图表等等。要知道一个字的精密的解释，一个词语的正确的涵义，就得翻查字典和各科辞典。要知道一个地方的正确位置，就得翻查地图。要知道各种东西的实相，就得翻查各种图谱。要知道一个人物的经历，一件事情的概要，就得翻查年谱和大事表。工具书是不开口的顾问，会回答你的各种疑难；工具书又是包罗万象的博物馆，能让你查考各种想知道的事物。个人要置备所有的工具书是办不到的，你得尽量利用学校图书馆和公立图书馆里的工具书。在阅读各种课外读物的同时，你得熟悉各种工具书，养成查阅工具书的习惯。

有的书比较容易读，读起来用不着花多大的力气，有的书比较艰深，读起来并不怎样松快。但是无论什么书，都不能让眼光像跑马似的溜过就算，一定要集中心思，把注意力放在书上。这是第一。第二，一口气直往下读，不如每读一段，稍稍停一停，回过头去想一想这一段主要说了些什么。一口气往下读往往不能消化，好像囫囵吞枣一个样；停下来想一想就像咀嚼一个样，才能辨出真的滋味来。对于第二类和第三类的课外读物，尤其需要下这个功夫。第三，想到了什么，不妨随时提起笔把它记下来，这就是读书笔记。想的时候往往比较杂乱，比较浮泛；写下来就非有条有理不可了，非切切实实不可了：所以写读书笔记是督促自己认真阅读的一个好办法。读书笔记或者采用列表的形式，或者采用杂记的形式，可以根据所读的书的性质而定。

讲述读书方法的书和文章，都应该看，懂得了方法，往往可以"事半功倍"。大多数书的前头都有序文，序文有的介绍这本书的内容，有的介绍这本书的作者，有的指导这本书的读法。在读本文之前，先读一遍序文，也可以达到"事半功倍"的效果。

我的话讲到这里为止了。我自己知道讲得比较乱，也有没有讲到的地方。

请诸位同学代我求你们的老师修正和补充。

1937 年 5 月 22 日

（原载于《播音教育月刊》1937 年第 1 卷第 9 期，署名叶绍钧）

精读的指导

——《精读指导举隅》前言

在指导以前，先得令学生预习。预习原很通行，但是要收到实效，方法必须切实，考查必须认真。现在请把学生应做的预习工作分项说明于下。

一、通读全文

理想的办法，最好国文教本有两种本子：一种是不分段落，不加标点的，供给学生预习时候用；一种是分段落，加标点的，待预习过后才拿出来对勘。这当然办不到。可是，不用现成教本而用油印教材的，那就方便得多。印发的教材不给分段落，也不给加标点，令学生在预习时候自己用铅笔去划分段落，加上标点。到上课时候，由教师或几个学生通读全文，全班学生静听着，各把自己预习的成绩来对勘；如果自己有错误，就用墨笔订正。这样，一份油印本就有了两种本子的功用了。现在的书籍报志都分段落，加标点，这从著者方面说，在表达的明确上很有帮助；从读者方面说，阅读起来可以便捷不少。可是，在练习精读的时候，这样的本子反而把学者的注意力减轻了。既已分了段落，加了标点在那里，就随便看下去，不再问为什么要这样分，这样点，这是人之常情。在这常情里，却正错过了很重要的练习机会。若要不放过这个机会，唯有令学者就一种一贯到底只有文字的本子去预习，在怎样分、怎样点上用一番心思。预习的成绩当然不免有错误，然而不足为病。除了错误以外，凡是不错误的地方都是细心咬嚼过来的；这对于学者将是终身的受用。

假如用的是现成教本，或者虽用油印教材，而觉得一贯到底只印文字颇有不便之处，那就只得退一步设法，令学生在预习的时候，对于分段点句作一番考核的功夫。为什么在这里而不在那里分段呢？为什么这里该用读号而那里该用句号呢？为什么这一句该用惊叹号而不该用疑问号呢？这些问题，必须自求解答，说得出个所以然来。还有，现成教本是编辑员的产品，油印教材大都经教师加了工，"智者千虑，必有一失"，岂能完全没有错误？所以，不妨再令学生注意，不必绝对信赖教本与教材的印刷格式；最要紧的是用自己的眼光通读下去，看是不是应该这样分段，这样点句。

要考查这一项预习的成绩怎样，自然得在上课时候指名通读。全班学生也可以借此对勘，订正自己的错误。读法通常当分为两种：一种是吟诵，又称为美读；一种是宣读，又可叫作论理的读法。无论文言白话，都可以用这两种读法来读。对于文言，各地方人有他们的吟诵的声调，彼此并不一致；但总之在传出文字的情趣，畅发读者的感兴。白话一样可以吟诵，大致与话剧演员念台词差不多，按照国语的调子，在抑扬顿挫、表情传神方面多多用功夫，使听者移情动容。现在有些小学校里吟诵白话与吟诵文言差不多，那是把"读"字呆看了。吟诵白话必须按照国语的调子，运用国语的调子十足到家，才是最好的白话的吟诵。为避免误会起见，白话的吟诵不妨改称为"说"，比通常说国语更为精粹的"说"。至于宣读，只是依据着对于文字的理解，平正读下去，用连贯与间歇表示出句子的组织与前句和后句的分界来。集会时候读"总理遗嘱"，便是宣读的例子。这两种读法，宣读是基本的一种；必须理解在先，然后才谈得到传出情趣与畅发感兴。并且，要考查学者对于文字理解与否，听他的宣读是最方便的一法。譬如《泷冈阡表》的第一句，假如宣读作："呜呼！惟我皇——考崇公卜——吉于泷冈——之六十年，其子修始——克表于其阡，非——敢缓也，盖有待也。"这就显然可以察出，读者对于"皇考""崇公""卜吉""六十年"与"卜吉于泷冈"的关系，"始"字、"克"字、"表"字及"非"字、"敢"字、"缓"字缀合在一起的作用，都没有理解。所以，上课时候指名通读，该令用宣读法。

二、认识生字生语

通读全文，在知道文字的大概；可是要能够通读下去没有错误，非同时把每一个生字生语弄清楚了不可。在一篇文字里，各人所认为生字生语的未必一致，只有各自选剔出来，倚赖字典、辞典的翻检，得到相当的认识。这里所谓认识，该把它解作最广义。仅仅知道生字生语的读音与解释，还不能算充分认识；必须熟习它的用例，知道它在某一种场合才可以用，用在另一种场合就不对了，这才真个认识了。说到字典、辞典，我们真惭愧，国文教学的被重视至少有二十年了，可是还没有一本适合学生使用的字典、辞典出世。现在所有的，字典脱不了《康熙字典》的窠臼，辞典还是《辞源》称霸，都与学习国文的学生不很相宜。通常英文字典有所谓"求解""作文"两用的，学习国文的学生所需要的国文字典、辞典也正是这一类。一方面知道了解释，另一方面更知道该怎么使用，这才使翻检者对于生字生语具有彻底的认识。没有这样的字典、辞典，学生做起预习工作来，效率就不会很大。但是，使用破烂的工具总比不使用工具好一点；目前既没有更适用的，就只得把属于《康熙字典》系统的字典与称霸当世的《辞源》将就应用。这当儿，教师不得不多费一点心思，指导学生搜集用例，或者搜集了若干用例给学生，使学生自己去发现生字生语的正当用法。

学生做预习工作，通行写笔记，而生字生语的解释，往往在笔记里占大部分篇幅。这原是好事情，记录下来，印象自然深一层，并且可以备往后的查考。但是，学生也有不明白写笔记的用意的；他们以为教师要他们交笔记，所以不得不写笔记。于是，有胡乱抄了几条字典、辞典的解释就此了事的；有遗漏了真该特别注意的字语而仅就寻常字语解释一下拿来充数的。前者胡乱抄录，未必就是那个字语在本文里的确切意义；后者随意选剔，把应该注意的反而放过了；这对于全文的理解都没有什么帮助。这样的笔记实在没有意思；交到教师手里，教师辛辛苦苦地把它看过，更提起笔来替它订正，实际上对于学生却没有多大益处，因为学生并没有真预习。所以，关于生字生语，须在平时使学生养成一种观念与习惯，就是：必须把本文作依据，寻求那个字语的确切意义；又必须把与本文相类和不相类的若干例子作依据，发现那个字语的正当用法。至于生字生语的选剔，为防学生自己去做或许会有遗漏起见，不妨由教师先行尽量提示，指明这一些字语是必须弄清楚的。这样，学生做预习工作才不至于是徒劳，写下来的笔记也不至于是循例的具文。

要考查学生对于生字生语的认识程度怎样，可以看他的笔记，也可以听他的口头回答。譬如《泷冈阡表》第一句里"始克表于其阡"的"克"字，如果解作"克服"或"克制"，那显然是没有照顾本文，随便从字典里取了一个解释。如果解作"能够"，那就与本文切合了，可见是用了一些心思的。但还得进一步研求："克"字既然作"能够"解，"始克表于其阡"可不可以写作"始能表于其阡"呢？对于这个问题，如果仅凭直觉回答说，"意思也一样，不过有点不顺适"，那是不够的。这须得去搜集"克"字的用例，于是找到《尚书》里的"克明俊德""先王克谨天戒，臣人克有常宪""不克畏死""不克开于民之丽"，《诗经》里的"克咸厥功""克壮其犹"，"克配上帝"等语。再搜集"能"字的用例，于是找到《尚书》里的"能官人""能事鬼神"，《诗经》里的"能不我甲""能不我知"，《左传》里的"能用善人""能歆神人""能无从乎""能无贰乎""不能及子孙""不能事父兄"等语。从这些古代语句看来，可以知道"克"字与"能"字用法是一样的，只有在"能不我甲"，"能无从乎"一类的句式里，不能把"能"字换"克"字，作"克不我甲"，"克无从乎"。但是后来渐渐分化了，"能"字被认为常用字，直到如今；"克"字却成为古字，在通常表示"能够"意义的场合上就不大用它。这正同"其"字与"厥"字，"且"字、"宁"字与"愁"字的情形相仿，"其"字、"且"字、"宁"字至今还是常用字，"厥"字、"愁"字却是不常用的古字了。在文句里面，丢开常用字不用，而特地用那同样的古字，这除了表示相当意义以外，往往还带着郑重、庄严、虔敬等等情味。如说"善保厥躬""愁固我疆"与"善保其躬""且固我疆"，情味上自有不同。"始克表于其阡"一语，用了"能"字的同义古字"克"字，见得作者对于"表于其阡"的事情看得非常郑重，不敢随随便便着手，这正与全文的情味相应。若作"始能表于其阡"，就没有那种情味，仅仅表明"方始能够""表于其阡"而已；所以直觉地看，也辨得出它有点不顺适了。再看这一篇里，用"能"字的地方很不少，如"吾何恃而能自守邪""然知汝父之能养也""吾不能知汝之必有立""故能详也""吾儿不能苟合于世""汝能安之"。这几个"能"字都不妨换作"克"字，但作者不用"克"字，因为这些语句都是传述母语，无须带有郑重、庄严、虔敬等等情味；并且，用那常用的"能"字，正切近于语言的自然。用这一层来反证，更可以见得"始克表于其阡"的"克"字，如前面所说，为着它有特别作用才用的了。——像这样的讨究，学生预习时候未必人人都做得来；教师在上课时候说给他们听，也嫌烦琐一点。但简单扼要地告诉他们，使他们心知其故，那是必须的。

学生认识生字生语，往往有模糊囫囵的毛病，用成语来说，就是"不求甚解"。曾见作文本上有"笑颜逐开"四字，这显然是没有弄清楚"笑逐颜开"究竟是什么意义，只知道在说到欢笑的地方仿佛有这么四个字可以用，结果却把"逐颜"两字写颠倒了。又曾见"万巷空卷"四字，单看这四个字，谁也猜不出是什么意义；但是连着上下文一起看，就知道原来是"万人空巷"——把"人"字忘记了，不得不找一个字来凑数，而"卷"字与"巷"字字形相近，因"巷"字想到"卷"字，就写上了"卷"字。这种错误，全由于当初认识的时候太疏忽了；意义不曾辨明，语序不曾念熟，怎得不闹笑话？所以令学生预习，必须使他们不犯模糊囫囵的毛病；像初见一个生人一样，一见面就得看清他的形貌，并且察知他的性情。这样成为习惯，然后每认识一个生字生语，好像积钱似的，多积一个总是增加财富的总量。

三、解答教师所提示的问题

一篇文字，可以从不同的观点去研究它。如作者意念发展的线索，文字后面的时代背景，技术方面布置与剪裁的匠心，客观上的优点与疵病，这些就是所谓不同的观点。对于每一个观点，都可以提出问题，令学生在预习的时候寻求解答。如果学生能够解答得大致不错，那就真个做到了"精读"两字了——"精读"的"读"字原不是仅指"吟诵"与"宣读"而言的。比较艰深或枝节的问题，估计起来不是学生所必须知道的，当然不必提出。但是，学生应该知道而未必能自行解答的，却不妨预先提出，让他们去动一动天君，查一查可能查到的参考书。他们经过了自己的一番摸索，或者是略有解悟，或者是不得要领，或者是全盘错误，这当儿再来听教师的指导，印入与理解的程度一定比较深切，最坏的情形是指导者与领受者彼此不相应，指导者只认领受者是一个空袋子，不问情由把一些叫作知识的东西装进去。空袋子里装东西进去，还可以容受；完全不接头的头脑里装知识进去，能不能容受却是说不定的。

这一项预习的成绩，自然也得写成笔记，以便上课讨论时候有所依据，往后更可以覆按、查考。但是，笔记有敷衍了事的与精心结撰的分别。随便从本文里摘出一句或几句话来，就算是"全文大意"与"段落大意"；不赅不备列几个项目，挂几条线，就算是"表解"；没有说明，仅仅抄录几行文字，就算是"摘录佳句"；这就是敷衍了事的笔记。这种笔记，即使每读一篇文字都作，作上三年六年，实际上还是没有什么好处。所以说，要学生作笔记自然是好的，但仅仅交得出一本笔记或许只是形式上的事情，要希望收到实效，不得不督促学生凡作笔记务须精心结撰。所谓精心结撰也不须求其过高过深，只要写下来的东西真是他们自己参考与思索得来的结果，就好了。参考要有路径，思索要有方法，这不单是知识方面的问题，而且是习惯方面的问题。习惯的养成在教师的训练与指导。大概学生拿了一篇文字来预习，往往觉得茫然无从下手。教师要训练他们去参考，指导他们去思索，最好给他们一种具体的提示。譬如读《泷冈阡表》，这一篇是作者叙述他的父亲，就可以教他们取相类的文字归有光的《先妣事略》来参考，看两篇的取材与立意上有没有异同；如果有的话，为什么有。又如《泷冈阡表》里有叙述赠封三代的一段文字，好像很噜苏，就可以教他们从全篇的立意上思索，看这一段文字是不是不可少的；如果不可少的话，为什么不可少。这样具体地给他们提示，他们就不至于茫然无从下手，多少总会得到一点成绩。时时这样具体地给他们提示，他们参考与思索的习惯渐渐养成，写下来的笔记再不会是敷衍了事的了。即使所得的解答完全错误，但在这以后听教师或同学的纠正，一定更容易心领神会了。

上课时候令学生讨论，由教师做主席、评判人与订正人，这是很通行的办法。但是讨论要进行得有意义，第一要学生在预习的时候准备得充分，如果准备得不充分，往往会与虚应故事的集会一样，或是等了好久没有一个人开口，或是有人开口了却只说一些不关痛痒的话。教师在无可奈何的情形之下，只得不再要学生发表什么，就此一个人滔滔汨汨地讲下去。这就完全不合讨论的宗旨了。第二还得在平时养成学生讨论问题、发表意见的习惯。听取人家的话，评判人家的话，用不多不少的话表白自己的意见，用平心静气的态度比勘自己的与人家的意见，这些都要历练的。如果没有历练，虽然胸中仿佛有一点准备，临到讨论时候是不一定敢于发表的。这种习惯的养成不仅是国文教师的事情，所有教师都得负责。不然，学生成为但能听讲的被动人物，任何功课的进步至少要减少一半。——学生事前既有充分的准备，平时又有讨论的习惯，临到讨论时候才会人人发表意见，没有老是某几个人开口的现象。所发表的意见又都切合着问题，没有胡扯乱说，全不着拍的现象。这样的讨论情形，在实际的国文教室里似乎还不易见到；然而要做到名副其实的讨论，却非实现这样的情形不可。

讨论进行的当儿，有错误给与纠正，有疏漏给与补充，有疑难给与阐明，虽说全班学生都有份儿，但最后的责任还在教师方面。教师自当抱着客观的态度，就国文教学应有的观点说话。如现在已经规定要读白话，却说白话淡而无味，没有读它的必要；或者教师自己偏爱某一体文字，却说除了某一体文字，其余都不值一读；都就未免偏于主观，违背了国文教学应有的观点了。讲说起来，滔滔汨汨连续到三十五十分钟，往往不及简单扼要说这么五分十分钟容易使学生印入得深切。即使教材特别繁复，非滔滔汨汨连续到三十五十分钟不可，也得在发挥完毕的时候，给学生一个简明的提要。学生凭这个提要，再去回味那冗长的讲说，就好像有了一条索子，把散开的钱都穿起来了。这种简明的提要，当然要使学生写在笔记簿上；但尤其重要的是写在他们心上，而且要教它永不磨灭。

课内指导之后，为求涵咀得深，研讨得熟，不能就此交代过去算数，还得有几项事情要做。现在请把学生应做的练习工作分项说明如下。

（一）吟诵

在教室内开始通读，该令用宣读法，前面已经说过。但在把一篇文字讨究完毕以后，学生对于文字的细微曲折之处都弄清楚了，就不妨指名吟诵。或者先由教师吟诵，再令学生仿读。在自修的时候，尤其应该吟诵；只要声音低一点，不妨碍他人的自修。原来国文和英文一样，是语文学科，不该只用心与眼来学习；须在心与眼之外，加用口与耳才好。吟诵就是心、眼、口、耳并用的一种学习方法。从前人读书，多数不注重内容与理法的讨究，单在吟诵上用功夫。这自然不是好办法。现在国文教学，在内容与理法的讨究上比从前注重多了；可是学生吟诵的功夫太少，多数只是看看而已。这又是偏向了一面，丢开了一面。唯有不忽略讨究，也不忽略吟诵，那才全而不偏。吟诵的时候，对于讨究所得的不仅理智地了解，而且亲切地体会，不知不觉之间，内容与理法化而为读者自己的东西了。这是最可贵的一种境界。学习语文学科，必须达到这种境界，才会终身受用不尽。

一般的见解，往往以为文言可以吟诵，白话就没有吟诵的必要。这是不对的。只要看戏剧学校与认真演习的话剧团体，他们练习一句台词，不惜反复订正，再四念诵，就可以知道白话的吟诵也大有讲究（白话的吟诵就是比通常说国语更为精粹的"说"，前面已经说过了）。多数学生所写的白话，为什么看起来还过得去，读起来就少有生气呢？原因就在他们对于白话仅用了心与眼，而没有在口与耳方面多用功夫。多数学生登台演说，为什么有时意思还不错，可是语句往往杂乱无次，语调往往不合格式呢？原因就在平时对于语言既没有训练，国文课内对于白话又没有好好儿吟诵。所以这里要特别提明，白话是与文言一样需要吟诵的。白话与文言都是语文，要亲切的体会白话与文言的种种方面，必须花一番功夫去吟诵白话与文言。

吟诵的声调，虽说各地方人未必一致，却也有客观的规律。声调的差别，不外乎高低、强弱、缓急三类。高低是从声带的张弛而来的分别。强弱是从肺部发出空气的多少而来的分别。缓急是声音与时间的关系，在一段时间内，发音数少是缓，发音数多就是急了。吟诵一篇文字，无非依据了对于文字的了解与体会，错综地使用这三类声调而已。大概文句之中的特别主眼，或是前后的词彼此相关联照应的，发声都得高一点。就一句来说，如意义未完的文句，命令或绝叫的文句，疑问或惊讶的文句，都得前低后高。意义完足的文句，祈求或感激的文句，插入"何""什么"一类疑问词的疑问的文句，都得前高后低。再说强弱。表示悲壮、快活、叱责或慷慨的文句，句的头部宜加强。表示不平、热诚或确信的文句，句的尾部宜加强。表示庄重、满足或优美的文句，句的中部宜加强。再说缓急。含有庄重、畏敬、谨慎、沉郁、悲哀、仁慈、疑惑等等情味的文句，须得缓读。含有快活、确信、愤怒、惊愕、恐怖、怨恨等等情味的文句，须得急读。以上这些规律，都应合着文字所表达的意义与情感，所以依照规律吟诵，最合于语言的自然。关于上面所说的三类声调，可以用符号来表示，如把"·"作为这个字发声须高一点的符号，把"◁"作为这一句该前低后高的符号，把"▷"作为这一句该前高后低的符号，把">"作为句的头部宜加强的符号，把"<"作为句的尾部宜加强的符号，把"〈 〉"作为句的中部宜加强的符号，把"—"作为急读的符号，把"——"作为缓读的符号，把

"〜〜〜"作为不但缓读而且须摇曳生姿的符号。在文字上记上符号，练习吟诵就不至于漫无凭依。符号当然可以随意规定，多少也没有限制，但是应用符号总是对教学有帮助的。

吟诵第一求其合于规律，第二求其通体纯熟。从前书塾里读书，学生为欲早一点到教师跟前去背诵，往往把字句勉强记住。这样强记的办法是要不得的，不久之后连字句都忘记了，还哪里说得上体会？令学生吟诵，要使他们看作一种享受而不看作一种负担。一遍比一遍读来入调，一遍比一遍体会得亲切，并不希望早一点能够背诵，而自然达到纯熟的境界；抱着这样享受的态度是最容易得益的途径。

（二）参读相关的文字

精读文字，每学年至多不过六七十篇。初中三年，所读仅有两百篇光景，再加上高中三年，也只有四百篇罢了。倘若死守住这几百篇文字，不用旁的文字来比勘、印证，就难免化不开来与知其一不知其二的弊病。所以，精读文字，只能把它认作例子与出发点；既已熟习了例子，占定了出发点，就得推广开来，阅读略读书籍，参读相关文字。这里不谈略读书籍，单说所谓相关文字。譬如读了某一体文字，而某一体文字很多，手法未必一样，大同之中不能没有小异；必须多多接触，方能普遍领会某一体文字的各方面。又或者手法相同，而相同之中不能没有个优劣得失；必须多多比较，方能进一步领会优劣得失的所以然。并且，课内精读文字是用细磨细琢的功夫来研讨的；而阅读的练习，不但求其理解明确，还须求其下手敏捷，老是这样细磨细琢，一篇文字研讨到三四个钟头是不行的。参读相关文字就可以在敏捷上历练；能够花一两个钟头把一篇文字弄清楚固然好，更敏捷一点只花半个一个钟头尤其好。文字既与精读文字相关，怎样剖析、怎样处理，已经在课内受到了训练，阅读求其敏捷当然是可能的。这种相关文字可以从古今来"类选""类纂"一类的书本里去找。学生不能自己置备，学校的图书室不妨多多陈列，供给学生随时参读。

请再说另一种意义的相关文字。夏丏尊先生在一篇说给中学生听的题目叫作《阅读什么》的演讲辞里，曾经有以下的话：

> 诸君在国文教科书里读到了一篇陶潜的《桃花源记》……这篇文字是晋朝人作的，如果诸君觉得和别时代人所写的情味有些两样，要想知道晋代文的情形，就会去翻《中国文学史》；这时文学史就成了诸君的参考书。这篇文字里所写的是一种乌托邦思想，诸君平日因了师友的指教，知道英国有一位名叫马列斯的社会思想家，写过一本《理想乡消息》，和陶潜所写的性质相近，拿来比较；这时《理想乡消息》就成了诸君的参考书。这篇文字是属于记叙一类的，诸君如果想明白记叙文的格式，去翻看《记叙文作法》；这时《记叙文作法》就成了诸君的参考书。还有，这篇文字的作者叫陶潜，诸君如果想知道他的为人，去翻《晋书·陶潜传》或陶集；这时《晋书》或陶集就成了诸君的参考书。

这一段演讲辞里的参考书就是这里所谓另一种意义的相关文字。像这样把精读文字作为出发点，向四面八方发展开来，那么，精读了一篇文字，就可以带读许多书，知解与领会的范围将扩张到多么大呢？学问家的广博与精深差不多都从这个途径得来；中学生虽不一定要成学问家，但有利的途径总该让他们去走的。

其次，关于声调与语文法的揣摩，都是愈熟愈好。精读文字既已到了纯熟的地步，再取声调与语文法相类似的文字来阅读，纯熟的程度自然更进一步。小孩子学说话，能够渐渐纯熟而没有错误，不单是从父母方面学来的；他从所有接触的人方面去学习，才会成功。在精读文字以外，再令读一些相类似的文字，比之于小孩子学说话，就是要他们从所有接触的人方面去学习。

（三）应对教师的考问

学生应对考问是很通常的事情，但对于应对考问的态度，学生未必一致。有尽其所知所能认认真真地应对的；有不负责任，敷敷衍衍地应对了完事的；有提心吊胆战战兢兢地只着眼于分数的多少的。以上几种态度，自然第一种最可取。把所知所能尽量拿出来，教师就有了确实的凭据，知道哪一方面已经可以了，哪一方面还得加以督促。考问之后，教师按成绩记下分数，原是备稽考用的；分数多不是奖励，分数少也不是惩罚，可是少到不及格的时候，那就是学习成绩太差，非赶紧努力不可。这一层，学生必须明白认识。否则误认努力学习只是为了分数，把切己的事情看作身外的事情，就是根本观念错误了。教师记下了分数，当然不是指导的终结，而是加工的开始。对于几个不及格的学生，尤须个别设法，给他们相当的帮助。分数少一点本没有什么要紧；但分数少正表明学习成绩差，这是热诚的教师所放心不下的。

考问的方法很多，如背诵、默写、简缩、扩大、摘举大意、分段述要、说明作法、述说印象，也举不尽许多。这里不想逐项逐项地细说，只说一个消极的原则，就是：不足以看出学生学习成绩的考问方法最好不要用。譬如教了《泷冈阡表》之后，却考问学生说："欧阳修的父亲做过什么官？"这就是个不很有意义的考问。文字里明明写着"为道州判官，泗绵二州推官，又为泰州判官"，学生精读了一阵，连这一点也不记得，还说得上"精读"吗？学生回答得出这样的问题，也无从看出他的学习成绩好到怎样。所以说它不很有意义。

考问往往在精读一篇文字完毕或者月考、期考的时候举行；除此之外，通常不再顾及，一篇文字讨究完毕就交代过去了。这似乎不很妥当。从前书塾里读书，既要知新，又要温故，在学习的过程中，匀出一段时间来温理以前读过的，这是个很好的办法。现在教学国文，应该采取它。在精读几篇文字之后，且不要上新的；把以前读过的温理一下，回味那已有的了解与体会，更寻求那新生的了解与体会，效益绝不会比上一篇新的来得少。这一点很值得注意，所以附带在这里说一说。

（《精读指导举隅》由叶圣陶与朱自清分篇合著，1942 年商务印书馆版。此前言由叶圣陶执笔，1940 年 9 月 17 日作）

论国文精读指导不只是逐句讲解

　　教书逐句讲解，是从前书塾里的老法子。讲完了，学生自去诵读；以后是学生背诵，还讲，这就完成了教学的一个单元。从前也有些不凡的教师，不但逐句讲解，还从虚字方面仔细咬嚼，让学生领会使用某一些虚字恰是今语的某一种口气；或者就作意方面尽心阐发，让学生知道表达这么一个意思非取这样一种方式不可；或者对诵读方面特别注重，当范读的时候，把文章中的神情理趣，在声调里曲曲传达出来，让学生耳与心谋，得到深切的了解。这种教师往往使学生终身不忘；学生想到自己的受用，便自然而然感激那给他实益的教师。这种教师并不多，一般教师都只逐句讲解。

　　逐句讲解包括解释字词的意义，说明成语典故的来历这两项预备工作；预备工作之后，把书面的文句译作口头的语言，便是主要工作了。应用这样办法，论理必作如下的假定：假定学生无法了解那些字词的意义，假定学生无法考查那些成语典故的来历，假定学生不能把书面的文句译作口头的语言。不然，何必由教师逐一讲解？假定读书的目标只在能把书面的文句译作口头的语言；译得来，才算读懂了书。不然，何以把这一项认为主要工作而很少顾及其他？还有，假定教学只是授受的关系，学生是没有能力的，自己去探讨也无非徒劳，必待教师讲了授了，他用心地听了受了，才会了解他所读的东西。不然，何不让学生在听讲之外，再做些别的工作？——教师心里固然不一定意识到以上的假定；可是，如果只做逐句讲解的工作，就不能不承认有这几个假定。而从现代教育学的观点，这几个假定都是不合教学的旨趣的。

从前书塾教书，不能说没有目标。希望学生读通了，写通了，或者去应科举，取得功名；或者保持传统，也去教书；或者写作书信，应付实用：这些都是目标。但是能不能达到目标，教师似乎不负什么责任。一辈子求不到功名的，只怨自己命运不济，不怪教师；以误传误当村馆先生的，似是而非写糊涂书信的，自己也莫名其妙，哪里会想到教师给他吃的亏多么大？在这样情形之下，教师对于怎样达到目标（也就是对于教学方法），自然不大措意。现在的国文教学可不同了。国文教学悬着明晰的目标：养成阅读书籍的习惯，培植欣赏文学的能力，训练写作文章的技能。这些目标是非达到不可的，责任全在教师身上；而且所谓养成、培植、训练，不仅对一部分学生而言，必须个个学生都受到了养成、培植、训练，才算达到了目标。因此，教学方法须特别注重。如果沿袭从前书塾里的老法子，只逐句讲解，就很难达到目标。可是，熟悉学校情形的人都知道现在的国文教学，一般地说，正和从前书塾教书差不多。这不能说不是一个相当严重的问题。

阅读书籍的习惯不能凭空养成，欣赏文学的能力不能凭空培植，写作文章的技能不能凭空训练。国文教学所以要用课本或选文，就在将课本或选文作为凭借，然后种种工作得以着手。课本里收的，选文入选的，都是单篇短什，没有长篇巨著。这并不是说学生读一些单篇短什就够了。只因单篇短什分量不多，要做细琢细磨的研读功夫正宜从此入手；一篇读毕，又来一篇，涉的方面既不嫌偏颇，阅读的兴趣也不致单调，所以取作精读的教材。学生从精读方面得到种种经验，应用这些经验，自己去读长篇巨著以及其他的单篇短什，不再需要教师的详细指导（不是说不需要指导），这就是略读。就教学而言，精读是主体，略读只是补充；但就效果而言，精读是准备，略读才是应用。精读与略读的关系如此，试看，只做逐句讲解的工作，是不是就尽了精读方面的指导责任？

所谓阅读书籍的习惯，并不是什么难能的事，只是能够按照读物的性质作适当的处理而已。需要翻查的，能够翻查；需要参考的，能够参考；应当条分缕析的，能够条分缕析；应当综观大意的，能够综观大意；意在言外的，能够辨得出它的言外之意；义有疏漏的，能够指得出它的疏漏之处：到此地步，阅读书籍的习惯也就差不多了。一个人有了这样的习惯，一辈子读书，一辈子受用。学生起初当然没有这样的习惯，所以要他们养成；而养成的方法，唯有让他们自己去尝试。按照读物的性质，作适当的处理，教学上的用语称为"预习"。一篇精读教材放在面前，只要想到这是一个凭借，要用来养成学生阅读书籍的习惯，自然就会知道非教他们预习不可。预习的事项无非翻查、分析、综合、体会、审度之类；应该取什么方法，认定哪一些着眼点，教师自当测知他们所不及，给他们指点，可是实际下手得让他们自己动天君，因为他们将来读书必须自己动天君。预习的事项一一做完了，然后上课。上课的活动，教学上的用语称为"讨论"，预习得对不对，充分不充分，由学生与学生讨论，学生与教师讨论，求得解决。应当讨论的都讨论到，须待解决的都得到解决，就没有别的事了。这当儿，教师犹如集会中的主席，排列讨论程序的是他，归纳讨论结果的是他，不过他比主席还多负一点责任，学生预习如有错误，他得纠正，如有缺漏，他得补充，如有完全没有注意到的地方，他得指示出来，加以阐发。教师的责任不在把一篇篇的文章装进学生脑子里去；因为教师不能一辈子跟着学生，把学生所要读的书一部部装进学生脑子里去。教师只要待学生预习之后，给他们纠正，补充，阐发；唯有如此，学生在预习的阶段既练习了自己读书，在讨论的阶段又得到切磋琢磨的实益，他们阅读书籍的良好习惯才会渐渐养成。如果不取这个办法，学生要待坐定在位子上，听到教师说今天讲某一篇之后，才翻开课本或选文来；而教师又一开头就读一句，讲一句，逐句读讲下去，直到完篇，别无其他工作：那就完全是另一回事了。

第一，这里缺少了练习阅读最主要的预习的阶段。学生在预习的阶段，固然不能弄得完全头头是道；可是教他们预习的初意本来不要求弄得完全头头是道，最要紧的还在让他们自己动天君。他们动了天君，得到理解，当讨论的时候，见到自己的理解与讨论结果正相吻合，便有独创成功的快感；或者见到自己的理解与讨论结果不甚相合，就作比量短长的思索；并且预习的时候决不会没有困惑，困惑而没法解决，到讨论的时候就集中了追求解决的注意力。这种快感、思索与注意力，足以鼓动阅读的兴趣，增进阅读的效果，都有很高的价值。现在不教学生预习，他们翻开课本或选文之后又只须坐在那里听讲，不用做别的工作；从形式上看，他们太舒服了，一切预习事项都由教师代劳；但是从实际上说，他们太吃亏了，几种有价值的心理过程都没有经历到。第二，这办法与养成阅读书籍的习惯那个目标根本矛盾。临到上课，才翻开课本或选文中的某一篇来；待教师开口讲了，才竖起耳朵来听；这个星期如此，下个星期也如此，这个学期如此，下个学期也如此，还不够养成习惯吗？可惜养成的习惯恰是目标的反面。目标要学生随时读书，而养成的习惯却要上课才翻书；目标要学生自己读书，而养成的习惯却要教师讲一句才读一句书。现在一般学生不很喜欢而且不很善于读书，如果说，原因就在国文教学专用逐句讲解的办法，大概也不是过火的话吧。并且逐句讲解的办法，对于一篇中的文句是平均看待的，就是说，对于学生能够了解的文句，教师也不惮烦劳，把它译作口头的语言，而对于

学生不甚了解的文句，教师又不过把它译作口头的语言而止。如讲陶潜
《桃花源记》，开头"晋太元中，武陵人捕鱼为业"，就说："太元是晋
朝孝武帝的年号，武陵是现在湖南常德县；晋朝太元年间，武陵地方有
个捕鱼的人。"凡是逢到年号，总是说是某朝某帝的年号；凡是逢到地
名，总是说是现在某地；凡是逢到与今语不同的字或词，总是说是什么
意思。如果让学生自己去查一查年表、地图、字典、辞典，从而知道某
个年号距离如今多少年；某一地方在他们居处的哪一方，距离多远；某
一字或词的本义是什么，引申义是什么：那就非常亲切了，得到很深的
印象了。学生做了这番功夫，对于"晋太元中，武陵人捕鱼为业"那
样的文句，自己已能了解，不须再听教师的口译。现在却不然，不管学
生了解不了解，见文句总是照例讲，照例口译；学生听着听着，非但没
有亲切之感与很深的印象，而且因讲法单调，不须口译的文句也要口
译，而起厌倦之感。我们偶尔听人演说，说法单调一点，内容平凡一
点，尚且感到厌倦，学生成月成年听类似那种演说的讲解与口译，怎得
不厌倦呢？厌倦了的时候，身子虽在座位上，心神却离开了读物，或者
"一心以为有鸿鹄将至"，或者什么都不想，像禅家的入定。这与养成
读书习惯的目标不是相去很远吗？曾经听一位教师讲曾巩《越州赵公救
灾记》，开头"熙宁八年夏，吴越大旱；九月，资政殿大学士右谏议大
夫知越州赵公，前民之未饥，为书问属县……"在讲明了"熙宁""吴
越""资政殿大学士""右谏议大夫""知"之后，便口译道："熙宁八年
的夏天，吴越地方遇到大旱灾；九月间，资政殿大学士……赵公，在百
姓没有受到灾患以前，发出公文去问属县……"若照逐句讲解的原则，
这并没有错。可是学生听了，也许会发生疑问：（一）遇到大旱灾既在
夏天，何以到了九月间还说"在百姓没有受到灾患以前"呢？（二）白
话明明说"在百姓没有受到灾患以前"，何以文句中的"前"字装到
"民"字的前头去呢？这两个疑问，情形并不相同：（一）是学生自己

糊涂，没有辨清"旱"和"饥"的分别；（二）却不是学生糊涂，他正看出了白话和文言的语法上的异点。而就教师方面说，对于学生可能发生误会的地方不给点醒，对于学生想要寻根究底的地方不给指导，都只是讲如未讲。专用逐句讲解的办法，不免常常有这样的情形，自然说不上养成读书习惯了。

其次，就培植欣赏文学的能力那个目标来说，所谓欣赏，第一步还在透切了解整篇文章，没有一点含糊，没有一点误会。这一步做到了，然后再进一步，体会作者意念发展的途径及其辛苦经营的功力。体会而有所得，那踌躇满志，与作者完成一篇作品的时候不相上下；这就是欣赏，这就是有了欣赏的能力。而所谓体会，得用内省的方法，根据自己的经验，而推及作品；又得用分析的方法，解剖作品的各部，再求其综合；体会绝不是冥心盲索、信口乱说的事。这种能力的培植全在随时的指点与诱导。正如看图画听音乐一样，起初没有门径，只看见一堆形象，只听见一串声音，必得受了内行家的指点与诱导，才渐渐懂得怎么看，怎么听；懂得怎么看怎么听，这就有了欣赏图画与音乐的能力。国文精读教材固然不尽是文学作品，但是文学与非文学，界限本不很严，即使是所谓普通文，他既有被选为精读教材的资格，多少总带点文学的意味；所以，只要指点与诱导得当，凭着精读教材也就可以培植学生的欣赏文学的能力。如果课前不教学生预习，上课又只做逐句讲解的工作，那就谈不到培植。前面已经说过，不教学生预习，他们就经历不到在学习上很有价值的几种心理过程；专教学生听讲，他们就渐渐养成懒得去仔细咀嚼的习惯。综合起来，就是他们对于整篇文章不能做到透切了解。然而透切了解正是欣赏的第一步。再请用看图画、听音乐来比喻，指点与诱导固然仰仗内行家，而看与听的能力的长进，还靠用自己的眼睛实际去看，用自己的耳朵实际去听。这就是说，欣赏文学要由教师指一点门径，给一点暗示，是预习之前的事。实际与文学对面，是预习与讨论时候的事。现在把这些事一概捐除，单教学生逐句听讲，那么，纵使教师的讲解尽是欣赏的妙旨，在学生只是听教师欣赏文学罢了。试想，只听内行家讲他的对于图画与音乐的欣赏，而始终不训练自己的眼睛与耳朵，那欣赏的能力还不是只属于内行家方面吗？何况前面已经说过，逐句讲解，把它译作口头的语言而止，结果往往是讲如未讲，又怎么能是欣赏的妙旨？如归有光《先妣事略》末一句，"世乃有无母之人，天乎痛哉！"要与上面的话联带体会，才知道是表达孺慕之情的至性语。上面说母亲死后十二年，他补了学官弟子；这是一件重要事，必须告知母亲的，母亲当年责他勤学，教他背书，无非盼望他能得上进；然而母亲没有了，怎么能告知她呢？又说母亲死后十六年，他结了婚，妻子是母亲所聘定的，过一年生了个女儿；这又是一件重要事，必须告知母亲的，母亲当年给他聘定妻子，就只盼望他们夫妇和好，生男育女；然而母亲没有了？怎么能告知她呢？因为要告知而无从告知，加深了对于母亲的怀念。可是怀念的结果，对于母亲的生平，只有一二"仿佛如昨"，还记得起，其余的却茫然了；这似乎连记忆之中的母亲也差不多要没有了。于是说"世乃有无母之人，天乎痛哉！"好像世间不应当有"无母之人"似的。由于怀念得深，哀痛得切，这样痴绝的话，不同平常的话，正是流露真性情的话。这是所谓欣赏的一个例子。若照逐句讲解的原则，轮到这一句，不过口译道："世间竟有没有母亲的人，天啊！哀痛极了！"讲是讲得不错。但是，这篇临了，为什么突兀地来这么一句呢？母亲比儿子先死的，世间尽多，为什么这句中含着"世间不应当有的'无母之人'似的"的意思呢？对于这两个疑问都不曾解答。学生听了，也不过听了"世间竟有没有母亲的人，天啊！哀痛极了！"这么一句不相干的话而已；又哪里会得到什么指点与暗示，从而训练他们的欣赏能力？

再其次，就训练写作文章的技能那个目标来说。所谓写作，也不是什么了不得的事。从外面得来的见闻知识，从里面发出的意思情感，都是写作的材料；哪些材料值得写，哪些材料值不得写，得下一番选剔的功夫。材料既选定，用什么形式表现它才合式，用什么形式表现它就不合式，得下一番斟酌的功夫。斟酌妥当了，便连布局、造句、遣词都解决了。写作不过是这么一个过程，粗略地说，只要能识字能写字的人就该会写作。写作的技能所以要从精读方面训练，无非要学生写作得比较精一点。精读教材是挑选出来的，它的写作技能当然有可取之处；阅读时候看出那些可取之处，对于选剔与斟酌就渐渐增进了较深的识力；写作时候凭着那种识力来选剔与斟酌，就渐渐训练成较精的技能。而要看出精读教材的写作技能的可取之处，与欣赏同样（欣赏本来含有赏识技能的意思），第一步在对于整篇文章有透切的了解；第二步在体会作者意念发展的途径及其辛苦经营的功力。真诚的作者写一篇文章，绝不是使花巧，玩公式，他的功力全在使情意与文字达到个完美的境界；换句话说，就是使情意圆融周至，毫无遗憾，而所用文字又恰正传达出那个情意。如范仲淹作《严先生祠堂记》，末句原作"先生之德，山高水长"，李泰伯看了，叫他把"德"字改为"风"字；又如欧阳修作《醉翁亭记》，开头历叙滁州的许多山，后来完全不要，只作"环滁皆山也"五字：历来传为写作技能方面的美谈。这些技能都不是徒然的修饰。根据《论语》"君子之德风"那句话，用个"风"字不但可以代表"德"字，并且增多了"君子之"的意思；还有，"德"字是呆板的，"风"字却是生动的，足以传达德被世人的意思，要指称高风亮节的严先生，自然用"风"字更好。再说《醉翁亭记》，醉翁亭既在滁州西南琅琊山那方面，何必历叙滁州的许多山？可是不说滁州的许多山，又无从显出琅琊山，唯有用个说而不详说的办法作"环滁皆山也"，最为得当。可见范仲淹的原稿与欧阳修的初稿都没有达到完美的境界，经李泰伯的代为改易与欧阳修的自己重作，才算达到了完美的境界。要从阅读方面增进写作的识力，就该在这等地方深切地注意。要从实习方面训练写作的技能，就该效法那些作者的求诚与不苟。无论写一个便条，记一则日记，作一篇《我的家庭》或《秋天的早晨》，都像李泰伯与欧阳修一样的用心。但是，国文教学仅仅等于逐句讲解的时候，便什么都谈不到了。逐句讲解既不足以培植欣赏文学的能力，也不足以训练写作文章的技能。纵使在讲过某一句的时候，加上去说"这是点题"或"这是题目的反面"，"这是侧击法"或"这是抑宾扬主法"，算是关顾到写作方面；其实于学生的写作技能并没有什么益处。因为这么一说，给与学生的暗示将是：写作只是使花巧、玩公式的事。什么"使情意圆融周至"，什么"所用文字恰正传达那个情意"，他们心中却没有一点影子。他们的写作技能又怎么训练得成功？

因为逐句讲解的办法仅仅包含（一）解释字词的意义，（二）说明成语典故的来历，（三）把书面的文句译作口头的语言三项工作，于是产生了两个不合理的现象：（一）认为语体没有什么可讲，便撇开语体，专讲文言；（二）对于语体，也像文言一样读一句讲一句。语体必须精读，在中学国文课程标准里素有规定；现在撇开语体，一方面是违背规定，另一方面是对不起学生——使他们受不到现代最切要的语体方面的种种训练。至于讲语体像讲文言一样，实在是个可笑的办法。除了各地方言偶有差异而外，纸面的语体与口头的语言几乎全同；现在还要把它口译，那无非逐句复读一遍而已。语体必须教学生预习，必须在上课时候讨论；逐句复读一遍绝不能算精读了语体。关于这一点，拟另外作一篇文章细谈。

逐句讲解是最省事的办法；如要指导学生预习，主持课间讨论，教师就麻烦得多。但是专用逐句讲解的办法达不到国文教学的目标，如前面所说；教师为忠于职责忠于学生，自该不怕麻烦，让学生在听讲之外，多做些事，多得些实益。教师自己，在可省的时候正不妨省一点讲解的辛劳，腾出工夫来给学生指导，与学生讨论，也就绰有余裕了。

（1941 年 1 月 7 日作，原载于《文史教学》1941 年创刊号，署名叶绍钧）

略读的指导

——《略读指导举隅》前言

　　国文教学的目标，在养成阅读书籍的习惯，培植欣赏文字的能力，训练写作文字的技能。这些事儿不能凭空着手，都得有所凭借。凭借什么？就是课本或选文。有了课本或选文，然后养成、培植、训练的工作得以着手。课本所收的，选文之中入选的，都是单篇短什，没有长篇巨著。这并不是说学生读了一些单篇短什就足够了。只因单篇短什分量不多，要做细磨细琢的研读功夫，正宜从此入手；一篇读毕，又来一篇，涉及的方面既不嫌偏颇，阅读的兴趣也不致单调；所以取作"精读"的教材。学生从精读方面得到种种经验，应用这些经验，自己去读长篇巨著以及其他的单篇短什，不再需要教师的详细指导，这便是"略读"。就教学而言，精读是主体，略读只是补充；但就效果而言，精读是准备，略读才是应用。学生在校的时候，为了需要与兴趣，须在课本或选文以外阅读旁的书籍文字；他日出校之后，为了需要与兴趣，一辈子须阅读各种书籍文字；这种阅读都是所谓应用。使学生在这方面打定根基，养成习惯，全在国文课的略读。如果只注意于精读，而忽略了略读，功夫便只做得一半儿。其可能想象的弊害：当学生遇到书籍文字的时候，也许会因没有教师在旁做精读那样的详细指导，而致无所措手。现在一般学校，忽略了略读的似乎不少，这是必须改正的。

略读不再需要教师的详细指导，并不等于说不需要教师的指导。各种学科的教学都一样，无非教师帮着学生学习的一串过程。略读是国文课程标准里面规定的正项工作，哪有不需要教师指导之理？不过略读指导与精读指导自有不同。精读指导必须纤屑不遗，发挥净尽；略读指导却提纲挈领，期其自得。何以须提纲挈领？唯恐学生对于当前的书籍文字，摸不到门径，辨不清路向，马马虎虎读下去，结果所得很少。何以不必纤屑不遗？因为这一套功夫在精读方面已经训练过了，依理论说，该能应用于任何时候的阅读；现在让学生在略读时候应用，正是练习的好机会。学生从精读而略读，譬如孩子学走路，起初由大人扶着肩、牵着手，渐渐的大人把手放了，只在旁边遮拦着，替他规定路向，防他偶或跌跤。大人在旁边遮拦着，正与扶着肩、牵着手走一样的需要当心；其目的唯在孩子步履纯熟，能够自由走路。精读时候，教师给学生纤屑不遗的指导，略读时候，更给学生提纲挈领的指导，其目的唯在学生习惯养成，能够自由阅读。

仅仅对学生说，你们随便去找一些书籍文字来读，读得愈多愈好；这当然算不得略读指导。就是斟酌周详，开列个适当的书目篇目，教学生按照着自己去阅读，也还算不得略读指导。因为开列目录只是阅读以前的事儿；在阅读一事的本身，教师没有给一点帮助，就等于没有指导。略读如果只任学生自己去着手，而不给他们一点指导，很易使学生在观念上发生误会，以为略读只是"粗略的"阅读，甚而至于是"忽略的"阅读；而在实际上，他们也会以"粗略的"甚而至于"忽略的"阅读，就此了事。这是非常要不得的，积久养成不良的习惯，便终身不能从阅读方面得到多大的实益。略读的"略"字，一半系就教师的指导而言：还是要指导，但只须提纲挈领，不必纤屑不遗，所以叫作"略"。一半系就学生的功夫而言：还是要像精读那样仔细咬嚼，但精读时候出于努力钻研，从困勉达到解悟，略读时候却已熟能生巧，不须多用心力，自会随机肆应，所以叫"略"。无论教师与学生，都须认清楚这个意思；在实践方面又须各如其分，做得到家；略读一事才会收到它预期的效果。

略读既须由教师指导，自宜如精读一样，全班学生用同一的教材。假如一班学生同时略读几种书籍，教师就不便在课内指导；指导了略读某种书籍的一部分学生，必致抛荒了略读别种书籍的另一部分学生；各部分轮流指导固也可以，但每周略读指导的时间，至多也只能有二小时，各部分轮流下来，必致每部分都非常简略。况且同学间的共同讨论，是很有帮助于阅读能力的长进的；也必须阅读同一的书籍，才便于彼此共同讨论。在一学期中间，为求精详周到起见，略读书籍的数量不宜太多，大约有二三种也就可以了。好在略读与精读一样，选定一些教材来读，无非"举一隅"的性质，都希望学生从此习得方法，养成习惯，再自己去"以三隅反"；故而数量虽少，并不妨事。学生如果在略读教材之外，更就兴趣选读旁的书籍，那自然是值得奖励的；并且希望能够普遍的这么做。或许有人要说，略读同一的教材，似乎不能顾到全班学生的能力与兴趣。其实这不成问题。精读可以用同一的教材，为什么略读就不能？班级制度的一切办法，总之以中材为标准；凡是忠于职务，深知学生的教师，必能选取适合于中材的教材，供学生略读；这就没有能力够不够的问题。同时，所取教材必能不但适应学生的一般兴趣，并且切合教育的中心意义；这就没有兴趣合不合的问题。所以，略读同一的教材是无弊的，只要教师能够忠于职务，能够深知学生。

课内略读指导，包括阅读以前，对于选定教材的阅读方法的提示，及阅读以后，对于阅读结果的报告与讨论。作报告与讨论的虽是学生，但审核他们的报告，主持他们的讨论，仍是教师的事儿；其间自不免有需要订正与补充的地方，所以还是指导。略读教材若是整部的书，每一堂略读课内令学生报告并讨论阅读那书某一部分的实际经验；待全书读毕，然后令作关于全书的总报告与总讨论。至于实际阅读，当然在课外。学生课外时间有限，能够用来自修的，每天至多不过四小时。在这四小时内，除了温理旁的功课，做旁的功课的练习与笔记外，分配到国文课的自修方面的，至多也不过一小时。一小时够少了，但精读方面也得自修、预习、复习、诵读、练习，都是非做不可的；故而每天的略读时间，至多只能有半小时。每天半小时，一周便是三小时（除去星期放假）。每学期上课时间以二十周计，略读时间仅有六十小时。在这六十小时内，如前面所说的，要阅读二三种书籍，篇幅太多的自不相宜；如果选定的书正是篇幅太多的，那只得删去若干，而选读它的一部分。不然，分量太多，时间不够，学生阅读势必粗略，甚而至于忽略；或者有始无终，没有读到完篇就此丢开了；这都足以养成不良习惯，为终身之累。所以漫无计算是要不得的；与其贪多务广，致发生流弊，不如预作精密估计，务使在短少时间之内，把指定的教材读完，而且把应做的工作都做得到家，绝不草率从事，借此养成阅读的优良习惯，来得有益得多。学生有个很长的暑假，又有个相当长的寒假；在这两个假期内，可以自由阅读很多的书。如果略读时候养成了优良习惯，到暑假寒假期间，各就自己的需要与兴趣，去多多阅读，那一定比不经略读的训练，多得吸收的实效。归结说起来，就是：略读的分量不宜过多，必须顾到学生所能应用的时间；多多阅读固宜奖励，但得为时间所许可，故以利用暑假寒假最为合适。

书籍的性质不一，因而略读指导的方法也不能一概而论。现在就一般说，在阅读以前，应该指导的有以下各项。

一、版本指导

一种书往往有许多版本。从前是木刻，现在是排印；在初刻初排的时候，或许就有了错误，随后几经重刻重排，又不免辗转发生错误，也有逐渐的增补或订正。读者读一本书，总希望得到最合于原稿的，或最为作者自己所惬意的本子；因为唯有读这样的本子，才可以完全窥见作者的思想感情，没有一点含糊。学生所见不广，在刚与一种书接触的时候，当然不会知道哪种本子较好；这须待教师给他们指导。现在求书不易，有书可读便是幸事，更谈不到取得较好的本子，但正唯如此，这种指导更不可少；哪种本子校勘最精审，哪种本子是作者的最后修订稿，都得给他们说明，使他们遇到那些本子的时候，可以取来覆按、对比。还有，有些书经各家的批评或注释，每一家的批评或注释自成一种本子，这中间也就有了优劣得失的分别。其需要指导，理由与前说相同。总之，这方面的指导，宜运用校勘家、目录家的知识，而以国文教学的观点来范围它。学生受了这样的熏陶，将来读书不但知道求好书，并且能够抉择好本子，那是受用无穷的。

二、序目指导

读书先看序文，是一种好习惯。学生拿到一部书，往往立刻看本文，或者挑中间有趣味的部分来看，对于序文，认为与本文没有关系似的；这是因为不知道序文很关重要的缘故。序文的性质，常常是全书的提要或批评，先看一遍，至少对于全书有个概括的印象或衡量的标准；然后阅读全书，便不至于茫无头绪。通常读书，其提要或批评不在本书而在旁的地方的，尚且要找来先看；对于具有提要或批评的性质的本书序文，怎能忽略过去？所以在略读的时候，必须教学生先看序文，养成他们的习惯。序文的重要程度，各书并不一致。属于作者的序文，若是说明本书的作意、取材、组织等项的，那无异于"编辑大意""编辑例言"，借此可以知道本书的规模，自属非常重要。有些作者在本文之前作一篇较长的序文，其内容并不是本文的提要，却是阅读本文的准备知识，犹如津梁或门径，必须通过了这一关才可以涉及本文；那就是"导言"的性质，重要程度也高。属于编订者或作者师友所作的序文，若是说明编订的方法，抉出全书的要旨，评论全书的得失的，那都与了解全书直接有关，重要也不在上面所说的作者自序之下。无论作者自作或他人所作的序文，有些仅仅叙一点因缘，说一点感想，与全书内容关涉很少；那种序文的本身也许是一篇好文字，但对于读者，就比较不重要了。至于他人所作的序文，有专事赞扬而过了分寸的，有很想发挥而不得要领的；那种序文实际上很不少，诗文集中尤其多，简直可以不必看。教师指导的时候，不但教学生先看序文，就此完事；更须审察序文的重要程度，予以相当的提示，使他们知道注意之点与需要注意力的多少。若是无关紧要的序文，自然不教他们看，以免浪费时力。

目录表示一部书的骨干，也具有提要的性质；所以如序文一样，也须养成学生先看它的习惯。有些书籍，固然须顺次读下去，不读第一卷，就无从着手第二卷。有些书籍却不然，全书分作许多部分，各部分自为起讫，其前后排列，并无逻辑的根据，或仅大概以类相从，或仅依据撰作的年月，或竟完全出于编排时候的偶然；对于那样的书籍，就不必顺次读下去；为彻底了解全书，彻底认识作者起见，颠乱全书的次第，把有关的各卷各篇作一次读，读过以后，再把其他有关的各卷各篇作一次读，或许更比顺次读下去方便且有效得多。要把有关的各卷各篇聚在一起，就更有先看目录的必要。又如选定教材若是旧小说，假定是《水浒》，因为分量太多，时间不够，不能通体略读，只好选读它的一部分，如写林冲或武松的几回。要知道哪几回是写林冲或武松的，也得先看它的目录。又如选定教材的篇目若是非常简略，而其书又适宜于颠乱了次第来读的，假定是《孟子》，那就在篇目之外，最好先看赵岐的"章指"。"章指"并不编列在目录的地位；用心的读者不妨抄录二百几十章的"章指"，当它是个详细的目录提要。有了这详细的目录提要，因阅读的目标不同，就可以把二百几十章作种种的组合，对于每一组合作一面精心的研读。此外，目录的作用当然还有，可以类推，不再详说。教师指导的时候，务须相机提示，使学生能够充量利用目录。

三、参考书籍指导

参考书籍，包括关于文字的音义、典故成语的来历等所谓工具书，以及与所读的书有关，必须借彼而后明此的那些书籍而言。从小的方面说，阅读一书而求其彻底了解，从大的方面说，做一种专门研究，要从古今人许多经验中得到一种新的发见，一种系统的知识，都必须广博的翻检参考书籍。一般学生读书，往往连字典、辞典也懒得翻，莫说跑进图书室去检览有关书籍了。这样"读书不求甚解"的态度，当时未尝不可马虎过去；但这就成了终身的病根，将永不能从阅读方面得到多大益处；若做专门研究工作，更难有满意的成就。所以，利用参考书籍的习惯，必须在学习国文的时候养成；精读方面要多多参考，略读方面还是要多多参考。在起初，学生自必嫌得麻烦，这要翻检，那要搜寻，不如直捷读下去来得爽快；但渐渐的成了习惯，就觉得必须这样多多参考，才可以透切的了解所读的书，其味道的深长，远胜于"不求甚解"；那时候，教他们"不求甚解"也不愿意了。国文课内指导参考书籍，当然不能如专家作研究时候一样，搜罗务求广博，凡有一语一条用得到的材料都舍不得放弃，开列个很长的书目。第一，须顾到学生的能力。参考书籍所以帮助理解本书，若比本书艰深，非学生能力所能利用，虽属重要，也只得放弃。譬如阅读某一书，须作关于史事的参考，与其教学生查二十四史，不如教他们翻一部近人所编的通史；再退一步，不如教他们看他们所读的历史课本。因为通史与历史课的编辑方法适合于他们的理解能力；而二十四史本身还只是一堆材料，要在短时期间从中得到关于一件史事的概要，事实上不可能。曾见一些热心的教师给学生开参考书目，把自己所知道的，巨细不遗，逐一写列，结果是洋洋大观；学生见了一大篇的书目，唯有望洋兴叹；有些学生果真去按目参考，又大半不能理解，有参考之名，无参考之实。这就是以教师自己为本位，忽略了学生的能力的弊病。第二，须顾到图书室的设备。教师提示的书籍，学生从图书室中立刻可以检到，既不耽误工夫，且易引起兴趣。如果那参考书的确必要，又为学生的能力所能利用，但图书室中没有，学生只能以记忆书名了事；那就在阅读上短少了一分努力，在训练上错过了一个机会。因此，消极的办法，教师提示参考书籍，应以图书室中所具备的为限；积极的办法，就得有计划的采购图书室的图书——各科至少有最低限度的必要参考书籍，国文科方面当然要有它的一份。这事情很值得提倡；现在一般学校，不是因为经费不足，很少买书，就是因偶然的机缘与教师的嗜好，随便买书；有计划的为供学生参考而采购的，似乎还不多见。还有个补救的办法，就是：图书室中虽没有那书籍，而地方图书馆或私家方面却有，教师不妨指引学生去借来参考。图书室中购备参考书籍，即使有复本，也不过两三本而已；一班学生同时要拿来参考，势必争先恐后，好不容易拿得到手，已经浪费了许多时间。为解除这种困难，可以用分组参考的办法：假定阅读某种书籍需要参考四部书，就分学生为四组，使每组参考一部；或待相当时间之后互相交换，或不再交换，就使每组报告参考所得，以免他组自去参考。第三，指定了参考书籍，教师的事情并不就此完毕。如果那书籍的编制方法是学生所不熟习的，或者分量很多，学生不容易找到所需参考的部分的。教师都得给他们说明或指示。一方面要他们练习参考，一方面又要他们不致茫无头绪，提不起兴趣；唯有如上所说相机帮助他们，才可以做到。

四、阅读方法指导

各书因性质不同，阅读方法也不能一致。但就一般说，总得像精读时候的预习一样，就其中的一篇或一章一节，逐句循诵，摘出了解的处所；然后应用平时阅读的经验，试把那些不了解的处所自求解答；得到了解答，再看注释或参考书，以证验解答得对不对；如果实在无法解答，那就径看注释或参考书。不了解的处所都弄清楚了，又复读一遍，明了全篇或全章全节的大意。最后细读一遍，把应当记忆的记忆起来，把应当体会的体会出来，把应当研究的研究出来。全书的各篇或各章各节，都该照此办法。略读原所以训练阅读的优良习惯，必须脚踏实地，毫不苟且，才有效益；绝不能让学生胡乱读过一遍就算。唯有开始脚踏实地，毫不苟且，到习惯既成之后，才会"过目不忘""展卷有得"。若开始就草草从事，说不定将一辈子"过目辄忘""展卷而无所得"了。还有一层，略读既是国文功课方面的工作，无论阅读何种书籍，都宜抱着研究国文的态度。平常读一本数学课本，不研究它的说明如何正确；读一本史地课本，也不研究它的叙述如何精当。数学课本与史地课本原可以在写作技术方面加以研究；因作者的造诣不同，同样是数学课本与史地课本，其正确与精当的程度，实际上确也大有高下。但是在学习数学、学习史地的立场，自不必研究那些；如果研究那些，便转移到学习国文的立场，抱着研究国文的态度了。其他功课的阅读都只须顾到书籍的内容；国文功课训练阅读，独须内容形式兼顾，并且不把内容形式分开来研究，而认为不可分割的两方面；经过了国文功课方面的训练，再去阅读其他功课的书籍，眼力自也增高。认清了这一层，对于选定的略读书籍，自必一律做写作技术的研究。被选的书总有若干长处；读者不仅在记得那些长处，尤其重要的，在能看出为什么会有那些长处。同时不免或多或少有些短处；读者也须能随时发见，说明它的所以然，这才可以做到读书而不为书所蔽。——这一层也是就一般说的。

现在再就分类来说，有些书籍，阅读它的目的在从中吸收知识，增加自身的经验；那就须运用思考与判断，认清全书的要点，不歪曲也不遗漏，才得如愿。若不能抉择书中的重要部分，认不清全书的要点，或忽略了重要部分，却把心思用在枝节上，所得结果就很少用处。要使书中的知识化为自身的经验，自必从记忆入手；记忆的对象若是阅读之后看出来的要点，因它条理清楚，印入自较容易。若不管重要与否，而把全部平均记忆，甚至以全部文句为记忆的对象；那就没有纲领可凭，增重心思不少的负担，结果或且全部都不记忆。所以死用记忆绝不是办法，漫不经心地读着读着，即使读到烂熟，也很难有心得；必须随时运用思考与判断，接着择要记忆，才合于阅读这一类书籍的方法。

又如小说或剧本，一般读者往往只注意它的故事；故事变化曲折，就感到兴趣，读过以后，也只记住它的故事。其实凡是好的小说或剧本，故事仅是迹象；凭着那迹象，作者发挥他的人生经验或社会批判，那些才是精魂。阅读小说或剧本而只注意它的故事，便是专取迹象，抛弃精魂，绝非正办；在国文课内，要培植欣赏文学的能力，尤其不应如此。精魂就寄托在迹象之中，对于故事自不可忽略；但故事的变化曲折所以如此而不如彼，都与作者发挥他的人生经验或社会批判有关，这一层更须注意。初学者还没有素养，一时当然无从着手；全仗教师给他们易晓的暗示与浅明的指导，渐渐引他们入门。穿凿附会固然要不得，但粗疏忽略同样要不得。凭着故事的节目，逐一追求作者要说而没有明白说出来的意思，才会与作者的精神相通；才是阅读这一类书籍的正当方法。有些学生喜欢看低级趣味的小说之类，教他们不要看，他们虽然答应了，一转身还是偷偷地看。这是由于没有学得阅读这类书籍的方法，注意力仅仅集中在故事上之故。他们如果得到适当的暗示与指导，渐渐有了素养，便将觉得低级趣味的小说之类在故事之外没有东西，经不起咀嚼；不待他人禁戒，自然就不喜欢看那些了。——这可以说是消极方面的效益。

又如诗集，若是个人的专集，按照着写作的年月，顺次看他意境的扩大或转换，风格的确立或变易，是一种读法。按题材归类，看他对于某一类题材如何立意，如何发抒，又是一种读法。按体式归类，比较他对于某一类体式最能运用如意，倾吐诗心，又是一种读法。以上都是分析研究方面的事儿，而文学这东西，尤其是诗歌，不但需分析的研究，还得要综合的感受。所谓感受，就是读者的心与诗人的心起了共鸣，仿佛诗人说的正是读者自己的话，诗人宣泄的正是读者自己的情感似的。阅读诗歌的最大受用在此；通常说诗歌足以陶冶性情，就因为深美高妙的诗歌能使读者与诗人同其怀抱。但这种受用不是没有素养的人所能得到的；素养不会凭空而至，还得从分析的研究入手。研究愈精，理解愈多，才见得纸面的文字——是诗人心情动荡的表现；读它的时候，心情也起了动荡，几乎分不清那诗是诗人的还是读者自己的。所读的若是总集，也可应用类似前说的方法。发见各代诗人取材的异同，风格的演变；比较各家各派意境的浅深，抒写的技巧；探讨各种体式如何与内容相应，如何必须去旧而谋新：这些都是研究的事儿；唯有经过这样研究，才可以享受诗歌。我国历代，诗歌的产量极为丰富；读诗一事，在知识分子中间差不多是普遍的嗜好。但就一般说，因为研究不精，感受不深，往往不很了然什么是诗。其表现于阅读与写作方面的，几乎认为凡是五字一句，七字一句，而又押韵的文字便是诗；最近二十年通行了新体诗，又有多数人认为凡是分行写的白话便是诗了。对于什么是诗既不能了然，哪里谈得到享受？更哪里谈得到写作？中学生固然不必写诗，但享受却是他们的权利；要使他们真能享受诗歌，自非在国文课内认真指导不可。

又如古书，阅读它而要得到真切的了解，必须明了古人所处的环境与所怀的抱负。陈寅恪先生作冯友兰《中国哲学史》的审查报告，中间说："古人著书立说，皆有所为而发；故其所处之环境，所受之背景，非完全明了，则其学说不易评论。而古代哲学家去今数千年，其时代之真相，极难推知。吾人今日可依据之材料，仅为当时所遗存最小之一部；欲借此残余断片，以窥测其全部结构，必须备艺术家欣赏古代绘画雕刻之眼光及精神，然后古人立说之用意与对象，始可以真了解。所谓真了解者，必神游冥想，与立说之古人处于同一境界，而对于其持论所以不得不如是之苦心孤诣，表一种之同情，始能批评其学说之是非得失，而无隔阂肤廓之论。否则数千年前之陈言旧说，与今日之情势迥殊，何一不可以可笑可怪目之乎？"这里说的是专家研究古代哲学应持的态度，并不为中学生而言；要达到这种境界，必须有很深的修养与学识，一般知识分子尚且不易做到，何况中学生？但指导中学生阅读古书，不可不酌取这样的意思，以正他们的趋向——尽浅不妨，只要趋向正，将来可以渐求深造。否则学生必致辨不清古人的是非得失，或者一味盲从古人，成个不通的"新顽固"，或者一味抹杀古人，骂古人可笑可怪，成个浅薄的妄人。这岂是教他们阅读古书的初意呢？所谓尽浅不妨，意思是就学生所能领会的，给他们适当的指导。如读《孟子·许行》章"或劳心，或劳力；劳心者治人，劳力者治于人。治于人者食人，治人者食于人，天下之通义也"一节，若认孟子这个话为天经地义，而说从前君主时代，竭尽天下的人力物力以供奉君主是合理的，现代的民权思想与民主政治是要不得的；这便是糊涂头脑。若认孟子这个话为胡言乱语，而说后代劳心者与劳力者分成两个阶级，劳心阶级地位优越，劳力阶级不得抬头，都是《孟子》的遗毒；这也是偏激之论。要知道《孟子》这一章在驳许行的君臣并耕之说，他所持的论据是与许行相反的"分工互助"。劳力的百工都有专长，劳心的"治人者"也有他的专长；各出专长，分任工作，社会才会治理。这是孟子的政治理想，与现代所谓"专家政治"相近。时代到了战国，社会关系渐趋繁复，许行那种理想当然行不通。孟子看得到这一点，自是他的识力。要怎样才是他理想中的"治人者"？看以下"当尧之时"一大段文字便可明白，就是：像尧舜那样一心为民，干得有成绩，才算合格。这是从他"民为贵"的根本观点而来的；正因"民为贵"，所以为民除疾苦、为民兴教化的人是"治人者"的模范。于此可见他所谓"治人者"，至少含有"一心为民，干政治具有专长的人"的意思，并不泛指处在君位的人，如古代的酋长或当时的诸侯。至于"食人""食于人"，在他的意想中，只是表示互助的关系而已，并不含有"注定被掠夺""注定掠夺人家"的意思——如此看法，大概近于所谓"了解的同情"，与前面说起的糊涂头脑与偏激之论全然异趣。这未必深奥难知，中材的高中二三年生也就可以领会。若多作类似的指导，学生自不致走入泥古诬古的歪路。

五、问题指导

无论阅读何种书籍，要把应当记忆的记忆起来，把应当体会的体会出来，把应当研究的研究出来，总得认清几个问题——也可以叫作题目。如读一个人的传记，那个人的学问、事业怎样呢？或读一处地方的游记，那地方的自然环境、社会情形怎样呢？都是最浅近的例子。心中存着这些问题或题目，阅读就有了标的，辨识就有了头绪。又如阅读《爱的教育》，可以提出许多问题或题目：作为书中主人翁的那个小学生安利柯，他的父亲常常勉励他、教训他，父亲希望他成个怎样的人呢？书中写若干小学生，家庭环境不同，品性习惯各异，品性习惯受不受家庭环境的影响呢？书中很有使人感动的地方，为什么能使人感动呢？诸如此类，难以说尽。或阅读《孟子》，也可以提出许多问题或题目：孟子主张"民为贵"，书中的哪些篇章发挥这个意思呢？孟子的理想中，把政治分为"王道的"与"霸道的"两种，两种的区别怎样呢？孟子认为"王政"并不难行，他的论据又是什么呢？诸如此类，难以说尽。这些是比较深一点的。在善于读书的人，一边读下去，一边自会提出一些问题或题目来，作为阅读的标的，辨识的头绪；或当初读时候提出一些，到重读时候另外又提出一些。教学生略读，当然希望学生也能如此；但学生习惯未成，功力未到，恐怕他们提不出什么，只随随便便的胡读一阵了事，就有给他们提示问题的必要。对于一部书，可提出的问题或题目，往往如前面说的，难以说尽；提得太深了，学生无力应付，提得太多了，学生又无暇兼顾；因此，宜取学生能力所及的，分量多少又得顾到他们的自修时间。凡所提示的问题或题目，不只教他们"神游冥想"，以求解答；还要让他们利用所有的凭借，就是序目、注释、批评及其他参考书。在教师所提示之外，学生如能自己提出，当然大可奖励。但提得有无价值，得当不得当，还须由教师加以注意与指导。为养成学生的互助习惯与切磋精神起见，也可分组研究；令每组解答一个问题或题目，到上课时候报告给大家知道，再听同学与教师的批判。

以上说的，都是教师给学生的事前指导。以后就是学生的事情了——按照教师所指导的去阅读，去参考，去研究。在这一段过程中，学生应该随时作笔记。说起笔记，现在一般学生似乎还不很明白它的作用；只因教师吩咐要作笔记，他们便在空白本子上胡乱写上一些文字交卷。这种观念必须纠正，要让他们认清：笔记不是教师向他们要的赋税，而是他们修学读书不能不写的一种记录。参考得来的零星材料，临时触发的片段意思，都足以供排比贯穿之用，怎能不记录？极关重要的解释与批评，特别欣赏的几句或一节，就在他日还值得一再检览，怎能不记录？研究有得，成了完整的理解与认识，若不写下来，也许不久又搅忘了，怎能不记录？这种记录都不为应门面、求分数、讨教师的好；而只为于他们自己有益——必须这么做，他们的修学读书才见得切实。从上面的话看，笔记大概该有两大部分：一部分是碎屑的摘录；一部分是整统的心得——说得堂皇一点，就是"读书报告"或"研究报告"。对于初学，当然不能求其周密深至；但敷衍塞责的弊病必须从开头就戒除，每抄一条，每写一段，总得让他们说得出个所以然。这样成了习惯，终身写作读书笔记，便将受用无穷，无论应付实务或研究学问，都可以从笔记方面得到许多助益。而在上课讨论的时候，这种笔记便是参加讨论的准备；有了准备，自不致茫然无从开口，或临时信口乱说了。

学生课外阅读之后，在课内报告并讨论阅读一书某一部分的实际经验；待全书读毕，然后作关于全书的总报告与总讨论：这在前面已经说过。那时候教师所处的地位与应取的态度，《精读指导举隅》曾有提到，不再多说。现在要说的是关于成绩考查的事儿。教师指定一本书教学生阅读，要他们从书中得到何种知识或领会，必须有个预期的标准；那标准便是判定成绩的根据。完全达到了标准，成绩很好，固然可喜；可是，如果达不到标准，却不该给他们一个不及格的分数就此了事。其时教师必须研究学生所以达不到标准的原因——是教师自己的指导不完善呢？还是学生的资质上有缺点，学习上有疏漏？——竭力给他们补救或督促，希望他们下一次阅读时成绩较好，能渐近于标准。一般指导自然愈完善愈好；对于资质较差，学习能力较低的学生的个别指导，尤须有丰富的同情与热诚。总之，教师在指导方面多尽一分力，无论优等的次等的学生，必可在阅读方面多得一分成绩。单是考查、给分数、填表格，没有多大意义；为学生的利益而考查，依据了考查再打算增进学生的利益，那才是教育家的存心。

以上说的成绩，大概指了解、领会以及研究心得而言。但还有一项，就是：阅读的速度。处于事务纷繁的现代，读书迟缓，实际上很吃亏；略读既以训练读书为目标，自当要求他们速读，读得快，算是成绩好，不然就差。不用说，阅读必须以精细正确为前题；可是，既能精细正确，是否敏捷迅速，却是判定成绩时候应该注意的。

（《略读指导举隅》由叶圣陶与朱自清分篇合著，1943 年商务印书馆版。此前言由叶圣陶执笔，1941 年 3 月 1 日作）

书·读书

书是什么？这好像是个愚问，其实应当问。

书是人类经验的仓库。这样回答好像太简单了，其实也够了。

如果人类没有经验，世界上不会有书。人类为了有经验，为了要把经验保存起来，才创造字，才制作书写工具，才发明印刷术，于是世界上有了叫作"书"的那种东西。

历史书，是人类历代生活下来的经验。地理书，是人类对于所居的地球的经验。物理化学书，是人类研究自然原理和物质变化的经验。生物博物书，是人类了解生命现象和动植诸物的经验。——说不尽许多，不再说下去了。

把某一类书集拢来，就是人类某一类经验的总仓库。把所有的书集拢来，就是人类所有经验的总仓库。

人类的经验不一定写成书，那是当然的。人类所有的经验假定它一百分，保存在那叫作"书"的总仓库里的必然不到一百分。写成了书又会遇到磨难，来一回天灾，起一场战祸，就有大批的书毁掉失掉，又得从那不到一百分中间减少几成。

虽然不到一百分，那叫作"书"的总仓库到底是万分可贵的。试想想世界上完全没有书的情形吧。那时候，一个人怀着满腔的经验，只能用口告诉旁人。告诉未必说得尽，除下来的唯有带到棺材里去，就此永远埋没。再就接受经验的一方面说，要有经验，只能自己去历练，否则到处找人请教。如果自己历练不出什么，请教又不得其人，那就一辈子不会有太多的经验，活了一世，始终像个泄了气的皮球，瘪瘪的。以上两种情形多么可惜又可怜啊！有了叫作"书"的仓库，谁的经验都可以收纳进去，谁要经验都可以自由检取，就没有什么可惜又可怜了。虽说不能够百分之百地保存人类所有的经验，到底是一件非常了不起的事情。人类文明发展到如今的地步，可以说，没有叫作"书"的仓库是办不到的。

仓库里藏着各色各样东西，一个人不能完全取来使用。各色各样东西太繁富了，一个人太渺小了，没法完全取来使用，而且实际上没有这个必要。只能把自己需用的一部分取出来，其余的任他藏在仓库里。

同样的情形，一个人不能尽读所有的书。只能把自己需用的一部分读了，其余的不去过问。

仓库里藏着的东西不一定完全是好的，也有霉的，烂的，不合用的。你如果随便取一部分，说不定恰正取了霉的，烂的，不合用的，那就于你毫无益处。所以跑进仓库就得注意拣选，非取那最合用的东西不可。

同样的情形，一个人不能随便读书。古人说"开卷有益"，好像不问什么书，你能读它总有好处，这个话应当修正。不错，书中包容的是人类的经验，但是，那经验如果是错误的，过时的，你也接受它吗？接受了错误的经验，你就上了它的当。接受了过时的经验，你就不能应付当前的生活。所以书非拣选不可。拣选那正确的，当前合用的书来读，那才"开卷有益"。

所谓经验，不仅是知识方面的事情，大部分关联到实际生活，要在生活中实做的。譬如说，一本卫生书是许多人对于卫生的经验，你读了这本书，明白了，只能说你有了卫生的知识。必须你饮食起居都照着做，身体经常保持健康，那时候你才真的有了卫生的经验。

看了上面说的例子，可以知道读书顶要紧的事情，是把书中的经验化为自身的经验。随时能够"化"，那才做到"开卷有益"的极致。

（原载于《开明少年》第 12 期，1946 年 6 月 16 日，署名翰先）

给少年儿童多介绍课外读物

　　学校、团、队和图书馆、阅览室各方面，常给少年儿童介绍些课外读物，同时用不同的方式对少年儿童进行阅读指导。读过之后还开个会，让少年儿童谈谈阅读的心得，交流阅读的经验。这种情形越来越普遍，真是少年儿童莫大的幸福。从前的少年儿童哪曾受到这样的关怀？唯有在今天，少年儿童的道德品质和文化知识各方面受到充分的培育，为往后的发展开辟了无限的前途。

　　介绍给少年儿童的课外读物，绝大部分是革命故事，各方面模范人物的故事，富于现实意义的文艺作品。少年儿童非常喜爱这一类读物。他们整个儿心灵钻进读物里去，仿佛生活在那些场景之中，跟那些英雄人物结成亲密的友谊，有时候仿佛跟英雄人物合而为一，英雄人物的行动、思想、欢乐、哀愁，好像就是自己的行动、思想、欢乐、哀愁。这样的潜移默化，影响最深远，好处说不尽。因此，少年儿童社会主义觉悟的提高，共产主义道德品质的培养，阅读这一类读物肯定是重要途径之一。

　　由于著作界和出版界的努力，今后这一类读物出版将更多。介绍工作似乎注意两点：一是及时，二是精选。随时留心新的出版物，发见值得号召少年儿童阅读的，立刻推荐，使他们先睹为快，这是及时。数量既然多了，选择不妨从严，相互比较之后，推荐一些更好的，淘汰一些次好的，这是精选。此外，阅读指导似乎该精益求精。这一类读物对少年儿童的好处既然在潜移默化，就得让他们在认真阅读之中自己有所领会，而不宜把他们能够领会的先给指出来。自己领会出于主动，印象深，经人家先给指出来然后去领会，未免被动，印象可能浅些。假如上述的想法可以得到承认，那么阅读指导就该从某一读物的具体情况出发，给少年儿童种种的启发，或者给指出些着眼的关键，或者给提出些思考的问题，使他们自由阅读而不离乎正轨，自己能得到深切的领会。打个比方，阅读指导犹如给走路的人指点某一条路怎么走，而不是代替他走，走路的人依照指点走去，非但不走冤枉路，而且见得广，懂得多，心旷神怡，连声说"不虚此行"，同时衷心感激给他指点的人。总之，阅读指导是思想工作又是技术工作，越深入，越细致，受指导的方面得益越大，前面说要精益求精，就是为此。

给少年儿童介绍课外读物，范围还要扩大些，过去的情形嫌不够广。

要介绍一些地理方面（包括天文方面）的读物，如旅行记、探险记、星空巡礼记之类。要介绍一些历史方面的读物，如历史故事、创造发明故事、历代名人传略之类。要介绍一些有关生物的读物，小至一种昆虫，大至成片森林，凡可以引起观察研究的兴趣的都好。要介绍一些有关物理、化学的读物，电灯为什么发光，钢铁为什么生锈，诸如此类，凡可以养成查根究底的习惯的都好。要介绍一些有关工业、农业的读物，工厂里怎么样操作，田地里怎么样耕种，怎么样改进应用的工具，怎么样提高产品的质量，诸如此类，凡可以加强动手的欲望，巩固劳动的习惯的都好。

以上说的各类读物，就知识的门类而言，不超出小学高年级和初级中学设置的课程。课堂里教的是最基本最主要的东西，各种课本是这些东西的扼要的记载和说明，都要求学生能够记住它，消化它。再给他们一些有关的课外读物，内容比课本丰富些，写法比课本生动些。他们阅读的时候感到触类旁通的乐趣，读过之后怀着再读同类的其他读物的强烈愿望。这样，不但课内学得的东西更加巩固，求知欲也更加旺盛了。说起求知欲，该是教育工作者必须注意的事儿。知识那么多，哪里教得尽？样样知识一定要待老师教了才懂得，也不是办法，教育虽然着重在"教"字，最终目的却在受教育者"自求得之"。因此，课堂教学除把最基本最主要的东西教给学生外，要随时顾到促进学生的求知欲。而介绍以上说的各类课外读物，也是促进求知欲的一个方法。唯有老守在屋子里的人，经常少见少闻，才能安于少见少闻。出去跑跑，接触异方殊俗，经历名山大川，知道世界那么广大，未知远胜已知，就尽想往外跑，再不愿守在屋子里了。多给少年儿童介绍些课外读物，就好比推动他们出去跑跑，要他们从而发生无穷的兴趣，立下跑遍全世界的宏愿。再说，如想象力，如创造力，不是也要注意培养的吗？这些能力都以求知欲为根基，如果对求知很淡漠，视而不见，听而不闻，还有什么想象和创造？课外读物既能促进求知欲，也就有培养想象力和创造力的功效。就这么附带说一句，不再细说。

以上说的各类读物，目前还不太多。在不太多的数量中，也还有不很适于少年儿童的，虽然写作意图是专供少年儿童阅读。但是，如果扩大选择的范围，不管写作意图是不是专供少年儿童阅读，只要跟少年儿童的需要和接受能力大致相宜的就入选，那一定能选出一批来，各门各类或多或少都有一些。

阅读指导当然还是要。知识性的读物该怎么样进行阅读指导，跟文艺性的读物的阅读指导有什么异同，要仔细研究。如果某学校某地区的少年儿童从来没有接触过这一类读物，开始介绍给他们的时候，似乎该作一番郑重而适当的宣传鼓动。慎之于始，经常是取得成功的好经验。

以下说另外一点意思。少年儿童要阅读知识性的读物，可是知识性的读物不太多，这种情况要从速改变。近年来特地为少年儿童写书的作家多起来了，他们应该受到热烈的感谢。希望他们在童话、小说、诗歌之外，也写一些旅行记、历史故事、创造发明故事之类的书，这些书虽说是知识性的，并不排斥文艺性，而且文艺性越强越好。希望工程师、农艺家、各方面的建设工作者和研究工作者都来为少年儿童写书，他们从辛勤劳动中得到的经验和成就，只要拿出一点一滴来，就是少年儿童智慧方面很好的润泽。有些同志往往这样说，事情倒是应做也愿意做，可惜他们不了解少年儿童。实际未必然。谁都是从少年儿童时期成长起来的，回忆一番，就有亲切的了解。再说，谁的周围都有些少年儿童，虽说关系有深有浅，接触有久有暂，总不会对他们绝然不了解。根据了解，设身处地地为少年儿童着想，该写些什么，该怎么样写，自然都有眉目了。学校教师最了解少年儿童，更是义不容辞。固然，写书的事未必人人能做，可也没规定谁才配做。尝试去做，多考虑，多商量，锲而不舍，不能做的就变为能做了。

出版少年儿童读物的出版社要注意组织这方面的稿子，在选题计划中，知识性的读物要占一定的分量。教育的方针政策，学校和少年儿童的实际情况，都要很好地掌握，选题计划才能真正切合需要。对于适于写稿的作者，最要紧的是想办法鼓起他们的积极性，使他们深切感到非为少年儿童写些东西不可。

书该怎么样写，取材怎么样，体例怎么样，笔调怎么样，当然是作者的事，但是出版社也要好好研究，把研究所得提供作者参考。稿子写成了，请教育工作者看看，请少年儿童看看，听听他们的意见。斟酌他们的意见，再行加工，直到无可加工了，然后出版。所以要这样做，无非为广大的少年儿童着想，希望他们得到最大的利益。

报刊方面做评介工作，也要注意这一类知识性的读物。过去的情形是文艺性的读物注意得多，知识性的读物注意得少。一篇简要精当的评介文章登出去，好的读物就像长了翅膀，飞到广大读者心灵的窗户前，等候开窗欢迎。报刊有义务使好的读物长翅膀。

给少年儿童更多的课外读物，说得严重点儿，这是对世界的明天负责任的大事。为庆祝今年的国际儿童节，特地写这篇短文，向有关各方面请教。

（1959 年 5 月 22 日作，原题为《给少年儿童更多的课外读物》，原载于《光明日报》1959 年 6 月 1 日）

阅读是写作的基础

在中小学语文教学中，基础知识和基本训练都重要，我看更要着重训练。什么叫训练呢？就是要使学生学的东西变成他们自己的东西。譬如学一个字，要他们认得，不忘记，用得适当，就要训练。语文方面许多项目都要经过不断练习，锲而不舍，养成习惯，才能变成他们自己的东西。现在语文教学虽说注意练习，其实练的不太多，这就影响学生掌握基础知识。老师对学生要求要严格。严格不是指老师整天逼着学生练这个练那个，使学生气都透不过来，而是说凡是要学生练习的，不要练过一下就算，总要经常引导督促，直到学的东西变成他们自己的东西才罢手。

有些人把阅读和写作看作不甚相干的两回事，而且特别着重写作，总是说学生的写作能力不行，好像语文程度就只看写作程度似的。阅读的基本训练不行，写作能力是不会提高的。常常有人要求出版社出版"怎样作文"之类的书，好像有了这类书，依据这类书指导作文，写作教学就好办了。实际上写作基于阅读。老师教得好，学生读得好，才写得好。这样，老师临时指导和批改作文既可以少辛苦些，学生又可以多得到些实益。

阅读课要讲得透。叫讲得透，无非是把词句讲清楚，把全篇讲清楚，作者的思路是怎样发展的，感情是怎样表达的，诸如此类。有的老师热情有余，可是本钱不够，办法不多，对课文不能透彻理解，总希望求助于人，或是请一位高明的老师给讲讲，或是靠集体备课。这不是从根本上解决问题的办法。功夫还在自己。只靠从别人那里拿来，自己不下功夫或者少下功夫，是不行的。譬如文与道的问题。人家说文与道该是统一的，你也相信文与道该是统一的，但是讲课文，该怎样讲才能体现文道统一，还得自辟蹊径。如果词句不甚了解，课文内容不大清楚，那就谈不到什么文和道了。原则可以共同研究商量，怎样适当地应用原则还是靠自己。根本之点还是透彻理解课文。所以靠拿来不行，要自己下功夫钻研。

我去年到外地，曾经在一些学校听语文课。有些老师话说得很多，把四十五分钟独占了。其实许多话是大可不讲的。譬如课文涉及农村人民公社，就把课文放在一旁，大讲农村人民公社的优越性。这个办法比较容易，也见得热情，但是不能说完成了语文课的任务。

在课堂里教语文，最终目的在达到"不需要教"，使学生养成这样一种能力，不待老师教，自己能阅读。学生将来经常要阅读，老师能经常跟在他们背后吗？因此，一边教，一边要逐渐为"不需要教"打基础。打基础的办法，也就是不要让学生只是被动地听讲，而要想方设法引导他们在听讲的时候自觉地动脑筋。老师独占四十五分钟固然不适应这个要求，讲说和发问的时候启发性不多，也不容易使学生自觉地动脑筋。怎样启发学生，使他们自觉地动脑筋，是老师备课极重要的项目。这个项目做到了，老师才真起了主导作用。

听见有些老师和家长说，现在学生了不起，一部《创业史》两天就看完了，颇有点儿沾沾自喜。我想且慢鼓励，最要紧的是查一查读得怎样，如果只是眼睛在书页上跑过，只知道故事的极简略的梗概，那不能不认为只是马马虎虎地读。马马虎虎地读是不值得鼓励的。一部《创业史》没读好，问题不算大，养成了马马虎虎的读书习惯，可要吃一辈子的亏。阅读必须认真，求认真，次求迅速，这是极重要的基本训练。要在阅读课中训练好。

阅读习惯不良，一定会影响到表达，就是说，写作能力不容易提高。因此，必须好好教阅读课。譬如讲文章须有中心思想。学生听了，知道文章须有中心思想，但是他说："我作文就是抓不住中心思想。"如果教好阅读课，引导学生逐课逐课地体会，作者怎样用心思，怎样有条有理地表达出中心思想，他们就仿佛跟作者一块儿想过考虑过，到他们自己作文的时候，所谓熟门熟路，也比较容易抓住中心思想了。

总而言之，阅读是写作的基础。

作文出题是个问题。最近有一个学校拿来两篇作文让我看看，是初中三年级学生写的，题目是《伟大鲁迅的革命精神》。两篇里病句很多，问我该怎样教学生避免这些病句。我看，病句这么多，毛病主要出在题目上。初中学生读了鲁迅的几篇文章，就要他们写鲁迅的革命精神。他们写不出什么却要勉强写，病句就不一而足了。

有些老师说《难忘的一件事》《我的母亲》之类的题目都出过了，要找几个新鲜题目，搜索枯肠，难乎其难。我想，现在老师都是和学生经常在一起的，对学生了解得多，出题目该不会很困难。

有些老师喜欢大家挂在口头的那些好听的话，学生作文写上那些话，就给圈上红圈。学生摸准老师喜欢这一套，就几次三番地来这一套，常常得五分。分数是多了，可是实际上写作能力并没提高多少。特别严重的是习惯于这一套，往深处想和写出自己真情实意的途径就给挡住了。

老师改作文是够辛苦的。几十本，一本一本改，可是劳而少功。是不是可以改变方法呢？我看值得研究。要求本本精批细改，事实上是做不到的。与其事后辛劳，不如事前多作准备。平时不放松口头表达的训练，多注意指导阅读，钻到学生心里出题目，出了题目作一些必要的启发，诸如此类，都是事前准备。作了这些准备，改作文大概不会太费事了，而学生得到的实益可能多些。

（1962 年 1 月 22 日作，原载于《文汇报》1962 年 4 月 10 日）

作自己要作的题目

　　一篇文，一首诗，一支歌曲，总得有个题目。从作者方面说，有了题目，可以表示自己所写的中心。从读者方面说，看了题目，可以预知作品所含的内容。题目的必要就在乎此。从前有截取篇首的几个字作题目的，第一句是"学而时习之"，就称这一篇为《学而》；有些人作诗，意境惝恍迷离，自己也不知道该题作什么，于是就用"无题"两字题在前头：这些是特殊的例子。论到作用，只在便于称说，同其他的篇章有所区别，其实用甲、乙、丙、丁来替代也未尝不可；所以这样办的向来就不多。

　　题目先文章而有呢，还是先有了文章才有题目？这很容易回答。可是问题不应该这样提。我们胸中有了这么一段意思，一种情感，要保留下来，让别人知道，或者备自己日后复按，这时候才动手写文章。在写下第一个字之前，我们意识着那意思那情感的全部。在意思的全部里必然有论断或主张之类，在情感的全部里至少有一个集注点：这些统称为中心。把这些中心写成简约的文字，不就是题目么？作者动手写作，总希望收最大限的效果。如果标明白中心所在，那是更能增加所以要写作的效果的（尤其是就让别人知道这一点说）。所以作者在努力写作之外，不惮斟酌尽善，把中心写成个适切的题目。这功夫该在文章未成之前做呢，还是在已成之后做？回答是在前在后都一样，因为中心总是这么一个。那么，问题目先文章而有还是文章先题目而有，岂不是毫无意义？我们可以决定地说的，是先有了意思情感才有题目。

胸中不先有意思情感，单有一个题目，而要动手写文章，我们有这样的时机么？没有的。既没有意思情感，写作的动机便无从发生。题目生根于意思情感，没有根，那悬空无着的题目从何而来呢？

但是，我们中学生确有单有一个题目，而也要动手写文章的时机。国文教师出了题目教我们作文，这时候，最先闯进胸中的是题目，意思情感之类无论如何总要迟来这么一步。这显然违反了一篇文章产生的自然程序。若因为这样就不愿作文，那又只有贻误自己。作文也同诸般技术一样，要达到运用自如的境界，必须经过充分的练习。教师出题目，原是要我们练习，现在却说不愿练习，岂非同自己为难？所以我们得退一步，希望教师能够了解学生的生活，能够设身处地地想象学生内部的意思和情感，然后选定学生能够作的愿意作的题目给学生作。如果这样，教师出题目就等于唤起学生作文的动机，也即是代学生标示了意思情感的中心，而意思情感原是学生先前固有的。从形迹讲，诚然题目先有；按求实际，却并没违反一篇文章产生的自然程序。贤明的教师选题目，一定能够这样做。

我们还要说的是作文这件事情既须练习，单靠教师出了题目才动笔，就未免回数太少，不能收充分的效果。现在通行的不是两星期作一回文么？一学年在学四十星期，只作得二十篇文章。还有呢，自己有了意思情感便能动手写出来，这是生活上必要的习惯，迟至中学时代须得养成。假若专等教师出了题目才动手，纵使教师如何贤明，所出题目如何适切，结果总不免本末倒置，会觉得作文的事情单为应付教师的练习功课，而与自己的意思情感是没有关涉的。到这样觉得的时候，这人身上便已负着人生的缺陷，缺陷的深度比哑巴不能开口还要厉害。

要练习的回数多，不用说，还须课外作文。要养成抒写意思情感的习惯，那只须反问自己，内部有什么样的意思情感，便作什么样的文。两句话的意思合拢来，就是说除了教师出的题目以外，自己还要作文，作自己要作的题目。

自己要作的题目似乎不多吧？不，绝不。一个中学生，自己要作的题目实在很多。上堂听功课，随时有新的意想，新的发现，是题目。下了课，去运动，去游戏，谁的技术怎样，什么事情的兴趣怎样，是题目。读名人的传记，受了感动，看有味的小说，起了想象，是题目。自然科学的实验和观察，如种树，如养鸡，如窥显微镜，如测候风、雨、寒、温，都是非常有趣的题目。校内的集会，如学生会、交谊会、运动会、演说会，校外的考查，如风俗、人情、工商状况、交通组织，也都是大可写作的题目。这些岂是说得尽的？总之，你只要随时反省，就觉得自己胸中决不是空空洞洞的；随时有一些意思情感在里头流衍着，而且起种种波澜。你如果不去把捉住这些，一会儿就像烟云一样消散了，再没痕迹。你如果仗一支笔把这些保留下来，所成文字虽未必便是不朽之作，但因为是你自己所想的所感的，在你个人的生活史上实有很多的价值。同时，你便增多了练习作文的回数。

一个教师会出这样一个题目，《昨天的日记》。这题目并没不妥，昨天是大家度过了的。一天里总有所历、所闻、所思、所感，随便取一端两端写出来就得了。但是，一个学生在他的练习簿上写道："昨日晨起夜眠，进三餐，上五课，皆如前日，他无可记。"教师看了没有别的可说，只说"你算是写了一条日记的公式！"这个学生难道真个无可记么？哪有的事？他不是不曾反省，便是从什么地方传染了懒惰习惯，不高兴动笔罢了。一个中学生一天的日记，哪会没有可写的呢？

就教师出的题目作文，虽教师并不说明定须作多少字，而作者自己往往立一个约束，至少要作成数百字的一篇才行，否则似乎不像个样儿。这是很无谓的。文篇的长短全视内容的多少，内容多，数千字尽管写，内容少，几十字也无妨；或长或短，同样可以成很好的文章。不问内容多少，却先自规定至少要作多少字，这算什么呢？存着这样无谓的心思，会错过许多自己习作的机会。遇到一些片段的意想或感兴时，就觉这是不能写成像模样的一篇的，于是轻轻放过。这不但可惜，并且昧于所以要作文的意义了。

作文不该看作一件特殊的事情，犹如说话，本来不是一件特殊的事情。作文又不该看作一件呆板的事情，犹如泉流，或长或短，或曲或直，自然各异其致。我们要把生活与作文结合起来，多多练习，作自己要作的题目。久而久之，将会觉得作文是生活的一部分，是一种发展，是一种享受，而无所谓练习：这就与文章产生的自然程序完全一致了。

（原载于《中学生》创刊号，1930 年 1 月 20 日，署名郢生）

怎样写作

　　这一次讲的题目是《怎样写作》。怎样写作，现在有好些作文法一类的书，讲得很详细。不过写作的时候，如果要临时翻查这些书，一一按照书里说的做去，那就像一手拿着烹饪讲义一手做菜一样，未免是个笑话了。这些书大半从现成文章里归纳出一些法则来，告诉大家怎样怎样写作是合乎法则的，也附带说明怎样怎样写作是不合乎法则的。我们有了这些知识，去看一般文章就有了一支量尺，不但知道某一篇文章好，还说得出好在什么地方，不但知道某一篇文章不好，还说得出不好在什么地方。自然，这些知识也能影响到我们的写作习惯，可是这种影响只在有意无意之间。写文章，往往会在某些地方写得不合法则，有了作文法的知识，就会觉察到那些不合法则的地方。于是特地留心，要把它改变过来。这特地留心未必马上就有成效，或许在三次里头，两次是改变过来了，一次却依然犯了老毛病。必须从特地留心成为不待经意的习惯，才能每一次都合乎法则。所以作文法一类书对于增强我们看文章的眼力有些直接的帮助，对于增强我们写文章的腕力只有间接的帮助。所以光看看这一类书未必就能把文章写好。如果临到作文而去翻查这些书，那更是毫无实益的傻事。

　　诸位现在都写语体文。语体文的最高的境界就是文章同说话一样。写在纸上的一句句的文章，念起来就是口头的一句句的语言，叫人家念了听了，不但完全明白文章的意思，还能够领会到那种声调和神气，仿佛当面听那作文的人亲口说话一般。要达到这个境界，不能专在文字方面做功夫，最要紧的还在锻炼语言习惯。因为语言好比物体的本身，文章好比给物体留下一个影像的照片，物体本身完整而有式样，拍成的照片当然完整而有式样。语言周妥而没有毛病，按照语言写下来的文章当然也周妥而没有毛病了。所以锻炼语言习惯是寻到根源去的办法。不过有一句应当声明，语言习惯是本来要锻炼的。一个人生活在人群中间，随时随地都有说话的必要，如果语言习惯上有了缺点，也就是生活技能上有了缺点，那是非常吃亏的。把语言习惯锻炼得良好，至少就有了一种极关重要的生活技能。对于作文，这又是一种最可靠的根源。我们怎能不努力锻炼呢？

　　现在小学里有说话的科目，又有演讲会、辩论会等的组织，中学里，演讲会和辩论会也常常举行。这些都是锻炼语言习惯的。参加这种集会，仔细听人家说的话，往往会发现以下的几种情形。说了半句话，缩住了，另外换一句来说，和刚才的半句话并没有关系，这是一种。"然而""然而"一连串，"那么""那么"一大堆，照理用一个就够了，因为要延长时间，等待着想下面的话才说了那么许多，这是一种。应当"然而"的地方不"然而"，应当"那么"的地方不"那么"，只因为这些地方似乎需要一个词，可是想不好该用什么词，无可奈何，就随便拉一个来凑数，这是一种。有一些话听去很不顺耳，仔细辨辨，原来里头有几个词用得不妥当，不然就是多用了或者少用了几个词，这又是一种。这样说话的人，他平时的语言习惯一定不很好，而且极不留心去锻炼，所以在演讲会、辩论会里就把弱点表露出来了。若叫他写文章，他自然按照自己的语言习惯写，那就一定比他的口头语言更难使人明白。

因为说话有面部的表情和身体的姿势作为帮助，语言虽然差一点，可以使人家大体明白。写成文章，面部的表情和身体的姿势是写不进去的，让人家看见的只是支离破碎前不搭后的一些文句，岂不叫人糊涂？我由于职务上的关系，有机会读到许多中学生的文章，其中有非常出色的，也有不通的，所谓不通，就是除了材料不健全不妥当以外，还犯了前面说的几种毛病，语言习惯上的毛病。这些同学如果平时留心锻炼语言习惯，写起文章来就可以减少一些不通。加上经验方面的洗练，使写作材料健全而妥当，那就完全通了。所谓"通"原来不是什么高不可攀的境界。

锻炼语言习惯要有恒心，随时随地当一件事做，正像矫正坐立的姿势一样，要随时随地坐得正立得正才可以养成坐得正立得正的习惯。我们要要求自己，无论何时不说一句不完整的话，说一句话一定要表达出一个意思，使人家听了都能够明白；无论何时不把一个不很了解的词硬用在语言里，也不把一个不很适当的词强凑在语言里。我们还要要求自己，无论何时不乱用一个连词，不多用或者少用一个助词。说一句话，一定要在应当"然而"的地方才"然而"，应当"那么"的地方才"那么"，需要"吗"的地方不缺少"吗"，不需要"了"的地方不无谓地"了"。这样锻炼好像很浅近、很可笑，实在是基本的，不可少的。家长对于孩子，小学教师对于小学生，就应该教他们，督促他们，作这样的锻炼。可惜有些家长和小学教师没有留意到这一层，或者留意到而没有收到相当的成效。我们要养成语言这个极关重要的生活技能，就只得自己来留意。留意了相当时间之后，就能取得锻炼的成效。不过要测验成效怎样，从极简短的像"我正在看书""他吃过饭了"这些单句上是看不出来的。我们不妨试说五分钟连续的话，看这一番话里能够不能够每句都符合自己提出的要求。如果能够了，锻炼就已经收了成效。到这地步，作起文来就不觉得费事了，口头该怎样说的笔下就怎样写，把无形的语言写下来成为有形的文章，只要是会写字的人，谁又不会做呢？依据的是没有毛病的语言，文章也就不会不通了。

听人家的语言，读人家的文章，对于锻炼语言习惯也有帮助。只是要特地留意，如果只大概了解了人家的意思就算数，对于锻炼我们的语言就不会有什么帮助了。必须特地留意人家怎样用词，怎样表达意思，留意考察怎样把一篇长长的语言顺次地说下去。这样，就能得到有用的资料，人家的长处我们可以汲取，人家的短处我们可以避免。

写语体文只是十几年来的事。好些文章，哪怕是有名的文章家写的，都还不纯粹是口头的语言。写语体文的技术还没有练到极纯熟的地步。不少人为了省事起见，往往凑进一些文言的调子和语汇去，成为一种不尴不尬的文体。刚才说过，语体文的最高境界就是文章同说话一样。所以这种不尴不尬的文体只能认为是过渡时期的产物，不能认为是十分完善的标准范本。这一点认清楚了，才可以不受现在文章的坏影响。但是这些文章也有长处，当然应该摹仿；至于不很纯粹的短处，就努力避免。如果全国中学生都向这方面用功夫，不但自己的语言习惯可以锻炼得非常好，还可以把语体文的文体加速地推进到纯粹的境界。

从前的人学作文章都注重诵读，往往说，只要把几十篇文章读得烂熟，自然而然就能够下笔成文了。这个话好像含有神秘性，说穿了道理也很平常，原来这就是锻炼语言习惯的意思。文言不同于口头语言，非但好多词不同，一部分语句组织也不同。要学不同于口头语言的文言，除了学这种特殊的语言习惯以外，没有别的方法。而诵读就是学这种特殊的语言习惯的一种锻炼。所以前人从诵读学作文章的方法是不错的。诸位若要作文言，也应该从熟读文言入手。不过我以为诸位实在没有作文言的必要。说语体浅文言深，先习语体，后习文言，正是由浅入深，这种说法也没有道理。文章的浅深该从内容和技术来决定，不在乎文体是语体还是文言。况且我们既是现代人，要表达我们的思想情感，在口头既然用现代的语言，在笔下当然用按照口头语言写下来的语体。能写语体，已经有了最便利的工具，为什么还要去学一种不切实用的文言？若说升学考试或者其他考试，出的国文题目往往有限用文言的，不得不事前预备，这实在由于主持考试的人太不明白。希望他们通达起来，再不要作这种故意同学生为难而毫没有实际意义的事。而在这种事还没有绝迹以前，诸位为升学计，为通过其他考试计，就只得分出一部分工夫来，勉力去学作文言。

以上说了许多话，无非说明要写通顺的文章，最要紧的是锻炼语言习惯。因为文章就是语言的记录，二者本是同一的东西。可是还得进一步，还不能不知道文章和语言两样的地方。前面说过，说话有面部的表情和身体的姿势作为帮助，但是文章没有这样的帮助，这就是两样的地方。写文章得特别留意，怎样适当地写才可以不靠这种帮助而同样可以使人家明白。两样的地方还有一些。如两个人闲谈，往往天南地北，结尾和开头竟可以毫不相关。就是正式讨论一个问题，商量一件事情，有时也会在中间加入一段插话，像藤蔓一样爬开去，完全离开了本题。直到一个人省悟了，说："我们还是谈正经话吧。"这才一刀截断，重又回到本题。作文章不能这样。文章大部分是预备给人家看的，小部分是留给自己将来查考的，每一篇都有一个中心，没有中心就没有写作的必要。所以写作只该把有关中心的话写进去，而且要配列得周妥，使中心显露出来。那些漫无限制的随意话，像藤蔓一样爬开去的枝节话，都该剔除得干干净净，不让它浪费我们的笔墨。又如用语言讲述一件事情，往往噜噜苏苏，细大不涓；传述一场对话，更是照样述说，甲说什么，乙说什么，甲又说什么，乙又说什么。作文章不能这样。文章为求写作和阅读双方的省事，最要讲究经济。一篇文章，把紧要的话都漏掉，没有显露出什么中心来，这算不得经济。必须把紧要的话都写进去，此外再没有一句噜苏的话。正像善于用钱的人一样，不该省钱的地方绝不妄省一个钱，不该费钱的地方绝不妄费一个钱，这才够得上称为经济。叙述一件事情，得注意详略。对于事情的经过不作同等分量的叙述，必须叫人家详细明白的部分不惜费许多笔墨，不必叫人家详细明白的部分就一笔带过。如果记人家的对话，就得注意选择。对于人家的语言不作照单全收的记载，足以显示其人的思想、识见、性情等等的才入选，否则无妨丢开。又如说话往往用本土的方言以及本土语言的特殊调子。作文章不能这样。文章得让大家懂，得预备给各地的人看，应当用各地通行的语汇和语调。本土的语汇和语调必须淘汰，才可以不发生隔阂的弊病。以上说的是文章和语言两样的地方。知道了这几层，也就知道作文技术的大概。由知识渐渐成为习惯，作起文来就有记录语言的便利而没有死板地记录语言的缺点了。

现在来一个结束。怎样写作呢？最要紧的是锻炼我们的语言习惯。语言习惯好，写的文章就通顺了。其次要辨明白文章和语言两样的地方，辨得明白，能知能行，写的文章就不但通顺，而且是完整而无可指摘的了。

（1935 年 12 月 7 日在中央广播电台播讲，原载于《申报》1936 年 1 月 5 日第 3 张第 11 版和 1 月 6 日第 2 张第 8 版，署名叶绍钧）

写知道得最亲切的东西

《新少年》创刊以来，承蒙各地少年踊跃投稿。我们读了许多的来稿，有几句话想和读者以及投稿诸君谈谈。

我们希望你们写那些知道得最亲切的东西。一个人物，只在你们面前现了一现，你们不必写他，因为知道得不亲切。一件事情，只叫你们认识了十分之二三，你们不必写它，因为知道得不亲切。必须观察得非常周到，不但这个人物显露在外面的容貌，就是他隐藏在内面的心情也大略有数，这才把他写下来。必须认识得非常清楚，不但这件事情的经过情形，就是它的前因后果也完全明白，这才把它写下来。这样写的时候，没有勉强，不用含糊，好像泉水那样自然地活泼地流着泻着，是你们极大的愉快。

如果你们的文字预备投到杂志里去，我们还希望你们在动笔以前想一想："我所要写的这一篇文字，值得不值得给人家看呢？"有些知道得最亲切的东西并不值得告诉人家，作为写作的练习把它写下来固然可以，作为杂志文字的材料写给人家看就没有意思。杂志文字是给广大的读者看的，必须对于读者有点儿影响。所谓影响，范围很广，但是扼要说起来，也不过给与知识，引起感情，激励意志等几项。你们的材料至少要合得上这几项里的一项，才值得写给广大的读者看。读者看你们这样的文字，好像听密友的谈话，是他们极大的愉快。

（原题为《写那些知道得最亲切的东西》，原载于《新少年》第 1 卷第 8 期，1936 年 4 月 25 日，署名编者）

写作漫谈

　　预备写作的青年常常欢喜打听人家的写作经验。"你写作的动机是什么？你所要表达的中心意旨是什么？你怎样采集你的材料？你怎样处理你的材料？你在文章的技术上怎样用功夫？"

　　一些作家为着回答这种恳切的请教，就根据自己的经验，写成或长或短或详或略的文章。另外一些作家并不曾被请教，可是回想自己在写作上所尝到的甘苦，觉得很有可以谈谈的，也就写下写作经验之类的文章。

　　这样的文章，对于了解作品和作家，很有点用处。我们所接触到的是作品，作品是从作家的心情的泉源里流出来的，所以了解作家越多，了解作品越深。写作经验之类把作家从心情活动起，直到写成固定形式（作品）为止，这一段过程告诉我们，自然可以使我们得到更多更深的了解。

　　但是，看了这种文章，对于着手写作未必有多大的帮助。第一，许多作家说来的经验很不一致，依从了谁说的好呢？第二，即使在很不一致的说法中间"择善而从"，可是"从"还只是呆板的效学，能不能渐渐熟练起来，把人家的经验化作自己的经验，也是问题。第三，经验是实践的结果，人家实践了，得到独有的经验，我们来实践，也可以得到独有的经验。与其被动地接受人家的经验，不如自动地从实践中收得经验。接受得来的经验也许会"食而不化"，从实践中收得的经验却没有不能供自己受用的。

我不是说写作经验之类绝对看不得。我只是说对于这种东西，希望不要太深切，一味想依靠这种东西，尤其不行。古往今来成功的作家中间，哪几个是看了写作经验之类而成功的，似乎很难指说出来。

预备写作的青年又常常欢喜懂得一点文章的理法。剪裁和布局有什么关系？叙述和描写有什么不同？同样一句话语有几个说法，哪一个说法效果最大？同样一个情境有几个写法，哪一个写法力量最强？诸如此类的问题，都是他们所关心的。

关心这些问题绝不是坏事情，所以解答这些问题也决不是无聊的勾当。关于这方面，现在已经有了许多的文篇和书本，甚至连文艺描写辞典之类也编出来了。

这种文篇和书本，对于训练阅读的能力，很有点用处。所谓阅读，除了随便看看的以外，原来应该咀嚼作品的内容，领会作品的技术。现在有了这些东西，把许多作品的技术归纳起来，作为我们的参考，自然可以使我们触类旁通，左右逢源，增进阅读的能力。

但是，在着手写作的时候，最好把这些东西忘掉。写作时候应该信奉"文无定法"这句老话，同时自己来规定当前这篇作品所需要的理法。一个作家在斟酌一篇作品的布局，推敲一段文章的词句，他决不这样想："依照文章作法应该怎样？"他只是这样想："要把当前这篇作品写得最妥帖应该怎样？"一壁写东西，一壁顾虑着文章作法中所说的各种项目，务必和它合拍：这不是写东西，简直是填表格了。填表格似地写成功的作品很难像个样儿，是可想而知的。何况你要这样做，必然感到缚手缚脚，大半连不大像个样儿的作品也难以写成功。

所以，对于文章作法之类和对于写作经验之类一样，希望太深切必然失望，一味想依靠，结果是靠不住。

预备写作，大概要训练一副明澈的眼光。种种的事物在我们周围排列着、发生着，对它们怎样看法，要眼光，怎样把它们支配运用，要眼光。说得学术气点儿，眼光就是所谓人生观和世界观。一个人尽可以不理会人生观和世界观那些名词，但是绝不能没有一副应付事物的眼光，如果没有，他就生活不下去。眼光又须求其明澈。假定看法是错误的，支配运用是失当的，这就由于眼光不明澈的缘故，这样的生活就是糊涂无聊的生活。根据了这个着手写作，写成的就是糊涂无聊的作品，从认真的严肃的态度着想，这种作品很可以不用写。

进一步说，训练一副明澈的眼光是人人应该做的事情，一个工人、一个农夫、一个政府委员、一个商店伙计，如果不愿意过糊涂无聊的生活，都得随时在这上边努力。现在说预备写作需要训练眼光，好像这只是作家应该做的事情，实在有点儿本末倒置，认识欠广，这种指摘是应该接受的。我们不妨修正地说：一个作家本来应该训练一副明澈的眼光，因为他是一个人，必须好好地生活，同时为着写作，尤其应该训练一副明澈的眼光，因为唯有这样，写成功的东西才不至于糊涂无聊。

试看一些对于不好的作品的批评，如含义空虚，认识错误，取材不精当，描写不真切，这种种毛病，推求到根源，无非作者眼光上的缺点。眼光没有训练好，写作时候不会忽然变好。平时把眼光训练好，写作时候还是这一副眼光，当然错不到哪里去。而训练眼光是整个生活里的事情，不是写作时候的事情，更不是看看人家的写作经验之类所能了事的事情。

预备写作，又要训练一副熟练的手腕。什么事情都一样，要求熟练，唯有常常去做，规规矩矩去做。要把写作的手腕训练到熟练，必须常常去写，规规矩矩去写。练习绘画先画木炭画，练习雕像先雕一手一足，称为基本练习，基本弄好了，推广开去才有把握。写作也需要基本练习，写信、写日记、写随笔，此外凡遇见可以写作的材料都不放过，随时把它写下来，这些都是基本练习。"出门不认货"的态度是要不得的，必须尽可能的力量，制造一件货色让它像一件货色。莫说全段、全篇都得斟酌，就是一句句子、一个字眼，也要经过推敲。写成功的虽然不一定是杰作，可是写作时候要像大作家制作他的杰作那样认真。这种习惯养成了是终身受用的，这样训练过来的手腕才是最能干最坚强的手腕。

练习和成功，实际上是划不清界限的。某年某月以前是练习的时期，某年某月以后是成功的时期，在任何作家的生活史里都难这样地指说。不断地写作就是不断地练习，其间写作得到了家的一篇或是几篇就是成功的作品。所以在写作的当儿，成功与否尽可以不问，所要问的是，是否尽了可能的力量，是否运用了最能干最坚强的手腕。

总之，写作是"行"的事情，不是"知"的事情。要动脚，才会走；要举手，才会摘取；要执笔，才会写作；看看文章作法之类只是"知"的事情，虽然不一定有什么害处，但是无益于写作的"行"是显然的。

（1937年7月作，原载于《自修大学》双周刊1937年第1辑第7号，署名圣陶。后编入与夏丏尊合著《阅读与写作》，1938年8月开明书店版）

开头和结尾

写一篇文章，预备给人家看，这和当众演说很相像，和信口漫谈却不同。

当众演说，无论是发一番议论或者讲一个故事，总得认定中心，凡是和中心有关系的才容纳进去，没有关系的，即使是好意思、好想象、好描摹、好比喻，也得丢掉。一场演说必须是一件独立的东西。信口漫谈可就不同。几个人的漫谈，话说得像藤蔓一样爬开来，一忽儿谈这个，一忽儿谈那个，全体没有中心，每段都不能独立。这种漫谈本来没有什么目的，话说过了也就完事了。若是抱有目的，要把自己的情意告诉大家，用口演说也好，用笔写文章也好，总得对准中心用功夫，总得说成或者写成一件独立的东西。不然，人家就会弄不清楚你在说什么写什么，因而你的目的就难达到。

中心认定了，一件独立的东西在意想中形成了，怎样开头怎样结尾原是很自然的事，不用费什么矫揉造作的功夫了。开头和结尾也是和中心有关系的材料，也是那独立的东西的一部分，并不是另外加添上去的。然而有许多人往往因为习惯不良或者少加思考，就在开头和结尾的地方出了毛病。在会场里，我们时常听见演说者这么说："兄弟今天不曾预备，实在没有什么可以说的。"演说完了，又说："兄弟这一番话只是随便说说的，实在没有什么意思，请诸位原谅。"谁也明白，这些都是谦虚的话。可是，在说出来之前，演说者未免少了一点思考。你说不曾预备，没有什么可以说的，那么为什么要踏上演说台呢？随后说出来的，无论是三言两语或者长篇大论，又算不算"可以说的"呢？你说随便说说，没有什么意思，那么刚才的一本正经，是不是逢场作戏呢？自己都相信不过的话，却要说给人家听，又算是一种什么态度呢？如果这样询问，演说者一定会爽然自失，回答不出来。其实他受的习惯的累，他听见人家都这么说，自己也就这么说，说成了习惯，不知道这样的头尾对于演说是没有帮助反而有损害的。不要这种无谓的谦虚，删去这种有害的头尾，岂不干净而有效得多？还有，演说者每每说："兄弟能在这里说几句话，十分荣幸。"这是通常的含有礼貌的开头，不能说有什么毛病。然而听众听到，总不免想："又是那老套来了。"听众这么一想，自然而然把注意力放松，于是演说者的演说效果就跟着打了折扣。什么事都如此，一回两回见得新鲜，成为老套就嫌乏味。所以老套以能够避免为妙。演说的开头要有礼貌，应该找一些新鲜而又适宜的话来说。原不必按照着公式，说什么"兄弟能在这里说几句话，十分荣幸"。

各种体裁的文章里头，书信的开头和结尾差不多是规定的。书信的构造通常分作三部分：除第二部分叙述事务，为书信的主要部分外，第一部分叫作"前文"，就是开头，内容是寻常的招呼和寒暄，第三部分叫作"后文"，就是结尾，内容也是招呼和寒暄。这样构造原本于人情，终于成为格式。从前的书信往往有前文后文非常繁复，竟至超过了叙述事务的主要部分的。近来流行简单的了，大概还保存着前文后文的痕迹。有一些书信完全略去前文后文，使人读了感到一种隽妙的趣味。不过这样的书信宜于寄给亲密的朋友。如果寄给尊长或者客气一点的朋友，还是依从格式，具备前文后文，才见得合乎礼谊。

记述文记述一件事物，必得先提出该事物，然后把各部分分项写下去。如果一开头就写各部分，人家就不明白你在说什么了。我曾经记述一位朋友赠我的一张华山风景片。开头说："贺昌群先生游罢华山，寄给我一张十二寸的放大片。"又如魏学洢的《核舟记》，开头说："明有奇巧人曰王叔远，能以径寸之木为宫室、器皿、人物以至鸟、兽、木、石，罔不因势象形，各具情态。尝贻余核舟一，盖大苏泛赤壁云。"不先提出"寄给我一张十二寸的放大片"以及"尝贻余核舟一"，以下的文字事实上没法写的。各部分记述过了，自然要来个结尾。像《核舟记》统计了核舟所有人物器具的数目，接着说"而计其长曾不盈寸，盖简桃核修狭者为之"，这已非常完整，把核舟的精巧表达得很明显的了。可是作者还要加上另外一个结尾，说：

> 魏子详瞩既毕，诧曰：嘻，技亦灵怪矣哉！《庄》《列》所载称惊犹鬼神者良多，然谁有游削于不寸之质而须麋了然者？假有人焉，举我言以复于我，亦必疑其诳，乃今亲睹之。繇斯以观，棘刺之端未必不可为母猴也。嘻，技亦灵怪矣哉！

这实在是画蛇添足的勾当。从前人往往欢喜这么做，以为有了这一发挥，虽然记述小东西，也可以即小见大。不知道这么一个结尾以后的结尾无非说明那个桃核极小而雕刻极精，至可惊异罢了。而这是不必特别说明的，因为全篇的记述都暗示着这层意思。作者偏要格外讨好，反而教人起一种不统一的感觉。我那篇记述华山风景片的文字，没有写这种"结尾以后的结尾"，在写过了照片的各部分之后，结尾说："这里叫作长空栈，是华山有名的险峻处所。"用点明来收场，不离乎全篇的中心。

叙述文叙述一件事情，事情的经过必然占着一段时间，依照时间的顺序来写，大致不会发生错误。这就是说，把事情的开端作为文章的开头，把事情的收梢作为文章的结尾。多数的叙述文都用这种方式，也不必举什么例子。又有为要叙明开端所写的事情的来历和原因，不得不回上去写以前时间所发生的事情。这样把时间倒错了来叙述，也是常见的。如丰子恺的《从孩子得到的启示》，开头写晚上和孩子随意谈话，问他最欢喜什么事，孩子回答说是逃难。在继续了一回问答之后，才悟出孩子所以喜欢逃难的缘故。如果就此为止，作者固然明白了，读者还没有明白。作者要使读者也明白孩子为什么欢喜逃难，就不得不用倒错的叙述方式，回上去写一个月以前的逃难情形了。在近代小说里，倒错叙述的例子很多，往往有开头写今天的事情，而接下去却写几天前几月前几年前的经过的。这不是故意弄什么花巧，大概由于今天这事情来得重要，占着主位，而从前的经过处于旁位，只供点明脉络之用的缘故。

说明文大体也有一定的方式。开头往往把所要说明的事物下一个诠释，立一个定义。例如说明"自由"，就先从"什么叫作自由"入手。这正同小学生作"房屋"的题目用"房屋是用砖头木材建筑起来的"来开头一样。平凡固然平凡，然而是文章的常轨，不能说这有什么毛病。从下诠释、立定义开了头，接下去把诠释和定义里的语义和内容推阐明白，然后来一个结尾，这样就是一篇有条有理的说明文。蔡元培的《我的新生活观》可以说是适当的例子。那篇文章开头说：

> 什么叫作旧生活？是枯燥的，是退化的。什么叫作新生活？是丰富的，是进步的。

这就是下诠释、立定义。接着说旧生活的人不做工又不求学，所以他们的生活是枯燥的，退化的，新生活的人既要做工又要求学，所以他们的生活是丰富的，进步的。结尾说如果一个人能够天天做工求学，就是新生活的人，一个团体里的人能够天天做工求学，就是新生活的团体，全世界的人能够天天做工求学，就是新生活的世界。这见得做工求学的可贵，新生活的不可不追求。而写作这一篇的本旨也就在这里表达出来了。

再讲到议论文。议论文虽有各种，总之是提出自己的一种主张。现在略去那些细节且不说，单说怎样把主张提出来，这大概只有两种开头方式。如果所论的题目是大家周知的，开头就把自己的主张提出来，这是一种方式。譬如今年长江、黄河流域都闹水灾，报纸上每天用很多篇幅记载各处的灾况，这可以说是大家周知的了。在这时候要主张怎样救灾、怎样治水，尽不妨开头就提出来，更不用累累赘赘先叙述那灾况怎样地严重。如果所论的题目在一般人意想中还不很熟悉，那就先把它述说明白，让大家有一个考量的范围，不至于茫然无知，全不接头，然后把自己的主张提出来，使大家心悦诚服地接受，这是又一种方式。胡适的《不朽》是这种方式的适当的例子。"不朽"含有怎样的意义，一般人未必十分了解，所以那篇文章的开头说：

> 不朽有种种说法，但是总括看来，只有两种说法是有区别的。一种是把"不朽"解作灵魂不灭的意思。一种就是《春秋左传》上说的"三不朽"。

这就是指明从来对于不朽的认识。以下分头揭出这两种不朽论的缺点，认为对于一般的人生行为上没有什么重大的影响。到这里，读者一定盼望知道不朽论应该怎样才算得完善。于是作者提出他的主张所谓"社会的不朽论"来。在列举了一些例证，又和以前的不朽论比较了一番之后，他用下面的一段文字作结尾：

　　　　我这个现在的"小我"，对于那永远不朽的"大我"的无
　　穷过去，须负重大的责任；对于那永远不朽的"大我"的无
　　穷未来，也须负重大的责任。我须要时时想着，我应该如何努
　　力利用现在的"小我"，方才可以不辜负了那"大我"的无穷
　　过去，方才可以不遗害那"大我"的无穷未来？

　　这是作者的"社会的不朽论"的扼要说明，放在末了，有引人注意、
促人深省的效果。所以，就构造说，这实在是一篇完整的议论文。

　　普通文的开头和结尾大略说过了，再来说感想文、描写文、抒情
文、记游文以及小说等所谓文学的文章。这类文章的开头，大致有冒头
法和破题法两种。冒头法是不就触到本题，开头先来一个发端的方式。
如茅盾的《都市文学》，把"中国第一大都市，'东方的巴黎'——上海
一天比一天'发展'了"作为冒头，然后叙述上海的现况，渐渐引到
都市文学上去。破题法开头不用什么发端，马上就触到本题。如朱自清
的《背影》，开头说"我与父亲不相见已二年余了，我最不能忘记的是
他的背影"，就是一个适当的例子。

　　曾经有人说过，一篇文章的开头极难，好比画家对着一幅白纸，总
得费许多踌躇，去考量应该在什么地方下第一笔。这个话其实也不尽
然。有修养的画家并不是画了第一笔再斟酌第二笔的，在一笔也不曾下
之前，对着白纸已经考量停当，心目中早就有了全幅的布置了。布置既
定，什么地方该下第一笔原是摆好在那里的事。作文也是一样。作者在
一个字也不曾写之前，整篇文章已经活现在胸中了。这时候，该用什么
方法开头，开头该用怎样的话，也都派定注就，再不必特地用什么搜寻
的功夫。不过这是指有修养的人而言。如果是不能预先统筹全局的人，
开头的确是一件难事。而且，岂止开头而已，他一句句一段段写下去将
无处不难。他简直是盲人骑瞎马，哪里会知道一路前去撞着些什么？

文章的开头犹如一幕戏剧刚开幕的一刹那的情景，选择得适当，足以奠定全幕的情调，笼罩全幕的空气，使人家立刻把纷乱的杂念放下，专心一志看那下文的发展。如鲁迅的《秋夜》，描写秋夜对景的一些奇幻峭拔的心情，用如下的文句来开头：

> 在我的后园，可以看见墙外有两株树。一株是枣树，还有一株也是枣树。

"还有一株也是枣树"是并不寻常的说法，拗强而特异，足以引起人家的注意，而以下文章的情调差不多都和这一句一致。又如茅盾的《雾》，用"雾遮没了正对着后窗的一带山峰"来开头，全篇的空气就给这一句凝聚起来了。以上两例都属于显出力量的一类。另有一种开头，淡淡着笔，并不觉得有什么力量，可是同样可以传出全篇的情调，范围全篇的空气。如龚自珍的《记王隐君》，开头说：

> 于外王父段先生废簏中见一诗，不能忘。于西湖僧经箱中见书《心经》，蠹且半，如遇簏中诗也，益不能忘。

这个开头只觉得轻松随便，然而平淡而有韵味，一来可以暗示下文所记王隐君的生活，二来先行提出书法，可以作为下文访知王隐君的关键。仔细吟味，真有说不尽的妙趣。

现在再来说结尾。略知文章甘苦的人一定有这么一种经验：找到适当的结尾好像行路的人遇到了一处适合的休息场所，在这里他可以安心歇脚，舒舒服服地停止他的进程。若是找不到适当的结尾而勉强作结，就像行路的人歇脚在日晒风吹的路旁，总觉得不是个妥当的地方。至于这所谓"找"，当然要在计划全篇的时候做，结尾和开头和中部都得在动笔之前有了成竹。如果待临时再找，也不免有盲人骑瞎马的危险。

结尾是文章完了的地方，但结尾最忌的却是真个完了。要文字虽完了而意义还没有尽，使读者好像嚼橄榄，已经咽了下去而嘴里还有余味，又好像听音乐，已经到了末拍而耳朵里还有余音，那才是好的结尾。归有光《项脊轩志》的跋尾既已叙述了他的妻子与项脊轩的因缘，又说了修葺该轩的事，末了说：

> 庭有枇杷树，吾妻死之年所手植也，今已亭亭如盖矣。

这个结尾很好。骤然看去，也只是记叙庭中的那株枇杷树罢了，但是仔细吟味起来，这里头有物在人亡的感慨，有死者渺远的惆怅。虽则不过一句话，可是含蓄的意义很多，所谓"余味""余音"，就指这样的情形而言。我曾经作过一篇题名《遗腹子》的小说，叙述一对夫妇只生女孩不生男孩，在绝望而纳妾之后，大太太居然生了一个男孩，不久那个男孩就病死了；于是丈夫伤心得很，一晚上喝醉了酒，跌在河里淹死了；大太太发了神经病，只说自己肚皮里又怀了孕，然而遗腹子总是不见产生。到这里，故事已经完毕，结句说：

> 这时候，颇有些人来为大小姐二小姐说亲了。

这句话有点冷隽，见得后一代又将踏上前一代的道路，生男育女，盼男嫌女，重演那一套把戏，这样传递下去，正不知何年何代才休歇呢。我又有一篇小说叫作《风潮》，叙述中学学生因为对一个教师的反感，做了点越轨行动，就有一个学生被除了名；大家的义愤和好奇心就此不可遏制，捣毁校具，联名退学，个个人都自视为英雄。到这里，我的结尾是：

　　　　路上遇见相识的人问他们做什么时，他们用夸耀的声气回

答道："我们起风潮了！"

这样结尾把全篇停止在最热闹的情态上，很有点儿力量，"我们起风潮
了！"这句话如闻其声，这里头含蓄着一群学生在极度兴奋时的种种心
情。以上是我所写的两篇小说的结尾，现在附带提起，作为带有"余
味""余音"的例子。

　　结尾有回顾开头的一式，往往使读者起一种快感：好像登山涉水之
后，重又回到原来的出发点，坐定下来，得以转过头去温习一番刚才经
历的山水一般。极端的例子是开头用的什么话结尾也用同样的话。如林
嗣环的《口技》，开头说：

　　　　京中有善口技者。会宾客大宴，于厅事之东北隅施八尺屏

障，口技人坐屏障中，一桌、一椅、一扇、一抚尺而已。

结尾说：

　　　　忽然抚尺一下，众响毕绝。撤屏视之，一人、一桌、一

椅、一扇、一抚尺而已。

前后同用"一桌、一椅、一扇、一抚尺而已"，把设备的简单冷落反衬
口技表演的繁杂热闹，使人读罢了还得凝神去想。如果只写到"忽然抚
尺一下，众响毕绝"，虽没有什么不通，然而总觉得这样还不是了局呢。

　　（1937年夏季作，编入与夏丏尊合著《文章讲话》，1939年5月开
明书店版）

论写作教学

国文课定期命题作文，原是不得已的办法。写作的根源是发表的欲望；正同说话一样，胸中有所积蓄，不吐不快。同时写作是一种技术；有所积蓄，是一回事；怎样用文字表达所积蓄的，使它恰到好处，让自己有如量倾吐的快感，人家有情感心通的妙趣，又是一回事。依理说，心中有所积蓄，自然要说话；感到说话不足以行远传久，自然要作文。作文既以表达所积蓄的为目的，对于一字一词的得当与否，一语一句的顺适与否，前后组织得是否完密，材料取舍得是否合宜，自然该按照至当不易的标准，一一求能解答。不能解答，果真表达了与否就不可知；能解答，技术上的能事也就差不多了。这样说来，从有所积蓄而打算发表，从打算发表而研求技术，都不妨待学生自己去理会好了。但是国文科写作教学的目的，在养成学生两种习惯：（一）有所积蓄，须尽量用文字发表；（二）每逢用文字发表，须尽力在技术上用功夫。这并不存在着奢望，要学生个个成为著作家、文学家；只因在现代做人，写作已经同衣食一样，是生活上不可缺少的一个项目。这两种习惯非养成不可。唯恐学生有所积蓄而懒得发表，或打算发表而懒得在技术上用功夫，致与养成两种习惯的目的相违反，于是定期命题作文。通常作文，胸中先有一腔积蓄，临到执笔，拿出来就是，是很自然的；按题作文，首先遇见题目，得从平时之积蓄中拣选那些与题目相应合的拿出来，比较地不自然。若嫌它不自然，废而不用，只叫学生待需要写作的时候才写了交来，结果或许是一个学期也没有交来一篇，或许是来一篇小说一首新诗什么的，这就达不到写作教学的目的。所以定期命题作文的办法明知不自然，还是要用它。说是不得已的办法，就为此。

定期命题作文是不得已的办法，这一层意思，就教师说，非透彻理解不可。理解了这一层，才能使不自然的近于自然。教师命题的时候必须排除自己的成见与偏好；唯据平时对于学生的观察，测知他们胸中该当积蓄些什么，而就在这范围之内拟定题目。学生遇见这种题目，正触着他们胸中所积蓄，发表的欲望被引起了，对于表达的技术自当尽力用功夫；即使发表的欲望还没有到不吐不快的境界，只要按题作去，总之是把积蓄的拿出来，决不用将无作有，强不知以为知，勉强的成分既少，技术上的研摩也就绰有余裕。题目虽是教师临时出的，而积蓄却是学生原来有的。这样的写作，与著作家、文学家的写作并无二致；不自然的便近于自然了。学生经过多年这样的训练，习惯养成了，有所积蓄的时候，虽没有教师命题，也必用文字发表；用文字发表的时候，虽没有教师指点，也能使技术完美。这便是写作教学的成功。

胜义精言，世间本没有许多。我们的作文，呕尽心血，结果与他人所作，或仅大同小异，或竟不谋而合；这种经验差不多大家都有。因此，对于学生作文，标准不宜太高。若说立意必求独创，前无古人，言情必求甚深，感通百世，那么能文之士也只好长期搁笔，何况学生？但有一层最宜注意的，就是学生所写的必须是他们所积蓄的。只要真是他们所积蓄，从胸中拿出来的，虽与他人所作大同小异或不谋而合，一样可取；倘若并非他们所积蓄，而从依样葫芦、临时剽窃得来的，虽属胜义精言，也要不得。写作所以同衣食一样，成为生活上不可缺少的一个项目，原在表白内心，与他人相感通。如果将无作有，强不知以为知，徒然说一番花言巧语，实际上却没有表白内心的什么；写作到此地步便与生活脱离关系，又何必去学习它？训练学生写作，必须注重于倾吐他们的积蓄，无非要他们生活上终身受用的意思。这便是"修辞立诚"的基础。一个普通人，写一张便条，作一份报告，要"立诚"；一个著作家或文学家，撰一部论著，写一篇作品，也离不了"立诚"。日常应用与立言大业都站在这个基础上，又怎能不在学写作的时候着意训练？

学生胸中有积蓄吗？那不必问的问题。只要衡量的标准不太高，不说二十将近的青年，就是刚有一点知识的幼童，也有他的积蓄。幼童看见猫儿圆圆的脸，眯着眼睛抿着嘴，觉得它在那里笑，这就是一种积蓄。他说"猫儿在笑"，如果他会运用文字了，他写"猫儿在笑"，这正是很可宝贵的"立诚"的倾吐。所以，若把亲切的观察、透彻的知识、应合环境而发生的情思等等一律认为积蓄，学生胸中的积蓄是绝不愁贫乏的。所积蓄的正确度与深广度跟着生活的进展而进展；在生活没有进展到某一阶段的时候，责备他们的积蓄不能更正确更深广，就犯了期望过切的毛病，事实上也没有效果。最要紧的还在测知学生当前具有的积蓄，消极方面不加阻遏，积极方面随时诱导，使他们尽量拿出来，化为文字，写上纸面。这样，学生便感觉写作并不是一件特殊的与生活无关的事；在技术上也就不肯马虎，总愿尽可能尽的力。待生活进展到某一阶段，所积蓄的更正确更深广了，当然仍本着"立诚"的习惯，一丝不苟地写出来，这便成了好文章。好文章有许多条件，也许可以有百端，在写作教学上势难一一顾到；但好文章有个基本条件，必须积蓄于胸中的充实而深美，又必须把这种积蓄化为充实而深美的文字，这种能力的培植却责无旁贷，全在写作教学。

不幸我国的写作教学继承着科举时代的传统，兴办学校数十年，还摆脱不了八股的精神。八股是明太祖所制定，内容要"代圣人立言"，这是不要说自己的话，而要代替圣人说话，说一番比圣人所说的更详尽的话。八股的形式也有规定，起承转合，两股相对，都不容马虎。当时朝廷制定了这么一种文体来考试士子；你要去应试，自然非练习不可。但是写作的本意原不在代他人说话，而在发表自己的积蓄；即使偶尔代他人写封家信，也得问个清楚明白，待要说的话了然于胸，写来才头头是道。若照八股的办法，第一，不要说自己的话，就是不要使胸中的积蓄与写作发生联系，这便阻遏了发表的欲望了。第二，圣人去今很远，他们的书又多抽象简略，要代他们立言，势非揣摩依仿不可，从揣摩依仿到穿凿附会，从穿凿附会到不知说些什么，倒是一条便捷的路；走上了这条路，写作便成了不可思议的事了。依常理而论，写作文章，除了人类所共通的逻辑的法则与种族所共通的语言的法则不容违背以外，用什么形式该是自由的。审度某种形式适于某种内容，根据内容决定形式，权衡全在作者。所谓文无定法，意思就在此。八股却不然，无论你内容是什么，不管你勉强不勉强，总得要配合那规定的间架与腔拍。这样写下来，写得好的，也只是巧妙有趣的游戏文字，写得坏的，便成莫名其妙的怪东西了。从前一般有识见的人，知道八股绝对不足以训练写作。为求取功名起见，他们固然要学习八股；但是要倾吐胸中的积蓄，要表白内心与他人相感通，八股是没有用处的，他们唯有努力于古文与辞赋诗词甚而至于白话小说才办得到。一些传世的著作家、文学家，就是从这班有识见的人中选拔出来的。可是学习八股究竟是利禄之途，有识见的人究竟仅占少数；所以大多数人只知在八股方面做功夫，形式上好像在训练写作，实际上却与训练写作南辕北辙。其结果，不要说做不到著书立说，就是写一封通常的书信，也比测字先生的手笔高明不到多少。这并不是挖苦的话，如今在六七十岁的老辈中间还可以找到这样的牺牲者呢。

八股不要了，科举废止了，新式教育兴起来了。新式教育的目标虽各有各说，但有一点为大家所公认，就是造就善于处理生活的公民。按照这个目标，写作既是生活上不可缺少的一个项目，自该完全摆脱八股的精神，顺着自然的途径，消极方面不阻遏发表的欲望，积极方面更诱导发表的欲望，这样来着手训练。无奈大家的习染太深了，提出目标是一回事，见诸实践又是一回事。实际上，便是史地理化等科，也被有意无意地认为利禄之途，成了变相的八股，而不问它与生活有什么干系。何况写作一事，直接继承着从前八股的系统，当然最容易保持八股的精神了。我八九岁的时候在书房里"开笔"，教师出的题目是《登高自卑说》；他提示道："这应当说到为学方面去。"我依他吩咐，写了八十多字，末了说："登高尚尔，而况于学乎？"就在"尔"字"乎"字旁边博得了两个双圈。登高自卑本没有什么说的，偏要你说；单说登高自卑不行，你一定要说到为学方面去才合式：这就是八股的精神。这个话离现在将近四十年了，而现在中学生的作文本子上时常可以看到《治乱国用重典论》《经师易得，人师难求说》《荀子天论篇纯主人事，与向来儒家之言天者矛盾，试两申其义》《孟子主性善，荀子主性恶，二家之说孰是？》《上古竞于道德，中世逐于智谋，方今争于气力说》《宁静致远说》《蒙以养正说》《文以气为主论》一类的题目，足见八股的精神依然在支配着现在的写作教学。这并不是说那些题目根本要不得，如果到政治家、教育家、哲学家、史学家、文艺批评家手里，原都可以写成出色的文章。但是到中学生手里，揣量自己胸中没有什么积蓄，而题目已经写在黑板上，又非作不可；于是只得把教师提示的一点儿，书上所说到的一点儿，勉强充作内容，算是代教师代书本立言；内容既非自有，技术更无从考究，像不像且不管它，但图交卷完事。这样训练写作，不正合着八股的精神了吗？学生习惯了这样的训练，便觉写作是一件特殊的与生活无关的事；自己胸中的什么积蓄与写作不相干，必须拉扯一些不甚了了的内容，套合一个不三不四的架子，才算"作文"。有个极端的例子，对于学生来说，《我的家庭》是人人都有积蓄的题目，可是有的学生也会来一套"家庭是许多人的集合体，长辈有祖父、祖母、父亲、母亲、伯父、叔父，平辈有兄、弟、姊、妹，小辈有侄儿、侄女，但是我的家庭没有这么多人"的废话。你若责备他连"我的家庭"都说不上来，未免冤枉了他；他胸中原来清清楚楚知道"我的家庭"，但是他从平日所受的训练上得了一种错觉，以为老实说出来就不像"作文"了，为讨好起见，先来这么几句，不知道却是废话。所以训练者的观念合着八股的精神的时候，即使出了与学生生活非常相近的题目，也可以得到牛头不对马嘴的结果。你说学生的写作程度不好，诚然不好；但是那种变相的八股的写作程度，好了也没有多大用处。在生活上真有受用的写作训练，你并没有给他们，他们的程度又怎么会好？现在写作教学的一般情形，这两句话差不多可以包括尽了。训练写作的人只须平心静气问问自己：（一）平时对于学生的训练是不是适应他们当前所有的积蓄，不但不阻遏他们，并且多方诱导他们，使他们尽量拿出来？（二）平时出给学生作的题目，是不是切近他们的见闻、理解、情感、思想，等等？总而言之，是不是切近他们的生活，借此培植"立诚"的基础？（三）学生对于作文的反映是不是认为非常自然的不做不快的事，而不认为教师硬要他们去做的无谓之举？如果答案都是否定的，便可知道写作教学的成绩不好，其咎不尽在学生，训练者实该负大部分的责任。而训练者所以要负这种不愉快的责任，其故在无意之中保持了八股的精神。

学生写给朋友的信，还过得去；可是当教师出了《致友人书》的题目的时候，写来往往不很着拍。这种经验，教师差不多都有。为什么如此，似乎难解释，其实不难解释。平常写信给朋友，老实倾吐胸中的积蓄；内容决定形式，技术上也乐意尽心，而且比较容易安排。待教师出了《致友人书》的题目，他们的错觉以为这是"作文"，与平常写信给朋友是两回事，不免做一些拉扯套合的功夫；于是写下来的文章不着拍了。学校中出壁报，上面的论文、记载、小说、诗歌，往往使人摇头。依理说，这种文章都是学生的自由倾吐，该比命题作文出色一点，而仍使人摇头，也似乎难以解释。其实命题作文也没有什么不好，命题作文而合着八股的精神，才发生毛病；学生中了那种毛病，把胸中所积蓄与纸面所写看作互不相关的两回事，以为写壁报文章也就是合着八股的精神的"作文"；所以写下来的文章也不足观了。无论写什文章，只要而且必须如平常写信给朋友一样，老实倾吐胸中的积蓄。现在作文已不同于从前作八股，拉扯套合的功夫根本用不到，最要紧的是"有"，而且表达出那"有"：这两层，学生何不幸而得不到训练呢？

　　曾经看见一位先生的文章，论大学国文系"各体文习作"教材的编选，对于不懂体制的弊病，举一个青年为例。他说那个青年平时给爱人写情书，有恋爱小说作蓝本，满可以肆应不穷；但是母亲死了，要作哀启，恋爱小说这件法宝不灵了，无可奈何，只好请人代笔。我看了这段文章就想：写情书不问自己胸中的爱情如何，而要用恋爱小说作蓝本，的确是弊病；而这弊病的由来在于没有受到适当的写作训练。至于做母亲的哀启，在发表胸中所积蓄这一点上，实在与情书并无二致。单说不懂哀启的体制所以作不来哀启，好像懂了哀启体制就可以作成哀启，这样偏于形式，也是一种八股的精神。学生在不正确的观念之下受写作训练，竟至于写情书不问自己胸中的爱情，作母亲的哀启要请人代笔；说得过火一点，这样的训练还不如不受的好。不受训练，当然得不到诱导，但也遇不到阻遏；到胸中有所积蓄，发表的欲望非常旺盛的时候，由自己的努力，写来或许像个样子。受了八股的精神的训练，却渐渐走上了岔路，结果写作一事反而成为自由倾吐的障碍。八股时代的牺牲者写一封通常的书信也比测字先生的手笔高明不到多少，便是榜样。除非如从前有识见的人那样，明知所受的写作训练不是路数，自己另辟途径来训练自己，那才可以希望在生活上终身受用。然而有识见的人在大众中间究竟仅占少数啊！

教学生阅读，一部分的目的在给他们个写作的榜样。因此，教学就得着眼于（一）文中所表现的作者的积蓄，以及（二）作者用什么功夫来表达他的积蓄。这无非要使学生知道，胸中所积蓄要达到如何充实而深美的程度，那才非发表不可；发表又要如何苦心经营，一丝不苟，那才真做到了家。学生濡染既久，自己有数，何种积蓄值得发表，绝不放过；何种积蓄不必发表，绝不乱写；发表的当儿又能妥为安排，成个最适合于那种积蓄的形式，便算达到了做榜样的目的。阅读的文章并不是写作材料的仓库，尤其不是写作方法的程式。在写作的时候，愈不把阅读的文章放在心上愈好。但实际情形每与以上所说不合。曾经参观若干高等学校的阅读教学，教材无非《古文观止》中所收的几篇，教师的讲解也算顾到写作训练方面；如讲李白《春夜宴桃李园序》，便说"古人秉烛夜游"点"夜"，"况阳春召我以烟景"点"春"，"会桃李之芳园"点"桃李园"，"开琼筵以坐花，飞羽觞而醉月"点"宴"：这样逐字点明，题旨才没有遗漏。又如讲苏轼《喜雨亭记》，便说"亭以雨名，志喜也"是"开门见山法"，直点"喜"字、"雨"字、"亭"字；"既而弥月不雨，民方以为忧"是"反跌法"，衬托下文的"喜"；以下"乃雨""又雨""大雨"，逐层点"雨"字；以下"相与庆于庭"是官吏"喜"，"相与歌于市"是商贾"喜"，"相与忭于野"是农夫"喜"；这样反复点明，题旨才见得酣畅。把作者活生生的一腔积蓄僵化为死板板的一套程式，便是这种讲法的作用。那给与学生的暗示，仿佛《春夜宴桃李园序》与《喜雨亭记》并不是李白苏轼自己有话要说，而是他们的教师出了那两个题目要他们做的；而他们所以交得出那样两本超等的卷子，功夫全在搬弄程式，既不遗漏又且酣畅的点明题旨。从此推想开来，自然觉得写作是一种花巧；遇到任何题目，不管能说不能说，要说不要说，只要运用胸中所记得的一些程式来对付过去就行。为对付题目而作文，不为发表积蓄而作文；根据程式而决定形式，不根据内容而决定形式：这正是道地的八股精神。从前做好了八股，还可以取得功名；现在受这种类似八股的写作训练，又有什么用处呢？

你若去请教国文教师，为什么要学生作那种与他们生活不很切近的论说文，大半的回答是：毕业会试与升学考试常常出这题目，不得不使学生预先练习。的确，毕业会试与升学考试的作文题目常常有不问学生胸中有些什么的，使有心人看了，只觉啼笑皆非。训练者忽视了学生一辈子的受用，而着眼于考试时交得出卷子；考试者不想着学生胸中真实有些什么，而随便出题目，致影响到平时的写作训练：这又是道地的八股精神。有一位主持高等考试的先生发表过谈话，说应试者的卷子"技术恶劣，思路不清"，言外有不胜感慨的意思。我想，要看到"技术完美，思路清晰"的多数好卷子，须待训练者与考试者对于写作训练有了正当的观念。观念不改变，而望学生写作能力普遍地够得上标准，那便是缘木求鱼。

改变观念，头绪很多，但有一个总纲，就是：完全摆脱八股的精神。所有指导与暗示，是八股的精神，彻底抛弃；能使学生真实受用的，务必着力：这就不但改变了观念，而连实践也革新了。至于命题作文的实施，罗庸先生的话很可以参酌。他说："国文教师似应采取图画一课的教法，教学生多写生，多作小幅素描，如杂感短札之类，无所为而为，才是发露中诚的好机会。"

（1940 年 12 月 23 日作，原载于《国文月刊》1941 年第 1 卷第 6 期，署名叶绍钧）

写作是极平常的事

这一回谈写作。写作就是说话，为了生活上的种种需要，把自己要说的话说出来；不过不是口头说话，而是笔头说话。各人有他要说的话，我写作是我说我的话，你写作是你说你的话。并没有话而勉强要说话，或者把别人的话拿来当作自己的话，都是和写作的本意相违反的。写成的文字平凡一点，浅近一点，都不妨事；胸中只有这么些平凡的经验和浅近的情思，如果硬要求其奇特深远，便是勉强了。最要问清楚的是：这经验和情思是不是自己胸中的？把它写出来是不是适应生活上的需要？如果是的，那就做到了一个"诚"字了；写作和说话一样，"立诚"是最要紧的。

咱们小时候不会说话，学习又学习，渐渐地会说话了，其经过自己往往记不清楚。但是只要看小孩们学习说话的经过，就知道这是一串很自然，可是很辛苦的工作。小孩要想吃东西的时候，就学着大人说"饭"或"吃"；要得到大人的爱抚的时候，就学着大人说"抱"或"欢喜"：这岂不是很自然的？但是，若把语音发错了，或者该说"吃"的却说了"抱"了，就不能满足他的欲望。他为要满足他的欲望，必须随时努力矫正，使说出来的刚好表白他的意念：这岂不是很辛苦的？

从简单的一词一语起，直到能够说连续的一串话，能够讲一个故事，情形都如此。再进一步，他就要用笔说话了。想把教师的话记下来，就有写笔记的需要；想把自己的情意告诉许多同学，就有写一篇文字的需要；离开了家庭或朋友，就有写信的需要：因有需要，才拿起笔来说话，这正同他孩子时代说"吃"和"抱"一样地自然。但是，笔记记得不成样子，查看时候就弄不明白；情意说得不畅达，同学看了就莫名其妙；信写得糊里糊涂，接信的对方就摸不着头脑：在初动笔的时候，写不好几乎是必然的。从写不好到写得像个样子，这其间也要经过一段辛苦的学习过程。学习无非依傍人家，但消化的功夫还在自己。人家的笔记怎样记的？人家的情意怎样达的？人家的信是怎样写的？把人家的"怎样"看出来是一层，把自己的不"怎样"看出来是一层，把人家的"怎样"矫正自己的不"怎样"，使它成为自己的习惯，又是一层。到习惯养成了的时候，他才算学习及格，能够用笔说话了；用来应付生活上的种种需要，可得许多便利，和能够用嘴说话一个样。

我说以上的话，意在表明写作是极平常的可是极需要认真的一件事情。这个观念很关重要，非在学习写作的时候认清不可。从前科举时代，学生在书塾里学习写作，那是有一个特殊的目标的，就是：写成投合考官眼光的文章，希望在仕宦的阶梯上一步步爬上去。现在虽然仍旧有考试，但考试的性质和科举时代不同了；你若认为学习写作的目标只在应付几回升学考试、毕业考试或其他考试，你就根本没有弄明白写作对于你有什么意义。从前书塾里也有一些高明的先生，不仅要学生去应对考试，他们对学生期望得更高，要学生成为著作家或文章家，写作的教学就以此为目标。这样的目标显然也是特殊的；现在的国文教师不自觉地承袭着这个传统的，似乎还有，如在"批语"中发挥"立言"或"著作"的大道理的，以及迫着学生揣摩"神气""阴阳"等抽象理法的，就是了。试想自古到今，成功的著作家或文章家有多少？即不说成功，想做著作家或文章家的又有多少？如果写作的目标只在做著作家或文章家，那么，让想做的人去学习好了，何必人人都学习？现在人人要学习写作，就因为把从前那种特殊目标丢开了，看出了它的平常，虽说平常，却又是人生所必需的缘故。说得具体一点，现在学习写作，并不为应考试，也不为要做著作家或文章家：只因为要记笔记，要把情意告诉别人，要写信给家庭或朋友，诸如此类。这些事是极平常的，但做不来便是人生的缺陷。咱们不愿意有这种缺陷，所以非学习写作不可。

从前科举时代，作经义题目，是"代圣贤立言"；作策论题目，是"代帝王划策"。一个人对于经籍，如果确有所得，而所得又正与圣贤的见解相合，诚实地发挥出来，就迹象说，便是"代圣贤立言"，这并没有什么可议之处。一个人对于政治，如果确有真知灼见，或可以救一时之弊，或可以开万世之利，详尽地表示出来，就迹象说，便是"代帝王划策"，这也是很有意思的事儿。然而读经籍而能有所得，研究政治而能有真知灼见，只有极少数的人才办得到。科举制度却把文章的作用规定了，一般士子既要去应考试，学习写作就得顺着那方向走；你即使对于经籍毫无所得，也须代圣贤立言，你即使对于政治一窍不通，也须代帝王划策；只有极少数人办得到的事情，硬要多数人也勉强去做。试想其结果怎样？必然是言不由衷，语不切实，把人家的现成话抄袭一番，搬弄一番而已。这样的功夫做得到家，对于应付考试是有益的，可以蒙考官录取；然而对于整个生活却是有害的，因为无论说话作文，最要不得的是言不由衷，语不切实，而那些人偏偏落在这个陷阱里。做不到家的更不必说了，一辈子学习写作，既不能取得功名，又没有在生活上得到什么便利，真是被笔砚误了一辈子。

现在并不是科举时代了，我为什么要说那时代写作教学的弊病呢？因为现在的教师、家长乃至青年自己，对于写作这回事，还有抱着科举时代精神的；这种精神必须根本革除，否则写作便是生活上的赘瘤，说得过火一点，竟可以不必学习，学习比不学习更坏。抱着科举时代的精神，从什么地方可以看出来呢？教师出一些超过学生能力的题目给学生作，迫着学生写一些自己也不甚了了的话在本子上；这和从前硬要代圣贤立言代帝王划策没有两样，是科举时代的精神。认学习写作专为应付考试；升学考试毕业考试要出什么样的题目，平时便作什么样的题目；教师对学生说"作文要用功，考试才可以及格"；家长对子弟说"你的文字这么坏，考试怎么能及格"：这是科举时代的精神。把写作看作与生活无关的事儿；不写自己的经验和情思，临到动笔，便勉强找一些不相干的话来说；或是以青年人的身份学说老年人的话，或是以现代人的身份学说古代人的话：这是科举时代的精神。请读者诸君想想，这些现象是不是有的？如果有的，咱们非改变观念，消灭这些现象不可。观念改变了，这些现象消灭了，咱们才可以认真地学习写作。

认真地学习写作也不是什么艰难的事情。简单地说，自己有什么就写什么，就是认真。一件事物，你知道得清楚的，一个道理，你明白得透彻的，一个意思，你思索得周到的，一种情感，你感受得真切的，这些都是你自己的东西；如果为了需要须动手写作，你就以这些为范围。反过来说，自己没有什么而勉强要写什么，就是不认真。所以，没有弄清楚孔子的学术思想而论孔子之道，没有某种经验和想象而作某种小说，自己一毛钱也不捐而作劝人献金的传单，平时从不想到国家民族而作爱国家爱民族的诗歌，都是不认真。其次，写什么定要竭尽自己的能力把它写出来，就是认真。你心里知道得清楚，明白得透彻，是一回事；把它写出来，大半是为了给人家看，人家看了你的文字，能不能知道得清楚，明白得透彻，又是一回事；两回事必须合而为一，你的写作才不是白费心力。理想的目标当然是写出来的刚好和你心里所有的一模一样，不多不少。但是把意念化为文字，要做到这般地步，事实上几乎不大可能；唯有竭尽你当时所有的能力，使写出来的差不多贴合你心里所有的，使人家看了你写出来的差不多看见了你的心。我说"所有的能力"，为什么在前边加一个"当时"？因为能力是逐渐长进的，在甲阶段不会有乙阶段的能力，要求躐等，实际上固然办不到，但本阶段的能力不可尽；各阶段都有它的"当时"，每一阶段的"当时"都竭尽能力，你的写作就一辈子认真了。反过来说，写什么而马马虎虎，草率了事，就是不认真。所以，用一个词儿，不审察它的意义和用例，造一句句子，不体会它的句式和情调，以及提笔就写，不先把通体想一想，写完就算，不再把全文念几遍，以及不肯就自己的观点问一声"这写出来的是不是差不多贴合我心里所有的"，又不肯就读者的观点问一声"读者读了这文字是不是差不多看见了我的心"，都是不认真。认真的项目不过如上面所说的两个，普通人能如此，写作对于他是生活上非常有益的技能，终身受用不尽；就是著作家或文章家，也出不了这个范围，不如此而能成为著作家或文章家，那是不能想象的事情。

以上都是理论，现在要谈到方法了。学习写作的方法，大家知道，该从阅读和习作两项入手。就学习写作的观点说，阅读不仅在明白书中说些什么，更须明白它对于那些"什么"是怎么说的。譬如读一篇记述东西的文字，假定是韩愈的《画记》，要看出它是把画面的许多人和物分类记述的；更要看出像它这样记述，人和物的类别和姿态是说明白了，但人和物在画面的位置并没有顾到；更要明白分类记述和记明位置是不能兼顾的，这便是文字效力的限制，一篇文字不比一张照片。又如读一篇抒写情绪的文字，假定是朱自清的《背影》，要看出它叙述车站上的离别全在引到父亲的背影，父亲的背影是感动作者最深的一个印象，所以凡与此无关的都不叙述；更要看出篇中所记父亲的话都与父亲的爱子之心有关，也就是与背影有关，事实上离别时候父亲决不止说这些话，而文中仅记这些，这便是选择的功夫；更要看出这一篇抒写爱慕父亲的情绪全从叙事着手，若不叙事，而仅说父亲怎么怎么可以爱慕，虽然说上一大堆，其效果绝不及这一篇，因为太空泛太不着边际了，抒情须寄托在叙事中间，这是个重要的原则。阅读时候看出了这些，对于写作是有用的。不是说凡作记述东西的文字都可以用《画记》的方法，凡作抒写情绪的文字都可以用《背影》的方法；但如果你所要写的正与《画记》或《背影》情形相类，你就可以采用它的方法；或者有一部分相类，你就可以酌取它的方法；或者完全不相类，你就可以断言决不该仿效它的方法。

《画记》和《背影》都是合式的成品的文字；阅读时候假如用心的话，即使遇到不合式不成品的文字，也可以在写作方面得到益处。那益处在看出它的毛病；自己看得出人家的毛病，当然可以随时检察自己，不犯同样的毛病。譬如，我近来收到一本杂志。中间有一篇小说，开头一节只有一句话："是零星点点的晨曦"。"曦"是"日色""日光"，"晨曦"是朝晨的阳光，朝晨的阳光怎么能用"零星点点的"来形容它呢？我想了一想，明白了，作者把"晨曦"误认作"朝晨"了；他的意思是那时间是清早，天上的星还没有完全隐没，所以说"是零星点点的晨曦"。他的毛病是用错词儿。我得了这个经验，写作时候便可以随时检察自己，看文字中有没有用错词儿，把甲义的词儿误认作乙义的。那篇小说的第二节是以下的话："在某战区某司令部的会议室中，集合着一群雄赳赳气昂昂的男女青年，他们都是不怕牺牲，忠勇爱国的英雄。"看了这一节，我就想：一篇表白欢情的文字，也许找不到一个"欢喜"或"快乐"，一篇表白悲感的文字，不一定把"悲伤""哀痛"等词儿写上一大堆；只要用了叙述和描写，把引起欢情或悲感的经过曲曲达出，在作者便是抒写了他的情绪；读者读了，便起了共鸣，也感到可喜或可悲。同样的情形，一群男女青年是"雄赳赳气昂昂的"，是"不怕牺牲，忠勇爱国的英雄"，只要用叙述和描写，把他们的思想、言语、姿态、行动曲曲达出，让人家读了，自己感到他们是"雄赳赳气昂昂的"，是"不怕牺牲，忠勇爱国的英雄"，就是了。何必预先来一个说明呢？倘若后文的叙述和描写没有达出这些，虽经预先说明，人家还是感觉不到。倘若后文的叙述和描写果能达出这些，这预先说明也是多事，不但不增加什么效果，反而是全篇的一个小小斑点。作者的毛病是误认说明可以代替表现，我得了这个经验，写作时候便可以随时检察自己，看文字中有没有该用表现的地方而用了说明的，有没有写了一大堆却不能使人家感觉到什么的。阅读若能这样随时留心，不但不合式不成品的文字对于咱们写作方面有益处，就是一张广告（如某种肥皂的广告上写道："完全国产，冠于洋货"），一个牌示（如某浮桥旁边县政府的牌示道："通过时不得互相拥挤以免发生危险"），也是咱们研摩的好资料。

至于习作，最好在实用方面下功夫。说清楚一点，就是为适应生活上的需要而写作，同时便认真地学习写作。如有信要写，有笔记要记，有可叙的事情要叙出来，有可说的情意要达出来，那时候千万不要放过，必须准备动笔。动笔以前，又必须仔细料量，这信该怎么写，这笔记该怎么记，这事情该怎么叙，这情意该怎么达；料量停当，然后下笔。完篇以后，又必须自己考核，这信是不是正是你所要写的，这笔记是不是正是你所要记的，这文字是不是正叙出了你所要叙的事情，这文字是不是正达出了你所要达的情意；考核下来，若是正是的，就实用说，你便写成了适应需要的文字；就学习说，你便增多了一回认真的历练。咱们当需要说话的时候，就能开口说话，因为咱们从小养成了这个习惯。若是从小受到禁遏，习惯没有养成，说话就没有这么便当了，甚而至于要不会说话。咱们学习写作，也要像说话一样养成习惯，凡遇到需要写作的时候，就提笔写作。错过需要写作的机会，便是自己对自己的禁遏。一回错过，两回错过，禁遏终于成；于是你觉得一支笔有千斤般重，搜尽肚肠好像没有一点东西可以写的，你不会写作了。提笔真是一件非常艰难的事情吗？你胸中真个没有一点东西可以写的吗？并不。你所以不会写作，只因为你没有养成写作的习惯。养成习惯的方法并不难，不过是要写就写，不要错过机会而已。你如果抱定宗旨，要写就写，那你的写作机会一定不少，几乎每天可以遇到。读一本书，得到了一点意思；经历一件事情，悟出了一个道理；与朋友谈话，自己或朋友说了有意义的话；参加一个集会，那景况给与自己一种深刻的印象；参观一处地方，那地方的种种对自己都是新鲜的有兴味的：这些时候，不都是你的写作机会吗？若把这些并在一起，通通写下来，便是日记。有些人常常劝人写日记，其一部分的理由，就在写日记便不致错过写作的机会；并不是教人写那什么时候起身什么时候睡觉的刻板账。若把这些分开来，或单写读书得到的意思，或单写从事情中悟出的道理，便是或长或短的单篇文字。那时候你提起笔来，一定觉得你所要写的就在意念之中，而不在遥远不可知的地方；所以你不必沉入虚浮的幻想，也不致陷入惶惑的迷阵，只须脚踏实地，步步走去就是。这样成了习惯，别的成就且不说，至少你的文字不会有空洞、浮夸、糊涂、诞妄等毛病了。

现在再说由教师命题，咱们按题习作。咱们如果能不错过写作的机会，就得每天动笔写作；这样，练习已经很够了，教师命题可以说是多余的。教师所以要命题，就恐怕咱们错过机会，不肯要写就写，或是一星期不动一回笔，或是一个月不动一回笔；出了题，便逼得咱们非动笔不可。咱们对于命题习作，应该作这样看法。贤明的国文教师当然作这样看法。所以他们所命的题，往往是指定一个范围，那范围包含在咱们的经验和意念的大范围之内，教咱们就那范围写些出来。这样，虽然是教师命的题，实际上与咱们自己要写就写并无两样。举例来说，咱们各人有个家庭，对于家庭各人有种种的知识、情绪和感想：教师出一个《我的家庭》的题叫咱们作，岂不是和咱们自己要就"我的家庭"写篇文字一个样子？又如咱们去参加"月会"，各人具有一种奋发的严肃的心情，听了演讲人的话，各人有所触发，有所警惕，或有所评判；教师出一个《月会》的题叫咱们作，岂不是和咱们自己要就"月会"写篇文字一个样子？遇到这样的题，咱们自然如自己本来要写似的，径把胸中所有的写出来。不幸的是咱们有时遇见不甚贤明的教师，他们所命的题越出了咱们的经验和意念的范围，使咱们无从下手。如出了《师严而后道尊说》的题。咱们平时既没有想到"师"该怎样"严"的问题，又没有思索过什么叫作"道"，实在想胡说也无从说起。胡说是不应该的，何况胡说也办不到；那只有请求教师换过一个题了（因此交白卷闹风潮是不必的，教师虽不甚贤明，总该有一点贤明之处，可以帮助咱们的）。万一第二回出的题与《师严而后道尊说》不相上下，乃至第三回第四回还是如此，那咱们须特别警觉了：教师对于命题习作的看法和咱们全不一样，咱们要在写作方面求长进，更非随时要写就写，不错过机会不可了。

写作虽说就是说话，究竟与寻常口头说话有所不同。咱们寻常口头说话，想到一事说一句，看到一事又说一句；和人家谈话，问询这个是一句，回答那个又是一句。不要说一天工夫，就是把一点钟内的说话集拢来，便是噜噜苏苏不相连续的一大堆。写作决不是写下这么噜噜苏苏不相连续的一大堆。咱们要写作，必然有个主旨；前面所说读书得到的意思，从事情中悟出的道理，这些都是主旨。写作的时候，有关主旨的话才说，而且要说得正确，说得妥帖，说得没有遗漏；无关主旨的话却一句也不容多说，多说一句就是累赘，就是废话，就是全篇文字的一个疵点。这情形和当众讲话或演说倒有些相像；咱们站起来当众讲话或演说，也不能像平时一样杂七杂八地说，必须抓住一个主旨，让一切的话都集中在那主旨上头才行。有些人写作，写了一大堆，自己不知道说了些什么；拿给别人看，别人也不知道他说了些什么。这就是忘记了写作必然有个主旨的毛病。主旨是很容易认定的，只要问自己为什么要写作这篇文字，那答案便是主旨。认定了主旨，还得自始至终不放松它；写一段，要说得出这一段与主旨有什么关系；写一句，要说得出这一句对主旨有什么作用。要做到这地步，最好先开列一个纲要，第一段是什么，第二段是什么，然后动手写第一段的第一句。这个办法，现在有许多国文教师教学生照做了。其实无论哪一个写作，都得如此；即使不把纲要写在纸面上，也必须预先想定纲要，写在自己的心上。有些人提笔就写，写来很像个样子，好像是不假思索的天才；实则也不是什么天才，他们只因太纯熟了，预先想定纲要的阶段仅需一会儿工夫，而且准不会有错儿，从外表看，便好像是不假思索了。

一段文字由许多句子合成，句有句式；一句句子由许多词儿合成，词有词义。句式要用得妥帖，词儿要用得得当，全在平时说话和阅读仔细留心。留心的结果，熟悉了某种句式某个词儿用在什么场合才合式，写作的时候就拿来应用，那准不会有错儿。消极的办法，凡是不熟悉的句式和词儿，绝对不要乱用。一些所谓不通的文字，就是从不懂得这个消极办法而来的。不熟悉，用错了，那就不通了。如果在写下去的时候，先问问自己：这个句式这个词儿该是怎么用法？用在这里合式不合式？待解答清楚了再写，不通的地方即使还有，也不会太多了。一篇文字不能必须求其有特别长处，但必须求其没有不通之处；因为特别长处往往由于咱们的经验和意念有长处，这是平时的积聚，不能临时强求；而不通之处却是写作当时可以避免的，可以避免而不避免，就应用上说，便是不得其用，就态度上说，便是太不认真。

关于写作的话还有很多，这一次说得太长了，余下的留到以后再谈。

（1941 年 9 月 18 日作，原载于《中学生战时月刊》1941 年第 50 期）

谈文章的修改

有人说，写文章只该顺其自然，不要在一字一语的小节上太多留意。只要通体看来没有错，即使带着些小毛病也没关系。如果留意了那些小节，医治了那些小毛病，那就像个规矩人似的，四平八稳，无可非议，然而也只成个规矩人，缺乏活力，少有生气。文章的活力和生气全仗信笔挥洒，没有拘忌，才能表现出来。你下笔多所拘忌，就把这些东西赶得一干二净了。

这个话当然有道理，可是不能一概而论。至少学习写作的人不该把这个话作为根据，因而纵容自己，下笔任它马马虎虎。

写文章就是说话，也就是想心思。思想，语言，文字，三样其实是一样。

若说写文章不妨马虎，那就等于说想心思不妨马虎。想心思怎么马虎得？养成了习惯，随时随地都马虎地想，非但自己吃亏，甚至影响到社会，把种种事情弄糟。向来看重"修辞立其诚"，目的不在乎写成什么好文章，却在乎绝不马虎地想。想得认真，是一层。运用相当的语言文字，把那想得认真的心思表达出来，又是一层。两层功夫合起来，就叫作"修辞立其诚"。

学习写作的人应该记住，学习写作不单是在空白的稿纸上涂上一些字句，重要的还在乎学习思想。那些把小节小毛病看得无关紧要的人大概写文章已经有了把握，也就是说，想心思已经有了训练，偶尔疏忽一点，也不至于出什么大错。学习写作的人可不能与他们相比。正在学习思想，怎么能稍有疏忽？把那思想表达出来，正靠着一个字都不乱用，一句话都不乱说，怎么能不留意一字一语的小节？一字一语的错误就表示你的思想没有想好，或者虽然想好了，可是偷懒，没有找着那相当的语言文字：这样说来，其实也不能称为"小节"。说毛病也一样，毛病就是毛病，语言文字上的毛病就是思想上的毛病，无所谓"小毛病"。

修改文章不是什么雕虫小技，其实就是修改思想，要它想得更正确，更完美。想对了，写对了，才可以一字不易。光是个一字不易，那不值得夸耀。翻开手头一本杂志，看见这样的话："上海的住旅馆确是一件很困难的事，廉价的房间更难找到，高贵的比较容易，我们不敢问津的。"什么叫作"上海的住旅馆"？就字面看，表明住旅馆这件事属于上海。可是上海是一处地方，绝不会有住旅馆的事，住旅馆的原来是人。从此可见这个话不是想错就是写错。如果这样想："在上海，住旅馆确是一件很困难的事"，那就想对了。把想对的照样写下来："在上海，住旅馆确是一件很困难的事"，那就写对了。不要说加上个"在"字去掉个"的"字没有多大关系，只凭一个字的增减，就把错的改成对的了。推广开来，几句几行甚至整篇的修改也无非要把错的改成对的，或者把差一些的改得更正确，更完美。这样的修改，除了不相信"修辞立其诚"的人，谁还肯放过？

思想不能空无依傍，思想依傍语言。思想是脑子里在说话——说那不出声的话，如果说出来，就是语言，如果写出来，就是文字。朦胧的思想是零零碎碎不成片段的语言，清明的思想是有条有理组织完密的语言。常有人说，心中有个很好的思想，只是说不出来，写不出来。又有人说，起初觉得那思想很好，待说了出来，写了出来，却变了样儿，完全不是那回事了。其实他们所谓很好的思想还只是朦胧的思想，就语言方面说，还只是零零碎碎不成片段的语言，怎么说得出来，写得出来？勉强说了写了，又怎么能使自己满意？那些说出来写出来有条有理组织完密的文章，原来在脑子里已经是有条有理组织完密的语言——也就是清明的思想了。说他说得好写得好，不如说他想得好尤其贴切。

因为思想依傍语言，一个人的语言习惯不能不求其好。坏的语言习惯会牵累了思想，同时牵累了说出来的语言，写出来的文字。举个最浅显的例子。有些人把"的时候"用在一切提冒的场合，如谈到物价，就说"物价的时候，目前恐怕难以平抑"，谈到马歇尔，就说"马歇尔的时候，他未必真个能成功吧"。试问这成什么思想，什么语言，什么文字？那毛病就在于沾染了坏的语言习惯，滥用了"的时候"三字。语言习惯好，思想就有了好的依傍，好到极点，写出来的文字就可以一字不易。我们普通人难免有些坏的语言习惯，只是不自觉察，在文章中带了出来。修改的时候加一番检查，如有发现就可以改掉。这又是主张修改的一个理由。

[1946 年 4 月 7 日作，原载于《中学生》1946 年 5 月号（总第 175 期），署名圣陶]

写　话

　　"作文"，现在有的语文老师改称"写话"。话怎么说，文章就怎么写。

　　其实，三十年前，大家放弃文言改写白话文，目标就在写话。不过当时没有经过好好讨论，大家在实践上又没有多多注意，以致三十年过去了，还没有做到真正的写话。

　　写话是为了求浅近，求通俗吗？

　　如果说写话是为了求浅近，那就必须承认咱们说的话只能表达一些浅近的意思，而高深的意思得用另外一套语言来表达，例如文言。实际上随你怎样高深的意思都可以用话说出来，只要你想得清楚，说得明白。所以写话跟意思的浅近高深没有关系，好比写文言跟意思的浅近高深没有关系一个样。

　　至于通俗，那是当然的效果。你写的是大家说惯听惯的话，就读者的范围说，当然比较广。

　　那么写话是为什么呢？

　　写话是要用现代的活的语言写文章，不用古代的书面的语言写文章——是要用一套更好使的，更有效的语言。用现代的活的语言，只要会写字，能说就能写。写出来又最亲切。

写话是要写成的文章句句上口，在纸面上是一篇文章，照着念出来就是一番话。上口，这是个必要的条件。上不得口，还能算话吗？通篇上口的文章不但可以念，而且可以听，听起来跟看起来念起来一样地清楚明白，不发生误会。

有人说，话是话，文章是文章，难道一点距离也没有？距离是有的。话不免啰嗦，文章可要干净。话说错了只好重说，文章写错了可以修改。说话可以靠身势跟面部表情的帮助，文章可没有这种帮助。这些都是话跟文章的距离。

假如有一个人，说话一向很精，又干净又不说错，也不用靠身势跟面部表情的帮助，单凭说话就能够通情达意，那么照他的话记下来就是文章，他的话跟文章没有距离。不如他的人呢，就有距离，写文章就得努力消除这种距离。可是距离消除之后，并不是写成另外一套语言，他的文章还是话，不过是比平常说得更精的话。

又有人说，什么语言都上得来口，只要你去念，辞赋体的语言像《离骚》，人工制造的语言像骈文，不是都念得来吗？这样问的人显然误会了。所谓上口，并不是说照文章逐字逐句念出来，是说念出来跟咱们平常说话没有什么差别，非常顺，叫听的人听起来没有什么障碍，好像听平常说话一样。这得就两项来检查，一项是语言的材料——语汇，一项是语言的组织形式——语法。这两项跟现代的活的语言一致，就上口，不然就不上口。我随便翻看一本小册子，看见这样的语句，是讲美国资产阶级自由主义者支配的几种刊物的："……在不重要的地方，大资产阶级让他们发点牢骚，点缀点'民主'风光，在重要的地方，则用不登广告的办法，使他们就范。"不说旁的，单说一个"则"，就不是现代语言的语汇，是上不得口，说不来的。就在那本小册子里，又看见这样的语句，是讲美国司法界的黑暗的："有好多人，未等到释放，便冤死狱中。"不说旁的，单说按照现代语言的组织形式，"冤死"跟"狱中"中间得加个"在"，说成"冤死狱中"是文言的组织形式，不是现代语言的组织形式，是上不得口，说不来的。

或许有人想，这样说未免太机械了，语言是发展的，在现代的语言里来个"则"，来个"冤死狱中"，只要大家通用，约定俗成，正是语言的发展。我想所谓语言的发展并不是这样的意思。实际生活里有那样一种需要，可是现代的语言里没有那样一种说法，只好向古代的语言讨救兵，这就来了个"咱们得好好酝酿一下"，来了个"以某某为首"。"酝酿"本来是个古代语言里的语汇，"以……为……"本来是文言的组织形式，现在参加到现代的语言里来了，说起来也顺，听起来也清：这是一种发展情形（还有别种发展情形，这儿不多说）。"则"跟"冤死狱中"可不能够同这个相提并论。现在在文章里用"则"的人很多，但是说话谁也不说"则"，可见这个"则"上不得口，又可见非"则"不可的情形是没有的。"冤死狱中"如果可以承认它是现代的语言的组织形式，那么咱们也得承认"养病医院里""被压迫帝国主义势力之下"是现代的语言的组织形式，但是谁也知道"养病"跟"被压迫"底下非加个"在"不可，不然就不成话。

还可以从另外一方面想。既然"则"可以用，那么该说"了"的地方不是也可以写成"矣"吗？该说"所以"的地方不是也可以写成"是故"吗？诸如此类，不用现代语言的语汇也可以写话了。既然"冤死狱中"可以用，那么该说"没有知道这回事"的地方不是也可以写成"未之知"吗？该说"难道是这样吗"的地方不是也可以写成"岂其然乎"吗？诸如此类，不照现代语言的组织形式也可以写话了。如果这样漫无限制，咱们就会发现自己回到三十年以前去了，咱们写的原来是文言。所以限制是不能没有的，哪一些是现代语言的词汇跟组织形式，哪一些不是，是不能不辨的。不然，写成的文章上不得口，不像现代的语言，那是当然的事。咱们看《镜花缘》，看到淑士国里那些人物的对话觉得滑稽，忍不住要笑，就因为他们硬把上不得口的语言当话说。咱们既然要写话，不该竭力避免做淑士国的人物吗？

不愿意做淑士国的人物，最有效的办法是养成好的语言习惯。语言习惯好，写起文章来也错不到哪儿去，只要你不做作，不把写文章看成稀奇古怪的另外一套。

把写成的文章念一遍是个好办法，可以检查是不是通篇上口。不要把它当文章念，要把它当话说，看说下去有没有不上口的地方，有没有违反现代语言规律的地方，如果它不是写在纸面的文章，是你口头说的话，是不是也那样说。

还可以换个立场，站在听话的人的立场，你自己听听，那样一番话是不是句句听得清，是不是没有一点儿障碍，是不是不发生看了淑士国里那些人物的对话那样的感觉。

还有个检查的办法。你不妨想一想，你那篇文章如果不用汉字写，用拼音文字写，成不成。有人说，咱们还在用汉字，还没有用拼音文字，所以做不到真正的写话。这个话也有道理。但是，为了检查写话，就把汉字当拼音文字用，也不见得不可以。一个语词有一个或者几个音，尽可以按着音写上适当的汉字。这样把汉字当拼音文字用，你对语言的看法就完全不同了，你会发觉有些话绝对不应该那样说，有些话只能够写在纸面，不能够放到口里。经过这样检查，再加上修正，距离真正的写话就不远了。

（1950 年 12 月 25 日作，原载于《新观察》1951 年第 2 卷第 1 期）

写文章跟说话

　　写文章跟说话是一回事儿。用嘴说话叫作说话，用笔说话叫作写文章。嘴里说的是一串包含着种种意思的声音，笔下写的是一串包含种种意思的文字，那些文字就代表说话时候的那些声音。只要说的写的没有错儿，人家听了声音看了文字同样能够了解我的意思，效果是一样的。

　　写文章跟说话是一回事儿。要有意思才有话说。没有意思硬要说，就是瞎说。意思没有想清楚随便说，就是乱说。瞎说乱说都算不得好好地说话。用笔说话，情形也一个样。嘴里该怎么说的，笔下就该怎么写。嘴里不那么说的，笔下就不该那么写。写文章决不是找一些稀奇古怪的话来写在纸上，只不过把要说的话用文字写出来罢了。

　　小朋友不要听见了"作文""写文章"，以为是陌生的事儿，困难的事儿。只要这么想一想：这就是用笔说话呀。谁不会说话？谁不需要说话？想过之后，自然就觉得"作文""写文章"是稀松平常的事儿了。而且，从小学一年级起，小朋友就写"爸爸做工""妈妈洗衣服"这类的句子，这就是用笔说话的开头。如果开了头一直不断地写，三年、四年、五年，用笔说话的习惯必然养成了。这时候，谁叫不要写就觉得被剥夺了自由，能够随意地写正是极度的自由，哪会有嫌陌生怕困难的？

认定了写文章跟说话是一回事儿，就不必另外花什么功夫，只要把话说好就是了。话是本该要说好的，不写文章也得说好。咱们天天说话，时时说话，说不好怎么行？说好了的时候，文章也能写好了。咱们平常说谁的文章好，谁的不好，意思也是指的说好说不好。

现在要问，怎么才算把话说好？花言巧语，言不由衷，好不好？认是为非，将虚作实，好不好？含含糊糊，不明不白，好不好？颠三倒四，噜里噜苏，好不好？

问下去可以问得很多，不要再问吧。就把上面问的几点来想一想，那样的话决不会有人说好。在前的两点是不老实，在后的两点是不明确。说不老实的话，谁都知道无非想欺人骗人，怎么要得？说不明确的话，在自己是说了等于没有说，在人家是听了一阵莫名其妙，怎么能算说好？

咱们不妨简单地这么说：说话又老实又明确才算说好。以外当然还有可以说的，可是老实跟明确是最根本的两点。做到这两点，才可以谈旁的。这两点也做不到，旁的就不用谈了。

"作文""写文章"到底是怎么一回事儿呢？回答也简单，就是用笔说又老实又明确的话。

（选自叶圣陶、华罗庚等著《怎样学习得好》，青年出版社 1951 年版）

和教师谈写作

一、想清楚然后写

想清楚然后写，这是个好习惯。养成了这个好习惯，写出东西来，人家能充分了解我的意思，自己也满意。

谁都可以问一问自己，平时写东西是不是想清楚然后写的？要是回答说不，那么写不好东西的原因之一就在这里了（当然还有种种原因）。往后就得自己努力，养成这个好习惯。

不想就写，那是没有的事。没想清楚就写，却是常有的事。自以为想清楚了，其实没想清楚，也是常有的事。

没想清楚也能写，那时候情形怎么样呢？边写边想，边想边写。这样地想，本该是动笔以前的事，现在却就拿来写在纸上了。假如动笔以前这样地想，还得有所增删，有所调整，然后动笔，现在却已经成篇了。

这样写下来的东西，假如把它看作草稿，再加上增删和调整的功夫才算数，也未尝不可。事实上确也有些人肯把草稿看过一两遍，多少改动几处的。但是有两点很难避免。既然写下来了，这就是已成之局，而一般心理往往迁就已成之局，懒得作太大的改动，因此，专靠事后改动，很可能不及事先通盘考虑的好，这是一点。东西写成了，需要紧迫，得立刻拿出去，连稍微改动一下也等不及，这是又一点。有这两点，东西虽然写成，可是自己看看也不满意，至于能不能叫人家充分了解我的意思，那就更难说了。

这样说来，自然应该事先通盘考虑，就是说，应该想清楚然后写。

什么叫想清楚呢？为什么要写，该怎样写，哪些必要写，哪些用不着写，哪些写在前，哪些写在后，是不是还有什么缺漏，从读者方面着想是不是够明白了……诸如此类的问题都有了确切的解答，这才叫想清楚。

要写东西，诸如此类的问题都是非解答不可的。与其在写下草稿之后解答，不如在动笔以前解答。"凡事预则立"，不是吗？

想清楚其实并不难，只要抓住关键，那就是为什么要写。如果写信，为什么要写这封信？如果写报告，为什么要写这篇报告？如果写总结，为什么要写这篇总结？此外可以类推。

如果不为什么，干脆不用写。既然有写的必要，就不会不知道为什么。这个为什么好比是个根，抓住这个根想开来，不以有点儿朦胧的印象为满足，前边提到的那些问题都可以得到解答。这样地想，是思想方法上的过程，也是写作方法上的过程。写作方法跟思想方法原来是二而一的。

怕的是以有点儿朦胧的印象为满足。前边说的自以为想清楚了，其实没有想清楚，就指这种情形。

教学生练习作文，要他们先写提纲，就是要他们想清楚后写，不要随便一想就算，以有点儿朦胧的印象为满足。先写提纲的习惯养成了，一辈子受用不尽，而且受用不仅在写作方面。我们自己写东西，当然也要先想清楚，写下提纲，然后按照提纲顺次地写。提纲即使不写在纸上，也得先写在心头，那就是所谓腹稿。叫腹稿，岂不是已经成篇，不再是什么提纲了吗？不错，详细的提纲就跟成篇的东西相差不远。提纲越详细，也就是想得越清楚，写成整篇越容易，只要把扼要的一句化为充畅的几句，在需要接榫的地方适当地接上榫头就是了。

这样写下来的东西，还不能说保证可靠，得仔细看几遍，加上斟酌推敲的功夫。但是，由于已成之局的"局"基础好，大体上总不会错到哪里去。如果需要改动，也是把它改得更好些，更妥当些，而不是原稿简直要不得。

这样写下来的东西，基本上达到了要写这篇东西的目的，作者自己总不会感到太不满意。人家看了这样写下来的东西，也会了解得一清二楚，不发生误会，不觉得含糊。

想清楚然后写，朋友们如果没有这个习惯，不妨试一试，看效果怎样。

（原载于《教师报》4月11日）

二、修改是怎么一回事

写完了一篇东西，看几遍，修改修改，然后算数，这是好习惯。工作认真的人，写东西写得比较好的人，大都有这种好习惯。语文老师训练学生作文，也要在这一点上注意，教学生在实践中养成这种好习惯。

修改究竟是怎么一回事呢？

从表面看，自然是检查写下来的文字，看有没有不妥当的地方，如果有，就把它改妥当。但是文字是语言的记录，语言妥当，文字不会不妥当，因此，需要检查的，其实是语言。

怎样的语言才妥当，怎样的语言就不妥当呢？这要看有没有充分地确切地表达出所要表达的意思（也可以叫思想），表达得又充分又确切了，就是妥当，否则就是不妥当，需要修改。这样寻根究底地一想，就可见需要检查的，其实是意思；检查过后，认为不妥当需要修改的，其实是意思。

这本来是自然的道理，可是很有些人不领会。常听见有人说："这篇东西基本上不错，文字上还得好好修改。"好像文字和意思是两回事，竟可以修改文字而不变更意思似的。实际上哪有这样的事？凡是修改，都由于意思需要修改，一经修改就变更了原来的意思。

譬如原稿上几层意思是这样排列的，检查过后，发觉这样排列不妥当，须得调动一下，做那样的排列，这不是变更了原来的意思的安排吗？

譬如原稿上有这一层意思，没有那一层意思，检查过后，发觉这一层意思用不着，应该删去，那一层意思非有不可，必须补上，这不是增减了原来的意思的内容吗？增减内容就是增减意思。

譬如原稿上用的这个词，这样的句式，这样的接榫，检查过后，发觉这个词不贴切，应该用那个词，这样的句式和这样的接榫不顺当，应该改成那样的句式和那样的接榫，这不是变更了原来的词句吗？词句需要变更，不为别的，只为意思需要变更。前边说的不贴切和不顺当，都是指意思说的。你觉得"发动"这个词不好，要改"推动"，你觉得某地方要加个"的"字，某地方要去个"了"字，那是根据意思决定的。

说到这儿，似乎可以得到这样的理解：修改必然会变更原来的意思，不过变更有大小不同；大的变更关涉到全局，小的变更仅限于枝节，也就是一词一句。修改是就原稿再仔细考虑。全局和枝节全都考虑到，目的在尽可能做到充分地确切地表达出所要表达的意思。实际情形不是这样吗？

这样的理解很关重要。有了这样的理解，对修改就不肯草率从事。

把这样的理解贯彻在实践中，才能养成修改的好习惯。

（1958 年 4 月 7 日作，原载于《教师报》4 月 18 日）

三、把稿子念几遍

写完一篇东西，念几遍，对修改大有好处。

报社杂志社往往接到一些投稿，附有作者的信，信里说稿子写完之后没心思再看，现在寄给编辑同志，请编辑同志给看一看，改一改吧。我要老实不客气地说，这样的态度是要不得的。写完之后没心思再看，这表示对稿子不负责任；请编辑同志给看一看，改一改，这表示把责任推到编辑同志身上，编辑同志为什么非代你担负这个责任不可呢？

我们应该有个共同的理解，修改肯定是作者分内的事。

有人说，修改似乎没有止境，改了一遍两遍，还可以改第三遍第四遍，究竟改到怎样才算完事呢？我想，改到自己认为无可再改，那就算尽了责任了。也许水平高的人看了还可以再改，但是我没有他那样的水平，一时要达到他的水平是勉强不来的。

修改稿子不要光是"看"，要"念"，就是把全篇稿子放到口头说说看。也可以不出声念，只在心中默默地说。一路念下去，疏忽的地方自然会发现。下一句跟上一句不接气啊，后一段跟前一段连得不紧密啊，词跟词的配合照应不对头啊，句子的成分多点儿或者少点儿啊，诸如此类的毛病都可以发现。同时也很容易发现该怎样说才接气，才紧密，才对头，才不多不少，而这些发现正就是修改的办法。

曾经问过好些人，有没有把稿子念几遍的习惯，有没有依据念的结果修改稿子的习惯。有人说有，有人说没有。我就劝没有这种习惯的人不妨试试看。他们试了，其中有些人后来对我说，这个方法有效验，不管出声不出声，念下去觉得不顺当，顿住了，那就是需要修改的地方，再念几遍，修改的办法也就来了。

这是很容易理解的。念下去顺当，就因为语言流畅妥帖，而语言流畅妥帖，也就是意思的流畅妥帖。反过去，念下去不顺当，必然是语言有这样那样的疙瘩，而语言的任何疙瘩，也就是思想上的疙瘩。写东西表达意思，本来跟说一番话情形相同，所不同的仅仅在于说话用嘴，写东西用笔。因此，用念的办法——也就是用说话的办法来检验写成的稿子，最为方便而且有效。

古来文章家爱谈文气，有种种说法，似乎很玄妙。依我想，所谓文气的最实际的意义无非念下去顺当，语言流畅妥帖。念不来的文章必然别扭，就无所谓文气。现在我们不谈文气，但是我们训练学生说话作文，特别注重语言的连贯性，个个词要顺当，句句话要顺当，由此做到通体顺当。这跟古人谈文气其实相仿。语言的连贯性怎样，放到口头去说，最容易辨别出来。修改的时候"念"稿子大有好处，理由就在这里。

（1958 年 4 月 15 日作，原载于《教师报》4 月 25 日）

四、平时的积累

写任何门类的东西，写得好不好，妥当不妥当，当然决定于构思、动笔、修改那一连串的功夫。但是再往根上想，就知道那一连串的功夫之前还有许多功夫，所起的决定作用更大。那许多功夫都是在平时做的，并不是为写东西作准备的，一到写东西的时候却成了极关重要的基础。基础结实，构思、动笔、修改总不至于太差，基础薄弱，构思、动笔、修改就没有着落，成绩怎样就难说了。

写一篇东西乃至一部大著作虽然是一段时间的事，但是大部分是平时积累的表现。平时的积累怎样，写作时候的努力怎样，两项相加，决定写成的东西怎样。

现在谈谈平时的积累。

举个例子，写东西需要谈到某些草木鸟兽的形态和生活，或者某些人物的状貌和习性，是依据平时的观察和认识来写呢，还是现买现卖，临时去观察和认识来写呢？回答大概是这样：多半依据平时的观察和认识，现买现卖的情形有时也有，但是光靠临时的观察和认识总不够。因为临时的观察认识不会怎么周到和真切。达到周到和真切要靠日积月累。日积月累并不为写东西，咱们本来就需要懂得某些草木鸟兽，熟悉某些人物的。而写东西需要谈到那些草木鸟兽那些人物，那日积月累的成绩就正好用上了。一般情形不是这样吗？

无论写什么东西，立场观点总得正确，思想方法总得对头。要不然，写下来的绝不会是有意义的东西。正确的立场观点是从斗争实践中得来的。立场观点正确，思想方法就容易对头。这不是写东西那时候的事，而是整个生活里的事，是平时的事。平时不错，写东西错不到哪儿去，平时有问题，写东西不会没有问题。立场观点要正确，思想方法要对头，并不为写东西，咱们在社会主义社会里做公民本来应当这样。就写东西而言，唯有平时正确和对头，写东西才会正确和对头。平时正确和对头也就是平时的积累。

写东西就得运用语言。语言运用得好不好，在于得到的语言知识确切不确切，在于能不能把语言知识化为习惯，经常实践。譬如一个词或者一句成语吧，要确切地知道它的意义而不是望文生义，还要确切地知道它在哪样的场合才适用，在哪样的场合就不适用，知道了还要用过好些回，回回都得当，才算真正掌握了那个词或者那句成语。这一批词或者成语掌握了，还有其他的词或者成语没掌握。何况语言知识的范围很广，并不限于词或者成语方面。要在语言知识方面都有相当把握，显然不是一朝一夕的事，非日积月累不可。积累得多了，写东西才能运用自如。平时的积累并不是为了此时此刻要写某一篇东西，而是由于咱们随时要跟别人互通情意，语言这个工具本来就必须掌握好。此时此刻写某一篇东西，语言运用得得当，必然由于平时的积累好。

写东西靠平时的积累，不但著作家、文学家是这样，练习作文的小学生也是这样。小学生今天作某一篇文，其实就是综合地表现他今天以前的知识、思想、语言等等方面的积累。咱们不是著作家、文学家，也不是小学生，咱们为了种种需要，经常写些东西，情形当然也是这样。为要写东西而注意平时的积累，那是本末倒置。知识、思想、语言等等方面本来需要积累，不写东西也需要积累，但是所有的积累，还是写东西的极重要的基础。

（1958 年 4 月 22 日作，原载于《教师报》5 月 2 日）

五、写东西有所为

写东西，全都有所为。如果无所为，就不会有写东西这回事。

有所为有好的一面，有不好的一面。咱们自然该向好的一面努力，对于不好的一面，就得提高警惕，引以为戒。

譬如写总结，是有所为，为的是指出过去工作的经验教训和今后工作的正确途径，借此推进今后的工作，提高今后的工作。譬如写通讯报道，是有所为，为的是使广大群众知道各方面的实况，或者是思想战线方面的，或者是生产战线方面的，借此提高大家的觉悟，鼓励大家的干劲。譬如写文艺作品，诗歌也好，小说故事也好，戏剧曲艺也好，都是有所为，为的是通过形象把一切值得表现的人和事表现出来，不仅使人家知道而已，还能使人家受到感染，不知不觉中增添了前进的活力。要说下去还可以说许多。

就前边所举的来看，这些东西都是值得写的，所为的都是对社会主义革命社会主义建设有好处的。从前有些文章家号召"文非有益于世不作"。现在咱们也应该号召"文非有益于世不作"，当然，咱们的"益"和"世"跟前人说的不同。咱们写东西为的是有益于社会主义之世。

所为的对头了，跟上去的就是尽可能写好。还用前边所举的例子来说，写成的总结的确有推进工作提高工作的作用，写成的通讯报道的确把某方面的实况说得又扼要又透彻，写成的文艺作品的确有感染人的力量，就叫写好。有所为里头本来包含这个要求，就是写好。如果不用力写好，或者用了力而写不好，那就是徒然怀着有所为的愿望，结果却变成无所为了。

从前号召"文非有益于世不作"的文章家看不起两类文章，一类是八股文，一类是"谀墓之文"。这两类文章他们也作，但是他们始终表示看不起。作这两类文章，为的是什么呢？为要应科举考试，取得功名利禄，就必须作八股文。为要取得些润笔（就是稿费），或者要跟人家拉拢一下，就不免作些"谀墓之文"。

八股文什么样儿，比较年轻的朋友大概没见过。这儿也不必详细说明。八股文的题目有一定的范围，该怎样说也有一定的范围，写法有一定的程式。总之，要你像模像样说一番话，实际上可不要你说一句自己的真切的话。换句话说，就是要你像模像样说一番空话，说得好就可以考上，取得功名利禄。从前统治者利用八股文来笼络人，用心的坏在此，八股精神的要不得也在此。现在不写八股文了，可是有"党八股"，有"洋八股"，这并非指八股文的体裁而言，而是指八股精神而言。凡是空话连篇，不联系实际，不解决问题，虽然不是八股文而继承着八股精神的，就管它叫"八股"。

"谀墓之文"指墓志铭、墓碑、传记之类。一个人死了，子孙要他不朽，就请人作这类文章。作文章的人知道那批子孙的目的要求，又收下了润笔，或者还有种种社会关系，就把一个无聊透顶的人写成足为典范的正人君子。这类文章有个共同的特点，满纸是假话。假话不限于"谀墓之文"，总之假话是要不得的。

从前的文章家看不起八股文和"谀墓之文"，就是不赞成说空话假话，这是很值得赞许的。但是他们为了应试，为了润笔，还不免要写他们所看不起的文章，这样的有所为，为的无非"名利"二字，那就大可批评了。现在咱们写东西要有益于社会主义之世，咱们的有所为，为的唯此一点。如果自己检查，所为的还有其他，如"名利"之类，那就必须立即把它抛弃。唯有这样严格地要求自己，才能永远不说空话假话，写下来的东西才能多少有益于社会主义之世。

（1958 年 5 月 5 日作，原载于《教师报》5 月 9 日）

六、准确·鲜明·生动

写东西全都有所为，要把所为的列举出来，那是举不尽的。总的说来，所为的有两项，一项是有什么要通知别人，一项是有什么要影响别人。假如什么也没有，就不会有写东西这回事。假如有了什么而不想通知别人或者影响别人，也不会有写东西这回事。写日记和读书笔记跟别人无关，算是例外，不过也可以这样说，那是为了通知将来的自己。

通知别人，就是把我所知道的告诉别人，让别人也知道。影响别人，就是把我所相信的告诉别人，让别人受到感染，发生信心，引起行动。无论是要通知别人还是要影响别人，只要咱们肯定写些什么总要有益于社会主义之世，就可以推知所写的必须是真话、实话，不能是假话、空话。假话、空话对别人毫无好处，怎么可以拿来通知别人呢？假话、空话对别人发生坏影响，那更糟了，怎么可以给别人坏影响呢？这样想，自然会坚决地作出判断，非写真话、实话不可。

真话、实话不仅要求心里怎样想就怎样说，怎样写。譬如不切合实际的认识，不解决问题的论断，这样那样的糊涂思想，我心里的确是这样想的，就照样说出来或者写下来，这是真话、实话吗？不是。真话、实话还要求有个客观的标准，就是准确性。无论心里怎样想，必须所想的是具有准确性的，照样说出来或者写下来才是真话、实话。不准确，怎么会"真"和"实"呢？"真"和"实"是注定跟准确连在一起的。

立场和观点正确的，一步一步推断下来像算式那样的，切合事物的实际的，足以解决问题的，诸如此类的话就是具有准确性的，就是名实相符的真话、实话。

准确性这个标准极重要。发言吐语，著书立说，都需要用这个标准来衡量。具有准确性的话才是真话、实话，才值得拿来通知别人，才可以拿来影响别人。

除了必须具有准确性而外，还要努力做到所写的东西具有鲜明性和生动性。

鲜明性的反面是晦涩、含糊。生动性的反面是呆板、滞钝。要求鲜明性和生动性，就是要求不晦涩，不含糊，不呆板，不滞钝。这好像只是修辞方面的事，其实跟思想认识有关联。总因为思想认识有欠深入处，欠透彻处，表达出来才会晦涩、含糊。总因为思想认识还不能像活水那样自然流动，表达出来才会呆板、滞钝。这样说来，鲜明性、生动性跟正确性分不开。所写的东西如果具有充分的准确性，也就具有鲜明性、生动性了。具有鲜明性、生动性，可是准确性很差，那样的情形是不能想象的。在准确性之外还要提出鲜明性和生动性，为的是给充分的准确性提供保证。

再就通知别人或者影响别人着想。如果写得晦涩、含糊，别人就不能完全了解我的意思，甚至会把我的意思了解错。如果写得呆板、滞钝，别人读下去只觉得厌倦，不发生兴趣，那就说不上受到感染，发生信心，引起行动。这就可见要达到通知别人或者影响别人的目的，鲜明性和生动性也是必不可少的。

（1958 年 5 月 13 日作，原题为《再从有所为谈起》，原载于《教师报》5 月 16 日）

七、写什么

许多教师都想动动笔，写些东西，这是非常好的事情，能经常写些东西，大有好处。

写东西是怎么一回事呢？无非把所见所闻所思所感想一想，想清楚了，构成个有条有理的形式，用书面语言固定下来。那些东西在脑子里的时候往往是朦胧的，不完整的。要是不准备把它写下来，朦胧地、不完整地想过一通也就算了，过些时也许就忘了。那些东西如果是无关紧要的，随便想过一通就算，也没有什么。如果是比较有意义的，对人家或者对自己有用处的，那就非常可惜，为什么不想一想，把它想清楚呢？即使不准备写下来，也可以多想几遍，构成个有条有理的形式，储藏在记忆里。写下来是个很有效的办法，叫你非想清楚不可。对于任何东西，不肯随便想过一通就算，非想清楚不可，这是大有价值的习惯，好处说不尽。因此，谁都应该通过经常写些东西的办法，养成这种习惯。

写什么呢？在今天，可写的东西太多了。几乎可以说，环绕着咱们的全是可写的东西，咱们所感知所领会所亲自参加的全是可写的东西。

试想，思想解放，敢想敢做，领导和群众交互影响，精神面貌和实际工作的变化发展越来越快，不是值得写吗？各地普遍地兴修水利，改进耕种，创制工具，举办工业，情况各式各样，精神殊途同归，不是值得写吗？什么工程兴建了，什么矿厂投入生产了，什么地方发现丰富的矿藏了，什么地方找到极有用的野生植物了，不是值得写吗？教师最切近的是学校，就学校说，勤工俭学，教学改进，教师自己思想的不断改造，学生认识上和实践上的深刻变化，不是值得写吗？

这儿提到的这些已经不少了，可是值得写的还不止这些。那么，究竟选哪些题目来写好呢？简单地说，自问了解得比较确切的，感受得比较深刻的，就是适于写的题目。自问了解得不怎么确切，感受得不怎么深刻，虽然是值得写的题目也不要勉强写。这样选题目写东西，可以得到写东西的好处，像前边所说的，而且所写的东西多少总有益于社会主义之世，像前几篇短文里谈到的。

经常写些东西，语文教师更有必要。语文教师要给学生讲解课文，要指导学生练习作文，要批改学生的作文，这些工作全都涉及文章的思想内容和表达方式。做好这些工作，平时要深入学习教育的方针和政策，努力钻研教学的原理和方法。如果经常能用心写些东西，这些工作将会做得更好。自己动手写，最能体会到写文章的甘苦。自己的真切的体会跟语文教学结合起来，讲解就会更透彻，指导就会更恰当。常言道熟能生巧，经常写些东西，就是达到"熟"的一个重要法门。

(1958 年 6 月 21 日作，原载于《教师报》6 月 27 日)

八、挑能写的题目写

前一回我值得写的题目很多，要挑了解得比较确切的，感受得比较深刻的来写。为什么这样说呢？

某个题目值得写是一回事，那个题目我能不能写又是一回事。譬如，创制新农具改良旧农具的事，目前正像风起云涌，这当然是个值得写的题目。我能不能写呢？那要看我了解得怎样。如果我了解一两种农具创制或改良的实际情形，或者了解创制或改良的一般倾向和所得效益，就能写。如果都不甚了了，就不能写。又如，参加修建十三陵水库的义务劳动，这当然是个值得写的题目。我能不能写呢？那要看我感受得怎样。如果我从集体劳动中确有体会，或者从工地上的某个场面受到深切的感动，就能写。如果没有什么体会，也并不怎样感动，就不能写。

总之，不但要挑值得写的题目，还要问那个题目自己能不能写。题目既然值得写，自己又能写，写起来就错不到哪儿去。辨别能不能写，只要问自己对那个题目是否了解得比较确切，感受得比较深刻。

了解和感受还没到能写的程度，只为题目值得写就写，这样的事也往往有。有时候一动手立刻碰到困难，一支笔好像干枯的泉源，渗不出一滴水来。还是用前边举过的例子来说。譬如写创制农具或改良农具的事，那农具的构造怎样，原理怎样，效用怎样，全都似懂非懂，不大清楚，那怎能写下去呢？又如写参加修建十三陵水库的事，除了"热烈""伟大""紧张"之类的形容词再没有什么感受可说的，专用一些形容词怎能成篇呢？存心要写这两个题目，当然有办法：暂且把笔放下，再去考察农具的创制或改良的实际情形，再去十三陵好好儿劳动几天。"再去"之后，有了了解和感受，自然就能写了。

题目虽然值得写，作者了解得不怎么确切，感受得不怎么深刻，就没法写。没法写而硬要写，那不是练习写东西的好办法，得不到练习的好处。咱们要养成这么一种习惯，非了解得比较确切不写，非感受得比较深刻不写，这才练习一回有一回的长进。（这儿用"练习"这个词，不要以为小看了咱们自己。

咱们要学生练习作文，咱们自己每一回动笔，其实也是练习的性质。谁敢说自己写东西已经达到神乎其技的地步，从整个内容到一词一句全都无懈可击呢?)

写东西总是准备给人家读的，所以非为读者着想不可。读者乐意读的正是咱们的了解和感受。道理很简单，他们读了咱们所写的东西，了解了咱们所了解的，感受了咱们所感受的，思想感情起了交流作用，经验范围从而扩大了，哪有不乐意的？咱们不妨站在读者的地位问一问自己：如果自己是读者，对自己正要写的那篇东西是不是乐意读？读了是不是有一些好处？如果是的，写起来更可以保证错不到哪儿去。

（1958 年 6 月 26 日作，原载于《教师报》7 月 4 日）

"教师下水"

在成都听一位中学老师谈，他学校里领导方面向语文老师提出"教师下水"的号召，很有意思。"下水"是从游泳方面借过来的。教游泳当然要讲一些游泳的道理，但是教的人熟识水性，跳下水去游几阵给学的人看，对学的人好处更多。语文老师教学生作文，要是老师自己经常动笔，或者作跟学生相同的题目，或者另外写些什么，就能更有效地帮助学生，加快学生的进步。经常动笔，用比喻的说法说，就是"下水"。这无非希望老师深知作文的甘苦，无论取材布局，遣词造句，知其然又知其所以然，而且非常熟练，具有敏感，几乎不假思索，而自然能左右逢源。这样的时候，随时给学生引导一下，指点几句，全是最有益的启发，最切用的经验，学生只要用心领会，努力实践，作一回文就有一回的进步。

老师出身于学生，当学生的时候谁不曾练习作文，当了老师之后，或者工作上需要，或者个人有兴趣，经常动动笔的也有之。但是就多数而言，为了老师就只教学生作文，而自己不作文了。只教而不作，能派用场的不就是学生时代得来的一点儿甘苦吗？老话说，三日不弹，手生荆棘，这点儿甘苦保得住永不褪色吗？固然，讲语法修辞的书，讲篇章结构的书，都可以拿来参考，帮助教学。但是真要对学生练习作文起作用，给学生切合实际的引导和指点，还在乎老师消化那些书而不是转述那些书，还在乎老师在作文的实践中深知作文的甘苦。因此，经常动动笔是大有好处的。"教师下水"确然是个切要的号召。

试拿改文作例子来说说。给学生改文，最有效的办法是当面改。当面改可以提起笔来就改，也可以跟学生共同念文稿，遇到需要改的地方就顿住，向学生提出些问题，如"这儿怎么样""这儿说清楚了没有"之类，让学生自己去考虑。两种办法比较起来，后一种对学生尤其有好处。学生经这么一点醒，本来忽略了的地方他注意了，他动脑筋了。脑筋动过之后，可能的情形有二。一是他悟出来了，原稿写得不对，该怎么样才对。这多好啊，这个不对那个对由他自己悟出，印象当然最深刻。二是他动过脑筋还是不明白，不知道老师为什么要在这儿向他提问题。这时候他感到异常困惑，在这异常困惑的时候听老师的改正，也将会终身忘不了。前面说，让学生自己去考虑的办法对学生尤其有好处，理由就在此。现在要说的是老师要念下去就要有数，哪儿该给学生点醒，哪儿该提怎么样的问题给学生点醒最有效，这并不是轻易办得了的。要不是对作文非常熟练，具有敏感，势将无能为力。怎么达到非常熟练，具有敏感的境界呢？唯有经常动动笔，勤写多作而已。

当面改不是经常可行的办法。一般是把全班的文稿改好，按期给学生评讲导。只要评讲得当，指导切要，而且能使学生真正领会，深印脑筋，当然也是有效的办法。既然如此，就不能说某一段不怎么好，所以要改，某一句不大通顺，所以要改，必须扣得很准，辨得很明确，某一段为什么不好，所以要改，某一句为什么不通顺，所以要改，评讲才有可靠的资料，指导才有确切的依据。而要处处能扣准，处处能辨明确，哪怕一个"的"字一个"了"字，增删全有交代，哪怕一个逗号一个问号，改动全有理由，非对作文非常熟练，具有敏感不可。怎么达到非常熟练，具有敏感的境界呢？唯有经常动动笔，勤写多作而已。

作文教学的事不限于改文。总之，凡是有关作文的事老师实践越多，经验越丰富，给学生的帮助就越大。教学的方式方法多种多样，自然要仔细研究，看准本班学生的实际，乃至某一个学生的实际，挑选适当的来应用。但是老师的实践是根本，老师从实践中得来的经验是根本。根本深固，再加上适当的教学的方式方法，成绩就斐然可观了。

记得开国之初，新华通讯社发动一个"练笔运动"，要求社中人员认真地经常地练习作文。当时我非常拥护这个运动。通讯社担任的宣传报道的工作，而直接跟读者见面的，没有别的，唯有写出来的文章。要是文章差点儿，问题不在乎文章不好，而在乎做不好宣传报道的工作。因此，"练笔"是非常必要的。现在说到语文老师。语文老师担任的工作，有一项是教学生作文，而教好作文，根本在乎老师深知作文的甘苦。那么，"练笔"不是也非常必要吗？语文老师"练笔"，通讯社人员"练笔"，目的似乎不同，其实并无不同，都是为做好所担任的工作而"练笔"。我非常拥护"教师下水"的号召，乐于写这篇短文来宣传，就是为此。

还可以推广开来说几句。语文老师担任的工作，再有一项是讲读教学。讲读教学，就是教学生读书。跟教作文一样，唯有老师善于读书，深有所得，才能教好读书。只教学生读书，而自己少读书或者不读书，是不容易收到成效的。因此，在读书方面，也得号召"教师下水"。

（1961 年 6 月 26 日作，原载于《文汇报》1961 年 7 月 22 日）

图书在版编目（CIP）数据

教是为了不需要教：叶圣陶教育文选. 上册/叶圣陶著；朱永新选编.
--北京：开明出版社，2023.1

（开明教育书系/蔡达峰主编）

ISBN 978-7-5131-7385-8

Ⅰ.①教… Ⅱ.①叶… ②朱… Ⅲ.①叶圣陶(1894-1988)-教育思想
-文集 Ⅳ.①G40-092.7

中国版本图书馆 CIP 数据核字(2022)第 191322 号

出 版 人：陈滨滨
责任编辑：卓　玥　孟嘉悦

教是为了不需要教：叶圣陶教育文选

JIAOSHIWEILEBUXUYAOJIAO：YESHENGTAOJIAOYUWENXUAN

出　版：开明出版社
　　　　（北京海淀区西三环北路 25 号　邮编 100089）
印　刷：保定市中画美凯印刷有限公司
开　本：710×1000　1/16
印　张：38
字　数：590 千字
版　次：2023 年 1 月第 1 版
印　次：2023 年 1 月第 1 次印刷
定　价：130.00 元（全二册）

印刷、装订质量问题，出版社负责调换。联系电话：（010）88817647

开明教育书系

蔡达峰 ○ 主编

教是为了不需要教

叶圣陶教育文选·下册

叶圣陶 ○ 著

朱永新 ○ 选编

开明出版社

“开明教育书系”丛书编委会

主　　任　　蔡达峰

副 主 任　　朱永新

委　　员　　张雨东　　王　刚　　陶凯元

　　　　　　庞丽娟　　黄　震　　高友东

　　　　　　李玛琳　　刘宽忍　　何志敏

丛书主编　　蔡达峰

第三辑　教师论

第四辑　素质教育论

第五辑　家庭教育论

第
三
辑

教
师
论

在言子庙

民国元年（公元 1912 年）

六月　[全录]

一号　晴。到校至早。第一时算术，出题练习，向隅者止四五人，似稍有进步矣。为教师者已觉大增兴趣。则学生与教师之精神固互相提携互相竞进者也，其一方面失精神，双方斯俱失之矣。第二时为梦冈代上一课。

饭后温度大增，乃催午倦，暖风拂拂，倍觉身酥若浮。视一庭碧草满被骄阳，在伤情人眼中皆是可怜颜色也。

课毕径归家，所定阅《太平洋报》自今日起增字画一幅，计四页，皆近时名流所作，用连史纸石印，既不失真复可久藏，珍品也。

二号　晴。本日为星期，可以稍为晚起以舒积倦，然展转晓床，殊不耐多睡，是以起身亦至早。作致企巩书一纸，将托刘君直设法转寄之，盖邮局固未可通彼处也。

俄而颉刚、岷原来，少坐后偕往母校中。母校自起第二次风潮后，陆某已辞职，校长一席由程仰苏先生暂摄。已出校诸同学闻陆之已去也，有复来此间者，当时状况略已恢复矣。时书玉、中新亦不期而至，膳钟一响，胥入膳堂午餐。未入此堂者已半载，今日饭于此，恍然如在携书包作通学生之时代。人生于学生时期最为愉快，顾此境只许忆及，无从再得矣。当日匆匆过去，至可惜也。

饭后，余五人偕出，啜茗于雅聚，阅报数种。旋至于玛瑙经房，坐有顷，至于王废基，以天有雨意则各自归。

大人以其友人石一方命刻文为"双荐山人"。为刻楷书之阳文，入夜完工，自以为有似乎古铜章也。

三号　晴。到校至早，梦冈迟至，余为代上修身一课。今日热度大增，讲解时汗涔涔下，额背尤为湿透。似此苦恼生涯；将何以久耐，况因热而致劳苦复倍之哉。课既毕，梦冈授余以所领得薪金，接而囊之，乃增种种之思念。以为余家贫，所入苟倍此数，亦未嫌其多；然利之生由于有裨益之劳动行为，而余之为教师，学生果受其益乎？一虑及此，更将惶愧无地。且教育事业虽云间接生利，决非提倡直接生利者所嘉许。以口齿之微劳而虚糜此二十番佛，思之复难以自为解嘲。以此两者而并以前之一端，则为教师，受薪金，方且以为莫大之侥幸，然余复视此中为至苦。甚矣余之愚，非唯不合时宜，且更不近人情矣。

归家后阅报作消遣。大人近患腹泻，今日请桑秩卿先生诊视，云系湿重之故，且老年血衰，胃力薄弱，宜主素食以待其愈。余唯望一服其方，遽霍然疾若失也。

四号　雨。洗膳已，往请桑秩卿先生，盖大人须复诊也。

到校尚是极早。今日梦冈只来上一课，馀仍托我三人代上，谓此一星期中只得重劳诸君矣。是以余复连上五课。

课既毕，与森伯闲谈及诗。森伯为述近时某君之两佳句云："夕阳红口路，春水绿柴门。"盖已忘其一字矣。描写天然真景，叹为绝作也。

既而至母校，晤颉刚及今年五年级诸同学。《学艺日刊》纯系该一级人撰述,出版已四期,蒙尽以见赠焉。旋岷原亦至,谈笑多时乃归。

今日桑先生所开药方,大人早已服过,泻因少止,舒畅较昨数倍,盖其方有效者也。

再,明日为伯祥父吊期,吊礼已同颉刚合送;而灵前一拜,牵于校务,势有所不能。朋友之谊未免为尽矣。

五号 阴。到校弥早。第一课练习算术,出题较难,误者已大半。盖儿童之智力有限,举一反三之能力尚未之具,诚不足深责,然已足令为教师者减其趣矣。

下午,课既毕,至桂芳,遇同学有二十馀;久不晤面之令时,今日亦偕书玉同来,乃相与聚谈。笙亚亦在座,所语多至理名言。余常以为别君三日,必有新语精语饷我耳;学问日进,君可以当之无愧耳。日长如年,茶肆消磨竟仿佛有半日之长。

茶室人散,与笙亚绕道过王废基以归。几池蛙鸣,自成佳奏,漫天云影,恍睹奇峰;箫声动而转静,花气幽以弥香:盖入绝妙诗景矣。借我笔秃,无足以咏之。

六号 晴。晨到校亦至早。休息时,间与选青、森伯谈世界幸福之产出法。选青谓:世方重商,种种罪恶未始不由此而发生,当首务农业,则民生充裕,得各乐其生,方可返于太古入于大同也。此言也,余深然之,盖即社会党党纲奖励实接生利之一条耳。

下午课毕后,偕森伯散步观前一周而归。晚侍大八薄饮一盏。灯下作一五律,盖咏太平洋画集中之一幅也。

七号 阴而间有雨,盖梅子黄时矣。晨到校亦至早。近来诸生于既入课堂而余未入之时,多嚣乱不堪。夫见教师而安分者,决非好学生,其安分盖恐教师之见责也,贵在教师并不在侧而能谨守规则,举止安详。余无状,不能使诸生有自治能力,思之只益汗颜耳。

第三时代梦冈上四年级课堂。课堂次序杂乱已极。余初意训斥之,继以非久相习而止。此班学生且忘来校所为何事，余实深为之悲焉。下午课毕后即归家，值此困人天气，至长之光阴，唯有以横卧读书报了之。

八号 晴。到校又弥早，上课几时，亦无可记处。唯翻诸生练习簿，听诸生讲解答问，时每悄然自思而抱歉曰"我负诸生"，此念则无一时或置耳。下午，课既毕即亦径返，盖不入市廛，近亦渐成习惯矣。一塌晚梦或一编小说，亦至不恶也。

大人酌酒时谓余曰：能粗具学识，卜宅名山水之旁，辟地为园遍种植物，种植之法必精，使出产品恒优于其他，以所产出易我衣食，当无不足，人生至乐无过是矣。又谓：人生行乐耳，衣食之间务当求其适。乃有家拥巨资，而其自奉则敝衣粗食，自苦乃尔，不知其所拥资何用。

九号 晴，星期休假，晨起较晚。洗膳已，走访岷原，方在批阅学生课艺。正眉皱时候见余至，弃置之矣，即与偕过颉刚。颉刚书多，往往所未见，随意翻阅，乃成久坐。继三人偕出，至玛瑙经房，则又久坐不思行矣。余购《小说月报》第三期焉。时渴甚，乃茗于雅聚。

午时既过，各急归饭，订饭后游怡园，一畅尘怀。三句钟时二子果来，乃即拔足，至则园门虽设而未关，守者二三殊不来逐客之令，盖殆以如我侪者，非裹物而逃之流耳。此间亭榭尚是六年前旧相识，寻径时误，对花忆昔，壁间书画都非曩所见矣。荷厅近正修葺，妆饰殊丽，立对山以望，则相与叹曰：绣阃雕栏，非不豪富气象，然置之园林，园林逊色矣。周览各处辄相与品评，曰此处宜开筵，此处宜独酌，此处宜读书，此处宜静卧。终则坐憩于一亭，鸟语四围，凉风一襟，复慨然谓曰：园林静住，亦大怡我情，人生得此，云何不乐；顾乐志有论，买山无钱，奈何哉。废然而出。

至观前遇李二我，邀往桮芳茶话。李本社会党主任干事，素能热心办事，近受某某之攻击，已经辞职，其言语之间以经此挫折，颇含悲观。然其热心不少减，以个人之名义竭力捐募经费，创一平民学校，收女生及幼年之男生，教员悉聘女士，开课已多日；捐款充裕，当再办第二平民学校云。

茶既散，随岷原至其校中，开窗畅谈，颇多狂语，只可闻于知己，不足为外人道也。

十号 晴。到校亦不晚。第二课修身，讲独立性质，为述鲁滨孙绝岛漂流事，诸生聆之笑口咸开。闻所无闻，趣味弥永，固普通之心理，而于儿童尤为加甚，借此便利，语以古人懿行，为益多矣。

下午，课既毕，与同事闲谈。选青家产杏，近正纯熟，特采数枚以相饷，芳香攻鼻，鲜红甚爱，归以分食家人，味至甘冽，佳品也。

晚间侍大人小饮一杯。灯下危坐，足成近日所得句，为一七律。无以为之题，即以《失题》题之。

十一号 晴。晨到校亦尚嫌早。天气陡热，头部腾胀，上课讲解殊为苦恼。顾暑假期尚隔多日也。下午末课令诸生温读旧课，其声和谐如鸣鸾凤，聊足以驱睡魔。学既散即归家，阅报之外，更无所事事。

十二号 晴。到校正及上课。第一时算术，出题练习。题较难，对者又仅其大半，盖余诸人本未甚明了，逢题较难，固应缩手。盖以余之不良于教授，无术以使之上侪于其他，误彼青年，余罪重矣。愿祝若辈慧心陡长，豁然大悟，问出余口，题出余手，皆能答能作。苟有此日，余心乃若脱重罪矣。

下午课毕后，寻笙亚于怀兰之家。盖笙亚有英文弟子二，日必假怀兰家授课也。至则果在。酱业小学课尚未终，故子明亦在。乃偕二子作闲谈。旋啜茗于桂芳，遇中新、慰萱，皆多日未见矣。时常相处之友，偶不常晤，乃似久别，此情亦至奇者。

茶散，同至最可爱之王废基。高柳送风，暮云咽日，顷之热焰万丈已无剩馀一缕，爽快极矣。谈次，言及世界奇景异事至多且繁，必漫游天涯，方云人生至乐。笙亚曰："譬我身为异国人，今来此游历支那。支那之文字语言我已解之，支那之风俗性情我已知之，似此一思，其乐何如！能作如是观，随处皆乐，不然希望无穷，的终未达，乐向何处求哉！"

十三号 阴。晨到校亦正好。第一时讲修身，并未预备，敷衍称述，毫无精意，自任此席以来，此为最不堪矣，笔之以志我过。

余上诸课，都索无生气，且诸生于规则上时有所犯，致秩序纷乱。以余性躁，戒之不悛，乃成忿怒，强抑其怒，是为大苦，以此任受此职，常如坐针毡，时思引去也。欲去又不得去，奈何！下午课毕径归。

入夜风雨大作，窗纸尽湿。农人望水眼欲穿矣，此雨甘霖也。特自苦恼人观之，已仿佛秋风秋雨，为添愁材料耳。

十四号 竟日大雨。晨到校尚早，见庭中积水已有一二寸，微风动处也生波澜，仿佛池塘矣。儿童中有以其手工成绩之纸折船置之水面，以细竹撑之则缓缓前进，遇石而止，则群呼曰"触暗礁矣"，皆鼓掌大笑。似此情景，乃觉少有乐趣。特儿童顽劣之举动，总多于此等纯出乎天真者耳。

放学后即归家。阅报已，读《楞严经》数页，后即弃置。灯下学写梅花，未能成一幅也。

十五号 阴。晨到校甚早。上课竟日，无感触，无心得，无可记焉。唯接得颉刚书，谓近过伯祥，状至窘急。同是寒苦人，止能作惋叹，无以作臂助。特我尚有一席地，补助一家衣食，差足相安。伯祥则全家担负，寄栖无枝，为尤可悲也。

课毕即归家。水云飘扬，细雨时洒。明日星期，恐为雨囚置我家中也。

十六号 晴。晨起大早。儿童遇放学，每半夜不能合眼，盖放心已在舍外矣，余之早起亦仿佛类是。

洗膳已，走访岷原，但君有事须至阊门，不能同作此一日之消遣也。独至观前，遇企巩于途，盖大后日为旧俗端阳，乡村学校徇风俗放假三日，故暂一回城也。乃偕之啜茗于桂芳，中新先在焉。企巩乃述其在乡之状况，谓该处学生性至诚朴，课馀之遐则群来相亲，导游各处田头村角，往来审矣。学生或采得一花，则来供水盂之中，或撷得一桃，则谨来奉以相遗，物虽微，情弥深且真也。时或聚诸生教以人须洁身自好，无累人鞭策等语。诸生听之亦深铭肺腑，无或之忘。诸生游戏则附而和之，或更提而倡之，是以僻处穷乡，乃多乐趣。映娄本此校主任，余聆企巩之言，知企巩之劳瘁反较映娄为甚。企巩之性婉而柔，于小学为至当，以较于余，不如矣。又谓一日邻家娶妇，经村人来邀，入座作上宾，肴至粗，别饶风味，盖至情固甘于甘肴也。余与中新闻此不禁神往。时已午矣，乃各自归。

余家今日祀先，祭毕即饭。饭已再至桂芳，则同学十数人皆已先在矣。半日之光阴竟复虚掷于此中。归时购"东方"十二号《教育杂志》二号各一册。

十七号 晴。晨到校至早，上课之时殊无精采，课堂秩序亦杂乱不堪，总而言之惭愧而已。

课毕后独至桂芳，企巩亦继至，相与论教授管理之方法。余亦自以为殊非门外，乃施之事实，每未见有效。知之而未能行，殆仍未之知耳。抑余之性止宜于推想与知，而未宜于实行耶？苟其若此，则言论界诚余之乐土矣。且此因余所最醉心者，顾安从足我愿望哉！既而令时来。令时非常相见者，乃多谈话材料，听其言知其亦至不得意也。

茶罢，偕企巩、子明散步王废基，中新、慰萱以次至。盖此地固恢复精神之佳处，我诸同学视以为胜地者也。每当夕阳欲下，笛吹微动，则见负手而盘桓者，必余同学中人。伫立多时，偕至于草桥母校。课余之时，诸同学多绕廊散步，或携手并语，睹此情景，羡杀做学生矣。

归家已是入夜，灯下作七律一，题曰《柳花》，寄感也。得句已十数日，今仅足成而已。

十八号 晴。晨到校正好。终日上课，仿佛任审判官，每一小时中，诸生之控告必七八起，非彼骂我，即此打彼，无术以使之止讼。亦余之感化力弱之故，亦余之一罪状也。

课既毕，如释重负。明日为旧俗午节，放假一日，则又喜不可支矣。急至桂芳瀹茗坐憩，老同学数人亦在，间或作枉谈，于意至适。

茶罢，偕中新、企巩至王废基，笙亚旋至。伫立远眺，凉风入襟，何其幽也。归途过母校门前小石桥，诸同学俱在，因亦小坐石栏。群皆欲闻企巩乡间之所遇。企巩为一一道之，众皆乐甚。归家已八句钟矣。

今日得张藩室书，未通音问已久，今承先施，情意弥厚，当有以报之。

十九号 晨醒来适大雨，只闻阶前作碎玉声，乃愁甚，为难以出门也。起身后作书与藩室，告以余近状，累累几及千字。既而雨渐停。余则手"东方"一册读之。

饭既毕，则云消日出，湿地全干。乃走访企巩，不遇；转访怀兰，坐谈良久。偕过笙亚而共茗于桂芳，则企巩、慰萱、中新、令时等已先在矣，互调作闲谈，消时弥速。茶散，诸人偕至草桥母校寻刘君直等闲话。知此间于星期五起将举行学期考试，不出此月行放假矣。旋再至王废基。营中兵士蓄雏鸭无数，持长竿驱之归，其行路，其鸣声，皆极有乐趣，观之亦足移情。

时天已垂黑，中新、慰萱且归，余与笙亚随之，挑灯狂谈，各自抒其牢骚。光阴去不复还，世态较魔更险，出自母腹已与忧患俱来，不生太古世，大不幸矣。继各转而得旨，谓只宜姑作达观，且自随缘，身健康之外，本无所谓乐也。辩论之间颇阐哲理，惜作记时尽已忘却。

二十号 晴。晨到校颇早。第一课修身，讲戒迷信，自以为颇能道破迷信之无谓，乃诸生犹至多疑问，习惯之于人深矣。此害不除，社会魔障也，然除之复至难，奈何。

下午课毕，即自归家，燠热殊甚，乃即洗浴，浴罢披衣，竟体凉生。侍大人晚饮，尽一斤。久未多饮，今宵差畅耳。

廿一号 晴。晨到校至早。综计今日上课，课堂秩序较馀日为镇静，是以胸次亦略觉畅适。

课毕后，走访伯祥不值，寻中新于慰萱之校，遇之，偕游植园，自光复后第一日开放也。异花佳树盛似去年，士女如云，宛然盛世光景。若辈殆亦只解欢娱不解愁者耳。桥栏偶俯，皱着一流碧水，抚时感已，怅然以叹。游览既倦，茗于莲西舫，红莲已绽，碧叶正妍，清香时送，意自为远。令守者调藕粉食之，真有泛棹西子湖风味矣。游倦，至王废基，旋即遇企巩、慰萱等。诸人观营中兵士试马，伫立又复多时。

廿二号 晴。晨到校至早。正午放饭时，余级中某生于途间以石击一年级中某生之首，皮碎血流，遂酿成两家家长之交涉。见此事之学生争采相告，而投石之生闻已为其父责打，来校之后，梦冈复打其手心，盖除打实无法以处之。然打总系属消极一方面，必焉使令之为而不肯为，则庶乎其可。今若此，又余之咎矣。

课毕至桂芳，遇伯祥、硕民，因同座。伯祥告余以近状至窘，谋食无地，待食有口，经大故后虽债台未可言百级，然亦颇巍巍。一切商家固犹适用阴历，是以午节以前，常晨出暮归，避债友家。呜呼，衣食之靳人竟至如是，推原厥由，则以金钱为绍介物之可恶耳。如伯祥者，即论其才其识，亦非宜困苦者流。我悲伯祥，我悲世界，岂人人快乐之黄金世界，真只应悬诸理想中耶！

既而封百、宾若至，谈亦良久，乃偕至王废基，则慰萱、中新、企巩及母校诸同学均在。团聚闲语，诙谐杂作。及夫风吹袭襟，星影侵池，则各自归。企巩明日下乡矣，为道珍重，别虽非久，意颇恋恋也。

廿三号　晴。星期日休沐，例得晚起。起身后，闲视庭中凤仙，十数株都已着花，绚红可爱。此系鹤顶佳种，于去年觅得者。眼界中经此点缀，已觉满饶秋意思矣。境犹心造，莽莽余怀，固无往而不秋也。

饭后也笙亚，偕至桂芳，则复作半日之勾留。阅报而外，唯有静坐，顾天气熏燠，似此乃可不之觉，计亦良得。归时即晚膳。灯下作小词一首，意颇平常，然亦姑存之。

廿四号　晨起时即阴。到校还早。至十句钟遽尔下雨。诸生都未携雨具，午时放饭，则若母若祖，或姐或兄，均持雨具而相待矣。睹此情境，弥长家庭欢乐之思。长者之属望其子弟，子弟之乐迎其长者，其间纯乎至情，不可描摹者也。亦有无人送雨具竟未归饭者，则苦矣。

课罢即返家，灯下复作小词两首。

廿五号　晨醒来即闻窗外雨声如奔涛走浪，一泻千里；复如千军万马冲拥而来。拖泥带水到校，殊为难事矣。途上多积水，深数寸，远远望之仿佛浅水池塘，绕道而行才以避去，然雨斜而急，伞失其效用，已浑身湿透矣。校中无可更易，恃体温熏之使干，然易致病，不可为训也。

遇此大雨，于是学生来者绝少，余课堂上止有十二人，与之温习旧课，情近敷衍而已。馀因之而叹我国贫室之众也，或则无伞，或则缺靴，宁缺课而不归校，大半坐此耳。亦有雨具均全，而父母爱子情深，曰"我爱儿恐为雨溶化去，可毋到校"。于此，我则又叹家庭之不善良矣。

雨势于午时始停。课毕后至怀兰家，盖我侪将觞伯豪先生于此，而兼请雨生先生也。既而两先生至，遂设席，同座为笙亚、岷原、怀兰、慰萱、书玉，计共八人。团坐欢饮，其乐无可名状。两先生语辞间多策励意，惭无善状以副盛意。伯豪先生复曰："同学一堂，固无别说，而既不同学，则分手各天，往往而然。如诸子之既出校门而团聚依旧，亲爱仍然，盖亦寡矣。"先生此言诚深知吾侪者，人生得此，已是幸福。

廿六号 阴。到校亦早，应时上课，亦无可记者。课毕，慰萱来，与偕至母校，则所见之人至少，乃至怀兰家，晤笙亚、子明辈。既而与怀兰过颉刚家，邀之出，再去怀兰家，对坐长谈，颇觉惬意。母校同学所出《学艺日刊》已停版，共出百馀页，中有《天游杂话》一种。"天游"系颉刚新字，以性好游也。其中亦皆记胜地之游踪，叹名山之靳遇，语词温雅，洵笔记中之上品。

廿七号 晴。晨到校尚早。学生见余至，即纷来聚讼，显分两派，互相攻击，聆之颇觉不适于心。盖余方喜余课堂上学生尚有天真，即偶尔相怒，亦如雨过天晴，绝无芥蒂，今乃若此，岂不可恼，于是训以人我之见须泯等语。既而于表面上观察，似已能领会，究有实效与否，未可知也。

课毕至怀兰家，晤笙亚、怀兰。二君正在偿人书画债，乃从旁观之。既而与笙亚茗于桂芳，伯祥、硕民亦在。旋见振声至，久未相见矣，问一般同学近状，余俱以告之，乃去。茶罢偕笙亚至慰萱校中，未之遇；乃至王废基，则遇之，中新偕焉。观数人驾自由车，颇觉爽快。

廿八号 晴。到校亦早。下午课毕后，桂芳独坐，既而笙亚至，继之而岷原、中新至，则相与剧谈。茶散，王废基观人踏自由车，风景依然如昨日也。

廿九号 晴。到校亦早。天气热矣，上课时头部满缀汗珠，拭去旋生，殊为难过。一堂四十人，诸气混杂，酸香风味颇须领略，亦可厌也。

下午课毕，径自归家，尽去衫袜，乃觉少舒。堪喜明日又是星期矣。灯下作词二首，调依《菩萨蛮》。

三十号 阴。晨起至早，至岷原校中少坐，即偕过颉刚。壁上置黑板，余即以昨所作词书其上，盖不则亦须邮寄也。既而三人偕出，至于母校，考试已毕，都束装归去矣。膳钟一动，即就食膳堂，午膳虚坐固甚多也。饭已，偕茗于桂芳，微有细雨，故所遇友人至勘。

茶已，再至颉刚家。案上有画报，画一时装美人，绝佳。提笔临之，无意之间竟画得一绝妙庞儿，全不类原画而风姿过之。思再画一回，则易稿几回未有能成。颉刚曰："天下最难得者，缘，笔底风度，何堪再现哉！"稿为其从弟携去，不知其何以处此，亦得免薄命之感乎。

岷原归校，余与颉刚且随之。岷原按风琴，余与颉刚曼声和之。为七年前所习者，颇忆当日情景，宛然在目也。

天既黑，余乃归，颉刚送之过学宫之后。一角宫墙，几重殿阁，参天古树，铺草小桥，于模糊中视之，但觉心与世远。小鸟眠犹啭，池蛙夜初鸣，虽有声响，转增静致也。颉刚曰此境幽绝，未易于吴地遇之。

（本文为叶圣陶 1912 年 6 月在言子庙小学任教师时的一个月的日记）

职业与生计

我做了八年的小学教师。有几位老辈的亲戚常对我说:"你做教员,总不是个事。些些收入,到手便尽,哪里积蓄得起来?还是及早别想法子吧!"我听了这些话,面子上虽则说一声"多承关心",心里却十二分的气忿,想道:"难道小学教师不是职业么?"这样的感触,受得多了。

前天遇见一位朋友,谈话中间提起了别一位朋友。这位朋友说:"他现在担任中学的历史地理教员,月薪八十块钱,又不是国文教员有改卷子的辛苦,真写意哩!"我心中便又起了一种很深的感想:历史地理教员和八十元的月薪,是一因一果吗?是相辅相行的吗?史地教员没有改卷子的辛苦,是占了便宜吗?国文教员担负了这项辛苦,是吃了亏吗?再一想,这样的谈话实在时常听到,也不足为奇。

这样的事一时说不完。我做了小学教师,别界的事不大理会,别界中进取奋斗的情形,晓得的还少,只觉得耳朵里常听得什么"运动"咧,"逐鹿"咧,"捷足先得"咧,眼睛里常看到什么"如荷玉成敢忘大德"咧,"倘蒙照拂感同身受"咧,……永远不断。起初我真不懂所谓"世故",只觉得大家肯做事,肯负责任,却没有事给他们做,未免辜负了他们急功的勇气。后来看到他们把事弄到手了,责任有得负了,却大家极力寻便宜的道路走；薪金可以多得一些，便大家钻上去；事可以少办一些，便大家退下来：我渐渐觉得自己的判断不对，终于证明我是个不谙世故的人。

从上面所说的看来，可以知道一般人对于职业的观念。他们以为职业是维持生计的，单单是维持生计的；职业是手段，生计是目的。这一项职业所得的酬报——维持生计的程度较高，便是较好的职业；大家都羡慕着它，想取得它。更从反面推想，有私产可以维持生计的人就不必有职业；便是现在有职业的人，只消把所得的酬报储蓄起来，到了够维持将来的生计的时候，也就可以不务职业。总而言之，为有生计问题，才有职业问题，倘无生计问题，便没有职业问题。

观察现在社会的实况，一切的官僚、政客、军人，哪一个不为自己的生计？不过他们所谓生计，范围较广，于衣食之外，还有声色货权种种，也包括在内。他们几曾想到自己的职业是不是有效益，是不是无愧于良心，是不是社会所必需的。此外务农的、做工的、经商的，任各种职业的，辛苦经年，劳劳终身，哪一个不说："我们不为别的，只是要吃饭。"他们几曾想到事业的进取和兴趣？所以他们从事职业，是被动的，强制的，不得已的，并不是自发的，愿意的，负责任的。他们肯做，肯劳动，有一条唯一的索子系着他们，便是生计。倘有别的法子，可以不务职业而维持生计，职业便抛向九霄云外去了。社会内求神祈福的迷信，看风水问星相的习俗，至今还存，买彩票义赈券和赌博的风气，至今更甚，便是我这话极强的证据。

我们要研究把维持生计作为从事职业的目的，于个人于社会有什么影响。

有许多事务是很不人道的，然而它可以维持一般人的生计，就也叫作职业。像耕种田地和工厂里做工，所受的精神上物质上的待遇，自然是极难忍受，然而为着少量的佣资，只得忍着苦，耐着辱，不顾自己的人格，放弃天赋的权利，忍受下去。有时也许忘了痛苦，也无所谓耻辱，什么人格和天赋的权利，自然不成话说，只因这个职业可以维持我的生计，便非常感激它。康白情君的《女工之歌》，便是这一等人的心声：

一

我没穿的，

　　工资可以买穿。

我没吃的，

　　工资可以买饭。

我没住的，

　　工资便是房钱。

我再没气力，

　　他们也给我两角一天。

他们惠我，惠我！

二

我有儿女，

　　他们替我教育。

我有疾病，

　　他们给我医药。

我有家务，

　　他们只要求我十点钟的工作。

我有孕娠，

　　他们把我几块钱让我休息。

他们惠我，惠我！

　　这一等人不晓得自己过的是奴隶的生活，也不晓得自己的勤务究竟有什么价值；不识不知，只是要活命。将他们的弱点的总和取个名称，便是"不自觉"。社会中从事生产、维持社会安全的，却都是这等不自觉的人。他们一方面既不自觉勤务的真价值，所以种种业务，但承着前人的遗法和成例，只消一无缺漏，便算充其能量，绝没有改善和创新的希望；一方面又不自觉所处的地位，所以不想改革制度，趋向新的合理的生活。这不是阻碍社会进化的两大原因吗？

　　有许多职业虽是很重要很有意思的，但是从事的人并没有这许多职业的经验和知识，便连这许多职业的自身，也退入无用之列。像医生和教师，一担当养生却病的重责，一担当启导未来的大任，是何等重要！然而考查社会实况，悬壶问世的到处都有，而疾废病死的总数不见减少；兴学施教的遍于乡僻，而衡量真实的效益竟无可指：怎不令人不疑惑这两种职业为终竟没有价值呢？果真就事论事，不杂别情，什么事都简单得很，容易解答，对于一种职业没有充分的经验和知识，那么不干就是了。明知道不能干，却偏要勉强干，这是为何？原来有个生计问题在背后鞭策着他们，不容他们审慎和思量，总得先把这个问题安顿下来才行。什么事务谋干得到，什么事务适逢其会，便算是他的职业，更何暇计度胜任不胜任，能干不能干。他们把职业认作"传舍"，由彼易此，由此易彼，都无不可，只待生计问题指挥着他们走。所以他们永远只有偶然的职业，没有正确的职业。这一等人自然也说不到能够自觉，在社会中很占多数，不是直接生产的职业，差不多都是这等人担负着。从外表看来，他们似乎事事能干，其实事事能干等于一事也不能干。他们和职业既然是偶然会合，不将经验和知识做业务的资本，哪得使他们的职业产生有价值的结果？又因人人要舍去现任的职业，趋向其他的职业，所以便是业务上循例的进行，也时常有所妨碍。一方面他们在那里患得患失，此沉彼浮；一方面业务时虞停顿，社会便陷入于不安全的状态。今日的中国正所谓"非其时矣"!

更有许多事务，从它的本质说还够不上叫什么职业，却有一班人依靠着它维持自己的生活。像贩卖伪品的商人和荷枪背弹的兵士，社会中也就不少。为什么不贩卖真货而贩卖伪品，把伪品卖给他人时心里是怎样想的？持枪威胁别人是何等样的事？白吃白穿究竟亏损了谁？这些都是他们不懂得管也不愿意管的。他们只知道这样做了可以维持他们的生计，就认作自己的职业。在他们看来，什么事情都没有生计重要，只有生计是唯一的重要；能够维持生计的便是正当的，应该做的。其实这等事务，社会上并不真需要它，原没有存在的理由；它所以有存在的立足地，就因为这一等人据它为自己的职业。既然如此，它自然无成绩可言，然而影响却非常之大，社会上直接或间接受他的损害一定不可数计。因为从事这等事务的人固然维持了自己的生计，但同时破坏了别人的生计。从事这等事务的人愈多，生计被破坏的人也愈多，这就是社会大乱的原因。

从以上三段意思，可知在现在的社会中，种种事务只有停顿和弄得一团糟，即使好一些，也不过保持已往罢了，绝没有革新和改进的希望。在社会中最占势力的只有几种不正当和没实际的事务，正当的事业反而退居势力极狭小的地位。并且后者被前者破坏，还岌岌可危，几乎不能存立。因此社会只有不安全，只有捣乱，绝不能创造出一种新的局面，大家过新的生活。这里头的根本原因，就在一般人的没有自觉。他们吃了苦，不想怎样可以免除不平等的待遇，不想怎样可以解放；任了职务，不想怎样可以对职务尽力；做了恶事，不想怎样累了他人，却只顾奉着唯一的金训——"维持生计"，自然要捣乱秩序，阻碍进化，徒使社会上留着许多耻辱的标志了！要望社会有真实的改造，还得将一般人对于职业的谬妄观念打破，别立一个新的观念才行。

正当的观念，自然要从谬妄观念的反面去求：一边把从事职业看作是报恩，是偿债，一边就应当不承认人间有施恩者和债权者，却另有必须从事的理由。我们试想，我们不能离开社会而生活，说到人生，便含有社会的意味，无论物质的一衣一食，精神的一思一虑，都取资于社会，附丽于社会。社会的存在和进化，全赖我们各各从事职业，努力工作。可知从事职业是自主的，创造的，目的在于谋共同生活，不是报谁的恩，偿谁的债。现在社会中一般的人，明明做的极有价值的事业，却以为唯此所以报人家全我生计的恩，固然愚昧可怜；那一辈滥竽业务，实不胜任的，以为挂着名儿便可交换生计的要件，也是一样的不明白；至于务做不正当的业务，以全一己之生计，这非特报恩，实是作恶，非特偿债，实是赖债了。

我要请你们注意：共同生活是最幸福的生活。你们尽力于职业，便是共同生活的下手方法。果能各各尽力，所收效果远在仅仅维持生计之上。你们想望这个乐境么？如果想望，请先确立了对于职业的新观念！根本既立，就有下列的见解。

有益 有益的职业包含必需普遍的意义，凡可以使人类在物质上精神上得到满足和快慰的，都叫作有益的职业。若是非人类所必需的，或反而有害于人类的，或一部分人受益而余人不得享受的，就不能叫作有益的职业。凡属有益的，必需的程度同，效益的普遍同，所以没有尊卑高下，所以平等。灌园种菜和攻学著书，一样的重要，一样的有价值。

胜任 人的知能，万有不齐，倘若自知明确，择定一种最适于己的职业，自能收十分的效果。原来事务没有胜任的人去干，人没有选宜于己的事务干，勉强牵合，把事务弄糟了，人也气短了，这是个最不经济的办法。我们从事职业，不但当问有益无益，更要紧的是问哪一件有益的事我能不能干。必须自信不疑，知道自己的知能确能担负，然后运用心力去干。这个心力绝无虚耗，无不与社会以良善的效果，无不使施者在物质上精神上得到满足的快慰。

兴趣　一种业务既是我所胜任的，往往锲而不舍，终身以之。因为无论何事，习久则精熟，到了精熟的时候，所谓不期然而然，只觉得干这一件事是一种嗜好，一种浓厚的兴趣，并不受他力的逼迫，自然努力起来。兴趣和努力循环不息，社会的进化也永永无已。

理想的实现　超世间的生活是超人的事。我们所想望的乃是理想和实际一致的生活。我们认为哪一种生活好，总想一蹴而至，竟实现了它，这是我说的理想和实际一致的要求。我们高谈人生究竟和人生真谛，若永远只是抽象的说话，没有具体的事实，于人生实际上丝毫没有益处。从事职业便是人生的究竟的具体的行为，也是理想和实际一致的一个接榫，因为它是一种发展，一种活动。我们的精神生活要直觉它的本体，显出它的作用，总非依托一种业务不可。各个人的精神生活，在各个人的职业上得到着落，否则便是虚玄的想法，无当于实际。

将以上四项贯穿起来，就可以给职业下一个定义：职业是有益于人类的，自己所能胜任的，全体为兴趣所涵濡的，实现我们的理想的一种活动。

然而生计问题是实际问题，当社会中的群众没有全体觉醒的时候，便是对于职业持新观念的人，多少仍旧要受到这个问题的支配；那么理想和行为终不能全然一致，这是何等的烦闷！所以我们对于生活问题必须得个解决。但是持着报恩和偿债的态度去从事职业，绝不是个解决；所必需的乃是根本的彻底的解决。这生计问题所以成为唯一重要的问题，就因为有那历史的谬误的结晶体——资本制度。这个制度不打破，各个人从事职业的目的就不得不趋向着它；便是观念改变，实际上还只得趋向着它。我们果真要为共同生活而从事职业，同时就有打破和这个目的为敌的资本制度的必要。要知在资本制度之下，绝不容有真的谋共同生活的职业。唯有将它打破，人类方才有合理的生活，社会方才有真实的进化。同时"生计"两字也就不成问题，凡是人类，都有享受满足精神上物质上的欲望的材料的权利。这才是根本的彻底的解决。从此便知生计问题是暂时的，旁支的，独有职业问题是本体的，是永久性的。所以职业的目的绝不是生计；绝不是为有生计问题，才有职业问题。

据罗骚①的意思，人类的冲动大概可分占有的和创造的两种。占有冲动，易于引起种种恶德，自己占有，往往妨害了他人。创作的冲动却不然，我之所得，并非人之所失。我们从事职业，推研原始也是一种冲动，在两方面都可以立足。若是认它的目的为维持生计，便立足于占有的一方面，致使业务没有进化，社会失却辅协的作用，而呈病态现象。对于职业的新观念，却纯粹立足于创造的一方面，所以得增人类的幸福，促社会的进化，后者要说它属于占有一方面，也无不可，不过合全人类为一大我，而求占有，和前者有所不同罢了。

社会需求于我们的，便是根据着这个，从事我们的事业。

（原载于《新潮》第 2 卷第 3 号，1920 年 4 月 1 日，署名叶绍钧）

①"罗骚"，今译为"卢梭"。——编者注

教师问题

要一个政府的政治修明，似乎算不得很难的事，凡是当政的人都请优秀的人充任，便能达到这个目的。要一条街上的各个人见解明白一点，知能提高一点，至少升到跟水平线相齐，那就非常困难了。因为人的数量这么多，种种关系这么复杂，像一团乱丝，岂是随便就能理清楚的？要达到这个目的，大家知道而且惯说的，只有依靠教育，依靠普及教育。这是谁也不能否认的，我当然十分信服。

普及教育的办法有多端，我想，我现在要说的教师问题应该是其中的重要一项。没有教师，教育无从实施；没有教师，受教育者无从向人去受教育。人们说："这是谁都知道的。而且现在的小学校里，哪一个学校缺少了教师？何必再要你说！"我以为不应该这么说。教师问题，不单讲有没有，还该讲好不好，能不能胜任。教师是好的、胜任的，我们才可以说有了教师。否则，即每城每乡每村都有学校，学校里都不缺少教师，我们只能说没有教师，普及教育的目的仍然很渺茫。

我看见美国门罗先生调查中国教育状况后谈话的记录，他说：中国的小学教育很不坏，最不行的是中等教育。但是根据我亲自的见闻，我不很相信他的谈话。他所到的只是几处都市；在这几处都市里，他所到的又只是几个有声誉的学校。就在同一的都市里，他不曾到的学校有多少？这几处都市之外，他不曾到的地方又有多少？这样想来，可以知道我们绝不能因为他这一句话，而欣幸小学教育有了什么成绩。至于我的亲自的见闻是什么？就是小学教师的不好和不能胜任。

除了相信教育，以教育为一种趣味的少数教师以外，一般教师的情形是怎样？我不必特地描摹，请有心人自己去找几个小学教师，或是亲戚，或是朋友，看看他们的思想行为和他们对于职务的观念。如其没有相识的，在茶馆里、酒肆里、公园里、赌场里、彩票店里，你可以遇见他们，也可以满足你考察的愿望。若在乡村间，研究三元地理的先生改充教师了，富翁的儿子因避免游荡之名而任教师了，鼓吹的乐工因识几个字而兼任教师了。我永远不肯相信，教师的职务只在教几个一点一画的字；我更不肯相信，思想行为和职务观念对于任教师这件事是没有关系的。而现实的情形，偏是我所不肯相信的！

不顾实情，闭着眼睛处理，这也是极容易解决的事。教师不好，不能胜任，换掉就是了。但是谁去接替？这个问题又是不必想就可以回答的，有师范生在那里。固然，现在的教师之中也有一部分是师范生。但是试问现在的师范学校是什么情形？它和普通的中学校有精神上的区别么？它曾经留意过特地造就良好的小学教师么？如其不能回答一个"有"字和一个"曾经"，那么它的成绩就很难说了，即使学生的成绩并不很坏。又试问没有出校的师范生是什么情形？他们虽然在师范学校里，却很鄙夷小学教师这桩事业；越是优秀的，鄙夷的强度也越厉害，若不是真个无路可走，毕业后决不肯自愿投入小学教师的网里。所以时间一年年过去，师范生一班班毕业，小学教师中却仍旧有三元地理先生等等。

这也不能怪三元地理先生等等，好的教师譬如是太阳，他们就仿佛爝火。在太阳不曾出来以前，爝火虽微，总有一点用处。三元地理先生等等不是确曾教孩子们识了几个一点一画的字么？倘若不是他们支撑场面，孩子们要识字也没有机会了。至于他们所以居之不疑，我想有两种原由：一、这究竟是一个饭碗，虽不丰满，却是比较高雅而写意的饭碗；二、明知自己是爝火，待太阳出来也情愿交卸，但是太阳总不出来。就是我，虽然任了多年小学教师，始终自知是一点爝火，同三元地理先生等等一样。等待了好久，只不见太阳出来，而自己的不胜任为教师却越来越明白，终于不敢当教师了。到了最近，更发见不胜任教育自己的孩子，对于一个五岁的孩子时时发愁。若是什么地方有太阳，我愿意将他送给那太阳。但是，太阳在哪里呢！

我写这篇文字，意思在希望小学校里出现太阳。所以我不再写丧气的话，而想对于师范学校贡献一点愚见。第一，我希望师范学校的章程中多加一条，说明凡来入学的，毕业后必须当小学教师。有了这一条，视师范为普通中学的学生就不会来了，章程中的半途退学罚费的规定就有用了，知照县官任用师范毕业生的办法也有效了。否则，一个毕业生可以不当教师，就可能全班大家都不愿当教师。果真如此，师范学校有什么用处？第二，我希望师范学校要认清楚它是师范学校，它的任务在造就良好的小学教师。具体的办法，恕我说不出，但是我知道一定与普通中学不同。这两层做到之后，在学者因趋向已定，事业已决，得以安心学习；施教者因标的既具，成绩立见，得以尽力设施。结果一定能使现在的小学教育真个改变一些面目。

师范生不愿任教师的原因当然有许多。我想物质的原因或者是重要的一项。我不信一辈人唱的高调，以为教育是神圣的事业，不是为糊口计的。事业尽管神圣，只要我们能尽职，正不妨借此糊口，而且唯有这样的糊口才是正当。所以看教师事业为一个饭碗，若不加上消极的意思，绝不能算是卑鄙可耻。现在这个饭碗却难说了，除开城市，单说大多数乡村，教师月薪在十元以下六元以上的已算优越。这就只能由三元地理先生等等去兼任了。更有所谓学务委员，对于教师们有非常的权力，对于金钱有特异的爱好。他们要从中侵蚀，他们要保持权力，亦唯有录用三元地理先生等等，而优秀的师范生绝不愿意受这等苛刻的待遇。

我们不自认为弱者，谁愿意受人家的苛刻待遇？但是因为不愿受而退却不前，仍旧落于弱者一面。既为师范生，教师就是终生的事业；前途的发展是应负的责任，障碍的破除也是应负的责任；各县财政的支配，教育经费的支配，不应为公众、为自己而过问么？若自问真能尽职，老实不客气，很可以明白地提出要求，要一个丰满的饭碗。对于监督者的溺职和舞弊，不应为公众、为自己而反抗么？唯其没有人反抗，才有人越出了范围，公然地无所顾忌地为所欲为。教师发出了反抗之声，才能够在自己的范围内做好应做的事。

我希望师范生都为教师，为学校里的太阳，代替以前昏暗不明的爝火。这使我们有一种骄傲，得以向人家说，"我们不但有教师，而且有好的胜任的教师了！"于是乎这件烦难的工作，就是要一条街上的各个人见解明白一点，知能提高一点，至少升到跟水平线相齐，就有成功的希望了。

我这一点浅薄的意思，是在对着五岁的孩子发愁时想起的。

（1922 年 6 月 9 日作，原有副题《希望于师范学校和师范生》，原载于《教育杂志》1922 年第 14 卷第 7 号）

教师的修养

教育固然有一点缓不济急之嫌，然而总是我们程途中的一盏灯，能够照着我们的四周使之光亮起来，又能照见我们的目的地，使我们加增前进的勇气。

我们有了它，虽然觉现在站得不大稳定，但并不感觉空虚，因为丰美的秩序和境界出现在我们的想象中了。如其没有它呢？那就不堪设想了，当前这样昏暗，前途这样渺茫，我们即使不甘颓废，又何从振作起精神来呢？

教育不仅是有多少学校，不仅是有多少人谈谈而已，这件事情是要去做的，做了还要看实际的效果。一个国家的教育程度如何，不是少数学校所能代表的，以偏概全，无论何事都不适用。至少要大多数学校达到某种程度，才可说某国的教育大概达到某种程度。这是粗浅不过的常识，不必我来多说。

说到实际的效果，就得想起宗旨。若问宗旨，谁不会说要造就健全的人？而实施起来，不得不由算学教师教算学，由美术教师教美术，……这是混本于一的意思，以为把算学美术等等东西萃于学生之一身，这学生就是个健全的人了。不过有一层，学生没有一种特别的本领，使自己只从算学教师那里学算学，而不起一毫别的关系，如思想的影响和性情的感染之类。如其算学是学会了，与算学教师的别的关系又是属于积极方面的，别的功课又都是这样，这个学生能够成为健全的人是无疑的了。但是假如别的关系不幸而是属于消极方面的，那就不能把已经学会算学来抵账，即此一端，这个学生就难以成为健全的人了。所以算学教师的第一个条件固然在于能教算学，而将影响及学生感染及学生的所谓人品，务求其属于积极方面，这不能说是次要，至少要与能教算学同占第一条件的位置。美术教师等等当然同此一例。

说到评价，就得去听一般的舆论。对于我国教育的评价，且不说自己人所说的，曾有外国的教育家称赞我们，说我国的小学教育很有进步，只是中等教育差一点。大家听了这一句，颇觉得有点快慰，因为我们的小学教育进步了。

这句话又引起了一些人的奋勉之心，向来不大有人提起的中学教育的种种问题，他们都着意去研究。于是"中等教育大有勃兴之象"这个意念，又时时在大家的脑际闪现了。但是我们跻进一个学校，或者遇见一个教师或学生，往往觉得怅惘起来，那种满足的快慰与预期的欣喜都像春梦一样模糊了，因为所接触的实况，全然不是这么一回事。具体一点说，就是与前面所说的第一个条件合不大上；即就算学教师而言，能教算学与否既成为问题，足以关涉及学生的人品又未必属于积极方面，这就根本的不成立了。所以外国教育家所说的小学教育很有进步和大家心头念着的中等教育大有勃兴之象，这两句话，至少要在前面加一点限制，如"某地某校的什么教育"才是，否则就不免犯以偏概全的弊病。

最近听见了一些事情，使我们更觉得怅惘，似乎前途是一个空虚之深渊，而我们的心将投入这个深渊。现在且写出一些来。

久别的友人来了，无所不谈，后来谈到嫖妓和纳妾的盛行。友人说:"某城中等学校的教师,据我所确知,嫖妓的有近二十人,纳妾的有某某等五六人。"我就想:这似乎很奇怪,其实是我早先不曾想起罢了;在我的家乡,我所认识的知道的如某某等,不就是教师而兼嫖客吗?又如某某,他是我小学时代的教师,现在还当着小学教师,如某某,他现在任女子中学的教师,他们不都纳了妾么?于是与友人相视而叹息。

友人谈起在一个培训乡村教师的暑假学校里,颇闹了一些教人笑不出来的笑话。一、学校贴出通告来,说为了预防霍乱,将请医生来为学员注射,不取费,愿意的可来签名。一位学员看了,去问学校的办事员说:"要听这一课防疫注射要不要另外纳费?"二、一位学员买了一条奖券。开彩过后,他到铺子柜台前看了黑牌上写着的白粉字,回来欣喜地向学校的管理员说:"不知该得多少钱,刚才去看过,第一个号码对,末一个号码也对,中是一定中了。"三、一位学员问校医说:"遗与浊有无分别?"校医说:"当然有分别。你近来出去玩过么?"那学员起初不肯说,经校医严正劝告,才说:"不在这里,两个星期前,在本乡玩过的。"校医算了算,两个星期前,他已来学校报到了。

我不愿意使读者感到什么诙谐的趣味,所以朴质地记下这些事情,不敢加点描绘。我要读者保持严肃的心态,想一想这些事情的背面。像这些教师,即使真个勤于职务,教某科的研究某科,任某事的忠于某事,也难免会产生坏的结果。他们不是自觉地要教坏学生,其实他们也没有这种存心,然而他们这种反常的心理和混沌的思想,却无时无刻不给与学生以坏的影响和感染。学生所求于他们的是受教育,从他们那里得到的却是坏的影响和感染,那么即使学会了零碎的算学美术等等,又有什么益处!何况某科的肯研究与否,某事的能尽忠与否,绝对不能与心理和思想脱离关系。心理反常了,思想混沌了,就只有懒惰,只有模糊,绝不会有什么研究和尽忠的气息了。

　　我想现在如其真心要向这些教师说法，不必讲什么设计教育法、道尔顿制和教育测验等等，并不是说这些东西没有用处，这些东西的确是可贵的宝贝。但是它们好比是营养丰富的食品，而现在的一部分教师如上面所说的，正患着胃病，急待医治呢，胃病还没有治好，任何营养丰富的食品，只有个不消化而已。

　　我以为向这些教师说法，最要紧的是使他们的日常生活上轨道。所谓上轨道，指最平常的而言，就是一言一行，都没有消极的影响，一饮一啄，都要有正当的意义罢了。这虽是最正常的，也是最根本的。如果能做到这样，再加上教法的研究，原理的了解，固然是教育所需求的教师；即使退一步，没有深切的研究和透彻的了解，只要能做到这样，也不失为中庸的教师，因为他们没有残害学生的思想和情感。

　　教师应当讲究修养的话早已有人说过了，我这里说的也无非是这个意思。但是近来，这些话似乎不大听见了。我想有两个原因：大家觉得太不新鲜，不高兴去重述这陈旧的老话，是其一；开口的人大多是主张进步和提高的，合于他们的好尚的话也就不少，更无暇去说这些平凡的话，是其二。其实一种值得提倡的话，在还没有被大家领受以前，不论经历了多少时代，总有重行陈述的价值，无所谓不太新鲜。至于进步和提高，确是我们所希望的，但是扔下倒退的人陷在坑底的人不管，也就难以收到统计上的效果。所以我诚恳地陈说，当教师的人应当讲究修养。一般主持教育界论坛的人，应当时时想起教师修养是一件必要提倡的事。

　　我觉得我这些意思并非杞忧，如果大家把教师修养的问题丢在脑后，教育的前途实在有很大的危险。请大家不要只看都市，也去看看农村，不要只看交通方便的地方，也去看看偏僻的内地，不要只看教育事业的外表，也去看看它的就里，就会与我表同情了。我由于知能的薄弱，不能作详细的调查和精密的报告。但是我怀着这个意思已经好久了，时时想说又时时作罢，以为这样浅薄的感想不能引起人们的注意。这一回又经过了很深的怅惘，殊觉不能自己，所以不管什么，就这样写了出来。

至于使教师真能讲究修养的有效方法，我也说不出来。我只觉得最低的要求是"一言一行，都没有消极的倾向，一饮一啄，都要有正当的意义"。我想要走上这轨道，本当由各人自己去想办法的。而言持教育论坛的人根据自己的学识和经验，当然能够提出一些好的主意来供大家参考。我的目的只在促起大家的注意，所以虽然说不出什么有效的方法，也就不顾了。

末了我不得不责备教育行政人员。依理论讲，你们该知道教育应是什么性质，教师应是什么样人。你们为什么不在收发公文照例视察等等事务以外，看看教师们是否个个胜任教育的事务。你们如其肯看看，我这样的人所能感受到的想法，你们一定很敏锐地感受到了。于是你们可以想出聪明的办法来，使他们渐就改善。或者没有改善的希望了，那么随即撤换也是你们的权力所能做的，而且是极正当的。要知道牺牲几个人的饭碗究竟是小事，"救救孩子"才是至要的重务。但是你们全不想到这些，只顾在那里或则瞎忙，或则混饭，我就对你们大为失望了。

一线的光明尚在师范学校。我愿师范学校好自珍重，容纳我这里所说的一些意思。师范学校能于学生修养上特别注意，说得低一点，也可以造就水平线以上的教师。而事实证明不止于此，现在有点成就的青年教育家，大部分是从好的师范学校里出来的。所以我虽是怅惘，却还存着一些乐观，只希望师范学校多多流出清水来，把旧时的浊水冲去，于是我们就有一池清水了。

（原载于《努力周报》第 66 期，1923 年 8 月 19 日）

如果我当教师

我现在不当教师。如果我当教师的话，在"教师节"的今日，我想把以下的话告诉自己，策励自己，这无非"以后种种譬如今日生"的意思。以前种种是过去了，追不回来了；惭愧是徒然，悔恨也无补于事；让它过去吧，像一个不愉快的噩梦一个样。

我如果当小学教师，不将投到学校里来的儿童认作讨厌的小家伙，惹人心烦的小魔王；无论聪明的、愚蠢的、干净的、肮脏的，我都要称他们为"小朋友"。那不是假意殷勤，仅仅浮在嘴唇边，油腔滑调地喊一声；而是出于衷诚，真心认他们做朋友，真心要他们作朋友的亲切表示。小朋友的成长和进步是我的欢快；小朋友的羸弱和拙钝是我的忧虑。有了欢快，我将永远保持它；有了忧虑，我将设法消除它。对朋友的忠诚，本该如此；不然，我就够不上做他们的朋友，我只好辞职。

我将特别注意，养成小朋友的好习惯。我想"教育"这个词儿，往精深的方面说，一些专家可以写成巨大的著作，可是就粗浅方面说，"养成好习惯"一句话也就说明了它的含义。无论怎样好的行为，如果只表演一两回，而不能终身以之，那是扮戏；无论怎样有价值的知识，如果只挂在口头说说，而不能彻底消化，举一反三，那是语言的游戏；

都必须化为习惯，才可以一辈子受用。养成小朋友的好习惯，我将从最细微最切近的事物入手；但硬是要养成，绝不马虎了事。譬如门窗的开关，我要教他们轻轻的，"砰"的一声固然要不得，足以扰动人家的心思的"咿呀"声也不宜发出；直到他们随时随地开关门窗总是轻轻的，才认为一种好习惯养成了。又如菜蔬的种植，我要教他们经心着意地做，根入土要多少深，两本之间的距离要多少宽，灌溉该怎样调节，害虫该怎样防治，这些都得由知识化为实践；直到他们随时随地种植植物，总是这样经心着意，才认为又养成了一种好习惯。这样的好习惯不仅对于某事物本身是好习惯，更可以推到其他事物方面去。对于开门关窗那样细微的事，尚且不愿意扰动人家的心思，还肯作奸犯科，干那些扰动社会安宁的事吗？对于种植蔬菜那样切近的事，既因功夫到家，收到成效，对于其他切近生活的事，抽象的如自然原理的认识，具体的如社会现象的剖析，还肯节省功夫，贪图省事，让它马虎过去吗？

我当然要教小朋友识字读书，可是我不把教识字教读书认作终极的目的。我要从这方面养成小朋友语言的好习惯。有一派心理学者说，思想是不出声的语言；所以语言的好习惯也就是思想的好习惯。一个词儿，不但使他们知道怎么念，怎么写，更要使他们知道它的含义和限度，该怎样使用它才得当。一句句子，不但使他们知道怎么说，怎么讲，更要使他们知道它的语气和情调，该用在什么场合才合式。一篇故事，不但使他们明白说的什么，更要借此发展他们的意识。一首诗歌，不但使他们明白咏的什么，更要借此培养他们的情绪。教识字教读书只是手段，养成他们语言的好习惯，也就是思想的好习惯，才是终极的目的。

我绝不教小朋友像和尚念经一样，把各科课文齐声合唱。这样唱的时候，完全失掉语言之自然，只成为发声部分的机械运动，与理解和感受很少关系。既然与理解和感受很少关系，那么，随口唱熟一些文句又有什么意义？

现当抗战时期，课本的供给很成问题，也许临到开学买不到一本课本，可是我绝不说："没有课本，怎么能开学呢！"我相信课本是一种工具或凭借，但不是唯一的工具或凭借。许多功课都是不一定要利用课本的，也可以说，文字的课本以外还有非文字的课本。非文字的课本罗列在我们周围，随时可以取来利用，利用得适当，比较利用文字的课本更为有效，因为其间省略了一条文字的桥梁。公民，社会，自然，劳作，这些功课的非文字的课本，真是取之不尽，用之不竭；书铺子里没有课本卖，又有什么要紧？只有国语，是非有课本不可的；然而我有黑板和粉笔，小朋友还买得到纸和笔，也就没有什么关系。

小朋友顽皮的时候，或者做功课显得很愚笨的时候，我绝不举起手来，在他们的身体上打一下。打了一下，那痛的感觉至多几分钟就消失了；就是打重了，使他们身体上起了红肿，隔一两天也就没有痕迹；这似乎没有多大关系。然而这一下不只是打了他们的身体，同时也打了他们的自尊心；身体上的痛或红肿，固然不久就会消失，而自尊心所受的损伤，却是永远不会磨灭的。我有什么权利损伤他们的自尊心呢？并且，当我打他们的时候，我的面目一定显得很难看，我的举动一定显得很粗暴，如果有一面镜子在前面，也许自己看了也会嫌得可厌。我是一个好好的人，又怎么能对着他们有这种可厌的表现呢？一有这种可厌的表现，以前的努力不是根本白费了吗？以后的努力不将不产生效果吗？这样想的时候，我的手再也举不起来了。他们的顽皮和愚笨，总有一个或多个的原由；我根据我的经验，从观察和剖析找出原由，加以对症的治疗，哪还会有一个顽皮的愚笨的小朋友在我周围吗？这样想的时候，我即使感情冲动到怒不可遏的程度，也就立刻转到心平气和，再不想用打一下的手段来出气了。

我还要做小朋友家属的朋友，对他们的亲切和忠诚和对小朋友一般无二。小朋友在家庭里的时间，比在学校里来得多；我要养成他们的好习惯，必须与他们的家属取得一致才行。我要他们往东，家属却要他们往西，我教他们这样，家属却教他们不要这样，他们便将徘徊歧途，而我的心力也就白费。做家属的亲切忠诚的朋友，我想并不难；拿出真心来，从行为、语言、态度上表现我要小朋友好，也就是要他们的子女弟妹好。谁不爱自己的子女弟妹？还肯故意与我不一致。

我如果当中学教师，绝不将我的行业叫作"教书"，犹如我绝不将学生入学校的事情叫作"读书"一个样。书中积蓄着古人和今人的经验，固然是学生所需要的；但是就学生方面说，重要的在于消化那些经验成为自身的经验，说成"读书"，便把这个意思抹杀了，好像入学校只须做一些书本上的功夫。因此，说成"教书"，也便把我当教师的意义抹杀了，好像我与从前书房里的老先生并没有什么分别。我与从前书房里的老先生其实是大有分别的：他们只须教学生把书读通，能够去应考试，取功名，此外没有他们的事儿；而我呢，却要使能做人，能做事，成为健全的公民。这里我不敢用一个"教"字。因为用了"教"字，便表示我有这么一套本领，双手授予学生的意思；而我的做人做事的本领，能够说已经完整无缺了吗？我能够肯定地说我就是一个标准的健全的公民吗？我比学生，不过年纪长一点儿，经验多一点儿罢了。他们要得到他们所需要的经验，我就凭年纪长一点儿、经验多一点儿的份儿，指示给他们一些方法，提供给他们一些实例，以免他们在迷茫之中摸索，或是走了许多冤枉道路才达到目的——不过如此而已。所以，若有人问我干什么，我的回答将是"帮助学生得到做人做事的经验"；我绝不说"教书"。

我不想把"忠""孝""仁""爱"等等抽象德目向学生的头脑里死灌。我认为这种办法毫无用处，与教授"蛋白质""脂肪"等名词不会使身体得到营养一个样。忠于国家、忠于朋友、忠于自己的人，他只是顺着习惯之自然，存于内心，发于外面，无不恰如分寸；他绝不想到德目中有个"忠"字，才这样存心，这样表现。进一步说，想到了"忠"字而行"忠"，那不一定是"至忠"；因为那是"有所为"，并不是听从良心的第一个命令。为了使学生存心和表现切合着某种德目，而且切合得纯任自然，毫不勉强，我的办法是在一件一件事情上，使学生养成好习惯。譬如举行扫除或筹备什么会之类，我自己奋力参加，同时使学生也要奋力参加；当社会上发生了什么问题的时候，我自己看作切身的事，竭知尽力地图谋最好的解决，同时使学生也要看作切身的事，竭知尽力地图谋最好的解决：在诸如此类的事情上，养成学生的好习惯，综合起来，他们便实做了"忠"字。为什么我要和他们一样地做呢？第一，我听从良心的第一个命令，本应当"忠"；第二，这样做才算是指示方法，提供实例，对于学生尽了帮助他们的责任。

我认为自己是与学生同样的人，我所过的是与学生同样的生活；凡希望学生去实践的，我自己一定实践；凡劝戒学生不要做的，我自己一定不做。譬如，我希望学生整洁，勤快，我一定把自己的仪容、服装、办事室、寝室弄得十分整洁，我处理各种公事私事一定做得十分勤快；我希望学生出言必信，待人以诚，我每说一句话一定算一句话，我对学生和同事一定掬诚相示，毫不掩饰；我劝戒学生不要抽烟卷，我一定不抽烟卷，绝不说"你们抽不得，到了我们的年纪才不妨抽"的话；我劝戒学生不要破坏秩序，我一定不破坏秩序，绝不做那营私结派摩擦倾轧的勾当。为什么要如此？无非实做两句老话，叫作"有诸已而后求诸人，无诸已而后非诸人"。必须"有诸己""无诸己"，表示出愿望来，吐露出话语来，才有真气，才有力量；人家也易于受感动。如果不能"有诸己""无诸己"，表示和吐露的时候，自己先就赧赧然了，哪里有什么真气？哪里还有力量？人家看穿了你的矛盾，至多报答你一个会心的微笑罢了，哪里会受你的感动？无论学校里行不行导师制，无论我当不当导师，我都准备如此，因为我的名义是教师，凡负教师的名义的人，谁都有帮助学生的责任。

我不想教学生做有名无实的事情。设立学生自治会了，组织学艺研究社了，通过了章程，推举了职员，以后就别无下文，与没有那些会和社的时候一个样：这便是有名无实。创办图书馆了，经营种植园了，一阵高兴之后，图书馆里只有七零八落的几本书，一天工夫没有一两个读者，种植园里蔓草丛生，蛛网处处，找不到一棵像样的蔬菜，看不见一朵有劲的花朵：这便是有名无实。做这种有名无实的事比不做还要糟糕；如果学生习惯了，终其一生，无论做什么事总是这样有名无实，种种实际事务还有逐渐推进和圆满成功的希望吗？我说比不做还要糟糕，并不是抱着多一事不如少一事的心思，主张不要成立那些会和社，不要有图书馆种植园之类的设备。我只是说干那些事都必须认真去干，必须名副其实。自治会硬是要"自治"，研究社硬是要"研究"，项目不妨简单，作业不妨浅易，但凡是提了出来的，必须样样实做，一毫也不放松；有了图书馆硬是要去阅读和参考，有了种植园硬是要去管理和灌溉，规模不妨狭小，门类不妨稀少，但是既然有了这种设备，必须切实利用，每一个机会都不放过。而且，那绝不是一时乘兴的事，既然已经干了起来，便须一直干下去，与学校同其寿命。如果这学期干得起劲，下学期却烟消云散了，今年名副其实，明年却徒有其名了，这从整段的过程说起来，还是个有名无实，还是不足以养成学生的好习惯。

我无论担任哪一门功课，自然要认清那门功课的目标，如国文科在训练思维，养成语言文字的好习惯，理化科在懂得自然，进而操纵自然之类；同时我不忘记各种功课有个总目标，那就是"教育"——造成健全的公民。每一种功课犹如车轮上的一根"辐"，许多的辐必须集中在"教育"的"轴"上，才能成为把国家民族推向前进的整个"轮子"。这个观念虽然近乎抽象，可是很关重要。有了这个观念，我才不会贪图省事，把功课教得太松太浅，或者过分要好，把功课教得太紧太深。做人做事原是不分科目的；譬如，一个学生是世代做庄稼的，他帮同父兄做庄稼，你说该属于公民科，生物科，还是数学科？又如，一个学生出外旅行，他接触了许多的人，访问了许多的古迹，游历了许多的山川城镇，你说该属于史地科，体育科，还是艺术科？学校里分科是由于不得已；要会开方小数，不能不懂得加减乘除；知道了唐朝，不能不知道唐朝的前后是什么朝代；由于这种不得已，才有分科教学的办法。可是，学生现在和将来做人做事，还是与前面所举的帮做庄稼和出外旅行一个样，是综合而不可分的；那么，我能只顾分科而不顾综合，只认清自己那门功课的目标而忘记了造成健全的公民这个总的目标吗？

我无论担任哪一门功课，绝不专作讲解工作，从跑进教室始，直到下课铃响，只是念一句讲一句。我想，就是国文课，也得让学生自己试读试讲，求知文章的意义，揣摩文章的法则；因为他们一辈子要读书看报，必须单枪匹马，无所依傍才行，国文教师绝不能一辈子伴着他们，给他们讲解书报。国文教师的工作只是待他们自己尝试之后，领导他们共同讨论：他们如有错误，给他们纠正；他们如有遗漏，给他们补充；他们不能分析或综合，替他们分析或综合。这样，他们才像学步的幼孩一样，渐渐地能够自己走路，不需要人搀扶；国文课尚且如此，其他功课可想而知。教师捧着理化课本或史地课本，学生对着理化课本或史地课本，一边是念一句讲一句，一边是看一句听一句；这种情景，如果仔细想一想的话，多么滑稽又多么残酷啊！怎么说滑稽？因为这样之后，任何功课都变为国文课了，而且是教学不得其法的国文课。怎么说残酷？因为学生除了听讲以外再没有别的工作，这样听讲要连续到四五个钟头，实在是一种难受的刑罚，我说刑罚决非夸张，试想我们在什么会场里听人演讲，演讲者的话如果无多意义，很少趣味，如果延长到两三个钟头，我们也要移动椅子，拖擦鞋底，作希望离座的表示；这由于听讲到底是被动的事情，被动的事情做得太久了，便不免有受刑罚似的感觉。在听得厌倦了而还是不能不听的时候，最自然的倾向是外貌表示在那里听，而心思并不在听；这当儿也许游心外骛，一心以为有鸿鹄将至，也许什么都不想，像老僧入了禅定。叫学生一味听讲，实际上无异于要他们游心外骛或者什么都不想，无异于摧残他们的心思活动的机能，岂不是残酷？

我不怕多费学生的心力，我要他们试读，试讲，试作探讨，试作实习，做许多的工作，比仅仅听讲多得多，我要叫他们处于主动的地位。他们没有尝试过的事物，我绝不滔滔汩汩地一口气讲给他们听，他们尝试过了，我才讲，可是我并不逐句逐句地讲书，我只给他们纠正，给他们补充，替他们分析和综合。

我如果当大学教师，还是不将我的行业叫作"教书"。依理说，大学生该比中学生更能够自己看书了；我或者自己编了讲义发给他们，或者采用商务印书馆的《大学丛书》或别的书给他们做课本，他们都可以逐章逐节地看下去，不待我教。如果我跑进教室去，按照讲义上课本上所说的复述一遍，直到下课铃响又跑出来，那在我是徒费口舌，在他们是徒费时间，太无聊了；我不想干那样无聊的勾当。我开一门课程，对于那门课程的整个系统或研究方法，至少要有一点儿是我自己的东西，依通常的说法就是所谓"心得"，我才敢于跑进教室去，向学生口讲手画，我不但把我的一点儿给予他们，还要诱导他们帮助他们各自得到他们的一点儿；唯有如此，文化的总和才会越积越多，文化的质地才会今胜于古，明日超过今日。这就不是"教书"了。若有人问这叫什么，我的回答将是："帮助学生为学。"

据说以前的拳教师教授徒弟，往往藏过一手，不肯尽其所有地拿出来；其意在保持自己的优势，徒弟无论如何高明，总之比我少一手。我不想效学那种拳教师，绝不藏过我的一手。我的探讨走的什么途径，我的研究用的什么方法，我将把途径和方法在学生面前尽量公开。那途径即使是我自己开辟的，那方法即使是我独自发见的，我所以能够开辟和发见，也由于种种的"势"，因缘凑合，刚刚给我捉住了：我又有什么可以矜夸的？我又怎么能自以为独得之秘？我如果看见了冷僻的书或是收集了难得的材料，我绝不讳莫如深，绝不提起，只是偷偷地写我的学术论文。别的人，包括学生在内，倘若得到了那些书或材料，写出学术论文来，不将和我一样的好，或许比我的更好吗？将书或材料认为私有的东西，侥幸于自己的"有"，欣幸于别人的"没有"，这实在是一种卑劣心理，我的心理，自问还不至这么卑劣。

我不想用禁遏的办法，板起脸来对学生说，什么思想不许接触，什么书籍不许阅读。不许接触，偏要接触，不许阅读，偏要阅读，这是人之常情，尤其在青年。禁遏终于不能禁遏，何必多此一举？并且，大学里的功夫既是"为学"，既是"研究"，作为研究对象的材料是越多越好；如果排斥其中的一部分，岂不是舍广博而趋狭小？在化学实验室里，不排斥含有毒性的元素；明知它含有毒性，一样的要教学生加以分析，得到真切的认识。什么思想什么书籍如果认为要不得的话，岂不也可以与含有毒性的元素一样看待，还是要加以研究？学生在研究之中锻炼他们的辨别力和判断力，从而得到结论，凡真是要不得的，他们必将会直指为要不得。这就不禁遏而自禁遏了；其效果比一味禁遏来得切实。

我要做学生的朋友，我要学生做我的朋友。凡是在我班上的学生，我至少要知道他们的性情和习惯，同时也要使他们知道我的性情和习惯。这与我的课程，假如是宋词研究或工程设计，似乎没有关系，可是谁能断言确实没有关系？我不仅在教室内与学生见面，当休闲的时候也要与他们接触，称心而谈，绝无矜饰，像会见一位知心的老朋友一个样。他们如果到我家里来，我绝不冷然地问："你们来做什么？"他们如果有什么疑问，问得深一点儿的时候，我绝不摇头说："你们要懂得这个还早呢！"问得浅一点儿的时候，我绝不带笑说："这还要问吗？我正要考你们呢！"他们听了"你们来做什么"的问话，自己想想说不出来做什么，以后就再也不来了。他们见到问得深也不好，问得浅也不好，不知道怎样问才不深不浅，刚刚合适，以后就再也不问了。这种拒人千里的语言态度，对于不相识的人也不应该有，何况对于最相亲的朋友？

我还是不忘记"教育"那个总目标；无论我教什么课程，如宋词研究或工程设计，绝不说除此之外再没有我的事儿了，我不妨纵情任意，或去嫖妓，或去赌博，或做其他不正当的事。我要勉为健全的公民，本来不该做这些事；我要勉为合格的大学教授，尤其不该做这些事。一个教宋词研究或工程设计的教师，他的行为如果不正当的话，其给予学生的影响虽是无形的，却是深刻的；我不能不估计它的深刻程度。我无法教学生一定要敬重我，因为敬重不敬重在学生方面而不在我的方面；可是我总得在课程方面同时在行为方面，尽力取得他们的敬重，因为我是他们的教师。取得他们的敬重，并不为满足我的虚荣心，只因为如此才证明我对课程同时对那个总的目标负了责。

无论当小学、中学或大学的教师，我要时时记着，在我面前的学生都是准备参加建国事业的人。建国事业有大有小，但是样样都是必需的；在必需这个条件上，大事业小事业彼此平等。而要建国成功，必须参加各种事业的人个个够格，真个能够干他的事业。因此，当一班学生毕业的时候，我要逐个逐个地审量一下：甲够格吗？乙够格吗？丙够格吗？……如果答案全是肯定的，我才对自己感到满意；因为我帮助学生总算没有错儿，我对于建国事业也贡献了我的心力。

我绝不"外慕徙业",可是我也希望精神和物质的环境能使我安于其业。安排这样的环境,虽不能说全不是我所能为力,但大部分属于社会国家方面;因此我就不说了。

(1941 年 8 月 3 日作,原载于《教育通讯》1941 年第 4 卷第 32、33 期合刊)

给教师的信

一、多刺目的两个字呀

××：

来信收读了。一个初出茅庐的教师，对于教育不免抱着些美妙的想象，听见在行的同事说，这儿的学生非用责打不能制服，你得好好保持你的威严，自然会不相信自己的耳朵。你的惊异是无怪其然的。就是我，看了你的来信也有些怅怅，因为这儿的教育厅已经三令五申地告诫学校，说训育上不得用体罚，而你那个学校仍旧把体罚看作唯一的法宝。我想得很远，想到人们的理解何以相差得这么远，想到我国的教育到底有无改进的希望……结果就来了怅怅。

体罚对于学生心理上会产生什么影响，读过教育课程的人，谁都可以说上一大串，我不想说。我要说的是你来信中所提及的"制服"这两个字。站在利害不同的两边的人，势力较强的一边为了维护自己的利益，用种种方法来压倒对方，使对方没法动弹，这就叫作"制服"。工厂主对于劳工，帝国主义国家对于殖民地人民，手段或硬或软，各有巧妙不同，归根结底，都不离"制服"这个大题目。可是教师跟学生，也是站在利害不同的两边，像工厂主跟劳工，帝国主义国家跟殖民地人民一样的吗？我用尽我的智力，无论如何找不出彼此的相同之点来。然而居然用得着"制服"这两个字，可见在说出这两个字的教师的心目中，他自认是跟学生对立的了。而且对立得那么凶，往极端说，竟与帝国主义国家跟殖民地人民不相上下。既然对立了，还有什么教育可说呢？教育能在教师跟学生对立的情况下进行的吗？可惜他们手中只有教鞭，只有戒尺，我想，如果他能够向军械处领到一挺机关枪，他一定更觉得乐意，会经常把机关枪架在训育处门口——一挺机关枪比起教鞭和戒尺来，更可以把对立的学生"制服"得服服帖帖。

你说你不愿听从在行的同事的话，举起教鞭或戒尺来打学生。你说你如果环境使然，非举起教鞭或戒尺来打学生不能耽下去的话，你宁愿卷铺盖走路。你这一个不愿，一个宁愿，我都极端赞同。这是准备认真当教师的人的起码条件。为什么说起码？因为像你这样，至少表示你并不跟学生对立。而教的一切施为，必须不跟学生对立才谈得上。你若一想到"制服"，一动手打，你就跟学生对立了，那时候，你的指导和训诲就蒙上了压迫者和侵略者的色彩，任你说的是金玉良言，对学生全无实益——他们凭什么要领受你的呢？你说宁愿卷铺盖走路，对，环境迫着你教你非照样做不可的时候，那就表明你不能在那个学校里当教师了，自宜一走了事。专任的薪水跟几斗尊师米虽然可恋，但做事得做成个样儿尤其要紧，不成个样儿勉强要做，是痛苦，也是罪恶。

其实环境也绝不会迫着你教你非打不可的。你的在行的同事惯用他们的办法，你不妨试用你自己的办法。像你当面跟我说的，您愿意做学生的同伴和哥哥，跟他们一块儿生活，尽力指点他们，帮助他们，这个话虽属于原则，依此推到实践方面，就有了你自己的办法。学生又不是天生的小流氓，小强盗，你好好地做他们的同伴，开诚相与，情同手足，他们又何至于硬要跟你捣蛋？你自己正是当学生过来不久的人，教师对你怎样，你就对教师怎样，这在你心中一定有数。一个随时随地为你设想替你帮忙的教师，你肯故意跟他捣蛋吗？即使他偶尔回答不上一个问题，偶尔说错一两句话，你会就此瞧不起他吗？我相信，当教师的不必装作"万能博士"，也不必装作完全无过的"圣人"，这些虚伪的架子全无用处，只要你跟学生站在一边儿，不跟他们对立。你既然已经悟到了这起码的可是基本的一点，你的办法必然行得通，你可以做一个成个样儿的教师。你不用担忧，恐怕同事们诽笑你，说你讨学生的好，或者说你害怕学生。学生知能方面由你的努力而得长进，就是你做得不错的真凭实据。万一同事们嫌你破坏他们的例规，跟你不合作，迫得你非离开不可，反正你已经下了决心，"宁愿卷铺盖走路"，那时自有亲近你爱戴你的学生们抱着依依不舍之情欢送你，你的卷铺盖走路也就一无愧怍了。

在我当教师的朋友中，有两位是最难忘怀的，他们都故世了。一位是吴宾若先生，与我同在一个高小，他当校长。学生有了过失，或是早晨迟到，或是与人口角，他就把那学生招到面前，细细与他谈话，探问他犯过失的原因，指导他补过的办法。有些学生为了害怕或惭愧，往往死不开口，吴先生就又换个头绪来谈，然后回到原旨，非到学生开了口，而且面容上现出衷心领受的神色不休。这样一回谈话，延长到两三个钟头是常事，吴先生宁愿任饭桶里的饭冷却了，泡些热汤下肚。还有一位是创办立达学园的匡互生先生，他把学生的过失看作自己的过失，每逢跟犯过的学生谈话，他往往先滴下眼泪来。学生受了感动，有时就与匡先生相对流泪，甚至相对出声而哭。这两位先生的办法，近于"爱的教育"式，属于所谓感情教育，也有些人不甚赞同，因为这样太软性了，不足以锻炼学生强毅的意志。可是，模仿现在流行的说法，他们都是认定"学生第一"的，教育事业既是"为"学生的事业，在认定"学生第一"这一点上，他们总该受人敬佩。我不知在现在的教育界中，认定"学生第一"的究竟有多少人。此刻我写回信给你，提起吴、匡两位，意思自然希望你也认定"学生第一"。我记得你当面对我说的话，我相信你不会辜负我的希望。

（1944年2月16日作，原载于《华西晚报》2月22日）

二、几派的训育办法

××兄：

你当教师经历了四五年，当训育主任却是新近的事，你说有没有意见告诉你，给你作个参考。我从来没有当过训育主任，训育该怎么实施，意想中没有一点儿影子，对于自己的儿女，也不知道该怎么个训法。我实在不能有什么意见告诉你。可是，我常接近教师学生，对于学校里的情形还知道一些，知道之后，心中不免起了反应，有时认为这样很不错，有时认为那样不见妥当。现在就把这些写给你看看，或许对你有些微的用处。

有些教师管训育，抱着个"不许主义"，不许嘻嘻哈哈地笑，不许蹦蹦跳跳地跑，不许看小说，不许自己拆收到的信件，这也不许，那也不许，仿佛学生的思想行动没有一种是要得的。这种"不许主义"的结果，可以把学校弄得很安静，很严肃，可是安静之中流荡着冷气，严肃之中透露出萧瑟。学生个个像恶姑面前的童养媳，阎王殿下的小鬼，一副被"吃瘪"的形色。学生被"吃瘪"正是训育的成功，然而没有想到一层，训育的本旨并非"吃瘪"学生。学校里固然需要安静和严肃，但尤其需要热气和活力。把学生逼成童养媳和小鬼，借以换取安静与严肃，这算什么道理？大凡人生经历，习惯既久，便成自然，如果学生习惯于被"吃瘪"，一辈子具有童养媳和小鬼的习性，这一笔造孽的账可是训育老师担负得起的？并且，你要"吃瘪"学生，学生未必就老实被你"吃瘪"，堤防筑得越严紧，溃决起来水势越汹涌，这就来了学校风潮。通常的见解总以为闹风潮是学生的过错，但是在"不许主义"的训育之下的风潮，所有过错是否都该归罪学生，是值得考索的。

有些训育老师恰正相反，守着"无为而治"四个大字。早晨升旗时候，学生七零八落，唱起国歌来，参参差差，有气没力，他们不管。学校生活太无聊了，学生闷得慌，有的从教室中溜了出来睡懒觉，有的索性坐在茶馆里吃闲茶抽烟卷，他们不管。社会的引诱力太强大了，学生不免艳羡，谈谈"飞机"经络，弄一支手枪耍耍，他们不管。他们一只眼睛开，一只眼睛闭，一个耳朵开，一个耳朵闭，只要事情不逼到面前来，或是摆在面前而可以转过头去避开，他们就一概作为不见不闻。这是最省事的办法，"无为而治"，落得安闲清静。可惜仔细想想这个"治"字，就有些未能释然。学校里要够得上这个"治"字，至少每个学生的生活都上轨道，进一步，更要使每个学生的生活逐渐上进，逐渐充实。像这样不见不闻，任学生过着懒散的腐败的生活，"无为"固然做到了，可是学校的"治"又在哪儿？

以上说的两派训育老师，做法虽然相反，却有一点相同，他们的训育都是消极的。现在再谈谈积极的。有些教师特别相信训话的功用，以为自己口里说出什么来，学生耳朵里就听进什么去，而且一听就明白，就记住，就运用到思想行动方面去。他们每逢纪念周、朝会、各种各式的集会，从不肯放弃训话的机会，一训就是一个两个钟头，至于他们的材料，常常是些抽象的道德节目，八德啊，四字校训啊，十二守则啊。讲到礼，就翻来覆去注释这个礼字，发挥这个礼字；讲到义，就翻来覆去注释这个义字，发挥这个义字。他们的训育是积极的，他们要学生好，希望学生接受这些道德节目，这毫无疑问。可是他们没有想想，喋喋不休的训话与抽象的道德节目，对于学生的思想行动到底会有多少影响。大凡在教育学心理学方面稍稍有些研究的人，都相信思想行动的长成，必须随时随地，就事事物物上养成习惯，才属可能。说到养成习惯，就绝不是听听训话可以了事的事。第一，必须实践，第二，必须持之以恒，不能实践了一回两回就丢掉。现在专重训话，不很顾到实践，未免把训育看得太简单了。并且，本该是就事事物物上养成习惯的，现在，却只用抽象的道德节目，学生听了礼啊义啊一大套，只觉得迂远难行，与自己的生活联系不起来。结果，学生的一言一动还是表不出诚敬，辨不明是非，与没有受过什么教育一个样。这就可见这一派的做法也有毛病。

另外还有一派注重实践的，常常提出一项道德节目，在一个时期内作为训育的中心，教学生身体力行。他们于是标出"仁爱周""和平周"等等名目来。

在"仁爱周"里，大家要与师长同学相爱，要爱惜花草，要爱护小动物，甚至一个蚂蚁也不可踩死。在"和平周"里，大家要好好相处，你问我，"你好吗？"我得回你一句："你也好？"相骂打架当然要不得，最好相见的当儿，未开言先赔一副笑脸。这样的训育似乎无可批评，可是我常常见到"一曝十寒"的情形，这就有了问题。"一曝十寒"的情形怎样呢？譬如"仁爱周"过去了，事情就此完毕，往后不说一个蚂蚁，就是作弄一个同学，使他摔跤撞倒，以致头破血淋，也不当一回事了。前面说过，养成习惯必须持之以恒，现在想在一个什么周内养成什么习惯，过了那个周就丢开不管，试问能不能收到实效？咱们知道咱们说话，走路，爱父母，守公德等等习惯，都不是从这"一曝十寒"的办法养成的。做一个人，确乎需要各种好习惯，好习惯累积得越多，其人的生活越上进，越充实，像上面说的"一曝十寒"轮流串演的办法，却说不上养成习惯，更说不上累积习惯。

我开头说，"有时认为这样很不错，有时认为那样不见妥当"，现在看看上面写的，都属不见妥当的一方面，很不错的一方面一点也没有说。老实说了吧，开头我这么说，只是顺着语气之自然，按实说，很不错的却不大有。也许有是有的，可是我没看到，或者我的观察不精，思索不周，因而看不出来。我想单说了不见妥当的一方面，也未尝不好。你如果以为我的话有几分是处，就会在前面所说的几派以外，自己去寻求实施训育的办法。我与你不客气，不妨直说，你自己寻求得来的办法未必就对。但是前面所说的几派的毛病，你总可以不犯了。这一点消极的作用，是我仅能贡献给你的。

你寻求有得，希望随时告知。我虽不在教育界，可是很乐于知道学校里有一个认真尽职，真能使学生受益的训育主任。

（1944 年 2 月 24 日作，原载于《华西晚报》2 月 29 日）

三、新的傻子

××先生：

接读来信，知道您预备回湖南，设法办个中学，而且希望甚大，如果办得顺利，就将终身以之。现时大家都有些恓恓惶惶，为生活叹气，为物价皱眉，仿佛过日子只是勉强应付，并不是自己安身立命的正轨；而您却想手创一个终身以之的事业，宁走远路，不贪近功，目的无非为当前的建国大业效力，这叫我非常钦佩。我愿您如愿以偿，学校真个办成功，而且办得顺手，在十年八年之后，大家心中都记住您的好成绩。

现时学校的数目也不算少了，大学是至少一省一个，中学是至少一县一个，国民学校据说每保有一个。若就学校的数目看，似乎教育颇受重视，教育事业正在逐步进展中。可惜学校的意义并不等于教育，教育的重视与否，逐步进展与否，还得就另外一些条件看。咱们眼见的实况是一般人办教育往往像衙门公事那么办，像商业生意那么做，且不谈另外的一些条件是什么，衙门公事和商业生意决不跟教育同类是显然的；从此就可以推知教育实在没有受到重视，教育事业实在没有逐步进展。据我的简单的想头，目前的要图不在乎添设什么学校，而在乎把现有的学校好好地办，不看作衙门公事，不看作商业生意，凡所实施都是名副其实的教育，这就很好了。可是您要更进一步，不从现在有的学校入手，而想另外创设一个新学校。据我平日所知于您的，您必然自有一套教育的理想在，所以不愿修坍补漏，必须另起炉灶。世界上有许多怀着理想的人被称为傻子，您对教育自有一套理想，很可能立刻取得傻子的徽号。但这是多么可爱多么不容易取得的徽号啊！

在清朝末年，大家感觉时局日非，那时候对教育抱理想的傻子似乎很多。

他们认为教育是一切的根本，只要兴起教育来，政治、经济以及其他各部门都解决了。他们于是开办学校，三间两间破房子就是校舍，找不到同志就以一身兼教各种科目；物质报酬一点儿也没有，他们全不放在心上，宁愿卖了自己的衣服，当了太太的钗环过日子。就现在想起来，他们的方法也许很陈旧，他们的教材也许不见新鲜，可是他们的心是热切的，他们的信念是坚强的。如今四五十岁的人的心中，往往有一个幼年的老师永不能忘，非但永不能忘，而且自知着实受他们的益处——益处不定在各种知识方面，大部在精神上受着他们的熏陶。这班傻子留下这么些影响，他们也可以慰情瞑目了。到后来，这种傻子何以会渐渐少起来，我没有研究，不能说出其原因。至于如今办教育的人，似乎看出了从前那些傻子的毛病，竭力反其道而行之；从前那些傻子认为教育是一切的根本，如今办教育的人却相信教育不是根本，只配做政治、经济各部门的尾巴，既然是尾巴，因循将事，得过且过，也就可以了，何必苦干硬干，徒然消耗自己的生命力？这是他们的全部哲学。我没有接到您的详细开示，不知道您所怀的教育理想是什么；但是我想，您一定不同意于如今办教育的人的想法；同时，你与从前的那些傻子必将同中有异，异中有同，您将是个新的傻子。

募基金，相地皮，修校舍，这些事情麻烦而不太困难。有一件最困难的事情，不知道您已经得到解决没有，那就是集合同志，集合若干新的傻子，在一块儿实现您的教育理想。我常爱说"搭班子"的话，班子指戏班子。一出戏要唱得好，必须个个角色都好，单靠一两个主角卖力，就不成为一出和谐完整的戏，所以要唱好戏，就得集合各项好角色，搭成个完美的班子。许多教师同在一个学校里办教育，就如唱一出具有永久价值的戏，班子搭不好，根本没有唱好的希望。如今学校里最多的是人事问题，人事问题是个新流行的名词，依我的说法，就是班子搭不好。猜忌，不合作，中伤，为了分配尊师米闹起来，公然怠工而学校当局无可奈何，这一类事情，咱们看见得太多，听见得太多了。大家的心思放在人事问题方面多，自然顾到教育方面少；到了专门搅些人事问题，就完全没有教育问题，其实学校尽不妨关门大吉了。您来信说得这么毅然决然，一定要回湖南去办学校，我想对于搭班子该已有了把握吧？不满意教育现况的人，如今很多；不但消极地不满，而且积极怀着理想的人，也不是没有；再进一步，有理想且有方法，认定此时此地的教育该从何处着手的人，当然比较地最少，但也绝不致绝无仅有。同声相应，同气相求，以您这样的傻子精神，当可发见一些傻子，吸引一些傻子。希望在您的班子里，没有什么人事问题，彼此每时想的，每天干的，都只是些教育问题。

下次惠书，希望告诉我您的具体办法，就是说，您将怎样实施您的教育。

如果我有所见到，自当竭尽我的浅见，跟您讨论。何日动身，并盼示及。

（1944 年 3 月 7 日作，原载于《华西晚报》3 月 11 日）

四、关于禁止读小说

××先生：

现在给您写这一封信，只谈一件事情。听见贵校的几个同学来说，贵校绝对禁止看小说，我就想跟您谈谈禁止看小说。

你也可以猜想而知，我写这一封信是不赞成禁止看小说。我并不是因为自己写过些小说，就把小说看作宝贝，以为非叫学生看不可。我也不像有些学生那样，认为一切学科一切作业都可以丢在脑后，只消捧一本小说在手，就可以混日子。我只想说，小说在教育上自有它的价值，教育者应该好好地利用它，以收教育上的效果；不好好地利用它，随学生去乱看，这是消极的办法，我不赞成；见学生乱看，觉得讨厌，干脆来个禁止，这是更消极的办法，我更不赞成。

这儿我说的小说，是指好小说，先得提明。好的小说这个称谓似乎有点儿空洞，诚然；但是我不便在这儿列举若干小说，然后归结一句说，像这些都是好的小说，就只能用一个抽象的称谓了。

好的小说都有充量的文艺性。所谓文艺性，粗浅地说，就是它不但叫人"知"，而且叫人"感"；不但叫人看了就完事，而且留下若干东西，叫人自己去思索，自己去玩味。"感"比较"知"深入一层；"知"是我与事物对立，以我"知"彼；"感"是我与事物融和，彼我不分。再说留下若干东西，叫人自己去思索玩味，这就是所谓弦外之音，食余之甘，比较弦停音歇，食尽味绝，受用处自然多些。一般人喜欢看小说，原因就在这儿。而青年人尤其喜欢，这就心理学方面说起来，自有种种解释，咱们暂且不谈；咱们只消想想自己，在青年时代不是也贪看小说，一部《红楼梦》，看了一遍又一遍，读了迭更司①的《贼史》②，嚣俄③的《孤星泪》④，而久久不能去怀吗？将自己比他人，就可知道青年人看小说实在是正常的事儿，绝对不宜禁止。

学校里的课程各个分立，这是不得已的办法，不分立就无从指导，无从学习。但因为分立了的缘故，每种课程往往偏于一个境界，如数学理化偏于逻辑的境界，历史地理偏于记认的境界，公民训育偏于道德的境界，等等。教育的最后目标却在种种境界的综合，就是说，使各个分立的课程所发生的影响纠结在一块儿，构成个有机体似的境界，让学生的身心都沉浸在其中。要达到这个目标，自然须得教育者竭尽心力，师生共同实践，而让学生看小说，也是达到这个目标的可能途径。小说不偏于逻辑的境界，记认的境界，道德的境界，等等，它直接触着人生，它所表现的境界是个有机体，以人生为它的范围。青年人读了许多小说，吸收了许多好的意思，获得了许多人生经验，因为那些意思与经验都是通过了作者的精神的，青年人渍染既久，其精神也就渐趋高深，即使不能与作者并驾齐驱，至少也会与作者同其倾向。青年人的精神与出色的作者同其倾向，不正是教育所求的效果吗？

也许有人要说，要使教育收综合的效果，有咱们的圣经贤传在，给青年人读些圣经贤传就得了，何必读什么小说？这个话问得有道理，请容我回答。我先要说明，小说跟圣经贤传不是相反的，而是同类的两种

---

① "迭更司"，今译为"狄更斯"。——编者注
② 《贼史》，又译《雾都孤儿》。——编者注
③ "嚣俄"，今译为"雨果"。——编者注
④ 《孤星泪》，又译《悲惨世界》。——编者注

东西。咱们不能因见"圣""贤"字样，过分地表示崇敬，见小说的名儿用个"小"字，抱着偏见特别地瞧它不起。为什么是同类的两种东西？因为小说跟圣经贤传都触着人生，都是少数人的精神产物。二者在细节上，由于时代观念不同，也许有些抵牾；但在大纲节目上，却无不同。依我的想法，二者都应该读；我绝不像某些人那样，写到圣经贤传就特别加个引号，以表示其讽刺的瞧不起的意思。可是，谈到给青年人读，就不能不分个缓急先后。圣经贤传大多是古东西，现在人读起来，先得打破一重语言文字上的隔阂，而青年人往往没有能力打破。其次，圣经贤传受着书写工具的限制，大多写得简约，简约之极，必须反复涵泳，多方揣摩，方才能够理会，而青年人不一定有这种能力。又其次，圣经贤传就古代的社会和人生说话，虽然其中尽多通乎古今的道理，而青年人总不免觉着隔膜一层，不甚亲切，不如就近代与现代的社会和人生说话来得感觉兴味。当然还有可以说的，现在且不说吧。试再举些具体的例子来谈谈。譬如《论语》，我以为是承受固有文化的现代我国人必须读的，但是教一个中学青年读《论语》，必然遇到上述的三项困难，而感到吃力。又如《史记》，那是最富有小说味的著作了，但是一篇《项羽本纪》往往使中学青年头痛。所以，假如圣经贤传非读不可，也只能将程序排得后一点，分量定得少一点，而将同类的小说排得前一点，定得多一点，因为小说与圣经贤传在教育上收同样的效果，而在青年人心理上却比圣经贤传容易领受。

您是国文教师，现在我要谈到您的领域里来了。国文教师的任务，一般人不大肯想，只觉得茫无涯岸；其实也很明白，只要指导学生，使他们能够阅读，能够写作，就可以俯仰无愧了。这儿单说阅读。学生一辈子要看各种的书，所以在学校里必须养成阅读能力。听教师讲过了才明白，这不能算有了阅读能力。必须自己看明白，不含糊，不误会，不但字面的意义了悟无遗，就是言外的意义也体会得出，这才算有了阅读能力。学生这种能力不是一朝一夕所养成的，全赖教师给他们引导，譬如小孩子走路，起先是牵着手走，随后是放了手，可是做着手势跟住他，最后才让他自个儿向前走去。教学国文的方法，细说起来虽然头绪繁多，若能认定一点，使学生渐渐能够自己看书，也就把握住了要领。阅读不能没有材料，国文教本当然是材料，但是死捧住一本国文教本还嫌不够；因为阅读能力要在习惯中才能养成，而一本国文教本的习惯未免太少太浅。因此在教本以外，教师必须指导学生看旁的书。教师指导得法，学生看旁的书也能像看国文教本一样，在先是依赖的成分多，在后是自力的成分多，最后竟可以完全出于自力，这才真个有了阅读能力，真个可以看各种书，受用一辈子了。所谓旁的书当然不限于文艺部门的小说，关于修养的书，关于社会科学的书，乃至关于自然科学的书，都可以作为国文科的课外读物；因为那些书都是用我国的语言文字写的，而国文科所训练的，就在使学生通过我国的语言文字了解一切。不过，小说最容易使学生发生兴味，是其一；教国文虽然不就是教文艺，但文艺的鉴赏实在是精神上的绝大补益，让青年人得到这种享受，非但应该而且必须，是其二。为了以上两点，我以为小说在国文科的课外读物中应该占较多的百分比。

说到这儿，我要结束了。小说在精神训练上有价值，在语文教学上有价值，总括起来，就是它在教育上有价值。若有明达的忠诚的教育者，必将选定若干小说，收藏在图书室里，把那些书名大书在揭示牌上，并随时鼓励学生去看，甚至限时督促他们去看。但是，贵校却完全相反，干脆来个禁止看小说。我绝不敢说您与您的同事先生们不明达，不忠诚，我以为你们大概是少想了一想。做事情想得欠周到，往往会弄成不妥当的。

　　你们大概是怕学生看了小说耗费时间，以致旁的功课都弄不好，或者是见有些青年看了武侠小说就要往武当山去学艺求道，看了黑幕小说就想为非作歹，干那拆白党的行径。于是认定小说是青年人的毒害，无异于鸦片，非彻底禁绝不可。现在我先就前一项说。你们若认为看小说耗费时间，那就有个前提在，小说虽不是反教育的，而是非教育的。非教育的事物当然该排斥在学校以外。可是像前面所说，你们如果以为有些道理，就可见小说并不是非教育的，而确实是教育的。凡是教育的事物，叫学生去认识，去实践，都不是耗费时间，因为付出的时间自可取得相当的代价。早晨练几十分钟早操，下午踢几场足球，扔几局篮球，为什么不说耗费时间，妨害旁的功课，而加以禁止？原因是那些事项都是教育的。看小说总可以与练早操、踢足球、扔篮球列在同等地位吧？你们既知道看重学生体魄的补益，也不该忽略学生精神上的补益。

　　再就后一项说。那些武侠小说，黑幕小说，并非我这儿所说的小说。大概你们很能分辨清楚，那些小说，不但你们不赞成学生看，就是我，也不赞成学生看。不过，我的办法不是出一道禁止看小说的布告。我并非要博得宽大的名，实在因为出一道布告没有多大效果。您禁止他们看，他们听命，不敢公开然地看了，但是他们偷偷地看，在被窝里，在茅厕里，在自修室的角落里，你将他们怎么办？您说可以随时地侦察，暗暗缉拿。这种侦缉队似的手段，我就不愿意在学校里施用，这且不多说；试问即使让您拿住了，私看小说该当何罪？再说，他们怕您缉得凶，在学校里果真不看了，但是他们星期天在家里看，放了暑假寒假大看特看，您又将他们怎么办？我说没有多大效果，还是客气的话，老实说，禁止简直毫无效果。您要使学生不看那些坏东西，就是指导他们看好小说，你的指导越周到，越深入，他们从好小说领会到的就越丰富，越精辟。到了那个阶段，他们再看那些坏东西，将要恶心呕吐了，随即丢开还来不及，哪待您去禁止？这是根本的有效的办法，且适合于教育者的风度，希望你们采用。

你们如果以为我的话并非逞臆之谈，请即取消你们的禁令，并且指导学生看好的小说。

（1944 年 3 月 8 日作，原载于《华西晚报》3 月 20 日）

记教师的话

　　时常与担任教师的朋友接触，听见他们谈到对于职务的感想。现在信笔记在这儿。

　　"担任教师是最贪懒最没出息的人干的事情。无论你教的什么功课，譬如说本国史或是代数学吧，开始担任的一个学期当然要预备预备，免得临时哑场。教过一两个学期，你的那出戏唱熟了，一上场就哗啦哗啦唱起来，好比开留声机。留声机尽可以开一辈子，只要你在人事方面处得好，每个学期总有一张或几张的聘书拿在手上。如果你还能稍稍费一点儿心思，随时插入些新材料，换用些新讲法，那就好比戏场里说的'某老板又有新腔了'，即使得不到听众的喝彩，至少在唱的人总觉得有劲儿，并非敷衍了事。唱完以后拿起书本踱出教室，就可以什么都不管，享受'无事一身轻'的妙趣。暑假是那么长，六个星期，多到十个十二个星期。寒假也不短，三四个星期不会少你的。还有国庆校庆以及什么纪念日，填在授课时间表上的课碰上那些日子，就堂而皇之地'作罢'了。常言道，'当过三年叫化子，连皇帝也不想当了。'我要套一句说，'当过三年教师，连皇帝也不想当了。'当然，这是从贪懒的观点说的。怎么说没出息呢？有出息的，'学而优则仕'，谁肯干这吃不饱饿不死的勾当？你看，某公某公，什么学的权威，什么方面的专家，他们都从政去了，参政员，国大代表，司长，次长，部长。他们宁愿让什么学成为绝学，专家的头衔也不妨情让，决不肯错过了向上爬的机会。爬呀，爬呀，在一个人或一个集团之前低头没关系，重要的是可以操纵大多数人，享受大多数的声色货利。他们都是有出息的家伙，是强者，有意志，有能耐。只有我们这一批弱者，自知对于此道毫无办法，这才甘守寂寞，冷冷清清地当个教师。说甘守寂寞只是句好听的话，拆穿西洋镜，还不是自认没出息的表现？"

"韩昌黎说，师是传道授业解惑的人。我自问不是那样的师。道字太玄虚，且不说它。就说业吧，我除了能在教室里空讲一通之外，根本就是个无业游民。自己既然无业，又有什么业传授给学生？再说解惑。我自己正有一肚子的惑在这儿。美苏冲突呀，外长会议呀，无休无歇的内战呀，越来越涨的物价呀，也说不尽许多。这些到底是怎么一回事，我实在搞不清楚。我的办法很干脆，搞不清楚，索性还它个不闻不问，这就无所谓惑了。可是这个秘诀不便传授给学生，他们青年人也未必肯采用我的消极应付办法，那么，我还有什么能给他们解惑的呢？我自己知道得很清楚，我去上课，为的是每个月可以向会计处领薪水。我对学生也知道得很清楚，他们去上课，为的是他们的时间非花掉不可，为的是他们要一张实在没有用可又不能不要的文凭。我们用同样的手段达到不同样的目的，于是在教室里碰头了，如是而已。"

"我担任教师，起初竭力督促学生写笔记。过了些时要他们交上来让我看。看见有些本子上只有三言两语，有些本子末了儿一句话写了半句就停止了，忍不住怒从心头起，把这几个学生着实骂了一顿。大概是我的骂发生了效力，以后再交上来，全都是写得满满的了。上课时候，学生执笔在手，唯恐漏掉一词半语，急急忙忙地写个不停，时时抬起头来，两颗眼珠慌慌张张地朝我一望，脸皮胀得红红的，直红到颈根边。

当然，我满意了，讲得格外起劲。可是有一回讲得正起劲，脑子里忽然钻出来一个怪想头：'我所讲的全是珍珠宝贝，值得他们这样辛辛苦苦地捡起来藏起来吗？看他们的眼光和脸色，看他们的紧张的动作，真好像面对着珍珠宝贝呀。'这么一想，我愣住了，至少有两分钟说不出话来。我到底有多少珍珠宝贝给他们呢？诠释一个词儿，花上五分钟，讲解一句句子，又是五分钟，打一个比方，说得高兴就是十分钟，话像藤蔓一样爬开来，直到去题千里，不得不用"再说"把它拉回来，至少也得十五分钟。如果这些并非珍珠宝贝，珍珠宝贝也就很少了。然而学生仿佛以为没有一句不是珍珠宝贝，只怕漏掉一颗半件，成为终身的遗憾似的。他们虽然不自觉，我可感到良心的谴责。当时我很想提醒他们说，'你们不用捡得这么勤，我这里珍珠宝贝实在有限得很呀！'但是，出尔反尔，成什么话？而且，这碗饭我还得吃下去呢，也就若无其事地讲下去。不过收到他们的笔记本的时候，我再也不敢看了，在桌子上放了一天就发还他们。我怕的是看见自己吐出来的尽是些渣滓瓦砾。"

听了上面的一段话，另外一些教师接着说了。

"我同意你的话。干我们这一行，真叫作反省不得。你一反省，就会觉得自己不知道在干些什么，就会觉得自己简直是个疯子。先就坐在我们面前的学生说。他们是注定坐着听讲的人。小学里六年，正经事务是坐着听讲。中学里六年，还是坐着听讲。升到大学里，坐着听讲的命运还没有完，又是整整的四年。加起来是十六年呢！十六年间，死死板板地坐在那里听讲，要是不感觉厌倦，必然是个神经失常的人。我们在什么会里听人家演说，不是坐了一个钟头就要打呵欠伸懒腰了吗？他们坐着听讲并不是他们要听，是我们要讲给他们听。我们要讲给他们听，他们就非听我们的不可。至于我们为什么要讲给他们听，说来话长，头绪也纷繁，姑且不谈，总之我们是注定要讲些什么给他们听的人。我们各人有各人的一套，只要眼睛望着前面，心里不作什么反省，尽可以理直气壮地哗啦哗啦。一反省可不得了，拿一些不着边际的话语，不很切用的经验，讲给并不要听可又不得不听的一班人听，究竟是怎么一回事啊！我那学校建筑很马虎，教室与教室隔着一层薄板壁，每逢我写黑板的时候，隔壁教室里同事的声音传过来了。那声音呆板枯燥，孤立无助，用有形的东西来比拟，好像一只独木船停泊在绝港里，不要不紧的风吹着它，不要不紧的水波打着它。听，听，听，听，连字眼也辨不清了，只听见一串类似哀叫的声音，使人不乐意听它可又没法避开它。同时我仿佛觉得在隔壁教室里发声的就是我自己，另外一个化身的我在听那哀叫。我为什么要这么哀叫呢？我为什么要每天每天这么哀叫呢？这么想的时候，我几乎确认自己是个疯子了，只差没有丢掉粉笔跑出教室。"

可记的还有许多。以上几位的话可以说是属于一类的，别一类的话，过些时再记吧。

[1947 年 2 月 11 日作，刊《中学生》1947 年 2 月号（总第 184 期），署名圣陶]

如果教育工作者发表《精神独立宣言》

第一次世界大战以后，罗曼·罗兰、巴比塞、罗素等人发表过一篇《精神独立宣言》，说明文化界人士的态度：消极方面，不再受野心家的利用；积极方面，要为自己所抱的正义和所奉的理想坚决努力。

现在，第二次世界大战又过去了。放眼看世界，全不像个"为万世开太平"的局面。在战争尚未结束的时候，大家怀着热切的希望，以为人类该是一种长进的动物，经过了这一场反法西斯的战争，总会把世界好好地安排一下吧。谁知战争结束之后却是强烈的失望。单是心理上的失望还没多大关系，无奈连实际生活上也失望：精神生活与物质生活原是分不开的。在这个时期，岂止文化界人士，各国各民族大多数的人正要联合起来发表一篇《精神独立宣言》，表明消极方面怎么样，积极方面怎么样。这篇宣言至今没有看见，实在也没有人写；可是写在人们心里，写在所有切望"为万世开太平"的人们心里。

把范围缩小来，人限于我国，工作部门限于教育，我国的教育工作者也切需来一篇《精神独立宣言》。

教育事业的目标在辅导下一辈人的发育生长。说到发育生长，其中就含有健全的，善良的，群己两利的，种种意思。辅导不能凭空辅导，必须寄托在实际事为上。知识的传授和能力的锻炼都是实际事为，通过这些实际事为才可以辅导，才可以使下一辈人发育生长。

教育并不是一种孤立性的事业，与其他部门都有牵连。可是，教育绝不是一种附庸性的事业，对于辅导下一辈人的发育生长，他负着最直接的责任。其他部门与教育的目标协调的时候，教育工作者自当精进不懈，努力尽他们的责任。其他部门与教育的目标不协调的时候，教育工作者为了不肯放弃他们的责任，就得自闯道路，干他们自己的。曾国藩所说的"一二人"固然不足以收什么功效，但是大群的教育工作者都来干他们自己的，未尝不可以转移风气，挽回世运。

如果我国的教育工作者要发表一篇《精神独立宣言》，我想，其中至少包含以下几点意见。

一、表示教育工作者不再承袭我国传统的教育精神。传统的教育以圣经贤传为教。且不问圣经贤传是否适于为教，而用圣经贤传作幌子，实际上却把受教育者赶上利禄之途，是传统的教育最不可容恕之点。如今的什么学科什么课程也是幌子，实际上也在把受教育者赶上利禄之途。利禄之途无论赶得上赶不上，总之与真实受用是两回事儿，与人的发育生长是两回事儿。发育生长了，得到真实受用了，去干一种事务，去做一行职业，这是尽其所能，不是利禄之途。走利禄之途的是只望不劳而获，损人以益己。这在从前已经不合，在今日尤其是大愚。教育工作者为了要尽自己的责任，不能不表示不再承袭传统的教育精神。

二、表示教育工作者不再无视是非善恶。从前人家聘请来教子弟的教师叫"西席"，西席在馆东家里处于宾客的地位，自然，不便过问馆东家里的事。现在的教育工作者可不是什么人家的西席，而是以国民的身份，对国家尽一份责任，担一份工作。就其国民的身份而言，对于一切事物的是非善恶自该下个判断，立个主张。若说教育工作者是超然的，除了教育而外没有什么判断和主张，那是不通的。生在这个地球之上，就没法超然于这个地球，生在这个国家之内，就没法超然于这个国家。对于一切事情没有判断和主张，只是委心顺运地活下去，岂不跟圈栏里的牛羊相去无几？若说教育工作者处于宾客的地位，有什么判断和主张也不便宣布，那也不妥。非宾客而自以为宾客，不妥。抛却了国民的身份，不妥。畏首畏尾，抹杀立场，不妥。教育工作者教的固然不过某学科某课程，但是某学科某课程之外还有"身教"，而身教的凭借，最重要的是明是非，辨善恶。多数的教育工作者能够明是非，辨善恶，身教的影响所及，世间还有不明的是非，不辨的善恶吗？在今日以前，老实说，教育工作者未免"西席"化了。这对于教育工作者自身诚然是欠缺，因而不能尽教育的责任，尤其是严重的过失。所以要立刻改变过来，从今以后，教育工作者要明是非，辨善恶，有见必言，有言必践，即以此立身，同时也以此为教。

三、表示教育工作者只对人民服务。换句话说，不对某些个人或者某些个集团服务。人民不是个抽象的名词，是姓张的，姓李的，种田的，做工的，许许多多人的总称。这些人休戚相望，利害与共，教育工作者就杂厕在其中，教育工作者也是人民。教育工作者所以愿意费心劳力，做工作，尽责任，为的希望大家发育成长，不断地趋向美善，尽量地享受幸福。这其间，为人也为己，为己也为人，实在分不开来。唯其分不开来，教育对于教育工作者才是一种有意义的值得去干的事业，好比在自己参加的合作社里担一份职务一样。可是在过去，乃至在现在，教育工作者都有点儿像"老板店"里的伙计，吃老板的饭，为老板服务，主意是老板的，得来的利益也是老板的。教育工作者成了伙计，就只能吹吹打打，滥作商业宣传，说本店的货色顶好，或者一无表示，唯唯诺诺，老板存着些霉烂货色，也昧着良心搬出去卖给主顾；这样，为老板服务是到家了，教育的意义可完全失掉了。教育工作者如果认清自己是干教育的，就绝不愿意当什么伙计；唯有在为人也为己、为己也为人的出发点上，才愿意干他们的真正的教育工作。

四、表示教育工作者的终极目标是"为万世开太平"。说万世，多么久远；说太平，多么艰难。但是生而为人，就不能不站在人的地位着想；天文学的观点和生物学的观点固然可以有，然而在作这些观察的时候，已经离开了人的地位了。站在人的地位，就得作这样想：即使太平不能立致，甚至距离很远，可不能不开其端，立其基。否则一直乱糟糟的，战争，饥饿，贫穷，疾病，侵凌，压迫，人将何以为人？开其端，立其基，在乎一点一滴的实干，尤其在乎多数人一点一滴的实干。教育工作者干的是教育，这件事的本身就是那所谓一点一滴；同时他们辅导下一辈人发育生长，也无非要使下一辈人有他们的一点一滴。记不清什么人有一首诗，题目叫《愿无尽》，借他的诗题来说，太平之境无尽，教育工作者之愿也无尽。

我国的教育工作者有切需发表一篇《精神独立宣言》，包含以上几点意见的吗？我愿执鞭而从之。

（1947 年 3 月 4 日作，原题无"工作"二字。原载于《文汇报》1947 年 3 月 7 日，署名圣陶）

教师必须以身作则

　　小学生守则二十条，全是简短的话，口气是小学生自己对自己说。实施小学生守则，就是要小学生拿这些话勉励自己，管住自己，在语言、举止、态度各方面养成好习惯。这些好习惯是小学生学习和劳动的时候所必需的，是社会主义社会的人不可缺少的，所以非养成不可。

　　要使小学生真从心里说出这些话，真有勉励自己管住自己的愿望和意志。只给他们讲一讲守则，叫他们念一念守则，当然不济事。教师必须随时随地给他们说明或者暗示，什么是好的，为什么好，什么是坏的，为什么坏，让他们经过自己的体会，终于喜欢那好的，厌恶那坏的。这当儿，他们才觉得守则的话正是他们要说的话，才觉得非拿这些话勉励自己管住自己不可。觉得守则的话正是他们要说的话，这就有了自觉性。觉得非拿这些话勉励自己管住自己不可，这就有了积极性。必须在小学生的自觉性和积极性的基础上，守则的精神才能贯彻在他们校内校外的生活里。

　　教师教学生靠语言，讲一堂课，谈一番话，语言是不可少的工具；可是要知道，绝不能光靠语言。教师讲了一大堆有道理的话，可是他的实际生活并不那样，他的话就不会对学生起多大作用；或者讲了什么是不好的，可是他的实际生活里就有那种不好的成分，那就会给学生很坏的影响：他们至少要想，原来话是可以随便说的，说的话跟实际生活是可以正相反背的。唯有教师的话跟他的实际生活完全一致，不但像通常说的"说得到做得到"，而且要做得到才说，情形就大不相同。那时候学生非常信服，愿意照着教师的话积极地实行，因为面前的教师就是光辉的榜样，他们觉得跟着教师走是顶大的快乐。我国古来有所谓"身教"，就是说教师教学生不能光靠语言，还得以身作则，真正的教育作用在语言跟实际生活的一致上。这样看来，教师必须以身作则，小学生守则才能有效地实施。

举个例子来说。譬如进出屋子要开门关门，这是寻常的事，可是门怎么样开怎么样关，就有应该注意的地方。要是砰的一声推开，又砰的一声关上，那就在短时间内发出两回讨厌的声音，给屋内屋外的人两回刺激。人家在那儿做事用心思，听见砰的一声多少要受些妨碍，就是不在那里做什么，也会感觉怪不舒服的。所以咱们要教小学生从小养成习惯，轻轻地开门，轻轻地关门，能不发一点儿声音最好。门有各式各样，要做到开关任何式样的门都很轻，甚至不发一点儿声音才好。养成了这么个习惯好像没有大关系，可是在开门关门这件事上，这才真正做到了小学生守则第十六条里说的"不妨碍别人的工作、学习和睡觉"。推广开来想，在开门关门这件事上能够不妨碍别人，不就是在其他事情上也能够不妨碍别人的基础吗？把轻轻开门轻轻关门的心放到一切事情上，同样地养成习惯，不就什么举动都不至于妨碍别人了吗？这样看来，轻轻开门轻轻关门实在不是一件小事。可是，咱们不留心也罢，要是留心一下，没有轻轻开门轻轻关门的习惯的人事实上并不少。他们开门关门的时候好像正跟门生气，碰见弹簧门就非常珍惜自己的手劲，再不肯抓住门的把手，耳朵是听惯了，砰砰的声音听而不闻，因而绝不会想到在一进一出的当儿给了人家多少麻烦。我这个话绝非随便乱说，读者不妨留心自己的周围，准可以发现那样的人。要是教师刚好是那样的人，那就至少在开门关门这件事上不能使学生养成好习惯，不能叫学生不妨碍别人。理由很清楚，就在他不能以身作则。学生会想，教师也是那么砰的一声进砰的一声出的，自己为什么不能砰的一声进砰的一声出呢？尽管教师说得口枯舌干，不妨碍别人有多大道理，还是收不到一点儿效果。要是教师能够以身作则，情形就完全不同了。教师的每一回进出都是给学生示范，使他们觉得唯有那么轻轻地开关才是正当的举动。而且这并不是什么难以做到的事，有教师的榜样在，教师轻轻地开关，不是好像行所无事吗？这当儿，教师尽可以不说什么话，即使要说，也不用多说，因为这是"身教"，不说或者少说足够收效了。再说，要说的大概也不是"你们得轻轻地开关"之类的话，而是指明大家在安宁的环境里学习和工作，不受别人烦扰，多么愉快，多么有效果的话。总之，说的话不但要使学生明白一些道理，而且要使学生亲切地得到一些实感，感到那种好的环境非努力争取不可。学生的自觉性和积极性就是从这里来的。于是他们永远也忘不了"不妨碍别人"的话，永远拿这个话来勉励自己，管住自己。

前边一节话把开门关门这件事作例子来说，其实什么事情都一样。要叫学生怎么样，教师自己先得做到这个怎么样，要叫学生不怎么样，教师自己先得做到这个不怎么样，这就是以身作则。

现在且不说旁的条目，只就小学生守则里有关不怎么样的条目说一说。守则里有关不怎么样的共有六条，就是第四条、第七条、第十三条、第十六条、第十七条、第十八条。要叫小学生真从心里说出这些话，真拿这些话勉励自己，管住自己，教师就得在日常生活里完全做到这些个不怎么样。第四条里有"不迟到，不早退……"的话，教师就应该问问自己，无论干什么事情，自己有不守时刻的毛病吗？第七条里有"不随便说话，不做别的事情"的话，教师就应该问问自己，无论干什么事情，自己有游心外骛，不能专心致志的毛病吗？第十六条里有"不骂人，不打架……"的话，第十七条里有"不骗人，不赌博……"的话，要是教师自问都能够"不"，这些恶行自己都不犯，还应该问问自己，平时在辞气和神色之间，自己有鄙夷不屑、蛮横粗暴的表现吗？平时在对人对事方面，自己有欠诚实、贪图私利的存心吗？自问之后，要是答案全都是没有，那是最值得欣慰的事情。为什么最值得欣慰？因为这就可以以身作则，给学生教守则的这些条目，收到切实的效果。要是答案是有，或者有一点儿，那就非赶紧戒除不可，无论自己的这种毛病轻还是重，自己的这种表现厉害还是不厉害，自己的这种存心深沉还是不深沉，总之要戒除得干干净净，不让在自己身上留下一丝儿根芽。为什么要这样做？因为不这样做就不能以身作则，就没法给学生教守则的这些条目，收到切实的效果。

关于不怎么样的条目如此，关于要怎么样的条目也如此。教师自己不努力做个好教师，能叫学生"努力做个好学生"吗？教师自己不跟周围的人友爱团结，互相帮助，能叫学生"和同学友爱团结，互相帮助"吗？以此可以类推，不必多说。

小学生守则已经公布，全国各地将积极地、有步骤地贯彻执行，我诚恳地对全国小学教师贡献这一番话。我相信全国小学教师都怀着为人民服务的意愿，必然能够以身作则，实行"身教"，使小学生真从心里说出守则的这些话，真拿这些话勉励自己，管住自己。

（1955年4月3日作，原题为《实施小学生守则，教师必须以身作则》，原载于《小学教师》1955年第4期）

小学教师的工作

　　一个青年人如果思想通达，懂得为人民服务的真意义，在被派到小学教师的岗位上去的时候，他一定欣然承诺。他知道值得干的事业有许多，一个人不能样样都干，只能干其中的一种；而当小学教师是值得干的事业之一，现在既然派到头上，这就是有了尽力效劳的方向，自然应该欣然承诺。

　　为什么小学教师值得干，可以说的很多，我只能简单说几句。不妨这么想，国家和人民把儿童交给小学教师教育和培养，这是多么重大的信托！儿童是最容易受影响的，小学教师要从各方面给他们好的影响，使他们往后升学或者就业都得到好处，一辈子立身处世都得到好处，这是多么重要的工作。受这么重大的信托，干这么重要的工作，只要是有志气的人，必然会从心底里透出一句肯定的话：小学教师确实值得干。

　　当小学教师可不容易，我在1912年开始当小学教师，当初以为教孩子们识字读书学算术，没有什么难。谁知道教了几天就觉得难。要他们真正领会我的讲解，难。要他们鼓起热情来答问题，做练习，难。还有揣摩他们的心理，捉摸各人的脾气，无一不难。那时候并没有人给我提示说"切莫在困难面前低头"，可是我总算不曾知难而退。随后我渐渐感到干这事业有些乐趣。全班孩子聚精会神地学功课，差不多连自身都忘了的时候，我乐。某几个孩子毫无拘束，跟我说些家里的情形或是所见所闻所想的时候，我乐。某个孩子回答问题，说得明白透彻，某个孩子练习演讲，讲得有条有理，某个孩子犯了过失，经我劝说，掉下了悔悟的眼泪，这些时候我都乐。我并不是说那时候我已经懂得孩子。老实说，懂得孩子是一门大学问，我至今还没有参透这门大学问，可是我确实不曾把小学教师这个岗位看作"鸡肋"。现在想来，大概就在其中有乐趣。

我拿这一点儿经验，告诉准备走上小学教师岗位的青年人，希望他们不要以为这事儿很容易。虽然不容易，只要随时留心随时想，在工作中历练，这事儿也就不太难。而越来越多的乐趣，全是工作有进步的标志。这些乐趣，这些进步，会巩固他们的事业心，甚至愿意当一辈子的小学教师，像苏联影片里的那个乡村女教师那样。

人们常说"教学相长"。教孩子学习各种学科，最要紧的是教师自己熟习那些学科。所谓熟习，意思是不仅记住那些学科的内容，而要把那些内容消化了，随时随处都能拿出来运用。熟习是没有止境的，在教中可以学，向年长于我的同事学，向我所教的一班孩子学。怎么说向我所教的一班孩子学呢？他们天天在我面前上课游戏，做种种活动，只要我能随时留心随时想，这些个全是活生生的教材，随时在那里教我怎样懂得他们，怎样教他们。

除了一边教一边想办法，还要抽时间进修。有些教师不这么做，以为凭现有的一些知识和能力尽够对付了，以为当了教师，就可以只管"付出"，不必讲求"收入"了；结果往往会感到拮据，能"付出"的不够充裕，工作做不好，事业心也不免因而动摇。所以我要告诉准备走上小学教师岗位的青年人，在不断"付出"的岁月里，同时要源源不断地谋求"收入"——就是说要努力进修。"收入"越丰富，工作越能左右逢源。

教学方法也很重要。熟习某一学科，可是不擅长教学方法，未必能教好某一学科。不过要认清主次，一定要熟习了，才说得上教学方法；熟习还没做到，空谈教学方法有什么用？再说，在边教边学和不断进修之中，自然会获得切合实际的方法，比较从书上看来的，从别人那里听来的，行之更为有效。要掌握教学方法，逐步改进教学方法，根本办法还在于自己不断进修，一边教一边自己动脑筋。

当师除了教学而外，还负有教育的任务。教育是怎么一回事，专家学者可以写成很厚的书，我只能说最浅近的。我想，所谓教育，无非是从各方各面给学生好的影响，使学生在修养品德，锻炼思想，充实知识，提高能力，加强健康各方各面养成好的习惯。假如我的想法不错，那么小学教师就得在给予学生影响和养成学生习惯这两点上，特别下功夫。

刚才我说过，儿童是最容易受影响的，要使他们受到的影响全是好的，最有效的办法是教师以身作则，一言一动，全是好的。举个浅显的例子来说，要求孩子们想心思说话都有条有理，唯有教师自己想心思说话都有条有理，才能逐渐影响孩子们，使他们做到无论何时何地，想心思说话都不至于杂乱无章。

如果教师不示范，只是杂七杂八三番五次地向孩子们说些必须有条有理的道理，那不是缘木求鱼吗？以身作则，这四个字可以说是教师终身的座右铭，要做到家并不容易；可是有志的教师总希望能做到家，而且做到几分，必然有几分明显的成效。

再说习惯。养成习惯不容易，习惯养成了要更改尤其难，所以在最初必须注意，要使孩子们养成好习惯。也举个浅显的例子来说，在孩子们识字之初，就注意养成他们辨认笔画和咀嚼字义的习惯，他们笔下就不会有很多错别字。现在大家看到学生笔下错别字很多，感到头痛，想方设法消灭错别字，老是消灭不了。原因何在呢？我说，原因就在于开始不曾注意使他们养成辨认笔画和咀嚼字义的好的习惯，他们就自然而然养成了忽略笔画和字义的不好的习惯。不好的习惯也是习惯，既已养成，要更改就不容易了。跟其他习惯比较起来，字写得错不错不算太重要，譬如待人接物，就比较重要。务必使孩子们养成好的习惯，而且要一开始就注意，我看也是教师终身的座右铭。

（1962 年 7 月 21 日作，原载于《北京日报》1962 年 8 月 10 日）

关于师范教育

现在大家逐渐重视师范教育了，认为师范教育是推进和革新教育事业的根本。这是极可欣喜的事。

重视师范教育，期望在不远的将来，绝大部分中学、小学、幼儿园的教师都是师范出身；所教学校的级别与所受师范教育的级别相当，如师大、师院出身的教高中，幼师出身的教幼儿园。

学得高深些的师范毕业生教较高级的学校，学得浅近些的师范毕业生教低级的学校，似乎是顺理成章的事。据说别国大都如此；又听说某些国家的小学教师必得是大学毕业生，毕业之后还得受教育方面的专业训练，合格的才可以当小学教师。

我想，较高级的师范毕业生教较高级的学校，较低级的师范毕业生教较低级的学校，这个办法所以被认为顺理成章，只是从某些学科的教学情况得来的。例如教数学，如果你教的是小学，只要对算术通透熟练，又善于引导小学生认真学习，就可以胜任愉快了。又如教小学的唱歌和图画，只要能教学生唱得不离谱，又能唱出歌词的感情来，能教学生对准物象描绘，又能取其要舍其不必要，那就是挺不错的唱歌老师、图画老师了。从上举例子看，似乎可以证明学得浅近些就足以当小学老师了。

仔细想想可不尽然。且不说前面所举的教算术、教唱歌、教图画的实践情况，在仅仅浅近地学过数学、唱歌、图画的人未必都能做到。不妨另外再举些例子，比如教小学的动植物和历史的功课。小学生对这些方面并无知识，动植物还见过若干种，切实的知识当然谈不上，历史则全无所知。要使小学生从这些功课真正受益，首先在于把课本编好。课本能够编得简而要，浅显而正确，刚好给学生将来进一步学习引路，那就可以说相当好了。其次在于教师依据课本把功课教好。教功课绝对不是讲课本，使学生把课本上的语句记住，能一字不错地背诵出来。教功课的首要任务在于深切体会编得相当好的课本的内容，引导并且帮助学生去观察，去实验，去思索，为学生将来进一步学习动植物和历史打下结实的基础。如果是仅仅浅近地学过动植物和历史的人，要他完成这样的首要任务恐怕并不容易。

再就另外方面来考虑。凡是当教师，教育学总是必须学的。且不说目前我国有多少种教育学的教本，孰好孰差；总之，各级师范生都必须研究教育学，担任各级各科的教师都必须实践教育学的要旨（这当然是就原则而言）。教育学的要旨，扼要地说，无非阐明国家为什么办教育，该怎样办教育，各级学校该教哪些功课，各种功课该怎样按其性质用不同的方式方法来教，功课以外该怎样训练学生，陶冶学生，使他们德智体全面发展，成为社会的合格成员，国家的合格公民。学校的级别不同，学生的程度有不同，教师关于教育学的领会却没有什么不同，而且必须相同，因为现在的幼儿就是将来的少年和青年，各级的教师认识一致，实践一致，才真能收到教育的最好效果（校外的人能与教育工作者一致当然更好，尤其是学生家庭里的成员）。教育学之外还有心理学和生理学，也是教育工作者非学好不可的。普通心理学、普通生理学之外，还得各就所教的对象分别学好儿童心理学、儿童生理学或青年心理学、青年生理学。前者并不低于后者，后者并不高于前者，这是谁也不会否认的。

还有一门学科是所有教育工作者必须学好的，就是语言学——切合实用的语言学。语言是人与人交际的最主要的工具，这是一层。教师教学生，除开"身教"就是"言教"，言教必得凭正确的语言，这又是一层。学生一定要学好语言，语言学得不好，对于生活方面和工作方面都极为不利，这是第三层。从以上说的三层着想，凡是当教师的人绝无例外地要学好语言，才能做好教育工作和教学工作。语言与思维密切相关，语言说得好在乎思维的正确。因此，锻炼思维极关重要。思维要锻炼得经常有条有理，一步一步地想丝毫不乱，而且没有不相干的东西掺杂在里边，说出来的语言才是正确的有效的语言。试想想，如果无论什么级别、类别的学校里的教师全都经过锻炼，随时随地说的语言总是正确的有效的，学生受到的感染将有多么深，受到的实益将有多么大。

所有教师实际上都负担语言教育的责任，语文教师则负担语言教学的专责。现在一部分语文教师认为语文课光管给学生讲语文课本，光管教学生作文，作了文给他们批改。这是错误的认识，必须赶快改变。必须认识到看书读书其实就是听他人的话——用眼睛从书面上听他人的话，作文其实就是说自己的话——用笔在纸上说自己的话；读和听是同一回事，写和说是同一回事，不能丢开听和说不顾，光管读和写。认清了这一层，语文教学才能切合实际，对学生真有益处。学习语文课本就是听他人说各色各样的话，一定要使学生能够抓住课文的要点，辨明好处在哪里，如有不足之处又在哪里，由此练成听他人的谈话、报告以及阅读各种书刊的扎实能力。学习作文就是说出自己的话，一定要使学生把意思想清楚了，把次序安排好了，然后像平时说话一样顺顺当当地写出来。作文绝不是说一番空话、假话、套话、连自己也莫名其妙的话。所以教师一定要预料学生有什么能够说的材料，或是想得清的，或是经历过的，在此范围内出个题目让他们写。要不然，就是引导学生乱说一阵，结果是养成学生的语言的不良习惯——也就是思维的不良习惯。这是绝对对不起学生的。

若就"听说读写"四项的发展先后来想，当然是听说在先，读写在后。小孩在一岁半到两岁的时候就注意听大人的话了（我以前对儿辈、孙辈、重孙辈都不曾注意，近年来才注意一个最小的重孙女，可是说不上精细）。大概是逐渐从不注意听到注意听，逐渐从听不懂到听得懂，逐渐从听错而自己纠正，达到不听错。一边听，一边学着说。发音发得能使他人听得清是艰苦的历程。说简单的话，往往是说错了自己纠正，终于达到不错；她所以知道错不错似乎看所说的话是否达到她的目的。大约学说了三四个月，她的简单的话按语法说是合式的了，而且有些妙句了。举两个例子。她见下雹子，说"掉豆豆了"。她往北海公园看见荷花，说"花儿掉水里了"。这两句话合乎语法，又是最简单的形象思维。我并不想夸说重孙女，我举她为例，是想说小孩学习语言，大概是不断地从实践中发觉错误纠正错误的过程。学校教育系统中的语言教育开始于幼儿园，幼儿园训练的是听和说，这是基本。儿童进了小学才开始识字，开始读课本，这才遇到读和写的事。读和写是听和说的发展，绝不是两码事，凡是语文教师，对这一点必须确信不疑，始终贯彻在教学工作之中。

对于语法、修辞和逻辑，教师必须在语言实践（就是听、说、读、写）中知其然并且知其所以然。举些例子。听一句话或是说一句话，要能把这句话切开来，说得出这部分与那部分什么关系，哪几个词是主要的，哪几个词是次要的却又是必不可少的。这就是语法、修辞方面的"知其所以然"。听一段话或是说一段话，要交代得出这一句为什么在前，那一句为什么在后，为什么颠倒过来就不成，缺少了这一句或那一句也不成。这就是逻辑方面的"知其所以然"。教师有了这样的素养，就不至于漫无凭证地说这句对那句不对，这段完整那段有欠缺了。对于学生，可不必同样要求。语法、修辞教得详细甚至于烦琐，徒然使学生厌倦，还是简要地教一些，而在他们听说读写的实践中随时给他们指点启发的好。假如各级学校精神一贯，学生所受的语言教育就足够了，可以适应生活和工作的需要了。追究到根源，却在于幼儿园训练孩子听和说，基础打得好。从幼儿园的孩子到高中生，各项程度显然有高低之分。但是幼儿园的教师与高中语文教师共同站在语言教育的阵线上，并且做的是打基础的工作，竟可以说责任更为重大，功能更为重要。只要平心静气想想，这样看法该是谁都同意的。

说到这里，我还想插说一点意见。现在大学和师院都有"写作"课，先是中文系有，后来逐渐推广到其他科系，详细情形我不知道，只知道趋势还在推广中。为什么大学要设写作课？回答是大学生笔下的功夫差，写出来的东西不能或者不够应用，所以要设写作课。从这样的回答可以知道，写作课原来是补课的性质。学生在中学里没把语文课学好，所以进了大学还要补。写作课怎么个情形呢？我大略知道，还是与中学相仿，也是选几篇范文来讲讲，出几个题目叫学生作作。写作课的效果如何，据说还没作调查研究，难以确说。不过据我的浅见，语言教育总该在普通教育阶段完成，这就是说一般的听说读写能力应当达到充分应用的程度了；大学里的写作课如今虽然还处于增长的趋势中，将来总得取消。按理说，大学不应该以宝贵的学习时间使学生补习中学的功课。

插话说罢，现在可以回到本篇开头的地方去了。一般认为所受师范教育的高低与所教学校的级别相适应，级别低的学校，级别低的师范毕业生就可以对付；其实呢，就若干功课来看就不然，级别低的学校的很多功课也要水平高的教师才教得好；何况教育工作不限于课堂教学，课堂教学之外还有很多重要的事要做。说到这儿，我非常向往于某些国家的情况了——小学教师必得是大学毕业生，还得受教育方面的专业训练。

我所说的都属空想，现在还在准备按照宪法普及初等义务教育的时期，而初等教育的实质究竟怎样，很可能问十个人有十种回答。总之，绝不会定出这样一条来，说小学教师必得由师大、师院的毕业生担任。但是，现在是一切事业要求改革，开创新局面的时期；教育事业必须改革，有心人完全一致；教育事业怎样改革，许多实行家正在作种种调查研究和实践试验。我把我的空想写出来，或许可以供诸位实行家看一看，想一想。于是我就写了这一篇。

（1983 年 12 月 14 日作，原载于《中国教育报》1984 年 2 月 18 日）

教育工作者的全部工作就是为人师表

我在《教工》杂志去年的第三期上题过如本篇标题的一句话，现在方明同志要我把这句话大略申说几句，就执笔写这一短篇。

第一点——通常说教育工作分"言教"和"身教"，以"身教"为贵。这是不错的。不过仔细想想，要是自己不明白某些道理，不擅长某些方法，怎么能说给学生听？这是一层。要是光能说明某些道理和方法，而在平日的实践中并不按照自己所说的道理和方法行事，那给与学生的不良影响是不必细说的。所以凡是自己的实践必须跟说给学生听的一致，这是又一层。从以上说的两层看来，"言教"并非独立的一回事，而是依附与"身教"的；或以言教，或不言而教，实际上都是"身教"。"身教"就是"为人师表"，就是一言一动都足以为受教育的模范。

第二点——知识学问无止境，品德修养无止境，这是古今中外凡是有识见的人一致的认识。所以就个人来说，谁也不该故步自封，说我是够了，凭我现在这一身本领，可以应用一辈子了。至于教育工作者，担负的既然是教育工作，就不能不就当前国家的形势，就受教育者的前途，考虑该怎样"自处"当前国家的形势怎样？两个文明必须大力推进，四化建设必须赶速完成，全国各族人民都在为此而勤奋努力，各方各面都开展前所未有的新局面。受教育者的前途怎样？回答一句话就可以概括：唯有投身到上面所说的洪流中去，各自尽一份应尽的力量。受教育者的前途既然是这样，教育工作者自当从这些方面训练他们，熏陶他们。就教育工作者个人方面来说，当前国家的形势既然如此，自己是全国各族人民中的一分子，本该德才兼备，知能日新，一心为公，实事求是。何况自己担负的是教育工作，无论言教或是不言之教，总之要把自己的好模样去教人，才能收到训练和熏陶的实效。把自己的好模样之教人就是"为人师表"。

第三点——"知也无涯"，没有接触过的事物不能知，没有探索过的道理不能知。现在是 20 世纪 80 年代，人类的进步事业飞速发展，宏观世界和微观世界的奥秘都有极其丰富的发见发明。但是绝没有到了尽头，很可能没有发见发明的比已经发见发明的还多得多。所以谁也不能是全知全能的人，只能是个"知之为知之，不知为不知"的人。教育工作者当然也如此。不过教育工作者必须为当前的受教育者着想，将来攀登新高峰窥见新奥秘的正是他们，非趁早给他们打基础不可。基础怎么打？还是身教为要。事事不马虎，样样问个为什么，受教育者看在眼里，印在心里，自然而然会养成钻研探索的良好习惯。至于一切事物后来居上的道理，历史洪流好比接力长跑的道理等等，虽然只能言教，如果例证确凿，说理透彻，受教育者也会受到良好影响。我以为在当今的时代，这是教育工作者为人师表的极其重要的一项。

我就说以上三点，自知不免有重复处、欠透彻处，请方明同志和本刊的广大读者予以指教。

（1984 年 3 月 7 日作，原载于《教工》1984 年第 5 期）

第四辑

素质教育论

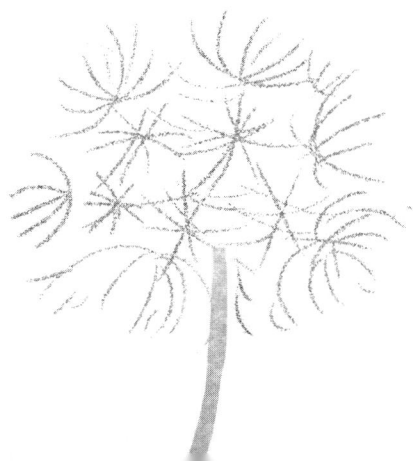

读教科书不是最后目的

　　一个住惯了都市的青年到乡间一家亲戚家里过暑假，那亲戚家里种植着一些花木，跑出门去，又随处可以见到田亩和树林，他开始对植物发生了兴趣，时时去观察它们。真的，他还是第一次同植物亲近呢。在都市里，他看见的是鸽子笼似的房屋，灰白色的水门汀地，以及车来人往的街道，只有学校廊下排列着的几盆盆花是他仅见的植物。现在他每天和各种植物为伴，觉得什么都是新鲜的，随时有新的解悟。他看见多数植物的新芽从叶柄的地方生出来，纠正了他以前的见解，在以前，他以为新芽的萌生处所全是没有规律的。他又看见一些植物的花蕾早已预备在枝头了，如山茶的花期在冬春之交，绣球的花期比山茶还迟一点，但是在夏季都有了花蕾，这使他觉悟向来的错误，在向来，他以为一切植物的花蕾都要到了花期才生出来的。一天，他把他的新经验告诉我们，说："关于这些，植物教科书上都没有提起，莫怪我要误会了。若不是这个暑假有了观察的机会，这种误会不知道要延长到什么时候呢！"

　　我们相信一个农家的孩子或是种花的园丁绝不会有这种误会。他们并没有读过植物教科书，甚至不知道有植物什么的名词。而郑重其事地，为了研究植物而读了植物教科书的，偏会发生这种算不得轻微的误会。可见仅仅读植物教科书绝不是研究植物的妥当办法了。

依通常说，学生所要求的是知识。说得更切实一点，那便是生活经验。生活经验不是随便谈谈随便听听就可以取得的。必须把外界的一切融化在我们的生命里，使我们的生命丰富而有所作为，才算真个取得了生活经验。外界的一切"杂然并陈"，为摄取的方便起见，不得不把它们分个门类，于是学校里就有了各种的科目。每一种科目如果漫然去学习研究，势必混乱而没有头绪，为有所依据起见，不得不给他定一个纲领，于是学校里就有了各种的教科书。读教科书并不是进学校的最后目的，最后目的乃在取得生活经验。必须一方面依据教科书上所定的纲领，一方面不忘记和"杂然并陈"的外界的一切打交涉，这个最后目的才可以达到。仅仅知道一些文字记录下来的纲领，此外再不做什么功夫，那是绝对不行的。

仅仅读植物教科书而不去亲近植物，只能算没有懂得植物。像前面说起的青年那样，直到同植物亲近之后，他才觉悟从前见解的错误，他才真个懂得了植物。教科书只是文字而已，间或插一些图片，也不过一瞬间的静态，不要说万万传达不出事物的真相，就是和活动影片比较，也相差很远。往往有这么一种情形：实地观察原可以一目了然的，教科书中连篇累牍写了一大堆还是不能教人明白。这不一定由于编书的人本领差，要知道文字的功用自有它的限度。还有，譬如读生理教科书，一章是消化系统，一章是循环系统，如果不去取一匹动物来解剖，也不省察自己的身体来理会，定会设想这些系统是各各独立的，谁和谁没有关系，好像都市中埋在地底下的排水管和电线管。这也不能怪编书的人，身体中的各个系统原是息息相关的，可是编书总得分了开来一章章地编。最要紧的是教者学者都要认清楚：教科书不过是个纲领，是宾，真实的事事物物才是教学的材料，是主。教明白了教科书，记清楚了教科书，算不得数。必须学者真个懂得了真实的事事物物，方才是教者教到了家，学者学到了家。

不仅理科方面的科目如此，其他科目也是一样。试把国文来说。国文，好像全是书本上文字上的功夫了，然而它和实际生活也密切地联系着。你研究一句句法，必得问实际生活中这样说法是不是妥当，你研究一个字眼，必得问实际生活中这个字眼该怎么使用，这才读一篇文章得到一篇的好处。如果你不问这一些，单从书本上文字上去揣摩，玩弄什么神妙呀生动呀那一套把戏，那只能做成功一个书呆子而已，读完一部国文教科书准保你写不来一张字条子。

读者诸君中间有相信读教科书便是进学校的最后目的的吗？如果有，我们特地在此提出劝告：快把这个信念丢开了吧，因为这是个要不得的信念。教科书好比一张旅行的路程单，你要熟识那些地方必须亲自到那些地方去旅行，不能够单单记住一张路程单。

（原载于《中学生》第 68 号，1936 年 10 月，署名编者）

各种科目的教育价值

自从陈衡哲女士发表了《救救中学生》一篇文字以后，很引起各方面的注意。本志这一期里刊载吴自强先生的一篇文字，也是陈女士那篇文字引出来的，对于怎样救济中学生说得很为详备。对于算学功课繁重一层，他并不赞同陈女士的意思。本来，为了算学功课繁重，影响到学生的健康，就说最好不要让算学功课压在学生的肩膀上，这种枝枝节节的办法是不对的。最要紧的自然是教学方法的改良。算学功课没有好成绩，并且影响到学生的健康，教者学者就得双方努力，把这不好的事实改变过来。其他功课如果有同样情形，补救的办法当然也是这样。

至于各样科目的教育价值，不但教者应当认清楚，就是学者也得辨明白。算学这一科目，岂止科学的重要基础而已，我们平时的一言一动，都跟算学有密切的关系。它训练我们的思想，规范我们的行动，它的价值远在计算以上，计算只是它的狭义的实用价值罢了。再说史地，又岂止故事跟地名的记诵而已，它指导我们去认识环境，启示我们怎样才是适当的生活方式，本来不是装饰品似的无聊学问。推广开去，中学里各种科目都是必要的，好像食物里的各种营养素一样。一定要把各种营养素吸收到身体里去，身体才会正常地发育，同样地，一定要把各种科目习得到家，个人的知能才会平均地进展。

有人主张高中从二年级起，分为文理两组，文科一组不妨停止学习算学，理科一组不妨停止学习史地。这显然蔑视了算学跟史地的教育价值，我们不敢苟同。趋向文科的人如果不预备做一个浮而不实的文士，就不应该抛弃算学。跨向理科的人如果不预备做一个不知其他的技士，也不应该抛弃史地。现在虽然还没有照那种主张做，情形已经很可忧虑了；文士的思想行动往往漫无规律，欠缺精密；技士呢，除了自己的小范围之外，往往不知天地为何物。如果照那种主张做起来，所得的结果当然更要不行。所以分组而停止学习某种科目的办法是不妥当的。最近教育部召集课程标准讨论会，会里的决议也主张在高中二年级分组，不过不是停止学习某种科目，而是轻重其间，使近于文科的一组减少一点算学的功课而多习国文、外国语等。这个办法比较合理，可以赞同。可是还得加说一句：如果不把教学方法改良，不把各种科目的教育价值认清楚，那么，学生的学习负担依然不能减轻，而学习了之后也依然得不到什么实益的。

（原载于《中学生》第 60 号，1935 年 12 月 1 日，未署名）

高等教育所要养成的好习惯

　　说明"教育"这个词儿的含义，专门家可以写成很大的一部书；可是也可以用一句话来概括，虽然粗略些，偏于常识方面些，但在非专门家，有了这样的概念便足够了，那就是"教育就是养成好习惯"。

　　这里应当问清楚，什么叫好习惯？换句话说，怎样的习惯才算好？这也可以粗略地偏于常识方面的做个回答。单就个人说，凡足以发展身心的，便是好习惯。个人不能离开人群，个人身心的发展必须和人群相适应，尤其必须对于人群有利而无害。因此，兼人群说，凡和人群相适应的，尤其是对于人群有利的，便是好习惯。

　　教育所要养成的，便是这些好习惯。

　　分开来说，普通教育的目标是养成一般人当公民的好习惯，高等教育的目标是养成一些人做专门人才的好习惯。所谓当公民的好习惯和做专门人才的好习惯，都是足以发展身心的，同时是和人群相适应，尤其是对于人群有利的。

　　这一点简单的认识，办教育的人不能没有；如果没有，便不知道自己干的是什么一回事儿，当然说不上成绩。同时，受教育的学生也不能没有；如果没有，便不知道自己投考和入学究竟何所为，结果也将名为

"受"而实际上并没有"受"。

现在就大学说大学，对于所谓做专门人才的好习惯略作解释。这意思无非供诸位同学参考，我希望我的话有些道着处。

且慢说做专门人才的好习惯；依理论，一个大学同学该具有当公民的好习惯了，因为他已经经过了受普通教育的阶段。理论上"该"具有，实际上未必"真"具有，这是常见的情形。到底具有了当公民的好习惯没有，我以为每一个大学同学必须自己检讨的。检讨下来，果真具有了，那是再好不过的事儿；否则便得赶紧补修，直到果真具有了为止。

专门人才这个词儿，就是说其人对于某一种专门有系统的认识和深入的了解；单懂得一些经济现象算不得经济人才，单记住一些历史事迹算不得史学专门人才，可以反证。得到认识和了解不能单凭空口或空手，必须有一套精密的方法才行。

人群的最大期望是文化的步子逐渐前进，文化的总和逐渐加多，这并非一种奢侈的欲念，实在是充实生活——物质生活和精神生活——必要的手段。因此，专门人才对于某一专门，不仅接受它已有的成绩而已，还得加入自己的努力，使它的成绩更丰富，更完美。换一句说，专门人才负着一种责任，要推进文化的步子，增加文化的总和。这种责任也不是单凭空口或空手负得起来的，必须有一套精密的方法，尤其必须在某一种专门范围之内，随时随地都运用那套方法才行。

大学教育的时间只有四年。若说四年终了，受教育的学生便可以对某一种专门有精深的认识和了解，甚至便可以推进某一专门，使它更丰富，更完美；换一句说，若说四年终了便可以成专门人才，那未免不合情理。一个人攻研某一专门，达到真足以称为专门人才的境界，怎能用时间来规定呢？四年间努力的结果，只能说对于前面所说的那些方法，已经熟悉而已——这是必须熟悉的，不熟悉便是没有努力。方法不能离开材料，材料便是某科某科的课程。就课程所提供的事事物物，从教师方面学习了方法，从自己方面发见了方法，来认识某科，了解某科，并且企图推进某科：是大学同学分内应做的事儿。可以这么说，得有"终身以之"的精神，才算有了好习惯。这种好习惯是做专门人才的基本条件。

（1941 年 12 月 10 日作，原载于《青年之声》1941 年第 3 卷第 2、3 期合刊）

"学习"不只是"记诵"

跟教师们谈话，常听说学生考试作弊的故事。跟青年们谈话，在浑忘尔我，不需警戒的当儿，也常听说考试时候怎样"打 pass"，怎样看夹带的叙述。据我所知，考试作弊跟学校教育同时存在；我小时候，新式学校初办，就听见一些投身学校的"洋学生"谈他们应付考试的"作弊技巧"。其实，在兴办学校教育以前，作弊技巧早就很高明了；我曾见寸把见方的皮纸抄本，真是蝇头细字，抄的是五经经文跟注，预备缝在衣服里，带进试场去应科举的。推想起来，大概有了考试制度就同时发明了作弊技巧。往后想去，考试制度存在一天，也许作弊的事情就一天不会断绝吧。

现在学校里的作弊技巧，最干脆的是把教科书带进试场去，待题目揭出的时候，就把教科书摊在大腿上，翻看与题目相当的书页。此外就是把纲要写在小纸片上，或者用铅笔写在砚台的底面、桌面以及身旁的窗槛上，随题查看，就写上试卷。我知道所有当学生的未必个个都干过这个勾当，但是一个学生在校十多年，一定会见着同学间干过这个勾当。至于当教师的，如果服务年期不太短暂的话，一定会或多或少地见着学生做这种并不愉快的把戏。

处置这种把戏，看教师的脾气跟学校的政策而有不同。有些教师怕麻烦，见了只当没见，乐得让试卷好看些，这就一点事儿也没有。有些教师把发现了的"夹带"检出，记下那学生的名字，将来扣分数。教师报告到学校当局，学校当局为惩戒起见，至少得记一个过。有些学校认为这是欺骗，在品德上是不可恕的罪恶，一经发现，立即"悬牌除名"。

学生作弊当然是学生不好。但问题并不这么简单。临考试需要带教科书抄夹带，岂不是表示所谓"学习"，实在只等于"记诵"？因为记诵不了那么多，于是偷偷地准备着，以便临时查看。临时查看而不被发见，实际不曾记诵的居然得以冒充已经记诵，这自然是对教师对学校的欺骗，在品德上是大缺点；可是尤其紧要的却在把"学习"认作"记诵"，这个错误观念牢记在心，学生自身将一辈子学不到什么。那些不需要作弊的学生天君泰然地跑进试场，写完试卷交上去，结果是七十分、八十分，他们在品德上自然一无缺失；可是，他们不过没有冒充已经记诵而已，再露骨一点说，他们不过把教科书之类带在心里头去应试而已，如果考过之后不久就忘掉那些记诵了的，实际还不是跟靠着夹带应试的一样地落空？并且，考过就忘掉确是极普遍的情形。"学过的一些东西都还给老师了"，常常有人说这样的话。读者诸君也可以问问自己，你们的史地成绩、理化成绩曾经得到过七十分、八十分，现在你们对于史地、对于理化的了解还值得七十分、八十分吗？如果做不来肯定的回答，那就是还给老师了。取了来又还掉，跟自始没有取（指那些临时作弊的人），实际并无两样。为什么取了来又会还掉？这由于取之不以其道，把"学习"认作"记诵"。

我国真正的学者都看不起记诵之学，因为学问是个人分内的事，为己的事，记诵之学却移到外面去了。这并不是说不要多所记诵，是说记诵不过是个开端，跟着就得把记诵的东西融化在生活里，成为精神上的血肉，唯其如此，记诵一分就得一分益处；若认记诵为终极的目的，不使它跟生活发生关系，那就记诵虽多，无多益处。学校里的各种科目，学生为什么要学习呢？如果说，"学习了这些东西，记在心头，挂在口头，足以表示我是个有知识的人"，那简直可以不必学习。必须认定一切科目都是所以充实我们的生活的，才会诚心尽力地从事学习。如果到了诚心尽力的地步，那么试卷上做到七十分、八十分还不以为满足，须要生活受用上，也可以到七十分、八十分才有点儿惬意，又哪里肯使用作弊的手段应付考试，以欺骗教师欺骗学校，归根结底却欺骗了自己？

把"学习"认作"记诵"，不是学生自己的不是，乃是历来整个教育方法所造成的结果。各学科常常孤立起来，这科跟那科不相应，这科那科又跟实际生活不相应；这自然使学生觉着入校学习的目的就在记诵这些各自孤立的科目。教学的进行又只限于教科书的范围，教科书上讲到的，得记诵，教科书上没有讲到的，就绝对不去触着它；所谓学习的工作又不出于理解教科书，抄写关于注解教科书的笔记，甚至劳作的科目也还是读教科书，抄笔记，而不必真个动手去劳作；这自然使学生以为书是目的而不是工具，读书是学生命定要做的事而不是关涉到实际生活的事。再看考试方法，教科书上说我们中国的面积有若干方里，十字军的兴起有若干原因，考试题目就是"我国面积如何？""十字军之兴起，原因有几？"学生依照书上说的对答，就是满分；这岂不是明明告诉学生，你们的工作就是死记教科书，死记之外，再没有你们的事了？整个的教育方法如此，学生若不把"学习"认作"记诵"，才是怪事呢。

关心教育的人提出种种意见，指明我国教育在某某方面需要改良。我想最急需改良的是整个教育方法，绝不可继续已往的错误，叫学生只做记诵之学。方法的改良又有待于认识的转变，要知道现代的学习绝不是记诵之学所能了事；记诵之学，好一些可以造就门门都是甲等的"优等生"，坏一些就造就品德有亏的"作弊专家"，可是绝不能造就生活充实的国民；而现在这个时期，正在开始建国大业，需要生活充实的国民比任何时期都迫切。从事教育的人如果没有这一点认识，一切劳力都是白费。

受教育的学生也该认识这一点，记诵不过是个开端，跟着就得把记诵的那些东西融化在生活里，成为精神上的血肉。否则，成绩虽好，只是分数单上好看，于自己并无实益；成绩不好，勉强要它好，至于运用作弊技巧，更是极度的自暴自弃。

（1943 年 7 月 29 日作，原载于《中学生》1943 年第 67 期，署名圣陶）

"习惯成自然"

"习惯成自然"，这句老话很有意思。

我们走路，为什么总是一脚往前，一脚在后，相互交替，两条胳膊跟着摆动，保持身体的均衡，不会跌倒在地上？我们说话为什么总是依照心里的意思，先一句，后一句，一直连贯下去，把要说的都说明白了？

因为我们从小习惯了走路，习惯了说话，而且"成自然"了。什么叫作"成自然"？就是不必故意费什么心，仿佛本来就是那样的意思。

走路和说话是我们最需要的两种基本能力。推广开来，无论哪一种能力，要达到了习惯成自然的地步，才算我们有了那种能力。不达到习惯成自然的地步，勉勉强强地做一做，那就算不得我们有了那种能力。如果连勉勉强强做一做也不干，当然更说不上我们有了那种能力了。

听人家说对于样样事物要仔细观察，才能懂得明白，心里相信这个话很有道理。这当儿，我们还不是已经有了观察的能力。

听人家说劳动是人人应做的事，一切的生活资料，一切的文明文化，都从劳动产生出来的，心里相信这个话很有道理。这当儿，我们还不是已经有了劳动的能力。

听人家说读书是充实自己的一个重要法门，书本里包含着古人今人的经验，读书就是向许多古人今人学习，心里相信这个话很有道理。这当儿，我们还不是已经有了读书的能力。

听人家说人必须做个好公民，现在是民主的时代，个个公民尽责守分，才能有个好秩序，成个好局面，自己幸福，大家幸福，心里相信这个话很有道理。这当儿，我们还不是已经有了做好公民的能力。

这样说下去是说不完的，就此打住，不再举例。

要有观察的能力，必须真个用心去观察。要有劳动的能力，必须真个动手去劳动。要有读书的能力，必须真个把书本打开。认认真真去读。要有做好公民的能力，必须真个把公民应做的一切事认认真真去做。在相信人家的话很有道理的时候，只是个"知"罢了，"知"比"不知"似乎好些，但仅仅是"知"，实际上与"不知"并无两样。到了真个去观察去劳动……的时候，"知"才渐渐化为我们的习惯，习惯成自然，才是我们的能力。

通常说某人能力不强，就是某人没有养成多少习惯的意思。譬如说张三记忆力不强，就是张三没有把看见的听见的一些事物好好记住的习惯。譬如说李四发表力不强，就是李四没有把自己的思想和感情说出来写出来的习惯。

习惯养成得越多，那个人的能力越强。我们做人做事，需要种种的能力，所以最要紧的是养成种种的习惯。

养成习惯，换个说法，就是教育。教育不限于学校，也不限于读书。学校教育只是教育的一部分，读书这件事也只是教育的一部分。我们在学校里受教育，目的在养成习惯，增强能力。我们离开了学校，仍然要从种种方面受教育，并且要自我教育，目的还是在养成习惯，增强能力。习惯越自然越好，能力越增强越好，孔子一生"学而不厌"，就为他看透了这个道理。

（1945年4月26日作，原载于《开明少年》创刊号，1945年7月16日，署名翰先）

两种习惯养成不得

在本志第一期里，我说"习惯成自然"才是能力，一个人养成的习惯越多，他的能力越强。这一回要说的是习惯不嫌其多，有两种习惯却养成不得，除掉那两种习惯，其他的习惯多多益善。

哪两种习惯养成不得？一种是不养成什么习惯的习惯，又一种是妨害他人的习惯。

什么叫作不养成什么习惯的习惯？举例来说，容易明白。坐要端正，站要挺直，每天要洗脸漱口，每事要有头有尾，这些都是一个人的起码习惯，有了这些习惯，身体与精神就能保持起码的健康。但是这些习惯不是一会儿就会有的，也得逐渐养成。在有养成的时候，多少要用一些强制功夫，自己随时警觉，坐硬是要端正，站硬是要挺直，每天硬是要洗脸漱口，每事硬是要有头有尾。直到"习惯成自然"，不待强制与警觉，也能行所无事的做去，这些就是终身受用的习惯了。如果在先没有强制与警觉，今天东，明天西，今天这样，明天那样，那就什么习惯也养不成。而这今天东，明天西，今天这样，明天那样，倒反成为一种习惯，牢牢地在身上生根了。这种习惯就是"不养成什么习惯的习惯"，最要不得。为什么最要不得？只消一句话回答：这种习惯是与其他种种习惯冲突的，养成了这种习惯，其他种种习惯就很少有养成的希望了。

什么叫作妨害他人的习惯？也可以举例来说。走进一间屋子，砰的一声把门推开，喉间一口痰涌上来了，扑的一声吐在地上，这些都好像是无关紧要的事。但是很关紧要，因为这些习惯都将妨害他人。屋子里若有人在那里做事看书，他们的心思正集中，被你砰的一声，他们的心思扰乱了，这是受了你的影响。你的痰里倘若有些传染病菌，扑的一声吐在地上，这些病菌就有传染给张三或李四的可能，他们因而害起病来，这是受了你的影响。所以这种习惯是"妨害他人的习惯"，最要不得。在"习惯成自然"之后，砰的一声与扑的一声将会行所无事，也就是说，妨害他人将会行所无事。一个人如果明了自己与他人的密切关系，不愿意妨害他人，给他人不好的影响，就该随时强制，随时警觉，不要养成妨害他人的习惯。不问屋子里有没有人，你推门进去总是轻轻地，不问你的痰里有没有传染病菌，你总是把它吐在手绢或纸片上，这样"习惯成自然"，你就在推门与吐痰两件事上不致妨害他人了。推开来说，凡是为非作歹的人，他们为非作歹的原因固然有许多，也可以用一句话来包括，他们的病根在养成了妨害他人的习惯。他们不明了自己与他人的密切关系，他们不懂得爱护他人，一切习惯偏向妨害他人的方面，他们就成了恶人。如希特勒、墨索里尼、日本军阀，是头等的恶人，其他如贪官、污吏、恶霸、奸商，也都是恶人中的代表角色。这些恶人向来为人们所痛恨，今后的世界上尤其不容许他们立足。谁要立足在今后的世界上，谁就得深切记住，不要养成妨害他人的习惯。

习惯不嫌其多，只有两种习惯养成不得，一种是不养成什么习惯的习惯，又一种是妨害他人的习惯。

（1945 年 9 月 5 日作，原载于《开明少年》第 5 期，1945 年 11 月 16 日，署名翰先）

为了达到不需要教

我想，教任何功课，最终目的都在于达到不需要教。假如学生进入这样一种境界，能够自己去探索、自己去辨析，自己去历练，从而获得正确的知识和熟练的能力，岂不是就不需要教了吗？而学生所以要学要练，就为要进入这样的境界。

给指点，给讲说，却随时准备少指点，少讲说，最后做到不指点，不讲说。这好比牵着孩子的手教他学走路，却随时准备放手。我想，在这上头，教者可以下好多功夫。

(1977 年 12 月 26 日作，为武汉师范学院所办之《中学语文》复刊题词，原载于《中学语文》1978 年第 1 期)

讲 和 教

关于课堂里教师的讲，经常听见的有两个说法，一个是"讲深讲透"，再一个是"精讲多练"。"讲深讲透"专就教师方面说。"精讲多练"说到两方面，教师自己要"精讲"，同时要让学生"多练"。

我想，"讲深讲透"虽然专就教师方面说，但是教师胸中总得有学生，因为学生是教师的服务对象。所谓"深"和"透"都是漫无边际的，胸中有学生，就该立个标准，或者定个范围。譬如说，通过教师的讲，凡是学生应该理解的东西，学生真正理解了，这就是"讲深讲透"了。这样限定一下好不好？限定一下很有必要，一可以避免过于求深，不切实际；二可以避免多所讲说，流于烦琐。

再就"精讲多练"想，我以为这个"精"字也漫无边际，似乎可以照前边说的，作同样的限定。至于"多练"，确乎极重要，不经过多练，理解的东西不容易化为熟练的知能和终身的习惯。要学生多练，又要不增加学生额外的负担，似乎不太容易。关键在教师怎样指导学生练习。如果真能做到循序渐进，引导学生脚踏实地一步一步走；练习的方式又多种多样，提个恰当的问，促使学生在关键要点上想一想，也都是练习，不限于写在作业本本上，那就不至于增加学生额外的负担了。

我又想，假如"深""透""精"都以使学生真正理解应该理解的东西为限，还有个方法上的问题。开门见山就讲是一种方法；让学生先来思考一番，像旧时教授法所谓"引起动机"那样，然后给他们讲，又是一种方法。如果设计得好，引起动机真正切合学生求知的欲望，那么这种方法比较好。为什么？因为学生先经过思考一番，然后听教师的讲，必然专心致志，印入就比较深，言者谆谆，听者藐藐的情形，当然决不会有了。

孔子的想法更进一层，他不仅主张让学生先思考一番，而且要在学生思考而碰壁的时候老师才给教。他说："不愤不启，不悱不发。举一隅，不以三隅反，则不复也。"一般的解释，"愤"在这儿是想不通的意思，"悱"在这儿是说不清楚的意思，"隅"是四方形的一个角，"反"在这儿是推知的意思。把这两句话说成现代话，大致是"不到他想不通说不清楚的时候不启发他。教给了他一个角，他却不能由此推知其他三个角，就不再教他了"。

从这两句话看，可见孔子极重视学生的主观能动性。学生自己想得通的，说得清楚的，自然不必教。想不通了，说不清楚，这就是碰了壁了，其时学生心头的苦闷多么厉害，要求解决的欲望多么迫切，可想而知。在这种情况下受老师的教，真好比久旱逢甘雨，庄稼就会蓬蓬勃勃地滋长。孔子又强调学生能"以三隅反"，甚至说"不以三隅反"就不再教他了，似乎有点儿过火。我想孔子这第二句话可能是正话反说，意思是在学生碰了壁的时候才给教，学生不仅容易豁然贯通，同时也加强了主观能动性，因而一定能"以三隅反"了。

学生的主观能动性不断发展，将会达到这样一个境界：在事事物物中，随时随地能够发现问题并且解决问题。这样的人才是任何工作任何行业最为需要的，我恳切期望老师们向这方面着力。

(1980 年 1 月 7 日作，原载于《文汇报》1980 年 1 月 30 日)

考　试

学校里为什么要考试？

自然为了要知道学生学习的成绩怎么样。学生学了一段时期，对于所学的东西理解得透不透，练习得熟不熟，教师要在心中有个数，所以要考试。

这样回答当然不错。可是教师天天跟学生在一起，课堂里时常向他们提问题，让他们做练习，课外除了给他们安排适当又适量的作业，还在共同生活中经常跟他们接触，因此，他们对于所学的东西理解得透不透，练习得熟不熟，教师心中应该早就有数，不待考试而知。那么为什么还要考试呢？

那只能这样回答：在教了较长一段时期之后，要更明确地知道学生学得怎么样，所以要考试。假如这样的回答可以满意，那么有个期终考试，或者加个期中考试，就够了，再不用有别的考试了。

考试光是考查学生学得怎么样吗？是不是还有一个目的，教师对于自己的优点和缺点，成功和失败，也要通过考试使自己心中有个数呢？

我想，这等于说考试不仅是考学生，同时也是教师考自己了，恐怕未必人人想得到吧。但是我又料想，总有一部分教师一向这么想的。他们从经验中知道设想跟实践往往不一致，估计和准备往往会疏忽，因而经常边教边省察，见到成效固然可喜可慰，见到错失就赶紧用心钻研，谋求改进，以期更好地为学生服务。这样认真负责的教师一定会把考试看作同时也是考自己的。

考试过后，教师知道学生学得怎么样了，谁谁谁"优""良""中""可""劣"或者谁谁谁各得多少分数评出来了，事情是不是就此完了呢？

事情并没有完，还有非干不可的。对于"中"以下的或者六十分以下的学生，总得多动些脑筋，多花些工夫，使他们下一届考试的成绩不再在"以下"之列呀。学校固然没有标榜"本校培养出来的一定是优等学生"，但是就教育事业的全局而言，或者就学生个人的发展而言，学校都得保证学生的成绩不在"以下"之列。

假如拿工厂里的成品检查来比学校里的考试，似乎有点儿不伦不类，但是可以借此说明问题。考试跟成品检查不一样。成品检查查出了次品，只要设法处理这些次品，并注意往后不再出次品就成了。考试考出了次品可不能同样办理，必得把次品本身转化为非次品才行，决不能说个"往后不再"了事。那怎么办呢？如果是期终考试查出来的，可以在下一个学期对他特别注意；如果是毕业考试查出来的，就比较为难，可是总得想些补救办法才对得起他呀。无论特别注意或者想些补救办法，总得深入研究，耐心诱导，让他们凭自己的能动性取得进步，如果仿效饲养北京鸭的方法，那是决不会见效的。

以上只就通常的考试而言。考试还有种种新花样，摸底考试，模拟考试，分片会考，全区会考，可能还有我不知道的其他名目。这些考试目的何在，要考查什么，我完全不清楚，只好不谈了。

（1980 年 1 月 24 日作，原载于《文汇报》1980 年 2 月 13 日）

再谈考试

前一则随笔谈考试。今天想想，还有可以谈的，再写一则。

考试跟平日课堂发问和课内课外练习既是同类的事，按理自该同样看待。在平日，教师要问就问，要让做练习就让做练习，学生则据所知所想回答，按题目认认真真地做练习，彼此的活动都像流水那样，活泼，平静，没拘束，不紧张。那么考试也应该这样，彼此都不把它放在心头，挂在口头，当作特殊事项看待。

再说，按照我在前一则随笔里所说，考试是学校和教师的需要，并非学生的需要。学校和教师要知道学生学得怎么样和教师教得怎么样，发现学得不怎么好的学生还要想方设法使他转好，所以要考试。而在学生呢，按大道理小道理说，学习的目的可以列出好些个，可是谁也不会提出"为考试而学习"的怪口号。因此，如果说应该把考试放在心头，那也只是学校领导和教师的事。放在心头已经够了，挂在口头却大可不必，非但大可不必，而且会起很不好的作用。

我这么想，自以为并非杞人忧天，我是依据并不太多的见闻才这么想的。"要考试了，大家赶紧准备啊！"说法各有不同，总之是这么个意思，时常从老师的口头传进学生的耳朵。开家长会的时候，老师总要报告全班学生的成绩，得多少分的各占百分之几，同时总要恳请家长共同督促，使得分不多的孩子努一把力，往后得到较多的分数。于是考试和分数不仅放在学生心头，同时也放在家长心头了。不要说"为考试而学习"是个怪口号，只怕已经有不少的学生和家长真的相信学习的目的就在于考得好，得到多量的分数了。再加上名目繁多的考试，更使人加强这种信念。这么多的考试关，非一个一个通过它不可啊！努力吧，为考试为分数而使劲学习吧！这种情形，就教育的道理着想，是不能令人乐观的。

考得好，分数多，固然是学习得好的证明，可是绝不该把考试认作学习的目的。如果把考试认作学习的目的，会有怎样的后果呢？我想，那就会在学生心头形成压迫之感，好像欠了还不清的债，总不得轻松舒坦，这是一。（我希望心理学者研究并测验，这种压迫之感对学生的学习是否有损害？如果有，有多大？）其次，可能使学生把所学的东西看作敲门砖。假如真看作敲门砖，那么不管门敲得开敲不开，手里的砖总是要丢掉的。第三，可能有极少数的学生存着顺利过关的想头，采取些不正当的手段来应付考试。那更是有关品德的问题了。

所以我老在心头祝愿，学校和老师期望学生全都学习得好，这种期望是非常值得铭感的，但是千万不可拿考试和分数来作鼓励学习的手段。鼓励学习，无须外求，就在指导学习之中使学生受到鼓励，可能最有实效。循循善诱，教学相长，学生如坐春风，如入胜境，自然乐于学习，勤于学习。思考问题，试做实验，老师只给简要的提示，学生须做艰辛的努力才得解决；当解决的时候，学生的欢快好比爬上了峨眉的金顶，正是继续努力的推动力。我料想，这样的佳况在好些学校里已经实现；而在不远的将来，由于全体教育工作者的勤勉，将会普遍实现。

那时候当然还是要考试，还是要计算分数，但是大家绝不把考试和分数挂在口头了。学生将会把考试看得稀松平常，今天考也好，明天考也好，不藐视也不重视，只是个我行我素。为什么能够如此？因为他们越是认真学习，越能明白学习的目的究竟是什么。

（1980年1月27日作，原载于《文汇报》1980年2月20日）

关于探讨教材教法的几点想法

听说《课程·教材·教法》创刊，我有几点想法，就说一说。

第一点：经过三四年的努力，各科课本大致齐备了，今后在使用中当然还要修改。至少可以说，各科教材已经初具规模了。按理说，老师对教材的内容应该是熟悉的，问题在怎么运用这些教材把知识和技能教给学生。教和学的关系并不是简单的授给和接受的关系。老师把铅笔分发给学生，只要老师给了，学生就收到了。教课可不是这样，如果不得其法，只照着课本宣讲，学生很可能什么也得不到。所以我想，办这样一种刊物，推动大家来探讨各科教材的教法，交流教学的经验，的确是很有必要的。

第二点：教材即使编得非常详尽，也不过是某一学科的提要，加上一些必要的范例罢了（语文课本几乎全是范例）；因此，教材只能作为教课的依据，要教得好，使学生受到实益，还靠老师的善于运用。我国有一种至今还相当普遍的观念，认为"教"就是老师讲课本给学生听，"学"就是学生听老师讲课本。如果真的照这样做，学生得到的益处就非常有限。学生要学的，不光是课本上的知识，更重要的是在各科的学习中学会自己寻求知识和解决问题的本领。这是他们一辈子的工作和生活的第一需要。要使学生养成自己寻求知识和解决问题的习惯，并不是容易的事，这就更需要探讨各科教材的教法。

第三点：同样的教材，可以有不同的教法，因为教的人不同，学的人也不同。总之，能收到实效的就是好教法。不要因为某种教法曾经受到某某的赞赏，就此"定于一"，不允许再有别的教法。任何一种教法都有优点和缺点，优点要它更优，缺点要它改正，这才能不断改进。轻易否定一种教法是不好的，把一种教法强加于人也是不好的，因为都不利于动员大家创造好的教法。

第四点：学习别人的成功的教法当然很必要，但是不宜生搬硬套，要结合自己的具体情况和学生的具体情况作适当的变通。同一种教法，因为教的人不同，学的人不同，收到的效果可能有很大的不同。就编辑《课程·教材·教法》这个刊物来说，不要代替老师编什么教案，而应该通过探讨教法和交流教学经验，让老师各自编出适合本校本班的教案来。老师对学生要用启发的手段，刊物对读者（就是教各科的老师）也应该用启发的手段。只有这样，才能使教学质量不断提高。

第五点：一位老师往往只教一门功课，一位学生要学的功课却有许多门。这许多门功课并不是各自孤立的，它们相互之间有很密切的联系。以语文课为例，就没有一门功课离得开语文。学生对各门功课的理解，基础之一就是他的语文程度；老师对各门功课的教导，也都会影响到学生的语文程度。所有各科老师要经常通气，互相配合，同心协力把学生教好。如果一位教师能够精通自己教的那门功课，对其他各门功课也都有大致的了解（按理说这并不是过分的希求），那么他教课的时候就能触类旁通，一定会使学生得到更多的益处。在这一方面给教师以帮助，也是《课程·教材·教法》的任务之一。

（1980年11月10日作，原载于《课程·教材·教法》1981年第1期）

教育杂谈

——在民进外地来京参观教师茶话会上的讲话

我和诸位初次见面，但第一是同会，都是民进会员，第二是同行，我也当过十年教师。今天初次见面，我诚恳地向同志们致敬意。我的耳朵不好，听不清楚。刚才不清楚地听了大家的讲话，也感到诸位是关心民进的工作的，热心于教育事业的，我心里激动得没法说。

刚才有一位同志说到我说过"教是为了不教"。后来我加了四个字："教是为了达到不需要教。"我觉得这样表达比较明白。是不是不教了，学生就学成了呢？非也。不教是因为学生能够自己学习了，不再需要老师教了。不要说小学毕业就学完了，中学毕业也没有学完，大学毕业考上了研究生，也不能算毕业。世界上的事情是学不完的，无论是谁，都要学习一辈子。咱们当教师的要引导学生，使他们能够自己学，自己学一辈子，一直学到老。世界的变化快得没法说。我们讲中国历史，唐朝宋朝有变化，明朝清朝有变化，清末到现在这一百年间，变化之快，跟以前相比恐怕难以用数字来说明。再看全世界，战后这三十多年的变化多么大，近几年的变化多么大！一个人到某一阶段也非变不可，如果到此为止，停步不前，就是落后——不进则退。达到不需要教，就是要教给学生自己学习的本领，让他们自己学习一辈子。

学习不等于读书。认为读书就是学习，这个观点要打破。把进学校说成"读书"，是一种普通的说法，通俗的说法，不要把"读书"两个字看得太死。学生看得太死，学生自己吃亏；教师看得太死，不能教好学生；家长看得太死，对不起自己的子女。严格说起来，进小学、中学、大学都不是去读书，而是去受教育。受教育的目的不是为了应付考试，是为了做社会的合格成员，国家的合格公民。我新近作了一篇文章，题目是《读书和受教育》，不久将在香港《大公报》发表，意思大概是说，大家不要叫通俗的说法弄糊涂了，以为学生就是读书，教师就是教书，非也。教师并非教书，而是教育学生，使学生受学校的教育，受国家的教育。

现在很通行参观，不知诸位来到北京参观过学校没有？参观，怎么个参观法？今天某老师上课，他是位好老师，我们坐在旁边，听他怎么讲。听某老师怎么教是一个方面，老师教了，学生得到了什么，这是另一方面，参观要着重在后一方面。参观老师教课，要看老师是不是善于启发学生，引导学生，要看效果如何，学生是不是真有所得，所以不能光看老师唱独角戏。听到有人说，听某老师讲课简直是最高的艺术享受。我不大赞同这个说法。欣赏艺术要到剧院去，到音乐会去。参观学校最要紧的是看学生，而不是光看老师讲课。学生怎样生活，甚至怎样游戏，都应该是参观的内容。

还有个升学率问题。不讲升学率而升学率很高的学校，有上海的育才中学，段力佩同志在当校长。这个学校不片面追求升学率，毕业生考进大学的很多。他们就是根据党的教育方针来进行教育，不是为升学率而上课。目前的高中有三年的，有两年的，将来大概都要改成三年。许多高中，最后的一学期不上课，只是复习，为的应付高考。我想建议，即使三年，也要把三年内应当学的东西分配到六个学期中，让学生脚踏实地地学，老师尽心尽力地教，用不着抽出最后一个学期来复习。现在许多高中只有两年，实际上只学一年半，这个道理讲不通。学习不是为应付考试而强记，而是要让学生把所学的东西真正消化，使之成为自己的血肉，能终身受用。诸位能不能同意这个说法？我想建议取消高中最后一个学期的复习。

初次见到诸位，好像见到了亲人，想到什么就说了出来。时间有限，只能到此为止。诸位这次到北京来参观，精神上体魄上都满载而归，回去一定工作顺利，比上学期更有进步。

（1983 年 8 月 6 日讲话记录，原载于《民进》1983 年第 9 期）

毕业会考跟学生健康问题

　　毕业会考是一种功令。学校为遵从功令起见，当然要送学生去应会考。但是学校不应该只记得会考，把会考认作唯一的目标，却把学生忘了。学校究竟是为学生而设立的，这一层无论如何必须弄清楚。

　　据我们所知道，各地学校为促迫学生做应考的准备，很有许多不妥当的措施。恐怕学生程度蹩脚，送出去应考坍了学校的台。于是先举行假考试，假考试不及格的，简直就不送出去。还有，以前是下课的时候学生必须散到运动场去的，现在可反了背，必须留在教室里温课；到晚上，自修钟点也加长了，有的加一小时，有的还不止。学校对学生还作种种的暗示，把会考这一关形容得怎样怎样艰难，好比高山峻岭，若不预备一副好身手去冒这回险，非跌得头破血淋不可；这种暗示使学生忧虑，恐怖，一刻也不敢忘记了温课，熄灯钟打过以后，被窝里还有手电筒的圆光照在课本上面。这些都是事实；当然没有说齐全，不过举例罢了。

　　这种措施对于学生的影响怎样呢？旁的方面且不说，只说身体方面。过度而且勉强的记诵，使身体的机能受到强烈的阻障，有些学生没等到应考就病倒了；在考前考后死亡的，我们也听到有许多，而其原因，谁都承认是用功过度。一般说来，健全体格在目前的中等学校里差不多是稀有的宝贝。最近上海市卫生局发表检查的结果，中学生具有健全体格的不及十分之一；本志本期《青年论坛》栏登载周鉴文君的文章，他所报告的也是一个可惊的消息。原因固然不完全在于因准备会考而用功过度；但是，在下课时候必须留在教室里温课、晚上加长自修钟点以及按了手电筒在被窝里"开夜车"等等的情形之下，健全体格只会减少不会加多，却是谁都预料得到的。

中等学生的健康在目前已是一个非常严重的问题。教育者如果不忘记学校是为学生而设立的，就应该赶快努力，用切实有效的方法，逐渐减低它的严重性。同时应该老实反省，自家促迫学生做应考准备的种种设施，是否损害到学生的健康。

我们以为要使学生通过毕业会考，并不是什么困难的事。不拘泥于教科书的记诵，一切学科都从事实上去学习，又随时应用到事实上去；这样，临考的几个题目还会回答不出吗？学过一部分，就明白一部分，随时结算，绝不积欠；这样，临考的时候还用得着"抱佛脚"吗？这在学生毫不觉得费力，可是确实走了并不短少的程途，而且时时有"左右逢源"的乐趣。

唯有死要记诵、硬要装进去最是费力，最容易弄出毛病来；就算如愿记住了装进去了，也还是个食而不化，在毕业会考里得到最优等的评判或许可以，而在学生本身未必就有真实的用处。教育者如果不忘记学校是为学生而设立的，应该彻底改去这种别无意义，只会损害学生健康的措施。

学校里有会考列名最优等的学生固然是荣誉，但是尤其可贵的却在乎养成身体、知识、能力都健全的学生。

（原载于《中学生》第 54 号，1935 年 4 月 1 日，署名编者）

改善生活方式

我不愿意就《青年的责任》《青年应该怎样修养》一类的大题目说话。对于这类大题目，自己也不甚了了；勉强拉扯说一番，当然办得到，可是把自己不甚了了的话说给人家听，要想在人家身心上发生作用，岂不是缘木求鱼？而且，这未免近乎欺骗人家，欺骗人家的事儿，我不想干。

我只能把近年来的感受作依据，说一些话。单凭感受，不周全是难免的，错误也可能有。然而我的心是诚恳的，我的态度是严肃的，我绝不想写一些敷敷衍衍的话浪费本志的篇幅，欺骗本志的读者。

近年来我很有机会与青年们接触。我觉得青年们中间，除了少数人以外，都有改善生活方式的必要。我并不是说青年以外的壮年人、中年人、老年人的生活方式都尽善尽美，无须改善。只因为现在要说的是青年，所以把壮年人、中年人、老年人撇开了。

请先说一些实况，看看一般青年的生活方式。

在学校里上课，不想想学习那些科目为的什么。教师在那里讲，就随随便便地听听，教师出了练习题，就无可奈何地做了交上去。那学习得来的东西本该是成为新习惯化为新经验的，却都看作与己无关的东西，学期考试一过，忘了一半，毕业文凭拿到，忘了全部。

精神方面是普遍的懒散。升旗降旗是何等严肃的仪式，可是懒洋洋地集合，懒洋洋地唱国歌。假如训育先生不怎么认真，索性躲在隐蔽地方伸伸懒腰，挨过那几分钟的时间。运动场上往往只见少数几个"专家"在那里活动。童子军军训课，听说教官请假，倒会起劲地拍一阵手。劳作是一个学期制不成一件东西，种了菜或是豆越来越见得黄瘦。参加什么集会，起初是轰轰地闹一阵，好容易把章程议定，把职员举出来，事情就完毕了。会议时候照例只会乱说，不会讨论；连乱说也不成，只是默然坐在一旁呆看呆想的，尤其多。肯做事的没有做事的条理。怕做事的以做事为多事，信奉"多一事不如少一事"的教条。又怀着一种大可不必的疑惧，生怕被人利用，做人家的工具。不愿被利用，不愿做工具，就只有"明哲保身"，一切不管。二十岁左右的年纪，就形体上与意念上说，已经与四五十岁的人差不多，很难看出所谓"青年朝气"。

很少人有每天看报的习惯。报纸送来了，抢着看看时事的大标题，算是"有心人"了。其余的或是索性不看，或是对着广告栏里的电影广告出一会神，似乎电影比决定人类未来命运的大战争更为重要。星加坡①为什么重要，达尔文港在哪一洲的哪一角，地理教科书里都已说过了的，一时未必知道。

在大学里，青年们口头常用的词语，以"贷金"和"伙食"为最多。"贷金还不发""贷金不够用""贷金该增加""伙食坏极了""甲组的伙食团办得不好，我要退出了""乙组的伙食经理有办法，每天还能买两斤肉"，诸如此类。人不吃就活不成，吃诚然是要紧的事儿，可是青年把全副精神都集中在吃上，却是近年来的特有现象。

---

①"星加坡"，今译为"新加坡"。——编者注

毕了业要就业，就业的时候，依理说，先得问自己能做什么，然后去就那能做的业。实际可不然，先问那种业有多少薪水，多少生活津贴，认为可以的时候，就是不能做的也勉强去做。随后听到另一种业薪水高，生活津贴多，又想方设法希图改就。服务道德与工作技能全都不考虑，唯一的目标是拿钱。

"某一个同学毕业出去，薪水四百块，还有津贴和家属米，好运气！"言下不胜其艳羡。"教师没有做头，一天到晚上课，也不过拿这么两三百块钱"，言下不胜其鄙薄。从不曾听见有人说过"某同学做事有真实成绩，我希望将来和他一样"，或"某事有价值，我准备去干"一类的话。"拿钱第一"，事业不管。"混混第一"，成绩不管，那怎么行！

高中毕了业，到公务机关去做事，画图画得不像个样子，做统计错误百出，做书记别字连篇。大学或专科毕了业，当教师抓不住所任功课的要领，当技术人员把事业搅得失败了完事。有一班学习农产制造的同学，毕业之后多数进了新兴的几个酒精厂当技师。不到半年工夫，这个厂停工了，那个厂失败了。虽说有种种别的原因，但是那些新技师的设计和做法也是失败的一个重要原因。

本着"拿钱第一"的信念，大学同学也做起生意来了。什么东西什么价钱，一个月间什么东西的价钱涨了多少，打听得清清楚楚。囤文具，囤化学药品，推广开来，就囤布匹毛线等等。有些青年索性开"寄卖所"，大学里的学分还没有读完，管它，宁可跑来跑去做商品的掮客。一个月可以拿到一两千块钱呢，足够的学分哪里换得到这么些钱！

一个大学毕业的同学，当了某省某厅的出纳，冒开支票想侵吞公款，一开就是二十多万。事情被发觉了，几乎受到枪决的处分。这虽是一个特例，却使人发出无限感喟。物价高涨生活艰难的影响，把一些青年清明的神思搅糊涂了，眼前只认得钱，只想要钱，道德和法律都不妨丢在脑后。如此情形，将来何堪设想！

实况是列举不完的，我想就此为止。从以上所说的实况来看，我以为青年们现在这样的生活方式实在要不得，就是国家承平社会安康的时候也要不得，在抗战建国的今日，在决定人类未来命运的今日，尤其要不得。为什么要不得？因为从中看不到一些儿理想的影子。

人不能没有理想，没有理想只能糊糊涂涂地活下去，反省一下就会感到无聊，感到没意思。肚子吃饱了，身体穿暖了，活是活得成了，但是活下去做什么呢？回答不上来，一定索然，自觉与禽兽无异。有了理想就不然。咱们一天天生活下去，好像黑夜航行在海里的船，理想就是招引咱们的灯塔，咱们要生活，要努力，就为要到达那座灯塔。

理想的内容，人人可以不同。但是在今日，咱们有个共同的基本的理想。怎么是"共同的"？就是说，事实上人人需要那个理想，理论上人人应有那个理想。怎么是"基本的"？就是说，那个理想是一切其他理想的基本，假如那个理想不能实现，就谈不到其他理想。那共同的基本的理想是什么？就是"抗战必胜，建国必成"。不要说这样的八个字是标语，是口号，稀松平常。要知道标语口号正是大众理想的表现，只把它写在纸上，喊在口头，当然稀松平常。如果要把它实现，成为事实，就得大众都来努力。抗战建国不是委员长一个人的事，也不是国民党一党的事，更不是无事寻烦恼特地找个题目来做做的事。只要不忘记历史教科书和地理教科书里的叙述，就会知道这是每个人的事，而且是非做不可的事。要做到怎样才算数？就在一个"胜"字和一个"成"字。在这两个字上，标明了咱们的理想。

青年们如果怀着这个理想，生活方式必然会与前面所说的不同。第一，必然会唯恐不及地充实自己。服务道德必求其到家，工作技能必求其完善，因为唯有这样，才可以实现理想。现在的学校教育不满人意，这有种种原因，一时恐也难以改好。青年们为充实自己起见，必然会把依赖性的"受教育"转变为主动性的"自我教育"。教师教课马虎不管他，咱们自己却要认真学习。学校训导松懈不管他，咱们自己却要严格自律。教师和学校不能好好地干是他们的事，咱们不能因为他们干不好就耽误了咱们自己，同时耽误了理想的实现。这是所谓"反求诸己"，并不是一种玄虚的理论，只要想做，肯做，谁都办得到。

原来"教育"这个词儿，如果解释得繁复，几本书未必说得完；简单的解释，一句话就可以说尽，就是"养成好习惯"。怎样的习惯才算好？能使才性充量发展的是好习惯，能把事情做得妥善的是好习惯，能使公众得到福利的是好习惯，大概也不过如此而已。所谓"自我教育"，就是不去依傍他人的力量，自己来养成这些好习惯。青年们如果怀着理想的话，如果热切期望实现理想的话，那么急于养成好习惯的愿望自然会像火一般地燃烧起来。青年们虽然不像将士一样在前线打仗，可是大家都知道，现代战争的决定因素不限于军事。军事有办法，其他却极糟糕，胜利还是没有把握的。一个人不守秩序，一个人办不好事，一个人技术低劣，看来好像关系很微细；但是多数人不守秩序，多数人办不好事，多数人技术低劣，关系就重大了，这将抵消军事的成绩而且还有欠额，结果将得不到"胜"而得到"败"。怀着理想的青年谁肯做这样的"一个人"呢？不肯做，就得整饬自己，训练自己，养成种种好习惯。别人如何且不管，总之先把自己做成一个问心无愧实际上确然无愧的人。每个青年都不肯做这样的"一个人"，也就不会有这样的"多数人"了，这才有实现那个"胜"字的指望。

说到建国，那头绪太纷繁了，不知有多少事需要做，非但做，而且一定要做得妥善，才会实现那个"成"字。青年们如果怀着理想的话，如果热切期望实现理想的话，就该问问自己的实质，能够在建国的大题目下做一件事吗？能够把一件事做得妥善吗？其时必将万分焦急，连觉也睡不熟。焦急之余，必将整饬自己，训练自己，养成种种好习惯。于是认识也与一般人不同了。一般人说，我国现方着手建设，可做的事很多，青年不怕没有出路。而怀着理想的青年却说，在建国的许多事项中，我们能做某一项，我们要把它做好，成为"建国必成"的一个因素。

现在同盟军与敌人作战，虽说从具体的估量上，同盟军有胜利的把握，可是在真正取得胜利之前，咱们不能不从最坏的方面打算。万一同盟军失败了，世界就将进入黑暗的时期。如果到了那个时期，咱们将被黑暗吞没呢，还是与黑暗奋力斗争，扑灭了它，迎接新的光明？怀着理想的青年们打算到这一层，势必检讨自己的实质，我有爱着光明的热诚吗？我有排斥黑暗的坚志吗？我有与黑暗斗争的力量与技能吗？检讨之余，必将唯恐不及地整饬自己，训练自己，养成种种好习惯，以便应付那一场或许会到来的斗争。只要坚持光明是必须迎接的，黑暗是必须排斥的，自当做这种不能没有的准备。

"自我教育"好像是个人的事，其实凡是人的事绝不会是个人的，个人的思想行动必然牵涉到别人，思想行动必然在群众中间表现，所以养成好习惯须特别偏重在群的方面。在群的方面有了种种好习惯，其人还会有问题吗？在群的方面恪守秩序，在群的方面办好事，在群的方面修炼技能，这可以概括合理的生活方式的全部了。不要说别人马马虎虎，我也不妨马马虎虎。要知道别人马虎是别人的事，我管不着，为了我的理想就不应该马马虎虎。这样办法好像是冥心孤往，怪寂寞的。其实不然。所谓"德不孤，必有邻"，你取了这样的生活方式，必然有同样的人来做你的同志。同志的最确切的意义，该是互相督促互相激励的一群人中间的一个。有一群人在一起，理想相同，生活方式相同，各人自我教育，同时也就是彼此互相教育，这是多么有劲和情形，哪里会感到寂寞？这样的群扩大开来，直到包括我们青年的全部，一切情形该会大大地改观吧。即使一切的壮年人中年人老年人都不行，单靠这样一批青年，就将开个新局面。何况壮年人中年人老年人也不全是废料，他们只要有理想，也会像青年一样振作起来。

目前物质生活是一般的苦。可是要知道，在一个国家排除患难辛勤缔造的时候，在许多国家为人类未来的命运而奋斗的时候，个人吃些苦是本分中事，算不得什么。前线的将士可以吃苦，修公路造飞机场的工人可以吃苦，努力生产各种资源的农工可以吃苦，战区和沦陷区的同胞可以吃苦，为什么青年们就不能吃苦？这是回答不上来的。固然，现在有些达官贵人和富商巨贾，他们与从前一样有丰厚的享受，他们并不吃苦。可是他们的生活方式该不该如此，自有公平而严正的批判在，青年们绝不该把他们认作标准，以为自己也要与他们一样才满足。饭还可以勉强吃饱，衣服还勉强可以对付，就是了，坏一点儿破一点儿有什么关系？成天到晚为了物质享受不满足而感到烦恼，成天到晚想着"钱！钱！钱！"自己没有做侵略者的奴隶，却先做了物质与钱的奴隶了。这样的生活是怀着理想的青年所不能堪的。怀着理想的青年以接近理想为乐，以实现理想为乐，以不能实现理想为苦，以理想的实现被障碍为苦，苦乐都跟物质与钱不相干。从前颜渊一箪食，一瓢饮，居陋巷，人不堪其忧，而他不改其乐。他是假装这么一副样子，希望受到孔老先生的称赞吗？他是天生的贱东西，不辨物质的好歹，所以得了很差的一点儿享受，就沾沾自喜吗？都不是。他在物质生活之外，自有他的精神生活。他的精神生活很充实，很丰满，使他乐不可支，物质生活的简陋与它比起来，简直微细到不足齿数了。所以，仅仅知有物质生活的人，要他不要想到物质生活简陋的苦，是千难万难的。就是用强制的功夫硬要不想到，也只能见效于一时，绝不能终身以之而不变。但是知有精神生活的人，也就是怀着理想的人，物质生活优裕他也过得来，物质生活简陋他也无所谓。在没有简陋到不能透气的时候，也就是他还是活着的时候，他决不忘却他的理想。接近理想，实现理想，乐在其中矣，他还计较什么吃的穿的！青年如果都怀着理想的话，我相信人人可以达到颜渊的境界，那种境界决不含有什么神秘性在里头。

我是中年人了，自问还不是废料，我与多数正当的人一样怀着那共同的基本的理想，我热诚地要迎接光明。凭我的感受，我认为多数青年的生活方式照此下去，前途实难乐观。我描摹不出我心头的着急。今天写了这么一篇文字，复看一遍，还没有畅达我的意思。其实即使畅达了，还不是人人常说的一些普通意思？普通意思不妨复说一百遍，只要每说一遍能有一句两句话打动人心，发生实际的影响。我希望我的话有一句两句对青年们发生些影响。

（1942年3月25日作，原载于《中学生战时月刊》1942年第55期，署名圣陶）

德目与实践

　　学校里往往提出一些德目来，作为同学们修养的标的，最显著的就是校训。此外如若干"德"，若干"信条"，若干"守则"；有的是几个名词，有的是几句话语，这些与校训有个相同之点，就是：无非抽象的原则。

　　凡属德目，几乎可以说没有要不得的。就像"忠"字，从前的意义是忠于君，现在不是君主时代了，似乎要不得；但是把它重行解释过，就是忠于国家，忠于社会，那岂但要得而已，简直是现在必不可缺的一个德目。原来德目都是基本的"为人之道"，因为是"基本的"，所以不受时间的淘汰，忠于君固然没有这回事了，而对于国家社会竭尽心力，以求它的持续的繁荣，这还是个"忠"。"忠"的意义尽管可以改变，而"忠"这个德目历久不磨。

　　以上说的很容易明白，不必啰嗦。咱们现在要讲到两点。

　　第一点是：德目不该是挂在口头的语言，写在纸面的文字，而该是贯彻一切行为的态度和精神。能说德目的字眼，能懂德目的意义，这与"为人之道"都不甚相干。"为人之道"必须要"为"，"为"就是"做"，就是实践，要让行为的态度和精神合得上德目，那才算尽了"为人之道"。一个人心里不想德目，口里不说德目，他的人格也许十分完满；另一个时时想着德目，说着德目，他的"为人之道"却未必到家。这由于一个能够实践，一个却把德目与实践看作两橛了。看作两橛的时候，种种德目都是外在的东西，虽然美好，对于自身并无受用之处。能够实践，自身便是德目的化身，才是真实的受用。所以，七分八分的想和说，不如一分二分的实践；当然，能做到七分八分乃至十分的实践尤其好。

第二点是：实践就只在平时的一举一动一言一笑之间，并非说在平时的一举一动一言一笑之外，还有一种实践德目的行为在。咱们在前面说过，那些德目都是抽象的原则，如果仅是抽象地去理解，去讨究，就很容易发生错觉，以为平时的一举一动一言一笑太平凡，要实践德目，得在另外一种不平凡的行为方面去着力。然而不平凡的行为哪里有呢？咱们人干的，无非吃呀喝呀见人呀谈天呀学什么呀做什么呀那些平凡的行为。不在那些方面着力，又哪里求个着力之处？所以，对于德目，抽象地去理解，去讨究，是没有用的；必须具体地去实践，就在种种平凡的方面去实践，使那些个都合得上那种态度和精神。譬如"礼"和"义"两个德目，抽象地去理解去讨究的时候，不过是两个概念罢了；没有这两个概念，人生未必缺少了什么，有了这两个概念，也未必充实了多少。若要等待遇到不平凡的行为，然后应用这两个抽象的概念，那更是"不可得之数"；结果自然我自我，礼义自礼义。另外一条路子，便是一点一滴地、无间无歇地实践。当升旗降旗的时候，你行礼，你唱歌，心中确然诚意，外貌确然恭敬。当运动游戏的时候，你努力，你竞争，做到胜而不骄，败而不馁，也决不用欺骗的办法取胜或讳败。当与人同在一起的时候，你谈笑行动，无拘无碍，绝不说一句无聊的话引起别人的不快，绝不做一个扰乱秩序的动作使别人感到或重或轻的不安。当与人交谈的时候，你发言运思，毫不勉强，内心绝对地真挚，容态绝对地诚恳。诸如此类，你就实践了"礼"了。该做的事，如学校里的功课，职业方面的任务，你绝不放松，定要把它做好。该帮助的人，如困苦的朋友，负伤的士兵，你绝不视若无睹，定要尽可能给他们一点帮助。对于没有道理的事情，如赌博，如欺侮他人，你能够戒绝不做；非但以前不做，将来也绝不做。对于没有道理的势力，如日本帝国主义，如反动的种种社会现象，你能够深恶痛疾；深恶痛疾之外，更把你的力量拿出来，与别人的力量合在一块铲除它们。诸如此类，你就实践了"义"了。像这样礼和义贯彻了你的一切行为，你的心头口头也许从不会礼呀义呀地想过一回，说过一遍。

因见学校训育，颇有对德目抽象地去理解去讨究的倾向，恐怕同学们无从着手，得不到受用，所以写这篇短短的谈话。

（1942年7月2日作，原载于《中学生战时月刊》1942年第57期，署名圣陶）

充实的健全的人

我们对中学生诸君进言，一向劝诸君自学，做"为己之学"。教师或旁人无论如何胜任，无论如何热心，总之不过在先做个引导，从旁做个帮助；脚踏实地一步一步学习上去，全靠诸君自己。学习又得整个生活打成一片；学得的一点一滴，必须化而为生活的营养料，才有受用。这些意思都浅近不过，就是没有人说，诸君自己想想也就明白。可是想明白跟照样做，其间还有一段距离。我们切望诸君想明白之后随即照样做，而我们与诸君之间的交通路线只凭刊载在本志（《中学生》）的一些文字，于是文字中就不免屡次提起这些浅近的意思，看来有些絮絮不休似的。愿诸君不要烦厌我们的絮絮不休，愿诸君鉴谅我们对于你们的忠诚。

我们想，需要充实的健全的人，再没有比现在更急切的了。就国内说，千万项的事业要兴办起来，无尽藏的资源要开发起来，学术文化至少要够得上世界一般的水准，工作服务至少要不缺乏我国传统的美德，这才能成就建国大业。就世界说，一班讨论战后问题的人差不多有相同的意见，就是各国人都得有或多或少的革故更新，把思想改得更明澈些，把胸襟改得更阔大些，这才能和平相处，奠定世界新秩序的基础。

要实现这些个，全靠充实的健全的人。少数人充实健全不济事。充实的健全的人愈多，成效愈大。请记住，现在是这样的一个时代。

咱们有整个的教育系统，从小学至大学有各种的学科，除了学科而外，有环绕咱们的事事物物，足以引起咱们的思维与觉解：这些个咱们都不比人家短什么，依理说，咱们的学习至少该像人家一样的好。假如咱们很少成就或竟没有成就，那一定是学习的精神上跟方法上出了毛病；虽然教师或旁人也不免要负点儿责，但主要的还在咱们自己。只有咱们不想把自己充实起来健全起来，学习的精神上跟方法上才会出毛病。如果感觉充实与健全的必要与急切，咱们的学习必然会走上正当的路子，收到应得的成效。

我们时常留心学校的成绩，不凭书面口头的标榜，不凭大略估量的统计，而从骨子里去看，不免感到前途未可乐观。考卷是成绩，我们亲眼看见与听人说起的关于考卷的趣事与笑话太多了。（其实哪里是趣事与笑话！）考卷还只是成绩的小部分，要看整个莫如看人，人表现全部的成绩。看人的结果，我们不愿意具体地说，说来叫人气短，总之距离最低限度的期望还有一段儿。需要充实的健全的人，现在是这样的急切，而这样的人的增多，却不很看得见朕兆，若说忧患，该没有比这个忧患更大的了吧！

要给成绩不好做辩护，我们知道可以举出种种的理由，环境不良啊，设备不周啊，心情不安啊，还有其他。可是，理由即使有一百种，也抵消不了学习者本身上的缺失，就是不想把自己充实起来，健全起来。这种缺失不能弥补，所举种种理由即使不存在了，成绩也未必就会好起来。本身没有这种缺失，抱着"充实第一""健全第一"的意志，必然能把有碍的种种理由克服，走上"自学""为己之学"的途径，表现着完美的成绩。种种理由当然是客观的存在；可是我们以为不必引来辩护自己，宽慰自己，最要紧的是问问自己到底想不想把自己充实起来，健全起来。

想想吧，这个时代，这个国家，这个世界。学习，学习，所为何来？生活，生活，所为何来？这些虽是近乎哲理的问题，但做一个人，你要不含糊，不马虎，就必须解答这些问题。解答之后，充实自己，健全自己，将是必然达到的结语。于是一切学习（不只限于学科方面）也将以全然不同于往日的精神跟方法来进行，结果完成个无愧于当世的人。人人都如此，咱们就没有忧患了，咱们的前途绝对乐观。

（1943 年 9 月 1 日作，原载于《中学生》1943 年第 68 期，署名圣陶）

略谈音乐与生活

　　学校里都有音乐功课，上课时候由教师教一两支歌。可是试在学生休闲时间留心，学生似乎一致排斥教师所教的歌，很少听见他们唱。他们宁愿哼些地方戏，地方歌曲，平剧，电影歌词，乃至英语歌曲。他们唱这些东西并不循规蹈矩，只是随意遣兴而已；譬如唱平剧，马马虎虎，反反复复念着"我正在城楼观山景"，就算在那儿唱了；其实这不成为唱，只能说是哼。

　　在集会的场合里，酒酣耳热，兴高采烈，往往有人被拉出来独唱。这些被拉出来的人往往是专门家，至少也得有一手。而与会的人齐声合唱的事却绝无仅有。仿佛正式开会的时候唱国歌，是因功令规定，不得不勉强敷衍，若能躲避，还是乐得不开口；至于自动地一齐合唱，那是从未梦想到的事，要说遣兴作乐，自有打趣说笑，猜拳赌酒那些办法在。

　　以上信笔写了些实况。根据这些实况，可见享受声乐这回事儿，在我国实在并不普遍。这一定是音乐教育方面出了什么毛病。我国自从施行新式教育就有音乐的课程，可是几十年来没有收到效果，一般人生活

416·

上得不到音乐的补益：教育家尤其是音乐教育家应该把其中的毛病找出来。咱们不该漫谈自夸，咱们中国自古是礼乐之邦；咱们应该认清实况，咱们现在是不会享受声乐的民族。出几个歌唱家，在都市里开几次独唱会，即使足与世界的名家并驾齐驱，也不能算是音乐教育的成功；必须一般人都受到音乐的滋养，能够唱，能够听，能够使生活进入更高更充实的境界，那才是成功。

音乐可以说是群性最丰富的艺术。单就声乐来说，你唱一支歌，无论自编的或现成的，只要你认认真真地唱，当一回事儿唱，你就宣泄了你的某种感情。人家听了你的歌，声入心通，也引起了某种感情。这当儿，你跟人家不但形迹上在一块儿，而且感情上也融和起来了。不问那感情是欢乐还是哀愁，总之你不并孤单，你的欢乐有人分享，你的哀愁有人共鸣。再说合唱。许多人合着和谐的旋律，同唱一支歌，假若个个人认认真真地唱，当一回事儿唱，就人人会觉得"小己"扩大了，扩大而为同在合唱的"一群"；也可以说"小己"融化了，融化在同在合唱的"一群"里头。感染，激动，团结，组织，都是人群间重要的事项，而音乐却有达成这些事项的直接作用。我虽然不懂音乐，可是就常识而言，我相信音乐教育必须特别着重它的群性；而一般人了解音乐，享受音乐，也必须特别着重这个群性。因为个人跟人家共哀同乐，小己扩而为大群，与大群融和。这就是生活进入了更高更充实的境界。

回忆抗战初起的时候，各地回荡着"冒着敌人的炮火，前进！前进！"的歌声。唱的人不但用口来唱，而且用赤诚的心来唱，抗战的精神不久就普遍到"全面"了。这是音乐的群性作用收到效果的真凭实据。音乐若能在各方面多多利用，其效果自当不可限量。

我不说音乐高于一切，最最重要；可是我相信音乐也是一个重要的文化部门，跟它疏远了，在个人就缺少了一条进入更高更充实的生活的途径，在大群就缺少了一种感染、激动、团结、组织的力量，关系实在不小。这里把想到的一些写出来，希望音乐教育家跟读者诸君加意。

（1944 年 2 月 17 日作，原载于《中学生》第 74 期，署名圣陶）

改革艺术教学

　　如今学校各科教学，都说不上近乎理想，退一步求其像个样儿，也往往做不到。各科中间，属于艺术部门的图画、音乐尤其糟。在学校当局的意念中，这些学科只是课程的点缀品，功令既有规定，就不得不敷衍一下，实际上是可有可无的，属于顶不重要的范围。我虽然没有做过统计，但是根据我的经验，这样想的学校当局必然占大多数。在担任这些学科的教师方面，依理说，既然担任得下来，应该明白这些学科的教育价值教学方法。可是，恕我老实说，他们多数是学书学算不成才改学艺术的。这在出发点上就错误了。他们以为艺术比书算容易，不大需要用心用力，即使凡才也可以勉强对付，错误实在不小。出发点既经错误，他们的成就可想而知了。凭他们的成就去教学生，要求教出好成绩来，当然难乎其难。且不说别的，单看学生的反应就可以知道。艺术是多么有兴趣的事儿，可是学生往往不发生兴味，图画只是乱涂一阵，音乐只是乱喊一阵，这个学期如此，下个学期也如此，直到毕业，还离不了乱涂乱喊的阶段。如果担任教师对于艺术学科的教育价值和教学方法明白一点，熟练一点，该不至于这样。

　　普通学校设艺术学科，目的当然不在于使学生成为画家、音乐家。

教学生学习图画，在于使他们精密地观察物象，辨认形象的美和丑，和谐和凌乱，并且能够把所见所感的约略地记录下来。教学生学习音乐，在于使他们能用声音表达出感情和意志，尤其当合奏合唱的时候，个体融合在群体之中，可以收到人格扩大的效果。这些看法似乎不怎么重要，其实非常重要，好像没有什么实益，其实有广大的实益。如果学生既能了解又能实践，就个人说，就将终身受用不尽，就社会说，就是进入美善的一个重要因素。这是最浅近的常识，主持教育的人不应该不知道。而现状却是大多数人看轻艺术学科，认为可有可无，我不能不抗议。

如果认清了艺术学科的意义，教学方法就该彻底改变，把现行的办法彻底改变。教学图画，该把依样临摹的方法完全废除，让学生以目接物，以笔写物，目与笔都直接与事物打交道，不再借径于样张和范本。教学音乐，该把随口嚷嚷的方法完全废除，让学生锻炼声音，成为正规的乐音，并且能把情意融化入声音，内外一致，无蕴不宣。把艺术的理论向普通学生讲说未免多事，可是在教学之中，不可不含有理论的精义在内。让学生在动手作画开口唱歌的当儿，自然领悟到理论的精义，那是最便捷并且最有效的方法。基本练习最不可马虎，素描必须求其准确，练音必须求其纯正。学习态度开头就严肃，兴趣就跟着来了，进步自然容易了。

我是艺术的门外汉，但是门外汉也许旁观者清，感到艺术教学亟须改革。又从教育的观点着想，认为艺术教学若不改革，教育即使进步到理想的境界，总之还缺少一角，算不得完全。我想引起艺术家们的注意，请各位在举行展览会演奏会之外，还对改革艺术教学尽一份力。专家们的倡导和方案，必然比门外汉的有力并且切实。因此，乘王希瑾先生命作文稿的机会，写了这篇短文。

（1945 年 2 月 26 日作，原载于《新艺》1945 年第 1 卷第 3、4 期合刊）

享受艺术

本志创刊的时候，原拟经常刊载关于艺术的材料。创刊号中有一《少年》歌，歌词与曲谱全是新作的。又把刘开渠先生的"无名英雄像"的照片制版印出，并且特撰一篇文字，讲述那个铜像，连带谈到雕塑艺术。第四期中曾经谈过敦煌的壁画。再往后就冷落了，有关音乐、绘画、雕刻的材料简直绝了迹。这是我们深感不满的。只因找不到给我们帮助的朋友，虽然深感不满，没法立即改善。到今年总算好一些了。冶明先生给我们写关于绘画的稿子，眼光与手法兼顾，又切实，又浅近，对于少年们是非常有益的。最近我们又添加了名画介绍，把名画印出来，就按照那幅画讲一些话，或说画法，或谈看法，或指示源流，或分析派别。关于其他的艺术部门，也希望在最近期间都能触着一些。

与艺术接触是一种享受。接触艺术可以分两方面，一方面是创造，一方面是欣赏，创造与欣赏都是一种享受。

眼中看见了一番可以感动的景象，心中想着了一番值得玩味的景象，把那景象画出来，画得非常之好，不但自己感动，叫别人也感动，不但自己玩味，叫别人也玩味。那时候，心中的快乐与满足还有什么比得上的吗？这是创造方面的享受。听人家唱歌或者吹弹乐器，唱的奏的若是活泼愉快的调子，听着的人也觉得自己活泼愉快了，宛如树林中的小鸟，溪沟里的流泉；唱的奏的若是激昂慷慨的调子，听着的人也觉得自己激昂慷慨了，宛如赴难不惧的勇夫，拔剑而起的义士。那时候，心中一些卑鄙、琐屑、自私自利的想头全溜走了，思想和情绪进入了一种较高的境界。这是欣赏方面的享受。

人人应该有这种享受。人人可能有这种享受。

为什么说人人应该有这种享受？艺术原是社会的产品，好像稻和麦是社会的产品一个样。凡是社会的产品，依理说，该由社会中人共享，不该为某一些人所独有。吃了粮食，可以饱肚子，可以把生命延续下去；接触了艺术，可以饱精神方面的肚子，可以使生命进入一种较高的境界。这是一种权利，若不是被剥夺了，谁愿意放弃呢？

为什么说人人可能有这种享受？人与人原相去不远的，彼此的思想和情绪虽有种种的差别，可是那差别只在于程度上（如说此深彼浅，此厚彼薄，深浅厚薄都是表示程度的形容词），不在于质地上。因此之故，一种非常高妙的艺术品，普通人也能够欣赏，他虽不能够把滋味完全咀嚼出来，总能够领会到一点儿。至于创造，上好的艺术品固然要功夫深的人才能创造，但是功夫浅的人也可以创造他的艺术品。他的艺术品或是幼稚些，或是欠完美些，然而与上好的艺术品正是同类的东西；再加修习磨炼，也有创造上好的艺术品的希望。

由于上面说的应该有与可能有，所以从幼稚园小学校起，教育中就有艺术的项目。

但是，就实际情形考察，学校中的艺术教育太随便了。譬如唱歌，拉开喉咙唱几句就算了，不注意歌词，不注意曲谱，不注意声音的训练与感情的表达。又如画图，按照样张临一幅就算了，不注意思想，不注意观察，不注意实物的描写与画面的安排。因为太随便了，少年们觉得那是些不知道为什么要做的事情，那是些没有什么兴味的事情。接触艺术，本该是大有兴味的，而竟觉得没有什么兴味，少年们太吃亏了——失去了应该有并且可能有的一种享受。

我们希望艺术教育能够改善，让少年朋友在学校里得到那真实的享受。我们这个刊物是少年们的课外读物，愿意经常刊载一些艺术的材料，帮助少年们得到那真实的享受。

（1947 年 8 月 1 日作，原载于《开明少年》1947 年第 26 期，署名编者）

德智体三育

学生入学受三育，德育、智育、体育。

三育要全面发展，不宜偏颇。前些时有个习用语叫作"智育第一"，是含有贬义的，"第一"二字表达偏重的意思。

仔细想想，只要教师按照教育的道理教，学生按照教育的道理学，非但不会有偏重的毛病，而且能收到一箭双雕的实效。一箭双雕是个比喻，指教学活动中同时发展了两育或者三育。

课堂里的各门功课都是智育。

但是，学习任何功课都要求严肃认真。譬如做几个练习题，一要力求其不错，二要尽可能迅速。做一回实验，点个酒精灯，拿个试验管，倒几种应用的液体，写一份实验报告，都得按照一定的程式，丝毫不容马虎。练一回作文，必得写自己理解的事物或者道理，不能把空话假话乱写一通。诸如此类，不是都跟德育相关吗？

体操自然是体育了。

但是，体操同样要求严肃认真。譬如排队必得排齐，横行直行都得排成一直线。伸手臂必得伸直。弯腰该弯多少度必得弯到多少度。诸如此类，就跟德育有关联了。

各种体育竞技自然也是体育。

但是，参加体育竞技，平时要锲而不舍，勤奋锻炼，临场要全神贯注，勇往直前，临了要能够胜不骄而败不馁。我国参加国际体育竞赛，提出的口号是"友谊第一，比赛第二"。诸如此类，岂不是德育方面的要求吗？

如果不以知其然为满足，还要知其所以然，最浅近的如排队排齐对集体有什么好处，手臂伸直，弯腰合度，对体格有什么好处，比较深奥的如提出"友谊第一，比赛第二"的口号为的是什么，那又关涉到智育了。

有没有单纯的空无依傍的德育？

似乎没有。德育总跟智育或者体育结合在一起。

认真学习本国历史和世界历史，认真学习本国地理和世界地理，才能真正懂得祖国之可爱，社会主义之好。认真学习数、理、化、生，才能真正下定决心，为四个现代化献身。

例子无须多举，不妨总括地说，学生是从各项训练中，从各门功课的学习和实践中，逐渐形成他们正确的世界观的。世界观虽然被认为是德育，但是绝不会凭空形成。世界观的形成必得通过跟事物密切相关的智育和体育。

末了再加记一笔，如果教师学生双方都按照教育的道理做，那么三育的关系大致如此。我这回想的就只是这一点意思。

（1979 年 12 月 17 日作，原载于《文汇报》1980 年 1 月 3 日）

体育·品德·美

　　我曾经想过，空无依傍的德育似乎是没有的，德育总跟智育或者体育结合在一起。教育工作者严肃认真地在智育和体育方面下功夫，那么受教育的学生不但长进了智力，强健了体质，同时也提高了道德品质。

　　此刻我想起了另外一个育——美育。蔡元培先生曾经主张以美育代宗教。五十年前学校里有童子军组织，标榜德智群美体五育，也提到美育。

　　要不要给德智体三者加上个美育，成为四育呢？

　　我凭常识着想，认为美确乎必须重视，但是不必另立一项，可以把它包括在德育里头。为什么？跟德育一样，空无依傍的美育似乎也是没有的，这是一。假如把道德品质这个概念的范围扩大些，那么德育是个大圈圈，美育是个可以包容在里面的小圈圈，这是二。多立名目未必就多见实效，德智体三育既经公认，通行已久，就不须更改了，这是三。

　　贤明的父母都注意训练孩子，坐要坐得正，站要站得直。孩子进了幼儿园，进了小学，保育员和老师同样地注意训练他们，于是养成了一种好习惯。这种习惯为什么说它好？因为坐正站直合乎身体的自然，肌肉骨骼都不扭曲，所有内脏不受压迫，是个最有利于健康的姿势。这是就体育方面而言。如果就德育方面说，坐正站直就是有礼貌，坐没坐相，站没站相，就是没有礼貌。假如要另外提出个美育，而就美育方面来说，那么坐正站直就是美，坐没坐相，站没站相，就是丑。

习惯于整齐清洁，必然厌恶杂乱邋遢的丑。习惯于遵守秩序，必然厌恶胡闹捣乱的丑。例子无须多举，总之美和丑的辨别力要经过训练才能获得，而训练是离不开具体的事事物物的。还有一点，美的事物往往同时是合乎道德的，而不道德的事物决不美，一定丑。

能辨认坐正站直的美，从此推广开去，就能懂得体操的时候，伸腿，举胳膊，弯个腰，转个身，唯有按照规定的法式做，丝毫也不马虎，那就是最美的姿势，同时也最有利于健康。一个人参加在几百几千甚至万把人里头做体操，每个动作跟所有的人完全一致，这当儿仿佛没有我了，我跟所有在场的人融化在一块了；又仿佛我扩大了，所有在场的人就是一个我了。这是多么美的境界呀！感觉到这样的境界多么美，同时在道德品质方面自必有所提高。

再推广开去想，各种运动项目如跳木马，翻单杠双杠，自由体操，游泳，等等。在受训练的时候，都必须按照规定的法式做。这比坐正站直繁复多了，却有个共同之点，就是必以规矩，不容随便。先是按照法式练习，既而熟能生巧，各显其妙。从观众的眼睛用比喻来说，或者像飞跑猛跳的骏马，或者像攀崖越壑的猿猴，或者像希腊神话里叙写的神灵，或者像敦煌石窟里描绘的飞天。总言一句，观众觉得好看极了，得到了高度的美的享受。

跳木马，翻单杠双杠之类还只是技术，进而至于舞蹈，那是艺术了。在人们的意念中，艺术高于技术，艺术必得含有充分的美，而舞蹈正是各项运动中最含有充分的美的。试看舞蹈名家的表演，瞬息变化，每一瞬间都显出形象美和节奏美；就细微处说，每一个手指的屈伸，每一霎眼波的流动，都跟全身的活动相一致，叫人觉得差一点儿就不行，唯有这样最合适，最美。若问舞蹈名家何以能够达到这样神妙的地步，还不是勤学苦练，从基本功逐步进展而来的吗？

老话说："不以规矩，不能成方圆。"我以为从小孩的坐正站直到舞蹈家的练基本功是同类的事，都是"以规矩"；成为有礼貌的孩子跟成为具有高度艺术的舞蹈家是同类的事，都是"成方圆"。

这一回只就体育方面谈谈美。往后再就别的方面谈。

（1980 年 4 月 25 日作，原载于《文汇报》1980 年 5 月 15 日）

我 呼 吁

中国青年杂志社特地把今年第二十期《中国青年》寄给我，要我对这一期上的调查摘要《来自中学生的呼声》发表些意见。

我要家里人念给我听。念的人声音越来越哽咽，我越听越气闷难受。

片面追求高考升学率造成的不良影响我不是不知道，但是没想到影响竟这样严重。

请各级教育行政当局都认真读一读这篇调查摘要，听听中学生的呼声，看看他们——岂止他们，连同他们的刚进小学的弟弟妹妹——身受片面追求高考升学率的严重摧残的情况。

教育部的领导同志们，我们教育部曾经说过，不要片面追求高考升学率，又曾经说过，某些片面追求高考升学率的做法必须停止，看来收效都不大。我们教育部能不能再说说话呢？能不能采取比说话更为有效的措施呢？我想，对中学生这样恳切的呼声，谁也不会无动于衷的。

各省、市、自治区的教育局的领导同志们，你们那里有没有片面追求高考升学率的问题呢？你们那里的中学生有没有同样的呼声呢？假如没有，那是好极了，我为你们那里的中学生庆幸，我代他们向你们致谢致敬，感激你们对他们的爱护。假如有，那么请恕我直说，你们切不要回避问题，摧残学生的身心来换取本地区的虚誉决不是什么光彩的事。请赶快设法把局面扭转来，解除中学生身上的压力，让他们得到复苏。你们这样做了，我也为你们那里的中学生庆幸，也代他们向你们致谢致敬。

请大专院校的领导同志和教职员同志也看一看这篇调查摘要，看一看那些片面追求升学率的中学怎样在给学生"催肥"。你们要招收的绝不是那些"死记硬背的东西太多，缺乏独立思考和丰富的想象"的学生。你们要不要对中学教学提出你们的要求呢？你们要不要对他们在教学方面的那些不正确的做法提出建设性的批评呢？

请小学的领导同志和教职员同志也看一看这篇调查摘要，看一看片面追求升学率在中学里造成了多么严重的后果。你们千万不要在小学生身上再施加影响了。如果从小学起就一天晚给学生灌输唯有考大学是一条出路，临到考大学的时候再给他们讲"一颗红心多种准备"，十寒一曝，能起什么作用呢？后果虽然在若干年之后，你们是爱护孩子的，一定会为他们的将来认真着想。

请中学的领导同志把这篇调查摘要反复细读。在这个问题上，你们起的作用是关键性的。如果上级领导要你们片面追求升学率，你们要顶住，为的是爱护学生。如果社会舆论从片面追求升学率出发来指摘你们，你们要顶住，为的是爱护学生。如果家长为了子弟考不上大学找上门来，你们要向他们恳切劝说；怎么劝说用不着我说，因为这些道理凡是办教育的人都懂得。你们切不要向学生施加压力，更重要的是切不要向老师施加压力。"剃光头"就"剃光头"好了，只要按党的教育方针办事就没有错。升学率大小不是教育办得好不好的唯一标准。我们要培养的是全面发展的人，社会主义国家合格的公民，四化建设各个方面的人才；其中少数的一部分要由大学培养，极大部分可不然。实际情形是这样，"剃光头"又有什么不好意思的？凡是片面追求升学率的种种做法，如分设"快班""慢班"，给毕业班指派"把关"老师并规定"指标"，尽量多发复习资料，无休无歇的种种考试，尽量提早准备高考的时间，等等，奉劝你们一律停止，为的是保护学生的身心健康。

请中学的教职员同志也把这篇调查摘要反复细读。如果你们没有片面追求升学率，你们的学生有福了，我代他们向你们致谢致敬。如果你们在各方面的压力下，不得不那样做，那么今后能不能顶一顶，当然要用说理的办法顶。你们跟同学朝夕相处，经常听到他们的呼声，最能了解他们的心情。他们还是比较大的孩子，难道不应该玩一玩松一松吗？难道不需要体育活动吗？难道不需要文化生活吗？你们是爱他们的，一定能处处为他们着想，保护他们的切身利益。

请学生的家长们也读一读这篇调查摘要。像这样的出自内心的呼声，你们过去听见过吗？你们都希望孩子成才，这是当然的。进大学是成才的一条道路，可不是唯一的道路。再说，进了大学还得看自己肯不肯学，会不会学。从这一点来说，进不进大学一个样。不进大学，要是自己肯学，自己会学，同样可以成才。所谓成才，就咱们这个社会的标准来说，就是成为一个对社会主义建设有用的人，能进大学固然好，不进大学，通过其他种种道路，同样能够达到这个目标。高中毕业生只有一小部分能进大学，这个情况在本世纪内大概不会有多大改变。所以孩子进不了大学，千万不要责备他们，把孩子逼坏了，甚至逼死了，那就成为毕生的遗憾了。

我还要请各种报刊的编辑同志看看这篇调查摘要。请你们不要在你们的报刊上鼓吹哪个学校升学率高，哪个地区考分高；不要在你们的报刊上介绍片面追求升学率的方法和经验；不要在你们的报刊上宣传高考成绩优秀的学生，因为考进大学只表明下一个学习阶段将要开始，他能不能学好还是个未知数；不要在你们的报刊上刊载试题和考卷，因为这些都将成为下一届毕业生的沉重负担。

我还要请各个出版社的编辑同志看看这篇抽查摘要。请你们不要再印行历届高考试题解答之类的书，不要再印行供准备高考之用的各科问答。这些书轻则加重学生的负担，重则助长某些学生的侥幸心理。附带说一声，请你们不要再印行什么假期作业，因为这将侵占学生应得的休息权利。

爱护后代就是爱护祖国的未来。中学生在高考的重压下已经喘不过气来了，解救他们已经是当前急不容缓的事，恳请大家切勿等闲视之。

（1981 年 11 月 1 日作，原载于《中国青年》1981 年第 22 期）

关于思想品德课

小学增设思想品德课，当然是好事。

若问为什么要增设这一课，回答当然是要使学生从小就有好思想好品德，打下根基，日后越来越好。

我时常想，好思想和好品德只是两个抽象的名词，而够得上这两个抽象名词的，必然是具体的辨认和行动。譬如说，某个孩子真正懂得苍蝇和蚊子对人们的危害，真正懂得蜜蜂和青蛙对人们的好处，他就随时随地扑灭苍蝇蚊子，保护蜜蜂青蛙；对这个孩子，咱们就说他在这一方面有了好思想和好品德。

我以为抽象的德目如爱劳动、爱祖国，对学生尽可以少在口头上提出，而在具体的引导和训练中却必须看准学生的发展程度和个人特征随时用力，不可丝毫放松。

我又时常想，要有好思想好品德不仅是听人讲讲就够了的事。苍蝇蚊子的危害，蜜蜂青蛙的好处，可以听家长和老师的讲说而知道，也可以凭自己的观察和思索而领悟。光靠被动地听讲总是不够的。在听讲的同时还必须自动地动脑筋，把有关的种种关系辨认得一清二楚，这才不仅知道，而且确信；由于确信，就咬定非如此如彼不可，积久而习惯成自然，于是对苍蝇蚊子一定扑灭，对蜜蜂青蛙一定保护，这种好思想好品德就成为终身的伙伴了。

我恳切期望家长和老师节约讲说的功夫，能不讲就不讲，必须讲的时候也只画龙点睛似地点几句；腾出工夫来，在引导孩子自动动脑筋的方面多想办法多花力气。这固然不太容易，要是做得好，却是够孩子一辈子受用的。

我又时常想，要学生有好思想好品德，如果家庭、学校、社会上的各方各面真能通力协作，必然易于见效，因为每个学生都生活在这些群体里。缩小范围来说，在一所学校里，如果全校的老师在思想认识方面，在生活习惯方面，基本上彼此一致，这就是极关重要的通力协作；由于老师通力协作的熏陶，他们对学生的指导和训练就容易产生好影响，收到好效果。

增设了思想品德课，该不会把培养学生好思想好品德的责任全搁在担任该课的老师的肩膀上吧；我想如果这样做是非常不妥当的，我相信一定不会。换句话说，就是虽然增设了思想品德课，还是要全校老师通力协作。

再进一步想，课内的所有知识课和技术课，课外的种种校内校外活动，实际上都有培养好思想好品德的作用。只要老师教得好，引导得好，学生学得好，活动得好，就不必另加什么"思想品德"的尾巴，学生自然而然能在思想品德方面不断长进。所以我常说，思想政治寓于各种功课和各种课外活动之中。我自以为这个"寓于"的观点是不错的，实际上确然如此。细说起来要写许多话，我在他处已经写过几篇，这里不写了。

（1982 年 8 月 14 日作，原载于《课程·教材·教法》1982 年第 4 期）

第五辑

家庭教育论

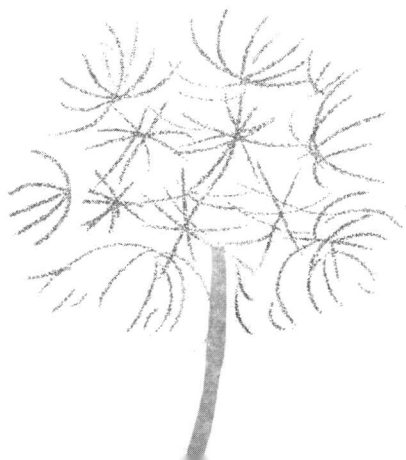

父母的责任

当教师的遇到了难以训教的学生，便微微引起灰心，想："这个学生是怎么生成的，竟会这样不堪教育。"留心社会情状的遇到了举措失当行为不良的人，便轻轻叹一口气，想："这个人是怎么生成的，竟会坏到这个地步。"这是最平常而且带着普遍的情形。就是那些被疑怪的人，对于他们所接触的人物，也许会产生同样的疑怪。不要说从今以后，想来从今以前，这样的疑怪也常常涌现于多数人的心里。

即使不讲高深的学理和生物的本能，教育的力量总是一个不可否认的信仰。我们对于不论什么事情，总是一方受教，一方学习，那就能了，会了，否则就不能不会，这就是教育的力量的有力证明。这里所谓的教和学，需是合理的，有方法的；而有力量的教育，本来就指的这一种。教育既然受到了人们的信仰，同时就对人们负了责任：说好坏似乎有点含糊，不如说一个人能够或会生活在大群之中，所作所为都非常正当，就是教育的功劳；一个人不能够或不会生活在大群之中，一切都不正当，那就是教育的错失。

于是，前边的疑怪声中的问题可以解答了。不堪教育的学生不是天生的，全是教育的错失。

有人会问：学生不是正在受教育么？社会上的人不是已经受过学校的教育，现在正在受社会的教育么？若说教育不好，有所错失，这是千头万绪，牵一发而动全身的事，那么眼前将怎样办呢？

这样的问题涉及教育的优劣的范围。但是我的意思不在这一点，乃在最初的时候，一个人在幼稚的时候，教育却闪在一旁，不与幼稚的人见面：我认为这一点是教育的错失。不论方法是好是坏，有总胜于无，有方法而并不好，以后可以改正，无方法就根本上完了。有许多不幸的婴儿和孩子，在他们入世的最初的时期中，绝对看不见教育的脸色。教育对于人类既然负有特别的责任，为什么不早些露出面目来呢？这不是教育的错失吗？

教育是附丽于人而后显出它的作用的，离开了人，也就没有教育了。所以说教育的错失，意思就是负有教育责任的人的错失。对婴儿和孩子负有教育责任的，当然是父母。做父母的倘若没有好的教育，也没有可以改正的不好的教育，只是不教育，就是一个重大的错失。婴儿和孩子时期，在一个人的一生中多么紧要，一切人类的理解习惯，都从此时获得；若能受到好的教育，岂不更可以超越地进取；反过来说，倘若受不到一点教育，就是极深重地被损害。而父母便处于损害者的地位，因为他们是负有教育责任的人，但是并没有教育他们的子女。

做了父母就注定应该负教育子女的责任，在生物进化的途径上显示得很明白，但是除了本能以外，还需要知识技术等的帮助。所以母鸡的事业总得到成功，而在人类中，父母的事业非但成功难必，或且全然不能做教育这件事。要教育子女却不能做，不做又是重大的错失，使做父母的十分为难了。但是应负的责任总在那里，不因为难而减轻。

做父母这件事是不自料的，并不希望做，然而子女来了，就不得不做，同时也就负上了很重大的责任。那些确然不能负起责任的父母，好在大多是不自知的；如其自知，不知要怎样懊恼他们自己犯了这样大的错失呢！更从他们的儿女方面说，受到的损害是多么沉重：最初的权利丧失了，最重要的受教育的时光虚度了；虽然随后有种种的教育，但是在先的根本不坚牢，怎么会得到充分的发展呢？

如果我说，人类生子女不会立下预算表，这似乎是句滑稽的话。然而实际的情形确然如此。试问谁曾经想过希望有几个子女，能够有几个子女？大家只是个不经意，任自然支配罢了。在这个不经意之下，从今以前，做子女的因为父母的不教育受了多少损害，恐怕是一件最难的而且无法统计的事。我们试作空想，假使做父母的都曾列过预算，自己知道能够负起教育的责任才生子女，子女就会大大改观，不同于已然的情形，而现在的世界，也当跟着大大地改观了。可惜这终于是个空想，预算表仅仅应用在处理经济和事务等上面。

以前的错失且不去管它，做父母的总要希望能尽所负的责任，即使延迟到从今天起，总比不能尽责好得多。过分的力量自然没法去尽，在可能的范围内需得努力做去，直到人家的怪疑声起，做父母的可以很安心地不负责任。我们自己都应该做一点有效的事业，并不都为着自己的子女，但是应该知道，教育子女也是事业中的一部分。这一部分不能做到，不说大的远的，就是不爱自己的子女，就是不应当有子女。

我不是说滑稽话，为了前面的意思，我们得列个预算了：我们能教育几个子女呢？这么一想，从自知之明得到了解答，于是生下适如其量的子女。过了量呢？那就很为难，因为父母的心力有限，分配于过量的受者，就使受者得到的平均打了个折扣。我们更可以这样自问：我们究竟能不能教育子女呢？如其不能，那就不任自然做主，权自己操，竟然不做父母；尽可以到以后能够教育子女的时候再做父母；如果自觉永远不能，就永远不做。这不是不可能的，我们愿这样做，就能做到。

父母爱自己的子女，喜欢给他们吃肥美的食物，穿温厚的衣服。这固然不错；子女身体上的要求，父母能使他们满足，不能说这并不是爱。但是能够给子女以教育，更是深浓强烈的爱，因为饱了他们心灵的饥饿，暖了他们心灵的寒冷了。若能适宜地生育子女，——与以教育，当然是父母的深爱；倘若自知不能教育而不生子女，也见得对于未生者的无穷的爱。

（1922年10月3日作，原载于《时事新报·现代妇女》第4期，1922年10月6日，署名郢）

啼　声

睡眠不得宁帖的，莫过于怀中抱着婴孩的母亲了。独对寒月的思妇，含泪阖眼的鳏夫，睡眠都比她宁帖。唯有她，完全抛开了自己，竟不把睡眠当一回事。眼睛虽或阖着，有时也发出疲倦的鼾声，然而心神是永远清醒的。这清醒的心神凝定专一，只守护着熟睡的婴孩：婴孩一伸手，一转侧，没有不感应似地立时觉察出来。不但如此，便是婴孩的一切感觉，没有什么外面表现的感觉，她也能觉察，好像受了神秘的启示。婴孩没有放出饥饿的啼声时，她就给奶吃；婴孩将要张开疲倦的小眼时，她就拥抱得更紧贴一点。这样，她的睡眠就不成其为睡眠了。

妻跌坐着，抱着新生的女婴给奶吃了。昏黄的灯光透过蚊帐，她们俩就占据在这闷热的昏黄的方的空间里。不知道是什么时候，细碎的钟摆声不能告诉我们时刻。约略听得窗外有细细屑屑的雨点声，但也不一定是雨点，细听去却又没有了。

女婴吃了一会奶，忽然哭了，声音很激越，有极短的间歇。妻轻轻地拍着她的小身躯，同时发出柔美的睡梦似的鸣声。但是没有效果，女婴的啼声依然不止，而且有点沙哑无力了。

我想：今夜妻已经坐起了好几回。她的心神固然永远清醒着，她的身躯总该睡一会儿。现在女婴的啼哭不会一时便歇，要她熟睡，时间当然更长，那么今夜妻的睡眠不将无望了么？

我这么想着，便起来将女婴接过来。同时叫妻躺下去睡，毫不经心地睡；我自会抱她，呜她，待她止了哭，睡熟了，也会拥着她。有几夜我们也曾这么做，不是第一次了。于是妻就侧身躺下，散乱的头发盖着她尚未恢复的苍白的左颊，入睡了。

到了我的床上，我靠着枕头，半躺地坐着。女婴的啼声弛缓而轻微了。她的略微张开的眼睛，有些不成滴的泪痕，似乎瞪视着我。丰满的两颊，垛起的可爱的小嘴唇，虽然二十多天内看惯了，还像乍见似的，只觉得这形象蕴蓄着无限的希望；便在昏晕的灯光里，我的倦眼仍不厌地看着她。我也同妻一样轻轻地拍着她的小身躯，还发出粗劣而不中节的倦怠的呜声。这样不知经过了多少时间，她的啼声听不见了。

女婴向我开口了。这是这样的：她不仅是她，也就是人间无量数的子女和学童。我听了她的话，同时也听了人间无量数的子女和学童的话。我不仅是我，也就是人间无量数的父母和教师。我在听着，人间无量数的父母和教师也在听着。她和我都变化了，一个就是众多，众多就是一个。但是我绝不觉得这回事有点儿奇怪，只觉得情形本来如此。

她没有开口之前，举起小拳头向我作打击的姿势，眼睛张得很大，射出愤怒的光。语声从小嘴里发出，很有威严，使我憛然。她说，"你这么拍我，呜我，在你以为是爱我；如其不往深处想，我也可以承认你是爱我。但是，你终究是我的仇敌！"

这多么足以惊怪，突然指我们是他们的仇敌！既然爱了，为什么又是仇敌呢？这时候我觉得"我"和"我们"竟是意义相同，可以随便换用的两个代词了；而"她"和"他们"、"你"和"你们"也一样。我心里虽然惊怪，却并不开口问她，为的什么，我自己也不明白。

"你们试想，你们所谓爱我们的，有多少意义？不如确切一点说，这是你们自己的游戏和消遣。先问你们：你们曾为我们的身体着想而寻求过适宜的保育方法么？你们曾为我们的智慧着想而给与过有价值的玩具么？你们曾为我们特设过一种好的环境么？你们曾为我们讲说过一些好的话语么？你们曾针对我们的需要而付与过么？你们曾觉察我们的危害而预防过么？总之一句话，你们曾真个为我们尽过一点心么？"

我只是不开口。她的——也可以说他们的——脸上露出鄙夷和嘲讽的神情，接着说，"为什么不开口？答不出来么？自知的确不曾有过，不好意思开口么？看你们那样羞惭的眼光，知道后面一句话我们说中了。真个不曾有过，却还自以为爱我们！这种肤浅的爱值得什么呢？

"你们只是游戏和消遣罢了！不管是什么食品，你们高兴的时候，便是粘韧难以消化的，也同喂猫狗一般给我们吃了。我们所需要的营养料，你们反而不给，因为你们觉得没意思。不管是什么衣物，你们以为可以装饰你们的小玩偶的时候，便是笨重累赘的，也给我们穿了戴了。我们所需要的轻暖舒适的服饰，你们反而不给，因为你们不喜欢。你们中间穷苦的，给我们吃，有一顿没一顿，给我们穿，掩了下身掩不了上身。黑暗的积满灰尘的屋角里，我们被扔在那里蜷缩着。繁殖着臭虫蚤虱的草铺上，我们被扔在那里躺着。这就是你们的保育方法了。

"你们中间，有些人同牛马一般，肩背上担负着不可堪的工作，要我们帮一点忙，便将笨重的工具授与我们，叫我们软弱无力的小手拿着，也照样工作。有些人读惯了某些书本，看惯了某些画幅，要我们尝到同样的滋味，便将那些书本画幅授与我们，叫我们照样读着看着。你们喜欢赌博，当赢了钱非常乐意的时候，就给我们一副纸牌，叫我们照样玩去。你们喜欢参拜神佛，当参拜完毕，信心坚强的时候，就给我们一个蒲团，叫我们多拜几拜。这些就是你们所给与的玩具了！

"空旷的原野，你们以为是野蛮人居住的地方。葱绿的树林，你们说里边藏着老虎。小刀小斧小锥小凿是下流的木匠的家伙；颜色铅粉有

什么用，又不要当什么画小照的穷画工。你们是常常这么说的。你们要
将你们的小玩偶造成个又斯文又高贵的东西，所以把我们藏在又方正又
简单的房间庭院里。你们的院子和校园，干净到一无所有。你们的房间
和课堂里，方方的桌子，方方的椅子，一不小心就会撞破了头，使我们
不敢奔跑。你们中间穷苦的，又何尝不希望有那样又方正又简单的房间
庭院，将我们养在里边；不过办不到罢了。可是，你们的家又太过狭窄
杂乱了，粥锅、便器、草席、桌、凳，种种东西尽将我们挤，将我们挤
到了门外。于是我们只能在泥渍水浸风沙飞扬的街上打滚。

"这就是你们给与我们的环境！

"你们又何尝同我们谈过话！你们坚信小玩偶不是你们谈话的对手，
你们自有你们的高尚而有意义的思想，不是我们所能懂得的。你们中间
操劳的，自己当机器还来不及，自然也不同我们谈话。只有你们快活的
时候，才'小宝贝''小心肝'地叫一阵；不爽快的时候，就'讨厌的
东西''我要打了''快给我滚开'地骂一回。这使我们不能想清楚一个
念头，说完全一句话，因为想念头和说话都靠谈话做钥匙，而你们对我
们只有欢叫和怒骂！

"感谢你们，特地标出极重大的题目，像煞有介事地，教育我们了。
你们保存着古昔传下来的记忆，相信这些完全是好的，因为合着你们的
脾胃；你们就将全部传授给我们，还希望我们也照样传授下去。我们曾
否向你们索要这些，曾否感激你们的传授，你们却完全不问。你们自有
你们的模型，我们是烂泥，要制造只供玩耍的泥人儿，将烂泥往模型里
按就是了。这就是你们的教育！

"你们自身害了没法治的恶病，毫不经意地把我们生了下来，于是
我们终身受冤屈，也害着恶病了。外间疫病流行的时候，你们如无其
事，带着我们在病菌飞舞的地方乱走，于是我们得到传染，性命危险
了。我们的学龄到了，你们随随便便地，把我们送进一个学校就算。我

们的恶习萌芽了，你们还从旁赞扬，说你们的小玩偶乖觉。你们就是这样地不关心我们！

"总之，你们起劲的时候，便想起我们，照着自己的意思，取出来玩弄一番，正像猫儿弄垂死的老鼠当游戏，老太太用骨牌打五关做消遣。要是你们不起劲，没工夫，就同没有我们一样，我们被搁在一旁，在你们的心意中占不到百分之一的地位。

"你们究曾真个为我们尽过一点儿心么？一点儿，只要有一点儿，我们就承认你们有真个爱我们的根苗了。但是，这一点儿在哪里！"

她的——他们的——面容变得惨厉，声音带着凄楚了。我只是醉迷迷地听，不想开口。

"我们是要不停地前进，向将来走去的。这将来虽然尚在前方，但我们可以预测，多一半是惨酷的遭遇。我们固然要奋发自己的能力，和那些惨酷的遭遇斗争。可是我们已经做了你们的玩物，你们的消遣品，我们已经被损害了。斗争的结果怎么样，正难说呢！

"你们听着：我们的身体将脆弱而多病！我们的情感将淡漠而无所属！我们的思想将拘束而不得自由！我们将无所有，无所能！我们将微小如沙粒，卑弱如蚯蚓！这都是你们的赏赐！你们究竟爱我们么？

"我们不曾请求你们做父母做教师呵！你们既然不自谦地做了，爱我们就是你们的责任。你们却不能爱！不能爱也罢了，退一步说，总该不给我们损害。你们偏又随时随地给我们损害！你们不是我们的仇敌么？

"我们不愿有虚幻的奢侈的希望——希求你们的爱，只欲抗拒你们将我们作游戏和消遣，就是你们自以为爱我们的那一套。至于我们，也决不能爱你们，因为我们没有受到你们一点好处，你们是我们的仇敌，不给帮助反加损害的仇敌！"她说着，哀哀地愤愤地哭了，我听见他们哀哀地愤愤地哭了。

妻的不眠的心神感应着女婴的哭声，半身爬起来，揭开蚊帐唤我。我醒了，听得稀疏的雨点敲着白铁水落的寂寞的声响。女婴在我臂弯里啼着，一副愁苦的脸，小胳臂用力舞动，手握着小拳头。

妻温柔地说："我的心肝，到妈妈怀里来吧！"

我起身抱女婴给她，心中迷惘地想：不要妈妈爸爸的，且求不至于做她的仇敌吧！

（1922 年 5 月 23 日作，原载于《东方杂志》1922 年第 19 卷第 9 号，署名叶绍钧）

献给做父母的

　　我们不论做什么事情的时候，最希望的是环境的安静，没有一点纷扰。果真如我们的希望，所做的事情很顺当地达到成功的境界，那是再舒快没有的了。可是这种希望往往不能满足。安静的环境很难得持续，有时朋友来了，有时意外的事情发生了，有时自己的心情忽有所触，想到别的地方去了，于是事务中途停顿，不能径向成功的方向前进。虽不能说此后就无成功之望，而当时所受的意志的阻遏，后来所需的重行奋励，都是本来不必受不必需的。归究到根，都是事情被中途打断的缘故。

　　家中有孩子的，这样情形更经常遇到，因为孩子就是打断大人做事的魔王。他们不肯安定，忽然叫起来了，使大人的官感受不安。他们手不大肯宁息，拿起什么东西就弄，不管是有危险的或者有用处的，这就引起大人的爱惜惊恐等心绪。大人在那里写字，他们跳跃着玩耍，地板震动起来，连带了桌子。大人在那里结绒线，他们抢着线球便抛，弄得绒线满地，纠结不清。逢到这样的时候，大人总要受点儿影响，影响的结果，就是事情中途停顿。

　　事情中途停顿了，不能不有所反应，这是很自然的。最普通的是怎样一种反应呢？大人的手举起来了，面孔当然板着，在孩子的身上乱拍，拍着什么地方就是什么地方，直到那只手以为不必再拍了才止。孩子于是啼哭起来。有些大人认为这样不好，或者还没有养成这举手拍孩子的习惯，便换一种办法，提起喉咙便骂。讨厌！可恨！不懂道理！全没规矩！坏孩子！不成样的东西！种种粗暴的话轮流运用，用个痛快才歇。孩子于是吓得不敢响了，眼光像一头猫儿面前的老鼠，有时把头伏在臂膊上哭了。

这是最普通的反应。固然，容易不过的最快心意的办法要算这两种了。犹如旋开自来水管的开关便有水流出来，这两种反应随机而发，真是再便当不过了。

但是我们得想一想，事情被中途打断确属可恨，而罪孽是不是应该归于孩子们？这就要想到孩子是有心还是无心，想到大人与孩子们见解有何差异等问题。有心捣乱，罪孽诚不可赦；无心作恶，又不十分厉害，就应该归入免究之列。并且作恶云云，也只从大人方面而言，孩子们何尝懂得什么恶！高声叫起来，他们只是一时的兴会，自己也不可遏止，何曾知道是大人们厌听的？手拿东西最是平常的事，前天如此，昨天如此，当然现在也如此，他们何曾知道这件东西却因危险或者有用而不能弄呢？跳跃便跳跃，他们何曾想到会影响写字的桌子？见球就抛球，他们何曾想到会弄乱了绒线？这等事在他们看，正同吃饭睡觉一样正当，一样的平常，吃饭睡觉不招打骂，而现在忽要挨打挨骂，不是最奇怪的事么？劈头劈面地挨了一阵，却不知道为了什么，原来他们同大人站在见解完全不同的基础上。

孩子们身体的残伤，心志的摧戕，现在且不说；专从大人方面说，这种行径使孩子们想那大人这样喜怒无常，不是个疯子，就是个不可了解的怪物，于是慢慢地和大人疏远起来。这种疏远要弥合是非常困难的，仿佛瓷器上有了一条裂缝，痕迹终于不能泯灭了。谁也不喜欢有这样一条裂缝，可是大部分的父母时时在那里砸，特意要造成这样一条裂缝！

一时的冲动过去了，大人也极容易悔恨起来：觉得刚才打重了，不知伤了孩子没有；觉得刚才骂重了，不知气了孩子没有。再想孩子们的过错实在轻微得很，何必小题大做，演出一大套把戏来。于是仿佛有点儿看不起自己的手和口，甚至去抚摩孩子的被打的处所，逗孩子笑乐。孩子更觉得不可捉摸了，他们想，原来装凶扮善全是闹着玩的：彼此的疏远还是不可避免！

既悔于后，何如不做于前？悔与不悔等，何如绝了这引起恨恨的根源？这不是知识的问题，因为骂孩子打孩子这等事为什么不对，是极容易明白的；即使不明白，基于父母的爱也就够了。所差的只在要悟于常时而不要悟于事后，要使这种觉悟不被感情冲动暂时蒙蔽，的确有一点儿修养上的关系。这里所谓的修养其实极浅，大人只要练成一种习惯：当觉得孩子们有什么动作近于扰乱时，不要便厌恶他们的扰乱而动起感情来；而从他们的动机着想，知道他们出于无心，更从他们的见解着想，而知他们绝无可厌恨之理。至此，感情的冲动便遏抑住了，绝不至于突然爆发。

可是，事情因此中途停顿总是个缺憾，甚至是不可弥补的缺憾。在人群中做事，这等缺憾多着呢。但是也非绝对不可弥补，大人能为孩子们妥善地设法，使他们有一个自己活动的世界，就不再闯入大人做事情的世界里来了。大人和孩子们在一起，有空的时候才逗着孩子玩，没空的时候就把他们抛在一旁，甚至不许他们动一动，本不是个妥善的办法。

有人说，使孩子们有一个自己活动的世界，确是一句好听的话。但除了最少数人家以外，谁能做得到呢？我想，要做到虽然不能只靠经济为基础，而所以不能做到，却由于经济的原因。于是我要起其他的感慨了。

（原题为《供献给父母的》，原载于《时事新报·现代妇女》第 13 期，1923 年 1 月 6 日，署名郢）

"双双的脚步"

　　小孩看见好玩的东西总是要。他不懂得成人的"欲不可纵"那些条例，"见可欲"就老实不客气要拿到手，否则就哭，就闹。父母们为爱惜几个铜子几毛钱起见，常常一手牵着孩子，只作没看见走过玩具铺子；在意思里还盼望有一位魔法师暗地里张起一把无形的伞，把孩子的眼光挡住了。魔法师既没有，无形的伞尤其渺茫，于是泥马纸虎以及小喇叭小桌椅等等终于到了孩子手里。

　　论理，到了手里的后文总该是畅畅快快地玩一阵子了；玩得把爸爸妈妈都忘了，玩得连自己是什么、自己在什么地方都忘了，这是可以料想而知的。但是事实上殊不尽然。父母说："你当心着，不要把这些好玩的东西一下子就毁了。最乖的孩子总把他的玩意儿珍重地藏起来。现在给你指定一个抽屉，你玩了一会儿也够了，赶紧收藏起来吧。"祖母说得更其郑重："快藏起来吧，藏起来了日后再好玩。只顾一刻工夫的快乐，忘了日后，这是最没出息的孩子。我小时候，就是把小木碗郑重地收藏起来的，直到生了你爸爸，还取出来给他玩。你不要只顾玩了，也得想想留给你将来的孩子。"这样在旁边一阵一阵地促迫，孩子的全心倾注如入化境的玩戏美梦做不成了。他一方面有点儿生气，一方面又不免有点儿怕父母祖母的威严，于是颓然怅然与玩具分了手。这当儿比没有买到手还要难受；明明是得到的了，却要搁在一旁如同没有得到一样，这只有省克功夫有名的大人们才做得到，在孩子确是受不了的。

隔天，泥马纸虎等等又请出来了，父母祖母们还是那一套，轻易地把孩子的美梦打破了。这样，孩子买了一份玩具，倒好像买了一个缺憾。

这似乎是无关重要的事，孩子依然会长大起来，依然会担负人间的业务，撑住这个社会。但当他回忆起幼年的情况，觉得生活不很充实，如同泄了气的气球，而这又是没法填补的（哪有一个成年人擎起一个纸老虎玩得一切都忘了的呢？我们读过梭罗古勃那篇小说《铁圈》，讲一个困苦的老工人独个儿在林中玩一个拾来的铁圈，他觉得回到童年了，满心的快乐，一切都很幸福，这也不过是沉于空想的小说家的小说罢了），这时候憾惜就网络住他的心了。

世间的事，类乎孩子这样的遭遇的很多，而且往往自己就是父母祖母。譬如储蓄钱财，理由是备不时之需。但是到了要用钱的时候，再一考虑，却说："这还不是当用的时候，且待日后别的需要再用吧。"屡次作如是想，储蓄的理由其实已经改变了，变而为增加储蓄簿上的数目。在这位富翁的生活里，何尝称心得当地用过一回钱呢？

学生在学校里念书做功课，理由是预备将来做人，将来做事，这是成千成万的教师父母们如是想的，也是成千成万的学生们信守着的。换句话说，学生过的并不是生活，只是预备生活。所以一切云为，一切思虑，都遥遥地望着前面的将来，却抹杀了当前的现在。因此，从初级小学校以至高等大学校里的所有一个个生物只能算"学生"，还不能算"人"，他们只学了些"科目"，还没有做"事"。

念书，念得通透了，就去教学生。学生照样地念着，念得与老师一样通透了，也去教学生。顺次教下去，直至无穷。试问，"你们自己的发现呢?""没有。""你们自己享用到多少呢?""没有想到。" 这就是一部教育史了。聪明的大学生发见了这种情形,作了一篇题为《循环教育》的文字,若在欢喜谈谈文学的人说起来,这简直是地道的写实派。然而大学教授们看得不舒服了,一定要把作者查出来严办,于是闹成大大的风潮,使各种报纸的教育新闻栏有机会夸耀材料的丰富。大学教授们大概作如是想:"循环难道不好么?"

上对于父母,我得做孝子。从身体发肤以至立功扬名,无非为的孝亲。下对于儿女,我得做慈父。从喂粥灌汤以至做牛做马,无非为的赡后。这的确是人情,即使不捐出"东方文化""先哲之教"等金字招牌来,也不会有谁跑来加以否认,硬要说对父母不当孝,对子女不当慈。可是,对自己呢? 没有,什么也没有。祖宗是这样,子孙是照印老版子。一连串的人们个个是抛荒了自己的,我想,由他们打下的历史的基础总不见得怎样牢靠结实吧。

将来的固然重要,因为有跨那里的一天;但是现在的至少与将来的同样的重要,因为已经立足在这里了。本与末固然重要,因为它们与正干分不开;但是正干至少与本末同样的重要,没有正干,本末又有什么意义呢? 不懂得前一义的人无异教徒,以现世为不足道,心向天堂佛土;其实只是一种极贫俭枯燥的生活而已。不懂得后一义的人犹如吃甘蔗只取根部与末梢,却把中段丢在垃圾桶里,这岂不是无比的傻子。

过日子要当心现在,吃甘蔗不要丢了中段,这固然并非胜义,但至少是正当而合理的生活态度。

朱佩弦的诗道:

从此我不再仰眼看青天,
不再低头看白水,
只谨慎着我双双的脚步;

我要一步步踏在泥土上，

打上深深的脚印。

（1925 年 3 月 19 日作，原载于《文学》1925 年第 165 期，署名郢）

做了父亲

假若至今还没有儿女，是不是要与有些人一样，感到是人生的缺憾，心头总有这么一个失望牵萦着呢？

我与妻都说不至于吧。一些人没有儿女感到缺憾，因为他们认为儿女是他们分所应得的，应得而不得，当然要失望。也许有人说没有儿女就是没有给社会尽力，对于种族的绵延没有尽责任，那是颇为冠冕堂皇的话，是随后找来给自己解释的理由，查问到根柢，还是个得不到应得的不满足之感而已。我们以为人生的权利固有多端，而儿女似乎不在多端之内，所以说不至于。

但是儿女早已出生了，这个设想无从证实。在有了儿女的今日，设想没有儿女，自然觉得可以不感缺憾；倘若今日真个还没有儿女，也许会感到非常寂寞，非常惆怅吧。这是说不定的。

"教育是专家的事业"，这句话近来几乎成了口号，但是这意义仿佛向来被承认的。然而一为父母就得兼充专家也是事实。非专家的专家担起教育的责任来，大概走两条路：一是尽许多不必要的心，结果是"非徒无益，而又害之"；一是给了个"无所有"，本应在儿女的生活中给充实些什么，可是并没有把该给充实的付与儿女。

　　自家反省，非意识地走的是后一条路。虽然也像一般父亲一样，被一家人用作镇压孩子的偶像，在没法对付时，就"爹爹，你看某某!"这样喊出来；有时被引动了感情，骂一顿甚至打一顿的事也有。但是收场往往像两个孩子争闹似的，说着"你不那样，我也就不这样"的话，其意若曰彼此再别说这些，重复和好了吧。这中间积极的教训之类是没有的。

　　不自命为"名父"的，大多走与我同样的路。

　　自家就没有什么把握，一切都在学习试验之中，怎么能给后一代人预先把立身处世的道理规定好了教给他们呢？

　　学校，我想也不是与儿女有什么了不起的关系的。学习一些符号，懂得一些常识，结交若干朋友，度过若干岁月，如是而已。

　　以前曾经担过忧虑，因为自家是小学教员出身，知道小学的情形比较清楚，以为像个模样的小学太少了，儿女达到入学年龄的时候将无处可送。现在儿女三个都进了学校，学校也不见特别好，但是我毫不存勉强迁就的意思。

　　一定要有理想的小学才把儿女送去，这无异看儿女作特别珍贵特别柔弱的花草，所以要保藏在装着暖气管的玻璃花房里。特别珍贵么，除了有些国家的华胄贵族，谁也不肯对儿女作这样的夸大口吻。特别柔弱么，那又是心所不甘，要抵挡得风雨，经历得霜雪，这才可喜。——我现在作这样想，自笑以前的忧虑殊属无谓。

　　何况世间为生活所限制，连小学都不得进的多得很，他们一样要挺直身躯立定脚跟做人。学校好坏于人究竟有何等程度的关系呢？——这样想时，以前的忧虑尤见得我的浅陋了。

　　我这方面既然给了个"无所有"，学校方面又没有什么了不起的关系，这就拦到了角落里，儿女的生长只有在环境的限制之内，凭他们自己的心思能力去应付一切。这里所谓环境，包括他们所有遭值的事和人物，一饮一啄，一猫一狗，父母教师，街市田野，都在里头。

做父亲的真欲帮助儿女仅有一途，就是诱导他们，让他们锻炼这种心思能力。若去请教专门的教育者，当然，他将说出许多微妙的理论，但是要义大致也不外乎此。

可是，怎样诱导呢？我就茫然了。虽然知道应该往哪一方向走，但是没有往前走的实力，只得站在这里，搓着空空的一双手，与不曾知道方向的并无两样。我很明白，对儿女最抱歉的就是这一点，将来送不送他们进大学倒没有多大关系。因为适宜的诱导是在他们生命的机械里加添燃料，而送进大学仅是给他们文凭、地位，以便剥削他人而已。（有人说起振兴大学教育可以救国，不知如何，我总不甚相信，却往往想到这样不体面的结论上去。）

他们应付环境不得其当甚至应付不了的时候，一定会怅然自失，心里想，如果父亲早给点儿帮助，或者不至于这样无所措吧。这种归咎，我不想躲避，也没法躲避。

对于儿女也有我的希望。

一句话而已，希望他们胜似我。

所谓人间所谓社会虽然很广漠，总直觉地希望它有进步。而人是构成人间社会的。如果后代无异前代，那就是站在老地方没有前进，徒然送去了一代的时光，已属不妙。或者更甚一点，竟然"一代不如一代"，试问人间社会经得起几回这样的七折八扣呢！凭这么想，我希望儿女必须胜似我。

爬上西湖葛岭那样的山就会气喘，提十斤左右重的东西走一两里路胳膊就会酸好几天，我这种身体是完全不行的。我希望他们有强壮的身体。

人家问一句话一时会答不上来，事务当前会十分茫然，不知怎样处置或判断，我这种心灵是完全不行的。我希望他们有明澈的心灵。

说到职业，现在干的是笔墨的事，要说那干系之大，当然可以戴上文化或教育的高帽子，于是仿佛觉得并非无聊。但是能够像工人农人一样，拿出一件供人家切实应用的东西来么？没有！自家却使用了人家生产的切实应用的东西，岂非也成了可羞的剥削阶级？文化或教育的高帽子只能掩饰丑脸，聊自解嘲而已，别无意义。这样想时，更菲薄自己，达于极点。我希望他们与我不一样：至少要能够站在人前宣告道，"凭我们的劳力，产生了切实应用的东西，这里就是!"其时手里拿的是布匹米麦之类；即使他们中间有一个成为玄学家，也希望他同时铸成一些齿轮或螺丝钉。

（1930 年 11 月作，原载于《妇女杂志》1931 年第 17 卷第 1 号，署名郢生）

一个中学生的父亲的自杀

罕有的惨剧

   儿子中学读书

      学费无力筹措

         父亲羞愤自杀

老北门内白衣街开设成衣店之严金清生有一子，名严海荣，生性聪慧。严亦愿为造就，不再使其继续旧业。故其子由初小而高小，现已升入民立中学肄业。唯中等以上学校，穷学生虽有志向学，但一笔学费，每无力筹措。而严海荣此次学费等项须八十元，严金清筹措多日，均以不能成数，愧对其子，深自怨艾，前日遂服鸦片而死。当由二区一分所令饬地甲投地方法院报请相验。亦一惨史也。

上月（三月）十日，上海《时事新报》载有上面一则新闻。

谁不爱惜自己的生命，但是为事势所困，境遇所迫，望见前面一团漆黑，绝无生路，竟肯用自己的手截断自己的生命：对于这种并非"悲哀""伤心"等词儿所能形容的心绪，我们不能不表示甚深的同情。

自杀的人中间，智愚贤不肖千差万别；但是自以为此时此地再不能活下去，他们是一致的。规定这"自以为"的是社会的种种因素。

严金清君所怀的就是一般父亲的想望：付出本钱，"造就"儿子，使儿子超出常人之上，享受常人之上的生活。他知道进学校是实现这个想望的唯一途径，故而让他儿子由初小而高小而中学，一步步爬上去。但是他碰壁了，"学费等项须八十元"！筹措多日，竟毫无办法，他的想望破裂了。他正像牵着儿子的手爬上高峻的山，方在中途，他不由自主地松了手，使儿子除了滚下山去别无办法。爱着儿子的他怎忍目睹这样的惨遇呢？再说，他对于成衣这一行业大概是不满意的；那种辛劳酸苦的况味，只有他自己知道得最清楚，我们从旁设想总难免隔膜一层。他已经决意让儿子远离成衣这一行业，但是事实告诉他，远离是不可能的，他的儿子还得去尝他所饱尝的辛劳酸苦的况味。这不将很自然地涌起"永不得超升"的绝望的想头吗？于是他吞下那黑色的鸦片！

从学生诸君的来信里，我们读到许多艰苦的自述，家长为了筹措学费，借贷，抵押，卖掉仅有的薄田破屋，受到人家种种的奚落。这些家长幸而不像严金清君那样"不能成数"，否则说不定也会涌起与严金清君同样的想头的。

把遣送儿子进学校看作商业的投资，是一般父亲的心理。形成这种心理的是我们这个社会。在从前，读书，应科举，到现在，进学校，领文凭，是一脉相承的。而现在进学校尤甚，竟是与投资"二而一"的事。事实如此，做父亲的自然深切地意识到了。

进学校这件事的另一个名称是"受教育"。要是说受教育，那就绝不是一种商业的投资。每个人在社会里者都该做事，做事不能凭空地做，先得去受训练。这是受教育的最基本的意义。

现实的情形与这基本的意义距离得太远了。在学校毕了业，没有出路的，冻馁难免。幸而有了出路的，做的是虚空不落实甚至剥削别人侵害别人的事。而那些确实对社会尽力做事的，如农夫，如工人，却大部分不曾受过什么学校的"教育"。

要是向做父亲的劝说："请不要存着投资的心理吧。"做父亲的将回答道："事实是投资，有什么办法呢？我有一点可能的力量，总得去参加这种竞赛。"所以劝说是无用的。

还是从教育这方面改革吧。学校如果不收费，自然好得多；但并不是就没有问题，教育的本质的改革尤其紧要。教育要为全社会而设计，要为训练成对社会做点事的人而设计；教育绝不能为挑选少数选手而设计，结果使这些选手光荣显耀，站在众人的头顶上，伸出手来，收受众人的供养。

正在"受教育"的学生诸君对于这意思觉得如何？诸君也许说："理想的话解不开现实的结。"这话我也承认，但是真正的教育将来一定会涌现，我这样相信。

（原载于《中学生》第 14 号，1931 年 4 月 1 日，署名郢生）

"享受"

  一平先生文中有一句话道："国联教育考查团在《中国教育之改进》中，反复叹息于中国现行教育制度完全为有钱有势之人们所享受。"与"享受"相应的字眼，通常是"幸福""快乐"之类。读者诸君现在身为中学生，得受中等教育，这种"享受"到底是幸福和快乐或者不是，其实殊难断言。为什么呢？诸君的精力是可贵的，光阴也是可贵的，而在承受现在这种大有流弊的教育这一件事情上，把许多的精力和光阴消耗掉，岂不是非常倒楣的事？

  我们说这个话，并非故意要扫诸君的兴，事实如此，没有办法呀。诸君试想：听讲，听讲，一辈子的听讲，记诵，记诵，一辈子的记诵，书本，文字，书本，文字，永远离不开的书本，文字；将来出了学校，除开从政和当教师以外，做旁的事差不多都得从头学起；这是不是现在教育实况的最简略的素描？受不到教育的青年当然是倒楣的，而在这般教育实况中讨生活的诸君，又何尝不倒楣！

  有少数的教育家觉悟了，如一平先生文中所提及的四存中学、求知中学和艺文中学，他们的主持人是可以感佩的。他们把"教""学""做"合在一起，让精神劳动和体力劳动互相调剂，不叫学生专门在听讲、记诵、书本、文字上做功夫，其最低限度的效果当是"养成手脑兼用的青年"。如果在真个有组织的社会里，自然可以更进一步；社会需要各色各样的人材去干各色各样的事业，就在各色各样的事业上教育许多的青年，让他们一一深造，得到了学问也练成了技术。我国现在还谈不到这一层。这并不是说我们不需要各色各样的人材，也不是说我国没有人正在干各色各样的事业，乃是说教育受着种种的限制，致形成现在的模样，与事业差不多完全连不起来。只要看，全国同胞的百分之八十，其中大部分是种田的和做工的，他们连识字的权利都没有，更说不上什么受教育：其故固可深思了。在这样的情形之下，而前面提及的几个学校能够冲破成规，把教育办成个样子，我们想，那几个学校里的学生应该是幸福的、快乐的吧。如果多数的学校能够对准这样的方向走，于百分之八十的同胞固然没有什么直接的关系，但在校的学生总该说得上真个"享受"了。

这个愿望什么时候能实现呢？我们怅然凝想，可是回答不出来。

（原载于《中学生》第 45 号，1934 年 5 月 1 日，未署名）

今年的"儿童节"

"儿童节",多么含有生意的一个名词啊,看到这个名词,就会联想到草木的发芽,花朵的开放儿童不是人类的嫩芽和花朵吗?

"儿童节",多么欢欣鼓舞的一个日子啊!逢到这个日子,儿童被推为受祝贺的人物,好似寿筵上的寿翁,种种的享受供奉他们,还要举行种种运动,为他们谋福利,岂不是很快乐的吗?

本志本期出版的前一天,正是今年的"儿童节"。今年的"儿童节"可不同了。自从去年7月间对日本帝国主义抗战,到现在已经有九个月了,咱们的许多城镇沦陷在敌人手里,许多地方遭到了惨酷的兵祸,许多同胞在炮弹飞机焚烧残杀之下丧了命,许多生产机关和建设事业被摧残得不留踪影,总而言之,破坏和毁灭统治了一切,生趣和快乐好像离开了咱们的国土了。在这当儿提起"儿童节"这个富有生趣的名词,仿佛破衣服上绣上一朵彩花,很不相称似的。

咱们又知道,全国同胞目前正对着一个大目标努力,那就是抗战,有所思考,无非为抗战,有所动作,无非为抗战,怎样排除抗战的障碍,怎样争取抗战的胜利,这是大家所尽力的操心的事。在这当儿逢到"儿童节"这个欢欣鼓舞的日子,两相比较,好像并不怎样重要,大家或许会把这个日子轻轻放过,对于咱们的"小寿翁"并没有怎样的供奉,对于"小寿翁"将来的福利并没有怎样的顾及。

假如作上面所说的那样想头,其实是不对的。

"儿童是未来的主人翁",这是一句老话,但是,只要说得有理,老话又何妨?请想想,目前的抗战是一串艰苦繁重的工作,这一串工作由少年人青年人中年人甚至老年人担负在肩膀上了,而战后的复兴工作将更为艰苦,更为繁重,那时候,现在的儿童不是也要打扮登场,各自在那一出伟大戏剧里担任一个角色吗?并且,咱们的抗战到什么时候为止,是没有人能够说定的,咱们只知道长期抗战,敌人的侵略一天不停止,咱们的抗战一天不罢休,假如咱们的抗战延长到五年十年,不是现在的儿童也得像少年人青年人中年人甚至老年人一样,把艰苦繁重的抗战工作担负在肩膀上吗?咱们所以有"最后胜利必属于我"的信念,咱们所以有"中华民族必定复兴"的信念,全在乎咱们有嫩芽似的花朵似的儿童。

发着嫩芽,开着花朵,草木的生意绝不断绝;有着儿童,民族的生意绝不阻遏。所以,虽然目前的情形好像破坏和毁灭统治了一切,而珍重地提起这含有生意的"儿童节",实在并不见得不相称。即使是一处废墟,只要看得见嫩芽和花朵,将来的光景是无限乐观的。咱们要用这样的心情来纪念今年的"儿童节"。

其次说到儿童的享受。在平时逢到"儿童节",境遇好一点的儿童可以吃到一点糖果,得到一点特别为他们设置的娱乐。这些本来没有什么道理,在这抗战时期,大家须把一切享受减到最低限度,儿童自然也无需乎有这种享受。但是,无论境遇好的境遇不好的儿童,有一种分内应得的享受,而在这抗战时期,这种享受尤其不可缺少,那就是身心双方的保育。现在的儿童在不久的将来就要担负艰苦繁重的工作,假如身心双方不经过妥善的保育,怎么成?我在本志前一期曾经说过,咱们的生活方式在这一回抗战中将完全改变了。儿童的生活方式当然也得改变，今后的儿童将不仅是家庭中的子女，学校中的学生，而必须同时是国家的儿童。国家要用儿童作抗战的复兴的后备队，必须通盘筹算，竭尽可能的力量，保育儿童的身心。至于直接负保育之责的父母和教师，也须认定这一个大目标，来保育所有的儿童。"儿童节"实在非常之重要，它可以催促大家去反省，策励大家去努力，使咱们的后备队长养起来。

咱们要用这样的观念来对付今年的"儿童节"。

（原载于《少年先锋》第 4 期，1938 年 4 月 5 日）

跟高小和初中毕业同学的家长谈谈

现在我写这篇文章，要对高小和初中毕业的同学的家长说几句话。家长们愿意孩子升学，将来担负些重要的工作，一般说来是好意。但是这样的好意有想得不够周全的地方。譬如认为唯有升学才可以多学些本领，不知道不升学也可以多学些本领，这就是不够周全。又如什么样的工作才算重要，要是追问到底，恐怕也想得不大明白。不知道只要是对民对国家有益处的事，全是重要的工作，全值得让孩子去干。

以下我准备分别对三类家长说话，一类是农民家长，一类是市民家长，一类是干部家长。

我知道有一部分农民家长这么想，农业生产劳动是苦事情，自己喜欢孩子，总望孩子摆脱这个苦事情，另外去干些轻松的工作。换句话说，就是希望孩子改行换业。我要直爽地说，这样的想法是错误的。从前当农民的确苦，种种的剥削压在肩膀上，压得气都透不过来，一辈子为人做马牛。但是解放以后接上来就是土改，农民成了土地的主人，又依据自愿原则组织起来，逐步走上互助合作的道路。互助合作的结果是生产显然提高，物质生活和文化生活更有进步，这都是大家亲身经历的事实。还有，新式的农具正在大量推广，在第一个五年计划里，就明白规定要加强拖拉机站、抽水机站的工作。这就是说，农业方面的沉重的体力劳动将逐渐由机械替代，将来的远景是农业劳动跟工业劳动一样，主要是操纵机械，不再是沉重的体力劳动。这么些活生生的事实摆在面前，农民应该体会到今后搞农业生产是越来越有好光景，跟"苦"字完全搭不上。在现在这时代还说农业生产是苦事情，分明是没有搞清楚现在跟从前的不一样，分明是把现在跟从前同等看待了。

也有人说干农业生产不光荣，是丢人的事情。请想一想，这是什么样人的想法？原来是地主的想法。从前地主不劳而获，只顾伸手拿来，他们自以为这样才是光荣，就说养活他们的农民不光荣。现在翻了身的农民怎么能照抄从前地主的想法呢？李富春副总理在关于发展国民经济的第一个五年计划的报告里说："发展农业是保证工业发展和全部经济计划完成的基本条件。"也就是说农业生产是社会主义建设的基本条件，干这样的事情还能说不光荣吗？所以我说认为农业生产是不光荣的想法也是错误的。

我知道一部分农民家长还有这么个想法，认为既然要搞农业生产，那何必学什么文化，何必在高小和初中里毕什么业。这种想法也是不对头的。各地的事实已经证明，高小和初中毕业生参加到农业生产合作社里去，确实起了很大的作用。他们在合作社里当会计，当技术员，从学校里学到的文化全用得上，合作社正需要这样文化程度的人呢。干惯农业生产的人固然有实际经验，可是现在的农业生产要提高，光凭经验是不够的，必须加上文化知识。这批毕业生带着文化知识回到农村，正所谓刚好合拍。他们干了一些时候，文化知识又加上实际经验，不正是推进农业生产的生力军吗？所以家长们应该为孩子有了高小或是初中的文化程度感到欢欣，尽可以让孩子试一试，看他们参加到农业生产里到底怎么样。我知道试过以后，家长们一定会满意地说："果然不错，没想到他真有这一手！"

我知道有一部分市民家长想法很单纯，认为在城市里又不能参加农业生产，孩子毕了业只有一条路，就是升学。其实并非只有一条路。那么另外的路是什么呢？我说是就业。就业是个总的说法，分别开来说，"业"包括各行各业，那就很多很广了。所谓"就"，其实是学习的意思。说得确切些，就业就是在各行各业里头挑一样学习，学会了就干那一样。

我猜想有些家长会这么想，就业也很好，可是自己没法找到什么行业，要是政府能够包下来，那就好了，什么行业都乐意干。我要直爽地说，这种想法完全依赖政府，在目前的情况下是不切实际的。政府当然关心所有的人的工作，可是在发展国民经济的第一个五年计划的第三年，政府不可能把所有的人的工作都包下来，要是那样做，就把五年计划打乱了，那是绝对不能容许的。因此，家长们不应该存这种不切实际的想法，应该另外找实际的路。什么是实际的路呢？就是凭自己的劳动经历，通过亲戚朋友的关系，给孩子在各行各业里头挑一样学习。其次，家长干哪一样的，尽可以让自己的孩子也学哪一样。譬如家长擅长一行手工艺，就让孩子学这行手工艺，把所有的经验和窍门都教给他，加上他自己的钻研和历练，很有希望干得比家长更精。这不是很好的事吗？

解放以来，盛行物产交流，各地都有很好的手工艺品，一拿出来，全国人都非常喜爱。但是一问有多少人在那里制作，往往听说人手不多了，或者说只有几个年老人能做了。这一方面很需要补充后备力量。其他如中医、木工、铁工、理发工、修车工……哪一行不需要后备力量？家长们不替孩子尽心竭力地设法，自然觉得没什么路，要是真能尽心竭力地设法，路就出现在面前了，而且不止一条。主要的理由是各行各业只要是有益于社会的，绝不会消灭，只会随着社会生活的发展而发展，因而补充后备力量是经常需要的。

这些各行各业，有的已经组织起来，有的还只是个体劳动。但是按照国家的政策和社会的趋势，即使是个体劳动，将来也会逐步组织起来。如果问前途好不好，回答应该说好的。为什么好？因为组织起来之后，就跟产业工人和合作化的农民一样，大家合在一块儿，可以不断地提高所干的行业。参加各行各业的人也是挺光荣的，因为他们都是劳动者，各尽所能，供应社会的需要。假如把整个社会比作一架大机器，每个人就是大机器上的一个螺丝钉。每个家长都应该毫不犹豫地让孩子去做一个为祖国服务的螺丝钉。

我劝家长们尽心竭力地为孩子们设法，给孩子找一种行业，要是结果找不着，怎么办呢？那么让孩子自学，为将来参加生产劳动或是升学做好准备。去年上海有一万四千多个高小和初中毕业生在社会各方面的支持下努力自学，成绩很好，今年六月间举办自学成绩展览会，有很多创造性的制作。从这个例子就可以知道自学是有意义的，能够获得进步的。再说，现在党政和人民团体各方面都注意这件事，都在想方设法给自学的孩子具体的帮助，这也是自学有成绩的重要保证。

我首先要劝告家长们，不要认为把孩子留在家里是麻烦的事。请想一想，留在家里嫌麻烦，推了出去可以样样不管，这不是对孩子不负责任是什么？家长对孩子不负责任，在孩子的种种方面都有不好的影响，那是绝对不成的。

现在我要对干部家长说话了。听说有些干部家长有这样的想头，"我的孩子总该升学吧"，言外有"我的孩子"跟人家的孩子不同的意思。我特地提出来说，目的在警醒存着这种想头的干部家长，这种想头是思想上的毛病，我希望他们去掉它。谁也没有什么特权，在今天已经是常识了。升学并不高于一切，从事生产劳动是光荣的事情，不是也将成为常识了吗？

我们很多干部家长都是好家长，他们应该以身作则，照国家的政策办事。自己的孩子升不成学，就应该让他从事生产劳动。就业也不成，就应该暂时留在家里让他自学。这样办的时候不但妥善地安顿了自己的孩子，而且给群众作了实际的范例，宣传效果比利用语言文字更大。这是每个干部家长应尽的责任。群众见实际的范例很不错，很有道理，也就能妥善地安顿他们的孩子了。

现在各地升学考试举行过了，考试的结果已经发表。投考的孩子总有一部分考不上的，我要恳切地对他们的家长说以下的话。

第一，千万不要责怪孩子。学校名额有限，考不上不是孩子的过错。因此，既不该讥笑孩子，更不该打骂孩子。家长们要是认为我在前边说的那些话有道理，也就无所谓不痛快，也就决不会把没有过错的孩子讥笑或者打骂了。如果孩子情绪上有些不安，家长就应该好好地安慰他，把正确的道理告诉他，然后妥善地安顿他。如果孩子想得很明白，乐意在各行各业里头挑一样学习，乐意继续自学，家长更应该欣然赞同他，为他作种种努力。请想一想，是自己孩子呢，是将来的社会成员呢，无论按家长的身份说，按公民的身份说，对孩子的事情都不能轻率处之。唯有依照国家的政策和教育的原理办事，才是最正确最妥善的途径。

第二，千万不要埋怨政府。国家办学校招学生都有计划，这些计划既照顾了人民眼前的利益，又照顾了人民长远的利益；既考虑了人民的要求，又考虑了目前的条件。那么，说为什么不多办些学校，就有点儿无理埋怨的意味了。谁要是不明白道理，随便说这种无理埋怨的话，就会对革命事业造成不利，而且，很容易为暗藏的反革命分子所利用。试想这不该特别警惕吗？所以说，每一个好家长都应该跟人民政府一条心，共同为孩子克服困难，帮助他们走上正确的道路。

（1955 年 8 月 6 日作，原载于《中国青年报》1955 年 8 月 15 日）

排除"空瓶子观点"

　　《中国青年》今年第十五期刊登华君武同志的一幅漫画，题目叫《教而不"养"》，画一个学生的脑盖像盒子盖那样揭开了，一位老师把好些纸张装进那学生的头脑里去——猜想起来，纸张大概记载着各种知识吧。这幅画讽刺教学工作不顾学生的负担能力，很有意思。看了这幅画，我时常想起的一些想头又在头脑里出现了，现在写下来。

　　我觉得无论过去和现在，都有一些老师把学生看成瓶子，或是玻璃瓶子，或是洋铁瓶子，全都一样，总之里面是空的，可以装东西。什么是教学工作呢？就是跟华君武同志的漫画相仿，揭开瓶盖，把各种知识、各项道德条目装进去，今天装一点儿，明天装一点儿，直到该装的东西全装进去了，就算功德圆满。

　　我又觉得无论过去和现在，都有一些学生自以为空瓶子。什么是学习过程呢？就是揭开瓶盖，让这样那样的东西陆续装进来，直到该装的东西全装进来了，就算毕了某一阶段的业。

　　这种"空瓶子观点"产生什么后果呢？瓶子归瓶子，东西归东西，彼此不起什么作用。虽然不起什么作用，可不一定考不上五分。譬如问某某事件发生在哪一年，只要回答的年份不错，就能得五分。又如问某某省的四周围有哪几省，只要回答的几个省名不错，就能得五分。但是请想想，这样的回答不等于把瓶子里的东西倒出来看看吗？这样的回答能确切证明这些知识和接受知识的人双方起了什么作用吗？同样是五分，倒出来看看的五分没有什么稀罕，真正起了作用得来的五分才有价值，这是呆子也辨得清的。

"空瓶子观点"是个打比方的说法。另外一些老师和学生怀着另外的想头，跟"空瓶子观点"完全不同，也用打个比方的说法来说：老师把学生看成生活体，学生也自以为是生活体。这个说法也可以说不算打比方，因为每个学生本来是个生活体。说这个说法是打比方，意思是这个生活体不但能够把吃下去的饭和菜消化，变成体魄方面的血和肉，而是能够把各种知识各项道德条目消化，变成精神方面的血和肉。

光怀着个想头，当然不成，要是怀着前边说的想头，又能实事求是地照做，情形将怎么样呢？在供给营养料的一方面，必然要求营养料起充分的营养作用，不一定要山珍海味，不一定要十小盘八大碗，只求营养的质量完全适合生活体当前的条件，随时能完全适合生活体当前的条件，也就是随时能起充分的营养作用。在接受养料的生活体一方面，必然利用固有的机能对营养料起充分的消化作用，机能越利用，消化越良好，机能越旺盛，这样循环不息，外来的营养料就完全化为自身的血肉。假如在这样的情形之下考上五分，那是真正有生命的五分，跟前边说的倒出来看看的五分绝对不同。

既然管前一种叫"空瓶子观点"，这后一种，就管它叫"生活体观点"吧。

老师和学生采取这一种观点或是那一种观点，往往是互为因果的。老师觉得"空瓶子观点"只管装，不管别的，最省事，学生也觉得这么办很不错，自己乐得不动天君，这就让老师和学生都站在"空瓶子观点"那方面了。老师觉得学生有种种的需要，给他东西不能不切合他的需要，学生也觉得那些东西正合胃口，挺有味道，接受了还想接受，吸收了还想吸收，这就让老师和学生都站在"生活体观点"那方面了。也可能有这样的情形：老师只管装，不管别的，可是学生渐渐觉得不对头了，恳切地提醒老师说："亲爱的老师，请您注意，我并不是空瓶子啊！"这时候老师就得开动脑筋，重新考虑，总之"空瓶子观点"那方面站不住了。在这个例子里，学生不愿意采取"空瓶子观点"是因，老师不能不放弃"空瓶子观点"是果。

学生站在哪方面好呢？没有问题，站在"生活体观点"那方面好，站在那方面自己有好处，而且不仅自己有好处。老师呢？要是承认老师以学生的利益为利益，当然也是站在"生活体观点"那方面好。无论老师和学生，如果多少有点儿"空瓶子观点"，就得尽力排除，直到不剩一丝一毫为止。"空瓶子观点"对学生没有好处，绝对没有好处。

怎么测验自己站在哪方面呢？学生只要看自己的学习成绩，这不用说。老师想测验自己，也只要看学生的学习成绩，因为学生是老师教出来的。

现在举几个例子。

譬如各种学科的考试，题目出得很拘谨，只要学生照课本上说的回答就成，而学生果真能回答得一点儿不错，这时候还测验不出什么。要是换个办法，把题目出得灵活些，回答的话固然没法在课本上找，可是消化了课本的学生准能回答出来（这样的题目当然不容易出，然而不是不可能出），这时候就测验得出了。学生能够回答这样的题目，表明老师和学生站在"生活体观点"那方面。学生不能回答这样的题目，表明老师和学生站在"空瓶子观点"那方面。

又如学了植物学，能栽培一些植物，在选种、接枝、培土、施肥、防治病虫害种种方面全有办法，使植物顺当地发荣滋长，开花结实。可以断言，这绝不属于"空瓶子观点"那方面。

又如学了语法和修辞，课本上的练习题全能做对，常常得五分，可是说起话来写起文章来往往出错误，或是说来不合语法，或是表达得不太正确，不够简洁。这就很可以发愁，因为难免要归到"空瓶子观点"那方面去了。

又如学了"关心群众""不要妨碍别人"这些条目，把老师和书本上阐发这些条目的语句记得烂熟，倒背也背得出，可是在进出屋子的时候，为了简洁和痛快，不管屋子里有多少人，不管这多少人在做什么事，总是砰的一声把门推开，砰的一声让门碰上，像在无人之境独往独来似的（读者如果有兴趣留心一下，在自己的周围，有多少人有这个习惯）。单凭这一点，就可见老师学生都在"空瓶子观点"那方面，"关心群众""不要妨碍别人"这些条目装在空瓶子里，没有起什么作用。

够了，根据前边几个例子类推，尽可以从各方面测验了。测验的目的在排除"空瓶子观点"，如此诊脉，目的在根除疾病，永葆健康。

（1956 年 8 月 16 日作，原载于《中国青年》1956 年第 17 期，署名秉丞）

带点儿教育意味的事都一样

　　善于教育的父母教幼儿自己穿衣自己洗脸，做种种的事，只要是幼儿做得到的，至多给他们做点儿准备帮点儿忙，绝不替他们代劳。

　　为什么说这样做的父母善于教育呢？因为他们懂得独立生活对子女的重要意义，又能在子女的幼儿时期就用适当的方法培养他们独立生活的能力。所谓适当的方法，不难了解，也不难办，只要是子女做得到的，就让他们自己做，绝不代劳——如此而已。

　　幼儿成儿童，儿童成少年，少年成青年，培养连续不断，能力继长增高。不但能自己穿衣，而且能自己管理衣衫鞋袜了。不但能自己洗脸，而且能自己洗衣服自己收拾房间了。跑进公园，懂得怎样尽情地玩，也懂得怎样不妨碍人家的玩了。跑进市场能挑选自己需要的东西，又能顾到节约、实用、优良这些条件了。客人来了，能亲切地招待，无论谈一件事情，说一段闲话，都能表达真诚了。到什么地方去旅行，怎样买车票买船票，怎样投宿，怎样照顾行李，怎样采风问俗，都能头头是道了。

　　上边说的只是举几个例，要把一切说尽是办不到的。能这样能那样的总和是什么呢？不就是有了独立生活的能力吗？换一句通常的话说，不就是会料理个人生活吗？

人人会料理个人生活，当然对自己有很大好处，而且不仅对自己有很大好处。这个道理极浅显，不必多说。

但是，现在有一部分青年不会料理个人生活。谁都可以从自己熟识的青年朋友里头想到一两个，就拿上边提起的几项事情来说，他们未必能样样都做到家。

不会料理个人生活，岂止不会料理个人生活而已；连上边提起的几项事情也不能样样都做到家的人，试问，装了满脑子的知识，能把知识灵活地运用吗？走上了什么工作岗位，能把工作胜任地做好吗？恐怕未必吧。料理好这些看来似乎很琐屑的日常生活，要运用各色各样的知识，要作切切实实的锻炼。这一方面既不成，那一方面能保一定成吗？

这儿不准备说，青年朋友如果发觉自己不会料理个人生活该怎样着急，怎样努力补救。这儿只想说，既然有一部分青年不会料理个人生活，教育青年帮助青年的人不能不动动脑筋，找些有效的办法来补救。

在学校里，在少年青年团体里，号召和说道理的讲说是并不少的。不信，可以随便找个少年或是青年来问，他准会回答你，"要学会料理个人生活""为什么要学会料理个人生活"，这样的讲说听得发腻了。但是听了讲说不保证准会料理个人生活。因为料理个人生活跟其他的工作一个样，要动手动脑筋，如果手和脑筋贪图休息，所听的讲说再多也不起作用。

还有一种办法恐怕也不起多大作用，就是靠集体的监督。有些团组织号召青年花钱互相监督，把钱存在别人处，可以说是这方面的极端的例子。这种办法大概跟古语所谓"蓬生麻中，不扶自直"意思相同，可不能保证绝大多数都是麻，只有极少数是蓬。这种办法还有个缺点，不相信每个人能独立做好什么事，所以学习要大伙儿一齐来，修养要大伙儿一齐来，甚至料理个人生活也要大伙儿一齐来；不知道这些事情固然可以交流经验，彼此提意见，但是实做起来，非各人自己动手动脑筋不可，旁人一点儿也不能代劳。

教育青年帮助青年的人是不是可以在这样那样的讲说之外，相信青年能独立做好什么事呢？完全可以，例证也不难找，只要看善于教育幼儿的父母。要是他们不相信幼儿能自己穿衣，自己洗脸，那么，他们的子女逐渐长大起来，非但不一定能把衣服穿整齐，把脸洗干净，连其他种种的事也不一定能自己料理了。

让青年自己动手动脑筋，料理个人生活吧。只给他们做点儿准备帮点儿忙，不要超过这个限度吧。

给他们做点儿准备帮点儿忙，最重要的该是"身教"。这就是说，教育青年帮助青年的人自己要善于料理个人生活。凡是带点儿教育意味的事都一样：自己做不到的，别教人家做，自己教人家，要想收到效果，就得自己做出榜样来。如果团组织的干部全都严格要求自己，做到善于料理个人生活，那就是开风气，立榜样，对青年是最有效的准备和帮忙。

（1956年8月29日作，原载于《中国青年》1956年第18期）

"瓶子观点"

一个空瓶子，里边没有东西。把一些东西装进去，就不是空瓶子了。装得满满的，就是实瓶子了。

不知道从什么时候起，我们爱把受教育的人看成瓶子。瓶子里短少些什么，就给装进些什么。譬如，发觉思想政治教育不够好，立刻想到恢复政治课，发觉学生的劳动观点不怎么强，他们不怎么热爱劳动，立刻想到在语文课里补充些"劳动教材"（有关劳动模范、先进生产者之类的文章）。这样做法，目的很明显，愿望很单纯。把政治课装进瓶子，思想政治教育就见成效了；把"劳动教材"装进瓶子，学生就加强劳动观点，热爱劳动了。

仔细想想，怕并不是这么一回事。

说唯有政治课能收思想政治教育的成效，言外之意就是其他学科跟思想政治教育不大发生关系，至少收不到什么成效。依我的想法，其他学科跟思想政治教育都有关系，只要教得好，都能收思想政治教育的成效。不着眼在其他学科上，光把希望寄托在政治课，政治课也会像其他学科一样，收不到思想政治教育的成效。

认为多读几篇"劳动教材"就可以加强劳动观点，热爱劳动，倒过来说，不就是学生所以不爱劳动，在乎少读了几篇"劳动教材"吗？天下事有简到这般地步的吗？依我的想法，读几篇"劳动教材"固然没有害处，可是也起不了多大的作用。我相信这是习惯的问题，是生活实践的问题。学生劳动的习惯，应该而且可能在各学科的学习中养成，在课外的各种活动中养成，逐渐养成，不断实践，这才能够终身以之。

正因为把学生看成瓶子，"装进些什么"的想头不召而自来。怎么"装"？一方面讲一讲，一方面听一听，在一讲一听之间，东西就装进了瓶子。东西既然装进了瓶子，瓶子里既然装进了东西，不是立刻会起作用吗？这诚然是个好意的愿望，可惜这样的愿望不免要落空。

瓶子是装东西的，当然不会独立思考。我们且不要责备学生不怎么善于独立思考，先得反省反省，我们的"瓶子观点"是不是学生不怎么善于独立思考的原因之一。

瓶子是装东西的，东西装在瓶子里，东西自东西，瓶子自瓶子，不起什么混合作用或是化合作用。两种作用都不起，还有什么旁的作用呢？于是巴望起作用的愿望落空。

我们有个好传统，求知识做学问要讲"躬行实践"，要讲"有诸己"。知识学问不是装饰品，为了充实生活，为了做社会里一个有意义的人，为了社会的进步和发展，所以我们要求知识做学问。小学生中学生学的东西虽然浅，道理也一样。因此，什么东西都不能装了进去就算，装了进去考试能得五分也未必就好，必须使所学的东西融化在学生的思想、感情、行动里，学生的思想、感情、行动确实受到所学的东西的影响，才算真正有了成效。这不是"装"的办法所能做到的，这必须用名副其实的教育。讲一讲，听一听，固然也有必要，可是一讲一听不就等于教育。运用种种方法，使学生能够把所学的东西化为自身的东西（这就是"有诸己"），能够"躬行实践"，才是名副其实的教育。

我们现在有"学以致用""联系实际"的说法，就是从我们的好传统来的。“瓶子观点”跟这些说法不对头，换句话说，名副其实的教育不是这么一回事，可是“瓶子观点”时时地露脸，很活跃似的，不免杞忧，于是写这篇短文。

(1957 年 5 月 24 日作，原载于《文汇报》1957 年 6 月 3 日)

叶圣陶著述年表[*]

* 叶圣陶著述年表由叶圣陶研究会副会长、北京大学教授商金林整理提供。

1911 年

1.《〈艺兰要诀〉跋》,《学艺日刊》10 月 6 日,署名叶绍钧。

2.《大汉天声·祝辞》,《大汉报》11 月 21 日。

3.《儿童之观念》,《妇女时报》第 3 号,署名叶陶。

4.《论贵族妇女有革除妆饰奢侈之责》,《妇女时报》第 4 号,署名圣匋。

1914 年

5.《浮沉》,《新闻报·快活林》9 月 19 日,署名真如。

6.《无告孤雏》,《新闻报·快活林》9 月 24 日,署名真如。

7.《玻璃窗内之画像》,《小说丛报》第 2 期,署名圣陶。

8.《碧柳》《失题》《观〈杜十娘〉悲剧》《植园小饮》《次韵和颉刚〈也是园夜咏〉之作》《病后》《寄颉刚》,《小说丛报》第 3 期,署名圣陶。

9.《春雨》《晚步》《西园——门题"活泼泼地"》《贫女泪》(署名圣陶),《姑恶》(署名愚若),《小说丛报》第 3 期。

10.《病起作》《杂诗》，《小说丛报》第 6 期，署名圣陶。

11.《穷愁》，《礼拜六》第 7 期，署名叶匋。

12.《博徒之儿》，《礼拜六》第 12 期，署名叶匋。

13.《黑梅夫人》，《礼拜六》第 17 期，署名应千译遗，叶匋重撰。

14.《孤宵幻遇记》，《礼拜六》第 19 期，署名叶匋。

15.《飞絮沾泥录》，《礼拜六》第 20 期，署名叶匋。

16.《瓷牖新梦》，《礼拜六》第 27 期，署名叶匋。

17.《暮钟断韵》，《中华小说界》第 7 期，署名薜桃。

1915 年

18.《痴心男子》，《礼拜六》第 46 期，署名允倩。

19.《良心上之敌忾》，《礼拜六》第 63 期，署名谷神。

20.《一贫一富》，《礼拜六》第 64 期，署名谷神。

21.《某教师》，《礼拜六》第 65 期，署名谷神。

22.《灵台艳影》，《礼拜六》第 66 期，署名谷神。

23.《葛兰小史》，《礼拜六》第 73 期，署名谷神。

24.《我心匪石》，《礼拜六》第 80 期，署名谷神。

1916 年

25.《我校之少年书报社》，收录于《尚公记》(尚公小学建校十周年纪念文集)，上海：商务印书馆，署名圣陶。

26.《国文教授之商榷(一)》，收录于《尚公记》(尚公小学建校十周年纪念文集)，上海：商务印书馆，署名陈文仲、叶绍钧。

27.《课外授案(一)昆山》，收录于《尚公记》(尚公小学建校十周年纪念文集)，上海：商务印书馆，未署名。

28.《近作》，收录于《东社》第三集，上海：右文社，署名叶绍钧圣陶。

29.《倚闾之思》,《小说海》第 2 卷第 1 期,署名叶允倩。

30.《旅窗心影》,《小说海》第 2 卷第 4 期,署名叶允倩。

31.《陈生》,《进步》第 10 卷第 2 期,署名叶允倩。

1917 年

32. 叶圣陶、沈伯安、王伯祥合著:《春雪》,由甪直镇吴县第五高等小学学生演出。

1918 年

33.《春宴琐谭》,《妇女杂志》第 4 卷第 2、3 号。

1919 年

34.《〈中国体育史〉序》,收录于郭希汾编著:《中国体育史》,上海:商务印书馆。

35.《吾人近今之觉悟》,《时事新报》5 月 15 日,署名圣陶。

36.《甪直高小国民学校宣言》,《时事新报》6 月 16 日,署吴县县立第五高等小学校、第三学区甪直第一第二国民学校全体同启。

37.《人的生活》,《时事新报·学灯》7 月 30 日。

38.《敬告创办义务学校诸君》,《时事新报·学灯》8 月 6 日,署名圣陶。

39.《新生活和新人生观》,《时事新报·学灯》8 月 11 日,署名圣陶。

40.《我的伴侣》,《时事新报·学灯》9 月 5 日,署名圣陶。

41.《对于小学作文教授之意见》,《新潮》月刊创刊号,署名叶绍钧、王钟麒。

42.《春雨》《女子人格问题》,《新潮》月刊第 1 卷第 2 号,署名叶绍钧。

43.《这也是一个人?》,《新潮》月刊第 1 卷第 3 号,署名叶绍钧。

44.《今日中国的小学教育》，《新潮》月刊第 1 卷第 4 号，署名叶绍钧。

45.《春游》，《新潮》月刊第 1 卷第 5 号，署名叶绍钧。

46.《王钟麒〈拟编高等小学史地教材大纲〉跋》，《新潮》月刊第 2 卷第 1 号，署名叶绍钧。

47.《小学教育的改造》，《新潮》月刊第 2 卷第 2 号，署名叶绍钧。

48.《秋之夜》，《妇女杂志》第 5 卷第 9 期，署名圣陶。

1920 年

49.《地主》，《民国日报·觉悟》3 月 1 日，署名圣陶。

50.《人力车夫》，《晨报副刊》8 月 19 日，署名圣陶。

51.《母》，《晨报副刊》11 月 21 日，署名圣陶。

52.《职业与生计》，《新潮》月刊第 2 卷第 3 号，署名叶绍钧。

53.《两封回信》，《新潮》月刊第 2 卷第 4 号，署名叶绍钧。

54.《伊和他》，《新潮》月刊第 2 卷第 5 号，署名叶绍钧。

55.《"不快之感"》，《新潮》月刊第 3 卷第 1 号，署名叶绍钧。

56.《评女子参政运动》，《妇女评论》第 1 卷第 3 期，署名圣陶。

57.《两行深深的树》，《妇女评论》第 2 卷第 2 期，署名圣陶。

58.《拜菩萨》，《时事新报·文学旬刊》第 9 期。

59.《一个朋友》《低能儿》，《小说月报》第 12 卷第 2 号，署名叶绍钧。

1921 年

60.《文艺谈·一》，《晨报副刊》3 月 5 日，署名圣陶。

61.《文艺谈·二》，《晨报副刊》3 月 6 日，署名圣陶。

62.《文艺谈·三》，《晨报副刊》3 月 10 日。

63.《文艺谈·四》，《晨报副刊》3 月 11 日，署名圣陶。

64.《文艺谈·五》,《晨报副刊》3 月 15 日,署名圣陶。

65.《文艺谈·六》,《晨报副刊》3 月 16 日,署名圣陶。

66.《阿凤》,《晨报副刊》3 月 16、17 日,署名圣陶。

67.《绿衣》,《晨报副刊》3 月 19 日、20 日,署名圣陶。

68.《文艺谈·七》,《晨报副刊》3 月 20 日,署名圣陶。

69.《文艺谈·续七》《晨报副刊》3 月 21 日,署名圣陶。

70.《文艺谈·八》,《晨报副刊》3 月 22 日,署名圣陶。

71.《苦菜》,《晨报副刊》3 月 22、23、24 日,署名圣陶。

72.《文艺谈·九》,《晨报副刊》3 月 25 日,署名圣陶。

73.《文艺谈·十》,《晨报副刊》3 月 26 日,署名圣陶。

74.《文艺谈·十一》,《晨报副刊》3 月 30 日,署名圣陶。

75.《文艺谈·十二》,《晨报副刊》3 月 31 日,署名圣陶。

76.《文艺谈·十三》,《晨报副刊》4 月 3 日,署名圣陶。

77.《文艺谈·十四》,《晨报副刊》4 月 4 日,署名圣陶。

78.《文艺谈·十五》,《晨报副刊》4 月 5 日,署名圣陶。

79.《文艺谈·十六》,《晨报副刊》4 月 6 日,署名圣陶。

80.《文艺谈·十七》,《晨报副刊》4 月 16 日,署名圣陶。

81.《文艺谈·十八》,《晨报副刊》4 月 17 日,署名圣陶。

82.《文艺谈·十九》,《晨报副刊》4 月 18 日,署名圣陶。

83.《文艺谈·二十》,《晨报副刊》4 月 19 日,署名圣陶,

84.《潜隐的爱》,《晨报副刊》4 月 26 日至 30 日,署名圣陶。

85.《文艺谈·二十一》,《晨报副刊》5 月 7 日,署名圣陶。

86.《文艺谈·二十二》,《晨报副刊》5 月 8 日,署名圣陶。

87.《文艺谈·二十三》,《晨报副刊》5 月 9 日,署名圣陶。

88.《文艺谈·二十四》,《晨报副刊》5 月 10 日,署名圣陶。

89.《文艺谈·二十五》,《晨报副刊》5 月 11 日,署名圣陶。

90.《文艺谈·二十六》,《晨报副刊》5 月 12 日,署名圣陶。

91.《文艺谈·二十七》,《晨报副刊》5 月 13 日,署名圣陶。

92.《文艺谈·二十八》,《晨报副刊》5 月 14 日,署名圣陶。

93.《文艺谈·二十九》,《晨报副刊》5 月 15 日,署名圣陶。

94.《文艺谈·三十》,《晨报副刊》5 月 16 日,署名圣陶。

95.《一课》,《晨报副刊》5 月 17 日,署名圣陶。

96.《文艺谈·三十一》,《晨报副刊》5 月 25 日,署名圣陶。

97.《文艺谈·三十二》,《晨报副刊》5 月 29 日,署名圣陶。

98.《文艺谈·三十三》,《晨报副刊》6 月 3 日,署名圣陶。

99.《文艺谈·三十四》,《晨报副刊》6 月 4 日,署名圣陶。

100.《文艺谈·三十五》,《晨报副刊》6 月 7 日,署名圣陶。

101.《文艺谈·三十六》,《晨报副刊》6 月 9 日,署名圣陶。

102.《文艺谈·三十七》,《晨报副刊》6 月 12 日,署名圣陶。

103.《晓行》,《晨报副刊》6 月 20 日至 23 日,署名圣陶。

104.《文艺谈·三十八》,《晨报副刊》6 月 22 日,署名圣陶。

105.《文艺谈·续三十八》,《晨报副刊》6 月 23 日,署名圣陶。

106.《文艺谈·三十九》,《晨报副刊》6 月 24 日,署名圣陶。

107.《文艺谈·四十》,《晨报副刊》6 月 25 日,署名圣陶。

108.《悲哀的重载》,《晨报副刊》7 月 3 日至 8 日,署名圣陶。

109.《诗》,《晨报副刊》9 月 10 日,署名圣陶。

110.《小鱼》,《晨报副刊》9 月 22 日,署名圣陶。

111.《江滨》,《晨报副刊》9 月 22 日,署名圣陶。

112.《路》,《时事新报·学灯》1 月 5 日,署名叶绍钧。

113.《小病》,《时事新报·文学旬刊》5 月 10 日第 1 号,署名谌陶。

114.《侮辱人们的人》,《时事新报·文学旬刊》6 月 20 日第 5 期,署名圣陶。

115.《园丁集》(第24着)(泰戈尔著),《时事新报·学灯》7月24日,署名叶绍钧译。

116.《园丁集》(第61首)(泰戈尔著),《时事新报·学灯》7月28日,署名叶绍钧译。

117.《儿子和影子》,《时事新报·文学旬刊》7月30日第9期。

118.《先驱者》,《时事新报·学灯》8月1、2日,署名叶绍钧。

119.《脆弱的心》,《时事新报·学灯》8月15日、16日,署名叶绍钧。

120.《小虎刺》,《时事新报·学灯》8月22日,署名叶绍钧。

121.《扁豆》,《时事新报·学灯》8月22日,署名叶绍钧,

122.《杂诗》,《时事新报·学灯》9月3日,署名圣陶。

123.《损害》,《时事新报·学灯》9月11日,署名叶绍钧。

124.《两个孩子》,《时事新报·学灯》9月19日,署名叶绍钧。

125.《失望》,《时事新报·文学旬刊》9月20日第14期,署名斯提。

126.《饭》,《时事新报·双十节增刊》10月10日。

127.《〈诗〉底出版底预告》,《时事新报·学灯》10月18、19、20日。

128.《中国公学中学部教员宣告这次风潮之因原始末》,《时事新报》10月21日,署名叶绍钧、常乃德、朱自清等。

129.《生活》,《时事新报》10月27日,署名圣陶。

130.《梦》,《时事新报·学灯》10月28日,署名圣陶。

131.《义儿》(署名叶绍钧),《就是这样了么?》《盼望》(署名斯提),《时事新报·文学旬刊》11月1日第18期。

132.《时间经济》,《时事新报·学灯》11月5日,署名郢。

133.《说话》,《时事新报·学灯》11月9日,署名郢。

134.《骸骨之迷恋》,《时事新报·文学旬刊》11月12日第19期,署名斯提。

135.《刊物》,《时事新报·学灯》11 月 20 日,署名郢。

136.《对于鹦鹉的箴言》,《时事新报·文学旬刊》11 月 21 日第 20 期,署名斯提。

137.《隔膜》,《京报·青年之友》3 月 16 日至 19 日,署名圣陶。

138.《欢迎》,《京报·青年之友》4 月 7 日、8 日,署名叶绍钧。

139.《寒晓的琴歌》,《京报·青年之友》4 月 14 日,署名叶绍钧。

140.《疑》,《京报·青年之友》4 月 16 日、17 日,署名叶绍钧。

141.《感觉》《成功的喜悦》,《小说月报》第 12 卷第 2 号。

142.《萌芽》,《小说月报》第 12 卷第 3 号,署名叶绍钧。

143.《锁闭的生活》,《小说月报》第 12 卷第 3 号。

144.《恐怖的夜》,《小说月报》第 12 卷第 3 号,署名叶绍钧。

145.《创作的要素》,《恳亲会》(第 24 首),《小说月报》第 12 卷第 7 号,署名叶绍钧。

146.《云翳》,《小说月报》第 12 卷第 12 号,署名叶绍钧。

147.《艺术的生活》,《戏剧》9 月 30 日第 1 卷第 5 号,署名叶绍钧。

1922 年

148. 叶绍钧著:《隔膜》,短篇小说集,上海:商务印书馆。

149. 叶绍钧著:《雪朝》(新诗合集,文学研究会丛书),上海:商务印书馆。

150.《张开眼睛来》,《时事新报·学灯》1 月 3 日,署名郢。

151.《民众文学的讨论·三》,《时事新报·文学旬刊》1 月 15 日第 26 期。

152.《玉诺的诗》,《时事新报·文学旬刊》第 39 期,署名圣陶。

153.《杂谭》,《时事新报·文学旬刊》第 49 期,署名 C.S。

154.《醉后》,《民铎》第 3 卷第 3 号,署名叶绍钧。

155.《俞平伯〈东游杂志〉附记》,《时事新报·学灯》8月24日,署叶圣陶记。

156.《我的希望》,《时事新报·现代妇女》9月6日第1期,署名郢。

157.《节育的本义》,《时事新报·现代妇女》9月14日第2期,署名郢。

158.《父母的责任》,《时事新报·现代妇女》10月6日第4期,署名郢。

159.《社评(一则)》,《时事新报·现代妇女》10月26日第6期,署名郢。

160.《想》《津浦车中的晚上》《致孙伏园》,《晨报副镌》2月27日。

161.《蝴蝶》,《儿童世界》第1卷第2期,署名叶绍钧。

162.《一粒种子》,《儿童世界》第1卷第8期,署名叶绍钧。

163.《小白船》,《儿童世界》第1卷第9期,署名叶绍钧。

164.《白》,《儿童世界》第1卷第10期,署名叶绍钧。

165.《傻子》,《儿童世界》第1卷第11期,署名叶绍钧。

166.《地球》,《儿童世界》第1卷第12期,署名叶绍钧。

167.《芳儿的梦》,《儿童世界》第1卷第13期,署名叶绍钧。

168.《燕子》,《儿童世界》第2卷第1期,署名叶绍钧。

169.《大喉咙》,《儿童世界》第2卷第2期,署名叶绍钧。

170.《新的表》,《儿童世界》第2卷第3期,署名叶绍钧。

171.《旅行家》,《儿童世界》第2卷第5期,署名叶绍钧。

172.《鲤鱼的遇险》,《儿童世界》第2卷第6期,署名叶绍钧。

173.《梧桐子》,《儿童世界》第2卷第7期,署名叶绍钧。

174.《富翁》,《儿童世界》第2卷第9期,署名叶绍钧。

175.《画眉鸟》,《儿童世界》第2卷第11期,署名叶绍钧。

176.《玫瑰和金鱼》,《儿童世界》第2卷第12期,署名叶绍钧。

177.《眼泪》,《儿童世界》第 2 卷第 13 期,署名叶绍钧。

178.《瞎子和聋子》,《儿童世界》第 3 卷第 1 期,署名叶绍钧。

179.《祥哥的胡琴》,《儿童世界》第 3 卷第 3 期,署名叶绍钧。

180.《快乐的人》,《儿童世界》第 3 卷第 7 期,署名叶绍钧。

181.《克宜的经历》,《儿童世界》第 3 卷第 8 期,署名叶绍钧。

182.《跛乞丐》,《儿童世界》第 3 卷第 9 期,署名叶绍钧。

183.《乐园》,《小说月报》第 13 卷第 1 号,署名叶绍钧。

184.《旅路的伴侣》,《小说月报》第 13 卷第 3 号,署名叶绍钧。

185.《祖母的心》,《小说月报》第 13 卷第 7 号,署名叶绍钧。

186.《小学国文教授的诸问题》,《教育杂志》第 14 卷第 1 号,署名叶绍钧。

187.《风潮》,《教育杂志》第 14 卷第 4 号,署名叶绍钧。

188.《教师问题——希望于师范学校和师范生》,《教育杂志》第 14 卷第 7 号。

189.《地动》,《东方杂志》第 19 卷第 1 号,署名叶绍钧。

190.《啼声》,《东方杂志》第 19 卷第 9 号,署名叶绍钧。

191.《小蚬的回家》,《东方杂志》第 19 卷第 10 号,署名叶绍钧。

192.《不眠》《黑夜》(署名叶绍钧),《国内诗坛消息》(未署名),《诗》月刊第 1 卷第 2 号。

193.《诗的泉源》(署名叶绍钧),《读者赐览》《编辑余谈》《一个启事》(未署名),《诗》月刊第 1 卷第 4 号。

1923 年

194. 叶绍钧著:《火灾》(短篇小说集),上海:商务印书馆。

195. 叶绍钧著:《稻草人》(童话集),上海:商务印书馆。

196. 顾颉刚、叶绍钧编:《新学制初中国语教科书》(第 2 册至第 6 册),上海:商务印书馆 1923 年至 1924 年陆续出版。

197.《供献给做父母的》，《时事新报·现代妇女》1月6日第13期，署名郢。

198.《关于〈小说世界〉的话》，《时事新报·文学旬刊》1月21日第62期，署名华秉丞。

199.《我们对于北京国立学校南迁的主张》，《晨报副镌》2月5日第32号，署名王伯祥、郑振铎、叶圣陶、顾颉刚。

200.《〈诗〉二卷一号出版预告》，《时事新报·文学旬刊》4月2日第69期，未署名。

201.《亭居笔记》，《时事新报·文学旬刊》5月22日第74期，署名圣陶。

202.《亭居笔记》，《时事新报·文学旬刊》6月2日第75期，署名圣陶。

203.《如其我是个作者》，《文学》（周刊）7月30日第81期，署名圣陶。

204.《读者的话》，《文学》（周刊）第82期，署名圣陶。

205.《第一口蜜》，《文学》（周刊）第84期，署名圣陶。

206.《没有秋虫的地方》，《文学》（周刊）第86期，署名圣陶。

207.《藕与莼菜》，《文学》（周刊）第87期，署名圣陶。

208.《将离》，《文学》（周刊）第88期，署名圣陶。

209.《客语》，《文学》（周刊）第91期，署名王钧。

210.《读雪莱诗后》，《文学》（周刊）第95期，署名S。

211.《马铃瓜》，《时事新报·双十节增刊》，署名叶绍钧。

212.《卷头语》（署名圣陶），《火灾》（署名叶绍钧），《小说月报》第14卷第1号。

213.《卷头语》（署名圣陶），《两样》《归宿》（署名叶绍钧），《小说月报》第14卷第2号。

214.《卷头语》(署名圣陶),《孤独》《小铜匠》(署名叶绍钧),《小说月报》第14卷第3号。

215.《卷头语》,《小说月报》第14卷第3号,署名圣陶。

216.《平常的故事》(署名叶绍钧),《诗与仗》(署名圣陶),《小说月报》第14卷第5号。

217.《游泳》,《小说月报》第14卷第8号,署名叶绍钧。

218.《桥上》,《小说月报》第14卷第9号,署名叶绍钧。

219.《校长》,《小说月报》第14卷第10号,署名叶绍钧。

220.《编辑余谈》,《诗》月刊第2卷第1号,未署名。

221.《编辑余谈》,《诗》月刊第2卷第2号,未署名。

222.《错过了》,《努力周报》第62期。

223.《教师的修养》,《努力周报》第66期。

224.《稻草人》,《儿童世界》第5卷第1期,署名叶绍钧。

225.《阿秋的中秋夜》,《儿童世界》第7卷第8、9、12期,署名叶绍钧。

226.《对于编辑中国语文教科书的一点意见——答石岑、予同》,《教育杂志》第15卷第4号,署名叶绍钧。

1924 年

227. 叶绍钧著:《作文论》,上海:商务印书馆。

228. 叶绍钧、俞平伯著:《剑鞘》,上海:霜枫社。

229.《〈天方夜谭〉序》,收录于奚若译述、叶绍钧校注:《天方夜谭》,上海:商务印书馆。

230.《〈雉的心〉序》,收录于徐雉著:《雉的心》,天津:新中国印书馆。

231.《回过头来》,《文学》(周刊)百期纪念刊《星海——为〈文学〉

纪念》，上海：商务印书馆，署名叶绍钧。

232.《浣溪沙·骡括〈灰色马〉中依梨娜语》，《泪的徘徊》，收录于"我们社"之创作集：《我们的七月》，上海：亚东图书馆，未署名。

233.《〈绮梦和幻象〉的序诗》，《时事新报·学灯》6 月 4 日，署名叶绍钧。

234.《病夫》，《文学》(周刊)第 104 期，署名郢。

235.《泰戈尔来华》，《文学》(周刊)第 118 期，署名澄。

236.《"革命文学"》，《文学》(周刊)第 129 期，署名秉丞。

237.《丛墓的人间》，《文学》(周刊)第 131、132 期，署名郢。

238.《骨牌声》，《文学》(周刊)第 135 期，署名郢。

239.《卖白果》，《文学》(周刊)第 136 期，署名郢。

240.《深夜的食品》，《文学》(周刊)第 137 期，署名郢。

241.《苍蝇》，《文学》(周刊)第 137 期，署名郢。

242.《两串人》，《文学》(周刊)第 138 期，署名郢。

243.《拾回来了》，《文学》(周刊)第 140 期，署名郢。

244.《白旗》，《文学》(周刊)第 143 期，署名郢。

245.《介绍〈大风集〉》，《文学》(周刊)第 143 期，未署名。

246.《〈天鹅〉序》，《文学》(周刊)第 150 期，署名叶绍钧。

247.《家》，《文学》(周刊)第 153 期，署名郢。

248.《诚实的自己的话》，《小说月报》第 15 卷第 1 号。

249.《牧羊儿》，《小说月报》第 15 卷第 1 号，署名叶绍钧。

250.《一个青年》，《小说月报》第 15 卷第 2 号，署名叶绍钧。

251.《浏河战场》，《小说月报》第 15 卷第 11 号，署名叶绍钧。

252.《金耳环》，《小说月报》第 15 卷第 12 号，署名叶绍钧。

253.《菁儿的故事》，《儿童世界》第 9 卷第 8、9、12 期，署名叶绍钧。

254.《牛奶》，《儿童世界》第 11 卷第 1 期，署名叶绍钧。

255.《关于初中国语教科书的陈述》，《教育与人生》6 月 5 日第 29 期，署名叶绍钧。

256.《说话训练——产生与发表的总枢纽》，《教育杂志》第 16 卷第 6 号"小学教育论坛"专栏，署名叶绍钧。

257.《春光不是她的了》，《东方杂志》第 24 卷第 15 号，署名叶绍钧。

1925 年

258. 叶圣陶著:《线下》(短篇小说集)，上海:商务印书馆。

259.《暮》，收录于 O.M.编:《我们的六月》，上海:亚东图书馆。

260.《〈荀子〉绪言》，收录于叶绍钧选注:《荀子》，上海:商务印书馆。

261.《有交涉无调停》(署名颖生)，《虞洽卿是"调人"!》(署名秉丞)，《公理日报》第 4 号。

262.《华队公会的供状》，《公理日报》第 6 号，署名秉丞。

263.《不要遗漏了"收回租界"》，《公理日报》第 8 号，署名秉丞。

264.《援助罢工工人!》，《公理日报》6 月 12 日第 10 号，署名秉丞、左生。

265.《日报公会不答复》，《公理日报》6 月 13 日第 11 号，署名秉丞。

266.《怎样做到我们的办法?——援助罢工工人》，《公理日报》第 11 号，署名秉、左。

267.《爱国的报纸应单独表示》，《公理日报》6 月 14 日第 12 号，署名秉丞。

268.《再告报界与金融界》，《公理日报》6 月 16 日第 14 号，署名秉丞。

269.《总商会的条件(?)》，《公理日报》6 月 18 日第 16 号，署名秉丞。

270.《无耻的总商会！！！》，《公理日报》6 月 20 日第 18 号，署名秉丞。

271.《"万方多难欲何之"》，《文学》(周刊)第 155 期，署名郢。

272.《希望》，《文学》(周刊)第 160 期，署名郢。

273.《无谓的界限》，《文学》(周刊)第 161、162 期，署名郢。

274.《读书》，《文学》(周刊)第 162 期，署名郢。

275.《"双双的脚步"》，《文学》(周刊)第 165 期，署名郢。

276.《纯乎其纯》，《文学》(周刊)第 166 期，署名郢。

277.《一件烂棉袄》，《文学周报》第 172 期，署名郢生。

278.《魔法》，《文学周报》第 174 期，署名圣陶。

279.《太平之歌》，《文学周报》第 176 期，署名圣陶。

280.《五月三十日》，《文学周报》第 177 期，署名圣陶。

281.《演讲》，《文学周报》第 178 期，署名圣陶。

282.《五月卅一日急雨中》，《文学周报》第 179 期，署名圣陶。

283.《"认清敌人"》，《文学周报》第 180 期，署名圣陶。

284.《杂谈》，《文学周报》第 182 期，署名郢生。

285.《诸相》，《文学周报》第 183 期，署名郢生。

286.《与佩弦》，《文学周报》第 192 期，署名圣陶。

287.《别人的话》，《文学周报》第 195 期，署名郢生。

288.《幸亏得——一个佣妇所说》，《文学周报》第 197 期，署名圣陶。

289.《公祭郭君梦良》，《文学周报》第 202 期，未署名。

290.《"同胞"的枪弹》，《文学周报》第 203 期，署名圣陶。

291.《致乐水无悔》，《京报副刊·救国特刊》9 月 26 日第 14 期，署名郢。

292.《现在应该怎样》,《京报副刊·救国特刊》9 月 27 日第 15 期,署名郢。

293.《士大夫与奴性》,《京报副刊·救国特刊》第 16 期。

294.《潘先生在难中》,《小说月报》第 16 卷第 1 号,署名叶绍钧。

295.《前途》,《小说月报》第 16 卷第 3 号,署名叶绍钧。

296.《甜》,《儿童世界》第 14 卷第 6 期,署名叶绍钧。

297.《不平等条约》,《儿童世界》第 15 卷第 11 期,署名叶绍钧。

298.《外国旗》,《东方杂志》第 22 卷第 11 号。

1926 年

299. 叶圣陶著:《城中》,上海:开明书店。

300.《〈礼记〉绪言》,收录于叶绍钧选注:《礼记》,上海:商务印书馆。

301.《温德米尔夫人的扇子·序》,收录于王尔德著、潘家洵译:《温德米尔夫人的扇子》,北京:朴社。

302.《致死伤的同胞》(署名圣陶),《篇末》(署名得文),《文学周报》第 218 期。

303.《五月》,《文学周报》第 224 期,署名圣陶。

304.《国故研究者》,《文学周报》第 228 期,署名圣陶。

305.《忘馀录 一、二等车》,《文学周报》第 240 期,署名秉丞。

306.《忘馀录 二、"怎么能……"》《忘馀录 三、同归》,《文学周报》第 241 期,署名秉丞。

307.《"心是分不开的"》,《文学周报》第 251 期,署名圣陶。

308.《江绍原君的工作》,《文学周报》第 253 期,署名秉丞。

309.《我们的意思》(署名同人),《读"重修甘将军庙记"》(署名叶绍钧),《告读者诸君》(未署名),《苏州评论》第 1 期。

310.《五卅纪念与苏州》(署名同人),《本社启事》(未署名),《苏州评论》第 4 期。

311.《我们对于新教育局长的希望》(署名同人),《腐烂了玷污了的》,《苏州评论》第 5 期。

312.《"我们"与"绅士"》,《苏州评论》第 6 期。

313.《莫遗忘》(署名圣陶),《编辑余言》(署名郢生),《致孙伏园》,《光明》半月刊第 1 期。

314.《诗人》(署名圣陶),《我们来忏悔》(署名郢生),《光明》半月刊第 2 期。

315.《水患》(署名圣陶),《编辑余言》(署名郢生),《光明》半月刊第 3 期。

316.《编辑余言》,《光明》半月刊第 5 期,署名郢生。

317.《救济国民党党员之复函》《涂炭日志》,《光明》半月刊第 6 期,未署名。

318.《晨》,《小说月报》第 17 卷第 2 号,署名叶绍钧。

319.《微波》,《小说月报》第 17 卷第 3 号,署名叶绍钧。

320.《卷头语》(署名圣陶),《夏夜》,《小说月报》第 17 卷第 9 号,署名叶绍钧。

321.《遗腹子》,《一般》月刊创刊号,署名圣陶。

322.《白采》,《一般》月刊 10 月号"纪念白采栏",署名圣陶。

323.《西行日记》,《一般》月刊 11 月号,署名郢生。

324.《苦辛》,《一般》月刊 12 月号,署名圣陶。

325.《搭班子》,《教育杂志》第 18 卷第 5 号,署名叶绍钧。

326.《城中》,《民铎》第 7 卷第 1 号,署名叶绍钧。

327.《在民间》,《新女性》创刊号,署名圣陶。

1927 年

328.《〈传习录〉绪言》，收录于叶绍钧点注：《传习录》，上海：商务印书馆。

329.《〈史记〉序言》，收录于胡怀琛、庄适、叶绍钧选注：《史记》，上海：商务印书馆。

330.《〈苏辛词〉绪言》，收录于叶绍钧选注：《苏辛词》，上海：商务印书馆。

331.《〈中原的蛮族〉序》，收录于 T.K.口述、郑飞卿笔记：《中原的蛮族》，上海：开明书店，署名叶绍钧。

332.《赤着的脚》，收录于《"纪念孙中山先生"专刊》，上海：商务印书馆。

333.《一包东西》，《小说月报》第 18 卷第 1 号，署名叶绍钧。

334.《小病》，《小说月报》第 18 卷第 5 号，署名桂山。

335.《小妹妹》(署名孟言)，《最后半页》(未署名)，《小说月报》第 18 卷第 6 号。

336.《卷头语》(署名记者)，《读〈柚子〉》《完成》《法度》《毫不》(署名秉丞)，《小说月报》第 18 卷第 7 号。

337.《夜》，《小说月报》第 18 卷第 10 号，署名桂山。

338.《抗争》，《教育杂志》第 19 卷第 1 号。

339.《"良辰入奇怀"》，《文学周报》第 260 期，署名秉丞。

340.《忆》，《一般》月刊第 3 卷第 3 号，署名圣陶。

341.《两法师》，《民铎》第 9 卷第 1 号，署名圣陶。

1928 年

342.叶圣陶著、何明斋编：《风浪》，上海：商务印书馆。

343.叶绍钧著：《未厌集》(短篇小说集)，上海：商务印书馆。

344.《倪焕之》,《教育杂志》第 20 卷第 1 号至第 12 号连载,署名叶绍钧。

345.《某城纪事》,《小说月报》第 19 卷第 9 号,署名桂山。

346.《冥世别》,《大江月刊》创刊号,署名郢生。

1929 年

347. 叶绍钧选注:《周姜词》,上海:商务印书馆。

348. 叶圣陶著:《倪焕之》,上海:开明书店,署名叶绍钧。

349.《〈中日战争〉序》,收录于王伯祥著:《中日战争》,上海:商务印书馆,署名叶绍钧。

350.《译斯蒂文森自题墓碑诗》,收录于顾均正译:《宝岛》,上海:开明书店,署名叶绍钧。

351. 捏维洛夫著、叶绍钧译:《马利亚》,《文学周报》第 364 至 368 期。

352.《苏俄作者传略·捏维洛夫》,《文学周报》第 364 期,未署名。

353.《毛贼》,《文学周报》第 380 期,署名圣陶。

354.《李太太的头发》,《红黑》创刊号,署名桂山。

355.《某镇纪事》,《新文艺月刊》第 1 卷第 2 号。

356.《追念陶元庆》,《一般》月刊第 9 卷第 2 号,署名叶绍钧。

357.《新诗零话》,《开明》月刊第 2 卷第 4 号"诗歌批评号",署名胡展。

1930 年

358.《古代英雄的石像》(署名叶绍钧),《作自己要作的题目——写作杂话之一》(署名郢生),《中学生》创刊号①。

359.《书的夜话》(署名叶绍钧),《"通"与"不通"——写作杂话之二》(署名郢生),《中学生》第 2 号。

360.《"好"与"不好"——写作杂话之三》,《中学生》第 3 号,署名郢生。

361.《假如我有一个弟弟——中学生的出路问题》,《中学生》第 6 号,署名郢生。

362.《皇帝的新衣》,《教育杂志》第 22 卷 1 月号。

363.《含羞草》,《教育杂志》第 22 卷 2 月号。

364.《伫望》《荷马之教》《风》(英国 F.A.赖特作),《妇女杂志》第 16 卷第 7 号,署孟言译。

1931 年

365. 叶绍钧著:《古代英雄的石像》(童话集),上海:开明书店。

366. 叶绍钧著:《脚步集》,上海:新中国书局。

367.《〈小姑娘〉序》,收录于葛又华著:《小姑娘》(诗集),上海:黑猫社,署名叶绍钧。

368.《〈中学生各科学习法〉序》,收录于夏丏尊、林语堂等著:《中学各科学习法》,上海:开明书店,署名编者。

369.《过去随谈》,《中学生》第 11 号,署名圣陶。

370.《熊夫人幼稚园》,《中学生》第 12 号,署名郢生。

371.《〈中学生需要怎样的课外读物〉编者的话》《编辑后记》,《中学

---

① 1930 年 1 月,《中学生》创刊,采用第×号编排。1937 年 8 月,因抗日战争爆发而停刊。1939 年 5 月,《中学生》在桂林复刊,改名为《中学生战时半月刊》,期数另起。1941 年 8 月 20 日出版第 47、48 期合刊后暂停一个多月,至 1941 年 10 月 5 日出版第 49 期时改为月刊,即《中学生战时月刊》,至第 56 期。第 57 期封面刊名恢复为《中学生》。

生》第 13 号，未署名。

372.《一个中学生父亲的自杀》(署名郢生)，《〈怎样对付不良的教师——问题讨论会第三次讨论〉编者识》《编辑后记》(未署名)，《中学生》第 14 号。

373.《编辑后记》，《中学生》第 15 号，未署名。

374.《编辑后记》，《中学生》第 16 号，未署名。

375.《编辑后记》，《中学生》第 17 号，未署名。

376.《闻警》《编辑后记》，《中学生》第 18 号，未署名。

377.《〈出了中学校以后〉记者的介绍辞》《编辑后记》，《中学生》第 19 号，未署名。

378.《致中学教师书》(署中学生杂志社启)，《国文试题与科举精神》《第三年的〈中学生〉》《编辑后记》(未署名)，《中学生》第 20 号。

379.《做了父亲》，《妇女杂志》第 17 卷第 1 号，署名郢生。

380.《叶圣陶启事》，《妇女杂志》第 17 卷第 2 号。

381.《学问无用论》，《社会与教育》第 2 卷第 6 期，署名叶绍钧。

382.《"认识"》，《社会与教育》周刊"反日运动特刊"第 2 号，署名郢生。

383.《蚕儿和蚂蚁》，《文学生活》月刊第 1 卷第 1 期。

384.《慈儿》，《新学生》第 1 卷第 2 期，署名郢生。

385.《绝了种的人》，《青年界》创刊号，署名郢生。

386.《十三经索引》，《编辑者》第 1 期，署名墨。

387.《速写》《牵牛花》，《北斗》创刊号。

388.《郑振铎有以语我来》，《开展》第 9 期，署名绍钧。

389.《走这样的路是题中应有之义如果大战起来盲目狂热当逊一九一四》，《文艺新闻》第 29 号，署名叶绍钧。

390.《将做些什么》，《儿童世界》第 28 卷第 17 期，署名叶绍钧。

1932 年

391. 傅彬然编，叶绍钧书、丰子恺绘：《开明常识课本》(共 8 册)，上海：开明书店。

392. 叶绍钧编，丰子恺绘：《开明国语课本》(共 8 册)，上海：开明书店。

393.《〈化学奇谈〉序》，收录于法布尔著，顾均正译述：《化学奇谈》，上海：开明书店，署名叶绍钧。

394.《今天天气好呵》，《申报·自由谈》12 月 1 日。

395.《"文明利器"》，《申报·自由谈》12 月 23 日。

396.《"贡献给今日的青年"诸家的意见如此》(署名编者)，《从焚书到读书》《何所为而学习》《编辑后记》(未署名)，《中学生》第 21 号。

397.《余云岫医师〈从性病说到医学革命〉按语》(署名编者)，《罢课？复课？》《文章病院·规约》《第一号病患者——辞源续编说例(据商务印书馆初版〈辞源续编〉)》《第二号病患者——中国国民党第四届第一次中央执行委员会全体会议宣言(据二十年十二月二十九日上海〈民国日报〉)》《编辑后记》(未署名)，《中学生》第 22 号。

398.《前途》《"失学"与"自学"》《编辑后记》，《中学生》第 23 号，未署名。

399.《编辑后记》，《中学生》第 24 号，未署名。

400.《编辑后记》，《中学生》第 25 号，未署名。

401.《暑假期中》《书匡互生先生》《编辑后记》(未署名)，《朱光潜〈"子非鱼安知鱼之乐"——宇宙的人情化〉按语》(署编者识)，《中学生》第 26 号。

402.《投资》(署名郢生)，《"九一八"》(署名编者)，《到农村去》《编辑后记》(未署名)，《中学生》第 27 号。

403.《今年的"双十节"》《编辑后记》,《中学生》第 28 号,未署名。

404.《"学者"》《国文科的目的》《编辑后记》(未署名),《李述礼译〈斯文赫定探险生涯的初步〉按语》(署编者识),《中学生》第 29 号。

405.《天行〈文化品物和专门学者〉按语》《编辑后记》,《中学生》第 30 号,未署名。

406.《致平伯信》,《文学月刊》第 2 卷第 4 期,署名圣陶。

407.《战时琐记》,《文学月刊》第 1 卷第 2 期。

408.《夏》,《现代》第 1 卷第 5 期,署名圣陶。

409.《秋》,《现代》第 2 卷第 1 期。

410.《创作不振之原因及其出路——答〈北斗〉杂志问》,《北斗》月刊第 2 卷第 1 号。

411.《席间》,《申报月刊》第 1 卷第 3 期,署名圣陶。

1933 年

412. 叶绍钧著:《创作经验谈》,上海:天马书店,署名叶绍钧。

413. 叶绍钧,吴研因等著:《怎样游戏(一)》《怎样游戏(二)》,上海:中华书店。

414. 叶绍钧著、何明斋编纂:《蜜蜂》,上海:商务印书馆。

415.《〈1933 年中学生文艺〉序》,《1933 年中学生文艺》,上海:开明书店,署名编者。

416.《新年停止办公三天》,《申报·自由谈》1 月 1 日。

417.《"不存私心的严正的批评"》,《申报·自由谈》7 月 17 日。

418.《我的答语——关于国语课本》,《申报·自由谈》8 月 11 日。

419.《文心·一、"忽然做了大人和古人了"》《文心·二、方块字》(署名夏丏尊、叶圣陶),《第四号病患者——今后申报努力的工作——纪念本报六十周年(据廿一年十一月三十日〈申报〉)》《蒲梢〈新书推荐〉

按语》《编辑后记》(未署名),《中学生》第 31 号。

420.《新课程标准与中学生》(署名叶同),《文心·三、题目与内容》《文心·四、一封信》(署名夏丏尊、叶圣陶),《编辑后记》(未署名),《中学生》第 32 号。

421.《文心·五、小小的书柜》《文心·六、知与情意》(署名夏丏尊、叶圣陶),《编辑后记》(未署名),《中学生》第 33 号。

422.《文心·七、日记》《文心·八、诗》(署名夏丏尊、叶圣陶),《编辑后记》(未署名),《中学生》第 34 号。

423.《文心·九、"文章病院"》《文心·十、印象》(署名夏丏尊、叶圣陶),《悼匡互生先生》《第五号病患者——初级中学国文教本编辑条例》《编辑后记》(未署名),《中学生》第 35 号。

424.《文心·十一、辞的认识》《文心·十二、戏剧》(署名夏丏尊、叶圣陶),《编辑后记》(未署名),《中学生》第 36 号。

425.《看月》(署名郢生),《读经》(署名丙丞),《文心·十三、触发》《文心·十四、书声》(署名夏丏尊、叶圣陶),《巴金〈关于生物自然发生之发明〉按语》(署名编者),《编辑后记》(未署名),《中学生》第 37 号。

426.《"苏州光复"》(署名郢生),《文心·十五、读古书的小风波》《文心·十六、现代的习字》(署名夏丏尊、叶圣陶),《关于〈"体力劳动"与"精神训练"〉》(署名编者),《编辑后记》(未署名),《中学生》第 38 号。

427.《文心·十七、语汇与语感》《文心·十八、左右逢源》(署名夏丏尊、叶圣陶),《编辑后记》(未署名),《中学生》第 39 号。

428.《明年》(署名编者),《文心·十九、"还想读不用文字写的书"》《文心·二十、小说和叙事文》(署名夏丏尊、叶圣陶),《编辑后记》(未署名),《中学生》第 40 号。

429.《"新年的梦想"——答〈东方杂志〉问》,《东方杂志》第 31 卷第 1 号"新年的梦想"栏。

430.《养蜂》,《东方杂志》第 31 卷第 1 号。

431.《多收了三五斗》,《文学》月刊创刊号,署名圣陶。

432.《儿童文学——第三届暑假学校演讲》,《大上海教育》第 5 期,署叶绍钧先生讲、王修和记。

433.《中年人》《不甘寂寞》,《申报月刊》第 2 卷第 9 期,署名郢生。

434.《作文批改实例〈我的父亲〉》,《学员俱乐部》第 6 期,未署名。

435.《观"新乐府"剧杂评》,上海《大世界》12 月。

1934 年

436. 夏丏尊、叶圣陶著:《文心》(读写故事),上海:开明书店。

437. 叶绍钧编、丰子恺绘:《开明国语课本》(共 4 册),上海:开明书店。

438. 叶绍钧编:《十三经索引》,上海:开明书店。

439. 夏丏尊、叶圣陶、宋云彬、陈望道合编:《开明语文讲义》(共 3 册),上海:开明函授学校。

440.《〈1934 年中学生文艺〉序》,收录于《中学生文艺》,上海:开明书店,署名编者。

441.《杂谈读书作文和大众语文学》,《申报·自由谈》6 月 25 日。

442.《马可尼来华》(署名秉丞),《新年偶谈姜白石的元旦词》(署名郢生),《文心·二十一、语调》《文心·二十二、两首菩萨蛮》(署名夏丏尊、叶圣陶),《编辑后记》(未署名),《中学生》第 41 号。

443.《预言》(署名秉丞),《文心·二十三、新体诗》《文心·二十四、推敲》(署名夏丏尊、叶圣陶),《编辑后记》(未署名),《中学生》第 42 号。

444.《文心·二十五、读书笔记》《文心·二十六、修辞一席话》(署名夏丏尊、叶圣陶),《"教育的目标"问题》《"礼义廉耻国之四维论"》(未署名),《中学生实在没有写作文言的必要》《儿子的订婚》(署名郢生),《日用品工业——新工业参观记》(署名秉丞、微明),《编辑后记》(未署名),《中学生》第43号。

445.《怎样救济失学者》《唯一的教学方法——演讲》《简陋的学校设备》《卫生习惯》《〈通讯〉附语》《编辑后记》(未署名),《文心·二十七、"文章的组织"》《文心·二十八、关于文学史》(署名夏丏尊、叶圣陶),《中学生》第44号。

446.《写爱和写乡村的困苦》,《"享受"》《编辑后记》(未署名),《文心·二十九、习作创作与应用》《文心·三十、鉴赏座谈会》(署名夏丏尊、叶圣陶),《中学生》第45号。

447.《专供应考用的书籍》《读经和读外国文》《编辑后记》(未署名),《"拆穿"》(署名编者),《薪工》(署名谷神),《文心·三十一、风格的研究》《文心·三十二、最后一课》(署名夏丏尊、叶圣陶),《中学生》第46号。

448.《拘执与理解》(署名秉丞),《〈二十五史〉刊行缘起》《今年的荒灾》《编辑后记》(未署名),《中学生》第47号。

449.《"百日通"》《编辑后记》(未署名),《捐枪的生活》(署名秉丞),《中学生》第48号。

450.《关于文字的改革》《中学生的国文程度低落吗?》《编辑后记》,《中学生》第49号,未署名。

451.《追悼李石岑先生》《编辑后记》,《中学生》第50号,未署名。

452.《写不出什么》,《太白》创刊号。

453.《"说书"》,《太白》第1卷第2期,署名圣陶。

454.《"昆曲"》,《太白》第1卷第3期,署名圣陶。

455.《三种船》,《太白》第1卷第7期,署名圣陶。

456.《教育与人生》,《每周评论》第57期,署名王钧。

1935 年

457. 叶圣陶著:《写作的健康与疾病》,上海:开明书店,署中学生杂志社编。

458. 叶绍钧著:《未厌居习作》(散文集),上海:开明书店。

459.《关于小品文》,收录于《太白》纪念特刊《小品文和漫画》,上海:生活书店。

460.《所谓文艺的"永久性"是什么?》,收录于郑振铎、傅东华合编:《文学百题》,上海:生活书店。

461.《〈给年少者〉序》,收录于风沙著:《给年少者》,上海:生活书店,署名叶绍钧。

462.《文字的几种改革》,《申报》6月9日第2张第6版,署名秉。

463.《儿童年与儿童读物》,《申报》8月11日第2张第7版,署名秉。

464.《秋季开学》,《申报》8月25日第2张第8版,署名秉。

465.《所得税与义教》,《申报》9月12日第2张第7版,署名秉。

466.《闻华北改编教科书有感》,《申报》9月23日第2张第5版,署名秉。

467.《今日所望于运动者》,《申报》10月9日第2张第8版,署名秉。

468.《中小学课程标准之修订》,《申报》11月5日第2张第5版,署名秉。

469.《教育播音》,《申报》11月17日第2张5版,署名秉。

470.《读北平文化教育界宣言》,《申报》11月29日第2张第5版,署名秉。

471.《学生运动之复兴》,《申报》12月11日第2张第5版,署名秉。

472.《写作什么》,《申报》12月29日第2张第8版和《申报》12月30日第2张第7版,署名叶绍钧。

473.《今日之教育家》,《申报》12月30日第1张第4版,署名秉。

474.《他人和自己的成绩》《读了〈中学生的国文程度的讨论〉》《〈中学生文艺〉改出季刊启事》《编辑后记》,《中学生》第51号,未署名。

475.《天井里的种植》(署名圣陶),《迦尔洵》(署名谷神),《编辑后记》(未署名),《中学生》第52号。

476.《受教育跟处理生活》(署名编者),《木炭习作跟短小文字》(署名圣陶),《〈中学生杂志丛刊〉编印缘起》《编辑后记》(未署名),《中学生》第53号。

477.《送全国高中一年级男同学入营》《毕业会考跟学生健康问题》《关于"手头字"》《再读〈中学生的国文程度的讨论〉》(署名编者),《编辑后记》(未署名),《中学生》第54号。

478.《读书的态度》《欢迎国文教师的意见》(署名编者),《编辑后记》(未署名),《中学生》第55号。

479.《告愿意献身于文学的青年》《小说跟事实的记录》《读〈教育杂志·读经问题专号〉》(署名编者),《编辑后记》(未署名),《中学生》第56号。

480.《"感同身受"》(署名圣陶),《知识本位与考试本位》(署名编者),《编辑后记》(未署名),《中学生》第57号。

481.《不相应的"因"与"果"——读书和用思想》(署名编者),《开头和结尾——文章偶谈》(署名圣陶),《编辑后记》(未署名),《中学生》第58号。

482.《"文明"和"野蛮"》(署名编者),《编辑后记》(未署名),《中学生》第 59 号。

483.《读了〈武训〉》《各种科目的教育价值》《〈明年的〈中学生〉》《编辑后记》,《中学生》第 60 号,未署名。

484.《卷头语》,《中学生文艺季刊春季号》,署名编者。

485.《卷头语》,《中学生文艺季刊夏季号》,署名编者。

486.《卷头语》,《中学生文艺季刊秋季号》,署名编者。

487.《卷头语》,《中学生文艺季刊冬季号》,署名编者。

488.《一九三四年我所爱读的书籍》,《人间世》第 19 期。

489.《近来得到的几种赠品》,《新小说》创刊号。

490.《半年》,《新小说》月刊第 2 卷第 1 期"革新号"。

491.《过节》,《创作》月刊创刊号,署名圣陶。

492.《逃难》,《申报月刊》第 4 卷第 7 号。

493.《小学生的阅读跟写作》,《小学教师半月刊》第 3 卷第 2 期。

494.《一个小浪花》,《大众生活》周刊创刊号,署名圣陶。

495.《得失》,《国闻周报》9 月 9 日第 12 卷第 35 期,署名圣陶。

496.《五十年来中国名著之一斑》,《人间世》10 月 20 日第 38 期,署名夏丏尊、王伯祥、叶圣陶、章锡琛。

1936 年

497. 叶绍钧著:《圣陶短篇小说集》,上海:商务印书馆。

498. 叶绍钧著,徐沉泗、叶忘忧编选:《叶绍钧选集》,上海:万象书屋。

499. 叶绍钧著,少侯编选:《叶绍钧文选》,上海:仿古书店。

500. 夏丏尊、叶绍钧编:《国文百八课》(语文教科书),上海:开明书店。原定出 6 册,实出 4 册,因抗战爆发而中止。

501. 叶圣陶著:《四三集》,上海:良友图书印刷公司。

502. 叶绍钧等著:《小白船》,上海:艺林书店。

503. 叶绍钧等著：《孤独》，上海：三联出版社。

504.《英文教授》，收录于夏丏尊编：开明书店创业十周年纪念刊《十年》，上海：开明书店。

505.《怎样写作》，《申报》1 月 5 日第 3 张第 11 版和《申报》1 月 6 日第 2 张第 8 版，署名叶绍钧。

506.《各省市专科以上校长学生入京》，《申报》1 月 12 日第 2 张第 8 版，署名秉。

507.《写点什么——〈未厌居习作〉自序》，《申报》1 月 16 日"读书俱乐部"专栏，署名叶绍钧。

508.《非常时期之教育》，《申报》1 月 27 日第 2 张第 8 版，署名秉。

509.《儿童读物展览会》，《申报》2 月 4 日第 2 张第 7 版，署名秉。

510.《为出版业进一言》，《申报》3 月 26 日第 2 张第 6 版，署名秉。

511.《一篇宣言》，《大公报·文艺栏》4 月 15 日，署名圣陶。

512.《关于〈国文百八课〉》，《申报》9 月 1 日"读书俱乐部"专版，署名夏丏尊、叶绍钧。

513.《闲谈标语文字》，《立报·言林》10 月 3 日。

514.《闲谈标语文字》，《立报·言林》10 月 4 日。

515.《"穷则变"》《"研究和体验"》（署名编者），《一桶水》（署名圣陶），《编辑后记》（未署名），《中学生》第 61 号。

516.《"一·二八"四周年》《编辑后记》，《中学生》第 62 号，未署名。

517.《课程标准又将修订》《一个总目标》（署名编者），《编辑后记》（未署名），《中学生》第 63 号。

518.《"爱国"和"救国"》《春假》（署名编者），《编辑后记》（未署名），《中学生》第 64 号。

519.《胡适先生的幻想》(署名编者),《编辑后记》(未署名),《中学生》第 65 号。

520.《关于本志的特辑》《意国并吞阿比西尼亚》《一点感想》(署名编者),《编辑后记》(未署名),《中学生》第 66 号。

521.《又开学了》(署名编者),《编辑后记》(未署名),《中学生》第 67 号。

522.《读教科书不是最后目的》(署名编者),《编辑后记》(未署名),《中学生》第 68 号。

523.《现势与文学》(署名编者),《编辑后记》(未署名),《中学生》第 69 号。

524.《明年〈中学生〉的新阵容》《编辑后记》(未署名),《学习鲁迅先生的真诚的态度》(署名编者),《中学生》第 70 号。

525.《发刊辞》(署名编者),《"鸟言兽语"》《朱自清的〈背影〉》(署名圣陶),《新少年》半月刊创刊号。

526.《夏丏尊的〈整理好了的箱子〉》(署名圣陶),《怎样才是"新少年"?》(署名编者),《新少年》半月刊第 1 卷第 2 期。

527.《茅盾的〈浴池速写〉》(署名圣陶),《救国从何下手?》(署名编者),《新少年》半月刊第 1 卷第 3 期。

528.《火车头的经历》《俞庆棠女士的〈写给上海学生请愿团的一封公开信〉》(署名圣陶),《发明的事业》(署名编者),《新少年》半月刊第 1 卷第 4 期。

529.《邻居》,《新少年》半月刊第 1 卷第 5 期,署名圣陶。

530.《巴金的〈朋友〉》(署名圣陶),《再谈发明的事业》(署名编者),《新少年》半月刊第 1 卷第 5 期。

531.《鲁迅的〈看戏〉》(署名圣陶),《儿童节》(署名编者),《新少年》半月刊第 1 卷第 6 期。

532.《徐志摩的〈我所知道的康桥〉》(署名圣陶)，《莫错过最适于亲近生物的季节》(署名编者)，《新少年》半月刊第 1 卷第 7 期。

533.《刘延陵的〈水手〉》(署名圣陶)，《写那些知道得最亲切的东西》(署名编者)，《新少年》半月刊第 1 卷第 8 期。

534.《周作人的〈小河〉》(署名圣陶)，《五月》(署名编者)，《新少年》半月刊第 1 卷第 9 期。

535.《丰子恺的〈现代建筑的形式美〉》(署名圣陶)，《华北走私》(署名编者)，《新少年》半月刊第 1 卷第 10 期。

536.《苏雪林的〈收获〉》(署名圣陶)，《再论救国从何下手》(署名编者)，《新少年》半月刊第 1 卷第 11 期。

537.《赵元任的〈科学名词跟科学观念〉》(署名圣陶)，《再论救国从何下手》(署名编者)，《新少年》半月刊第 1 卷第 12 期。

538.《胡适的〈差不多先生传〉》，《新少年》半月刊第 2 卷第 1 期，署名圣陶。

539.《夏衍的〈包身工〉》，《新少年》半月刊第 2 卷第 2 期，署名圣陶。

540.《郭沫若的〈痏〉》，《新少年》半月刊第 2 卷第 3 期，署名圣陶。

541.《沈从文的〈辰州途中〉》，《新少年》半月刊第 2 卷第 4 期，署名圣陶。

542.《韬奋的〈分头努力〉》，《新少年》半月刊第 2 卷第 5 期，署名圣陶。

543.《丁西林的〈压迫〉》，《新少年》半月刊第 2 卷第 6 期，署名圣陶。

544.《〈假如我有一个弟弟〉作者题记》，《新少年》半月刊第 2 卷第 7 期别册《新少年读本》，署名郢生。

545.《萧乾的〈邓山东〉》，《新少年》半月刊第 2 卷第 7 期，署名圣陶。

546.《老舍的〈北平的洋车夫〉》,《新少年》半月刊第 2 卷第 8 期,署名圣陶。

547.《蔡元培的〈杜威博士生日演说词〉》,《新少年》半月刊第 2 卷第 9 期,署名圣陶。

548.《徐盈的〈从荥阳到氾水〉》,《新少年》半月刊第 2 卷第 10 期,署名圣陶。

549.《胡愈之的〈青年的憧憬〉》《尤炳圻的〈杨柳风序〉》,《新少年》半月刊第 2 卷第 12 期,署名圣陶。

550.《路》,《文学》月刊第 6 卷第 1 号,署名圣陶。

551.《一个练习生》,《文学》月刊第 7 卷第 1 号,署名圣陶。

552.《报销主义》,《文学》月刊第 7 卷第 4 期,署名圣陶。

553.《招魂》,《作家》月刊第 1 卷第 4 号。

554.《某商人的话》,《作家》月刊第 2 卷第 1 号,署名圣陶。

555.《挽鲁迅先生》,《作家》月刊第 2 卷第 2 号。

556.《运动明星与一般人的健康》,《生活星期刊》第 1 卷第 14 号,署名圣陶。

557.《时势教育着我们》,《生活星期周刊》第 1 卷第 19 号,署名圣陶。

558.《鲁迅先生的精神》,《生活星期周刊》第 1 卷第 22 号,署名圣陶。

559.《丁祭》,《永生周刊》第 1 卷第 1 期,署名圣陶。

560.《儿童节》,《永生周刊》第 1 卷第 5 期,署名圣陶。

561.《老沈的儿子》,《光明》半月刊第 1 卷第 4 期,署名圣陶。

562.《勒令转学》,《中流》半月刊第 1 卷第 2 期,署名圣陶。

563.《寒假的一天》,《文季月刊》第 1 卷第 2 号,署名圣陶。

564.《记游洞庭西山》,《越风》半月刊第 13 期。

565.《假山》,《宇宙风》半月刊第 27 号,署名圣陶。

566.《谈认字课本的编辑》,《申报每周增刊》第 1 卷第 43 期,署名圣陶。

1937 年

567. 叶圣陶著:《文章例话》,上海:开明书店。

568. 夏丏尊、叶绍钧合编:《初中国文教本》(6 册),上海:开明书店。

569. 张均编:《叶绍钧代表作选》,上海:全球书店。

570.《〈二十五史补编〉刊行缘起》,收录于《二十五史补编》,上海:开明书店,署开明书店编译所。

571.《其实也是诗》,上海《大公报》1 月 1 日"集体批评《日出》专栏",署名圣陶,

572.《弘一法师的书法》,厦门《星光日报》1 月 17 日第 4 张第 15 版"弘一法师特刊",署名叶绍钧。

573.《我如果是一个作者》,上海《大公报》5 月 9 日"作家怎样书评"栏,署名圣陶。

574.《卜算子〈伤兵〉〈难民〉》,《救亡日报·文艺副刊》10 月 15 日。

575.《重看〈今日的苏联〉》,天津《大公报·战线》12 月 13 日第 73 号。

576.《谈课外作业》(署名编者),《编辑后记》(未署名),《中学生》第 71 号。

577.《给与学生阅读的自由》《"论非常时期的领袖"》(署名编者),《编辑后记》(未署名),《中学生》第 72 号。

578.《教育播音》(署名编者),《编辑后记》(未署名),《中学生》第

73 号。

579.《再谈取缔书报》(署名编者),《编辑后记》(未署名),《中学生》第 74 号。

580.《不成问题的读经问题》(署名编者),《编辑后记》(未署名),《中学生》第 75 号。

581.《"临时抱佛脚"》(署名编者),《编辑后记》(未署名),《中学生》第 76 号。

582.《文艺作品的鉴赏——一、要认真阅读》,《新少年》第 3 卷第 1 期,署名圣陶。

583.《文艺作品的鉴赏——二、驱遣我们的想象》,《新少年》半月刊第 3 卷第 3 期,署名圣陶。

584.《文艺作品的鉴赏——三、训练语感》,《新少年》半月刊第 3 卷第 5 期,署名圣陶。

585.《文艺作品的鉴赏——四、不妨听听别人的话》,《新少年》半月刊第 3 卷第 7 期,署名圣陶。

586.《骑马》,《新少年》半月刊第 3 卷第 12 期,署名圣陶。

587.《乡里善人》,《文学》月刊第 9 卷第 1 号,署名圣陶。

588.《书桌》,《文学》月刊第 9 卷第 2 号,署名圣陶。

589.《感奋词钞》,《文学》月刊第 9 卷第 4 号,署名章雪村、叶圣陶。

590.《读〈号子里〉》,《写作与阅读》月刊第 1 卷第 4 期,署名圣陶。

591.《我们的态度》,《写作与阅读》月刊第 2 卷第 2 期,署名叶圣陶、夏丏尊、王伯祥。

592.《小说与记叙文》,《圣教杂志》第 26 卷第 6 期,署叶圣陶讲、翁方莹记。

593.《二十五年我的爱读书》,《宇宙风》半月刊第 32 期"新年特大号"。

594.《语体文要写得纯粹——写作指导》,《语文》月刊第 1 卷第 2 期。

595.《写作漫谈》,《自修大学》双周刊第 1 辑第 7 号,署名圣陶。

596.《中学生课外读物的商讨——教育播音演讲稿》,《播音教育月刊》第 1 卷第 9 期,署名叶绍钧。

597.《浣溪沙·战事初作苏州即事》《长亭怨慢·颂抗战将士,言不尽怀》,《春云》第 3 卷第 3 期。

598.《木兰花》,《烽火》周刊第 3 期,署名圣陶。

1938 年

599. 夏丏尊、叶绍钧合著:《阅读与写作》,上海:开明书店。

600. 夏丏尊、叶绍钧合著:《文章讲话》,上海:开明书店。

601. 叶圣陶、茅盾等著:《给战时少年》,汉口:大路书店。

602.《受言》,《新民报》8 月 15 日。

603.《江行杂诗》(三首)、《宜昌杂诗》(四首),《新民报·血潮》第 13 号,署名圣陶。

604.《向着简练方面努力》《教科书的缺乏》,《新民报·血潮》第 16 号。

605.《"自己练习"和"给别人看"》,《新民报·血潮》第 22 号。

606.《写那的确属于自己的东西》,《新民报·血潮》第 23 号。

607.《动手写作以前》,《新民报·血潮》第 27 号。

608.《求其"达"》,《新民报·血潮》第 29 号。

609.《求其"达"(续)》,《新民报·血潮》第 30 号。

610.《语言和文章》,《新民报·血潮》第 34 号。

611.《生命和小皮箱》,《新民报·血潮》第 41 号。

612.《少年们的责任》,《少年先锋》半月刊创刊号。

613.《珍惜自己和锻炼自己》,《少年先锋》半月刊第 2 期。

614.《组织起来,来做抗战的工作》,《少年先锋》半月刊第 3 期。

615.《今年的"儿童节"》,《少年先锋》半月刊第 4 期。

616.《"中国儿童号"》,《少年先锋》半月刊第 5 期。

617.《少年先锋歌》,《少年先锋》半月刊第 7 期。

618.《对于抗战宣传的一点意见》,《春云》月刊第 3 卷第 4 期,署叶圣陶讲,邓福谦记。

619.《从疏忽到谨严》,《文艺阵地》半月刊创刊号。

620.《抗战救国》,《民力》周刊第 2 期。

621.《不惜令随焦土焦》,《文汇报·世纪风》8 月 9 日。

622.《抗战周年随笔》,《抗战文艺》周刊第 1 卷第 12 期"保卫大武汉专号(下)"。

1939 年

623.《叶绍钧先生讲话》,《华西日报·华西副刊》2 月 17 日第 1506号,署叶圣陶的演讲,叶至美记录。

624.《一点要求》,《嘉阳日报》7 月 23 日创刊号。

625.《乐山通讯(一)》,《文学集林》第一辑题为《山程》,署名圣陶。

626.《乐山寓庐被炸移居城外野屋》(四首),《乐山通讯(二)》,《文学集林》第二辑《望》,署名圣陶。

627.《今后的〈中学生〉》,《中学生战时半月刊》第 12 期,署名编者。

1940 年

628. 叶绍钧著:《圣陶随笔》,上海:三通书局。

629.《编辑后记》,《中学生战时半月刊》第 19 期,未署名。

630.《乐山被炸》,《中学生战时半月刊》第 20 期,署名圣陶。

631.《复刊一周年》(未署名),《读〈黑奴成功者自传〉》(署名桂生),《中学生战时半月刊》第 22 期。

632.《今后的本志》,《中学生战时半月刊》第 36 期,未署名。

633.《人生观》,《正言报》9 月 20 日第 8 版。

634.《心》,《正言报》9 月 21 日第 8 版。

635.《我们的骄傲》,《教育通讯》第 3 卷第 11 期。

636.《关于大学一年级国文》,《教育通讯》第 3 卷第 41、42 期。

637.《日记与写作能力》,《战时中学生》第 2 卷第 1 期,署名叶绍钧。

638.《谈宣传》,《文艺周刊》创刊号。

639.《对于国文教学的两种基本观念》,《中等教育季刊》创刊号,署名叶绍钧。

1941 年

640. 叶圣陶选编:《抗建国文教材》,桂林:文化供应社。

641. 叶圣陶著:《叶绍钧代表作》,上海:三通书局。

642.《〈小学生诗选〉序》,收录于叶绍钧、田泽芝合编:《小学生诗选》,上海:三通书局。

643.《国文随谈——一、从国文课程标准谈起》,《中学生战时半月刊》第 37 期。

644.《国文随谈——二、谈谈实施的情形》,《中学生战时半月刊》第 39 期。

645.《国文随谈——三、"求甚解"》,《中学生战时半月刊》第 41 期。

646.《国文随谈——"写作是极平常的事"》,《中学生战时月刊》第 50 期。

647.《近怀》《偶成》《送佩弦之昆明》《半醒闻水碾声以为火车旋悟

其非》《高等教育所要养成的好习惯》《自重庆之乐山》《乐山近游》,《青年之声》第3卷第2、3期合刊,署名叶绍钧。

648.《金缕曲——赠昌群》,《文史杂志》第1卷第9期,署名圣陶。

649.《自成都之灌县口占》《八一三入青城山口占》《水龙吟》《浣溪沙》(四首),《文史杂志》第1卷第9期,署名圣陶。

650.《论国文精读指导不只是逐句讲解》,《文史教学》创刊号,署名叶绍钧。

651.《变相的语文教学》,《读书通讯》第20期。

652.《半碗饭》,《国讯》第227期,署名圣陶。

653.《如果我当教师》,《教育通讯》第32、33期合刊。

654.《爱好和修养》,《战时文艺》创刊号。

655.《论写作教学》,《国文月刊》第1卷第6期,署名叶绍钧。

656.《六年一贯制中学国文课程标准》,《中等教育季刊》第1卷第2期,署名叶绍钧。

1942 年

657. 叶圣陶、胡翰先合编:《中学精读文选》(共4辑),桂林:文化供应社。

658. 叶圣陶、朱自清合著:《精读指导举隅》,上海:商务印书馆。

659. 叶绍钧编、丰子恺绘:《小学初级学生用〈普益国语课本〉》(共6册),成都:普益图书公司。

660.《这个杂志》《略谈学习国文》《中学生这么说》《文句检缪》(未署名),《非不知而问的询问句》(署名秉丞),《国歌语释》(署名翰先),《"莫得"和"没有"》(署名朱逊),成都《国文杂志》第1期。

661.《读些什么书?》(未署名),《文句检缪》(署名翰先),《正确使用句读符号》(署名圣陶),《作用和"着"字相同的"到"字》(署名朱逊),

成都《国文杂志》第 2 期。

662.《一个新的学期开始了》(未署名),《致文艺青年》(署名圣陶),《文句检缪》(署名翰先),《"殊"字的误用》(署名朱逊),成都《国文杂志》第 3 期。

663.《就来稿谈谈》《中学生这么说》(未署名),《思想—语言—文学》(署名翰先),《改文一篇》(署名圣陶),《"是"字的用法》(署名醒澄),成都《国文杂志》第 4 期。

664.《希望于读者诸君的》(未署名),《"名篇"选读——叔孙通定朝仪》(署名圣陶),成都《国文杂志》第 5 期。

665.《改善生活方式》,《中学生战时月刊》第 55 期,署名圣陶。

666.《作一个文艺作者》《德目与实践》(署名圣陶),《五足年了》(署名秉丞),《叫我怎样逃出这痛苦的境地》(署名邬淑媛、编者),《对于自己的生活要把握得住》(署名赵力之、编者)《关于读古书》(署名严方、编者),《中学生》第 57 期。

667.《偶感》,《中学生》第 58 期,署名编者。

668.《国庆日贡言》,《中学生》第 59 期,署名秉丞。

669.《〈国文杂志〉发刊词》《编者的话》《〈孔乙己〉中的一句话》《略谈韩愈〈答李翊书〉》(署名圣陶),《改文一篇——〈斥"消极"〉》(署名翰先),《读元稹〈遣悲怀〉一首》(署名申乃绪),桂林《国文杂志》创刊号。

670.《"责己重而责人轻"》(署名圣陶),《编者的话》(未署名),桂林《国文杂志》第 1 卷第 2 期。

671.《济南的冬天》(署老舍作,翰先讲解),《读周邦彦词一首〈关河令〉》(署名申乃绪),《文句检缪》《编者的话》(未署名),桂林《国文杂志》第 1 卷第 3 期。

672.《当前教育必须改革》,《文化杂志》第 1 卷第 6 期。

673.《学生应该练习写什么文章?》,《学生之友》第 4 卷第 2 期,署叶绍钧演讲，陈延祚记。

674.《心》,《战时文艺》第 1 卷第 3 期，署名圣陶。

675.《重庆雨夜闻杜鹃》《经遵义未及访子恺兄寄之以诗》《木兰花游贵阳花溪听雨竟夕赠同游彬然晓先二兄》《行旅》,《旅行杂志》第 16 卷第 10 期。

676.《文艺杂谈》,《青年文艺》第 1 卷第 2 期，署晓晴记。

677.《论中学国文课程的改订》,《中等教育季刊》第 2 卷第 1 期。

1943 年

678. 叶圣陶、朱自清著：《略读指导举隅》，上海：商务印书馆。

679. 叶绍钧等著：《文艺写作经验谈》，重庆：天地出版社。

680.《〈北望集〉跋》，收录于马君玠著：《北望集》，上海：开明书店，署名叶绍钧。

681.《〈我与文学及其它〉序》，收录于朱光潜著：《我与文学及其它》，上海：开明书店，署名叶绍钧。

682.《以画为喻》，收录于《遣愁集》，成都：创作文艺社出版。

683.《题"张荫兰先生父子遗作展览特刊"》,《新中国日报》2 月 5 日"张荫兰先生父子遗作展览特刊"，署名叶绍钧。

684.《说话听话的态度》,《新民报》6 月 9 日。

685.《电话代公文》,《华西晚报》12 月 3 日第 2 版"艺坛"。

686.《答复朋友们》,《华西日报·每周文艺》12 月 19 日第 3 期。

687.《男士〈我的同班〉》(署名翰先),《读卞之琳诗一首——〈给修筑飞机场的工人〉》(署名申乃绪),《语言与文字》(署名圣陶),《介绍〈学文示例(上册)〉》(署名朱逊),《编者的话》(未署名)，桂林《国文杂志》第 1 卷第 4、5 期合刊。

688.《译〈世说新语〉八则》(署名徐文麌),《编者的话》(未署名),

桂林《国文杂志》第 1 卷第 6 期。

689.《介绍闻一多先生的〈楚辞校补〉》，桂林《国文杂志》第 2 卷第 1 期，署名朱逊。

690.《介绍〈经典常谈〉》(署名朱逊)，《"经验之谈"》(署名田觉民)，《编辑者的话》(未署名)，桂林《国文杂志》第 2 卷第 2 期。

691.《给李平先生的信》，桂林《国文杂志》第 2 卷第 3 期，署名编者。

692.《编者的话》，桂林《国文杂志》第 2 卷第 4 期，未署名。

693.《读罗陈两位先生的文章》，《致读者项旭的信》《致钟颇光的信》《致赵世禄的信》(署名编者)，桂林《国文杂志》第 2 卷第 5 期。

694.《谈语文教本——〈笔记文选读〉序》，《编辑者的话》(未署名)，桂林《国文杂志》第 2 卷第 6 期。

695.《关于〈战时青年生活〉的几句话》，《中学生》第 61 期，署名编者。

696.《本志复刊四周年》，《中学生》第 64 期，署名编者。

697.《读〈石榴树〉》《抗战第七年》，《中学生》复刊后第 65 期，署名圣陶。(自本期起，《中学生》封面加"复刊后"字样，后文不一一写出。——编者注)

698.《实践》，《读〈经典常谈〉》，《中学生》第 66 期，署名圣陶。

699.《"学习"不只是"记诵"》，《中学生》第 67 期，署名圣陶。

700.《充实的健全的人》《读〈蔡子民先生传略〉》，《中学生》第 68 期，署名圣陶。

701.《受指导与实践》(署名圣陶)，《读〈天下一家〉》(署名李庸)，《关于今后的本志及第七十一期特大号》(未署名)，《中学生》第 70 期。

702.《"为己"——给青年同学》，《四川学生》月刊第 1 卷第 2 期。

703.《皮包》，《新中华》复刊第 1 卷第 5 期。

704.《中华剧艺社将演夏衍所撰〈第七号风球〉》,中华剧艺社演出特刊。

1944 年

705. 叶绍钧著:《微波》,上海:艺光出版社。

706.《能读的作品》,《华西晚报》1 月 5 日第 2 版"艺坛"。

707.《多刺目的两个字呀——致教师书之一》,《华西日报·华西晚报》2 月 22 日新 63 号。

708.《几派的训育办法——致教师书之二》,《华西日报·华西晚报》2 月 29 日新 70 号。

709.《新的傻子——致教师书之三》,《华西日报·华西晚报》3 月 11 日新 79 号。

710.《关于禁止读小说——致教师书之四》,《华西晚报·艺坛》3 月 20 日。

711.《改文——致教师书之五》,《成都晚报·文林》4 月 5 日、6 日连载。

712.《邻舍吴老先生》,《中央日报·星期增刊》革新号 5 月 15 日。

713.《"七七"七周年随笔》,《新民报晚刊·"七七"七周年纪念特刊》。

714.《慰念贫病作家》,《新民报晚刊·出师表》8 月 3 日,署名读者。

715.《读〈人和书〉》《援助贫病作家》,《新民报晚刊·出师表》8 月 6 日。

716.《暴露》,《新民报晚刊·出师表》8 月 9 日。

717.《"八一三"随笔》,《新民报晚刊·出师表》8 月 13 日。

718.《扩大白话文字的境域》,《大公晚报·小公园》9 月 1 日第

2 版。

719.《双十节随笔》,《新民报·国庆特刊》10 月 10 日。

720.《怎样读小说》,《中央日报·中央副刊》11 月 11 日第 1345 号,署叶绍钧讲,徐一尘记。

721.《集成图书馆记》,《中央日报》11 月 11 日。

722.《读剧偶写》,《成都晚报·文林》11 月 17 日。

723.《塞源节流》,《新民报晚刊》12 月 27 日。

724.《春联儿》,《中央日报·星期增刊》第 23 期。

725.《新年致辞》(署名圣陶)《〈怀念振黄〉后记》(未署名),《中学生》第 71 期。

726.《"一二·三〇事件"》《读〈虹〉》,《中学生》第 72 期,署名圣陶。

727.《略谈音乐与生活》(署名圣陶),《"读者笔谈会"》《关于本志的各栏》《编辑后记》(未署名),《中学生》第 74 期。

728.《本志复刊五周年》(署名圣陶),《关于"通讯·问答"栏》(未署名),《中学生》第 75 期。

729.《读〈第二次世界大战参考地图〉》(署名李庸),《读〈文言虚字〉》(署名圣陶),《关于夏章两先生被捕》(署名编者),《编辑室——第二次"笔谈会"讨论题》(未署名),《中学生》第 76 期。

730.《革自己的命》(署名圣陶),《编辑室——关于本志第七十六、七两期》(未署名),《中学生》第 78 期。

731.《动动天君》(署名圣陶),《编辑室》(未署名),《中学生》第 79 期。

732.《纪念辛亥革命》,《中学生》第 80 期,署名圣陶。

733.《冲破那寂静》,《中学生》第 81、82 期合刊,署名朱逊。

734.《〈上海——冒险家的乐园〉序》署名朱逊,《编辑者的话》(未署名），桂林《国文杂志》第 3 卷第 1 期。

735.《朱自清先生的〈论诚意〉》，桂林《国文杂志》第 3 卷第 2 期，署名朱逊。

736.《〈戏剧春秋〉后记》，桂林《国文杂志》第 3 卷第 3 期，署名朱逊。

737.《青年的去路》，《田家画报》创刊号。

738.《辞职》，《文境》创刊号。

739.《关于谈文学修养》，《文学修养》第 2 卷第 4 期。

740.《怎样铲除贪污》，《国讯》第 378 期。

741.《知识分子》，《抗战文艺》第 9 卷第 5、6 合期。

742.《写作漫谈》，《国文月刊》第 26 期，署叶绍钧先生讲，李军记。

1945 年

743. 叶圣陶著：《西川集》，重庆：文光书店。

744. 叶绍钧、朱自清著：《国文教学》，上海：开明书店。

745.《〈春暖花开〉序》，收录于李庆华著三幕剧：《春暖花开》，成都：国际与中国社出版。

746.《谈"求饶"的效果》，《新民报晚刊·元旦特刊》1 月 1 日。

747.《我们的话》，《华西晚报》1 月 1 日第 2 版。

748.《吃空额》，《新民报晚刊》1 月 11 日第 2 版。

749.《慰劳》，《新民报晚刊》1 月 12 日第 2 版，署名谷神。

750.《刃锋的木刻与绘画》，《新民报晚刊》1 月 13 日第 3 版。

751.《复信》，《新民报晚刊》1 月 14 日第 3 版。

752.《"六腊运动"》，《新民报晚刊》1 月 15 日第 2 版。

753.《政治家》，《新民报晚刊》1 月 17 日第 2 版，署名微庵。

754.《再谈政治家》，《新民报晚刊》1 月 19 日第 2 版，署名微庵。

755.《夜思》,《新民报晚刊》1 月 19 日第 3 版,署名微翁。

756.《改变教育——与受教育的谈谈(一)》,《新民报晚刊》2 月 4 日第 2 版。

757.《主人翁的教育——与受教育的谈谈(二)》,《新民报晚刊》2 月 5 日。

758.《踏莎行——题丁聪兄现象图》,《华西晚报》3 月 3 日。

759.《血和花》,《党军日报·血花》3 月 22 日。

760.《"算了,算了"的态度要不得》,《燕京新闻》4 月 4 日。

761.《言论自由(为〈华西晚报〉四周年作)》,《华西晚报·艺坛》4 月 21 日。

762.《"五四"文艺节》,《星期快报》5 月 4 日。

763.《谈"五四"文艺节》,《新民报》5 月 4 日。

764.《中文系——致教师书之八》,《新华日报》6 月 10 日。

765.《诗人节致辞》,《华西晚报·"诗人节特刊"》6 月 13 日。

766.《茶馆》,《商务日报·茶座》6 月 14 日。

767.《"通启"(庆祝茅盾五十初度)》,《新华日报》6 月 21 日,未署名。

768.《略谈雁冰兄的文学工作》,《华西晚报》6 月 23 日。

769.《在沈雁冰五十寿辰庆祝会上的讲话》,《华西晚报》6 月 25 日。

770.《"胜利日"随笔》,《华西晚报》8 月 24 日。

771.《胜利日说几句话》,《新民报晚刊》9 月 3 日。

772.《送马思聪先生序》,《新民报晚刊·出师表》9 月 4 日。

773.《蜀中书简》,《文汇报·世纪风》9 月 28 日,署名钧。

774.《叶圣陶发言》,《新华日报》10 月 20 日"鲁迅先生逝世九周年陪都文化界集会纪念"特刊。

775.《和平说》,《和平日报·和平副刊》11 月 12 日。

776.《革除传统的教育精神》(署名圣陶),《编辑室》(未署名),《写文章的基本原则是什么》(署名秉),《中学生》第 83 期。

777.《读了子冈的〈怀念振黄〉》《四个"有所"》,《中学生》第 84 期,署名朱逊。

778.《受教育的与改革教育》(署名圣陶),《书院和国学专修科之类》(署名朱逊),《中学生》第 85 期。

779.《独善与兼善》(署名朱逊),《我的侄儿》(署名寅生),《欢迎我们的姐妹刊物——〈进修月刊〉》(署名圣陶),《悼念罗斯福总统》,《中学生》第 86 期。

780.《五四文艺节》(署名圣陶),《管公众的事》(署名朱逊),《编辑室》(未署名),《中学生》第 87 期。

781.《青年们的心声》(署名圣陶),《升学与就业》(署名朱逊),《中学生》第 88 期。

782.《"七七"八周年》(署名朱逊),《胡愈之先生的长处》,《中学生》第 89 期。

783.《受教育者与教师节》,《中学生》第 90 期,署名朱逊。

784.《日本投降!》,《中学生》第 91 期,署名本社。

785.《发表的自由》,《中学生》第 92 期,署名圣陶。

786.《青年界的复员》(署名朱逊),《编辑室》(未署名),《中学生》第 93 期。

787.《"国学"入门书籍》(署名编者),《编辑室》(未署名),《中学生》第 92 期。

788.《国文试题》(署名邓虎章、叶圣陶),《编辑室》(未署名),《中学生》第 93 期。

789.《与青年们共勉》,《中学生》第 94 期,署名朱逊。

790.《"开明少年"》(署名编者),《无名英雄的铜像——纪念"七七"的艺术品》(署名圣陶),《读〈游子吟〉》(署名朱逊),《少年》(署叶圣陶作歌、许可经谱曲),《"习惯成自然"》(署名翰先),《编者说》(未署名),《开明少年》创刊号。

791.《编者说》,《开明少年》第 2 期,未署名。

792.《木刻》(署名黄幼琴),《关于本志》(署名编者),《开明少年》第 3 期。

793.《三大原则与四大自由》,《开明少年》第 4 期,署名编者。

794.《辛亥革命的着火点——川汉铁路保路事件》(署名翰先),《日本投降日读杜诗》(署名申绪),《开明少年》第 4 期。

795.《两种习惯养成不得》,《开明少年》第 5 期。

796.《"人民的世纪"》,《开明少年》第 5 期,署名编者。

797.《我们永不要图书杂志审查制度》,《〈中华论坛〉〈中学生〉〈文汇〉〈民主世界〉〈民宪半月刊〉〈再生〉〈东方杂志〉〈国讯〉〈新中华〉〈宪政月刊〉联合增刊》第 2 号(以下简称《联合增刊》——编者注)。

798.《十月十二日随笔》,《联合增刊》第 3 号。

799.《赠参加政治协商会议诸君》,《联合增刊》第 6 号"政治协商会议特辑"。

800.《也算呼吁》,《民主》第 5 期,又刊《联合增刊》第 4 号,《民主星期特别增刊(二)》。

801.《为声援昆明学生反内战争民主的要求致昆明各学校函》(12 月15 日),《民主》周刊第 1 卷 10 期,署名郭沫若、茅盾、巴金、叶圣陶等。

802.《记丐翁一二事》,《朝花》杂志创刊号。

803.《对于"读书"的反感》,《真报》周刊第 1 期。

804.《改革艺术教学——艺术教育问题特辑之一》,《新艺》第 1 卷第 3、4 期合刊。

805.《谈成都的树木》,《成都市》创刊号。

806.《〈国文教学〉自序》,《国文月刊》第 35 期,署名叶绍钧、朱自清。

807.《作者还有别的事儿》,《新中华》复刊 6 月第 3 卷第 6 期。

808.《文艺者之另一新任务》,《热力光》第 1 卷第 2、3 期合刊。

809.《胜利随笔》,《建国日报晚刊·春风》第 1 期。

810.《成都十七文化团体致重庆杂志界的一封公开信》,成都各报刊,署青年园地、成都快报、华西晚报、开明少年等十七个文化团体。

811.《革心》,《抗战文艺》第 10 卷第 6 期。

812.《看报偶得》,《民主星期刊》第 4 期。

813.《暴露的效果》,《文萃》第 11 期。

814.《〈前线〉书后》,《流星月刊》第 1 卷第 1 期。

1946 年

815. 叶圣陶著:《绍钧代表作》,上海:全球书店。

816. 叶圣陶著:《绍钧杰作选》,上海:全球书店。

817. 叶圣陶、郭绍虞、周予同、覃必陶编:《开明新编国文读本(甲种)》,上海:开明书店。

818.《〈军中归讯〉序》,收录于简又新著:《军中归讯》(散文小说集),上海:开明书店。

819.《〈集体习作实践记〉序》,收录于于在春著:《集体习作实践记》,上海:永祥印书馆。

820.《〈杜鹃血〉序》,收录于埋愁女士原著,杜明通改编:《杜鹃血》(弹词),成都:新四川文化社。

821.《〈开明书店二十周年纪念文集〉序》,收录于《开明书店二十周年纪念文集》,上海:开明书店。

822.《夏丏尊先生治丧委员会公告》《募集夏丏尊先生纪念金启》,

《文汇报》5 月 23 日。

823.《我就是推选他们的一个》,《文汇报》6 月 26 日"我们抗议"专栏。

824.《桡夫子》,《文汇报》7 月 4 日。

825.《叶圣陶先生函》,《文汇报·"文艺界的慰问"专版》7 月 25 日。

826.《挽陶行知先生》,《联合日报·晚刊》7 月 28 日。

827.《有志青年何必一定要高攀学府的门墙》,《文汇报·"两大难题——升学与就业"座谈会》专版 8 月 4 日。

828.《〈抗战八年木刻选集〉序》,《侨声报·星河》8 月 12 日。

829.《善忘》,《大公报·大公园》8 月 13 日。

830.《致陆咸》,《苏州日报》8 月 13 日。

831.《"文字并不可靠　教本少用为妙"——在文汇报举办的"抢救在学青年"座谈会上的讲话》,《文汇报》8 月 18 日。

832.《诗话》,《华商报·热风》8 月 19 日。

833.《读书不必进学校》,《华商报·热风》9 月 16 日。

834.《文协祭文》,《文汇报》10 月 6 日,未署名。

835.《老唐》,《今报》11 月 10 日。

836.《"相濡以沫"》,《时代日报》10 月 21 日。

837.《教师应该怎样教课》,《文汇报》11 月 22 日,灵石笔记。

838.《送茅盾夫妇出国》,《华商报·热风》11 月 30 日。

839.《教育改造的目标》(署名朱逊),《〈"中学生"的老朋友〉前言》(署编者),《对于收复区学生的措施》《编辑室》(未署名),《中学生》1 月号。

840.《做好人与看书》,《中学生》2 月号,署名朱逊。

841.《助学运动》(署名圣陶),《编辑室》(未署名),《中学生》3 月号。

842.《慰问教师》(署名圣陶),《"众人当中的一个"——怀念罗斯福先生》(署名朱逊),《编辑室》(未署名),《中学生》4 月号。

843.《夏丏尊先生逝世》(署名中学生同人),《谈文章的修改》(署名圣陶),《编辑室》(未署名),《中学生》5 月号。

844.《没有书,自己想办法》,《中学生》6 月号,署名朱逊。

845.《编辑室》(署名编者),《中学生》6 月号。

846.《谈叙事》(署名圣陶),《编辑室》(署名编者),《中学生》7 月号。

847.《开明书店二十周年》(署名圣陶),《中学生杂志社启》(未署名),《中学生》8 月号。

848.《现实与理想》(署名朱逊),《〈中学生〉复员后首次征文》(未署名),《中学生》10 月号。

849.《"生活教育"——怀念陶行知先生》,《中学生》11 月号,署名圣陶。

850.《名与实》(署名圣陶),《编辑室》(署名编者),《中学生》12 月号。

851.《新年快乐》(署名朱逊),《盲诗人爱罗先珂的话》(署名翰先),《开明少年》第 7 期。

852.《一句话》,《开明少年》第 10 期,署名韦商。

853.《木刻连环图画〈一个人的受难〉》,《开明少年》第 11 期,署名李通方。

854.《书·读书》,《开明少年》第 12 期,署名翰先。

855.《写人物》,《开明少年》第 18 期,署名编者。

856.《当代文选评〈不要内战——重庆二十六种杂志的呼吁〉〈写在耶稣诞日以前〉》,《国文月刊》第 42 期,未署名。

857.《当代文选评〈瞻望英国〉(费孝通)、〈我的哥哥羊枣之死——

敬致顾祝同将军一封信〉(杨刚)》,《国文月刊》第 43、44 期合刊,未署名。

858.《当代文选评〈韬奋逝世一周年哀词〉(黄炎培)》,《国文月刊》第 45 期,未署名。

859.《当代文选评〈哭一多父子〉(吴晗)、〈向读者道歉〉(文汇报)》,《国文月刊》第 46 期,未署名。

860.《当代文选评〈时代的要求——论科学民主与大众之历史的根源〉(周予同)》,《国文月刊》第 47 期,未署名。

861.《〈开明新编国文读本〉(甲种)序》,《国文月刊》第 48 期,未署名。

862.《编者的话》,《国文月刊》第 48 期,未署名。

863.《也来一个比喻》,《新文化》半月刊第 2 卷第 4 期,署名圣陶。

864.《何必升学》,《新文化》半月刊第 2 卷第 5 期。

865.《"相濡以沫"》,《新文化》半月刊第 2 卷第 8 期。

866.《牛》,《新文化》半月刊第 2 卷第 11、12 期合刊。

867.《我坐了木船》,《消息半周刊》第 1 期。

868.《驾长》,《消息半周刊》第 4 期。

869.《从此听不见他的声音》,《消息半周刊》第 7 期。

870.《答丏翁》,《周报》第 35 期。

871.《"十五天后能和平吗?"》,《周报》第 41 期,署名叶圣陶、王伯祥等。

872.《什么道理?》,《周报》第 49、50 期休刊号"我们控诉"栏。

873.《〈明社〉社歌》,《明社消息》第 15 期。

874.《开明书店二十年纪念碑辞》《叶圣陶先生致答词》《读者的关怀》(署名周明谦、叶圣陶),《明社消息》第 17 期"大家庭特刊"。

875.《关于〈长闲〉》,《明社消息》第 22 期。

876.《多说没有用，只说几句》《总该有一线光明罢》，《民主》第40 期。

877.《又来挽〈民主〉》，《民主》第 53、54 期合刊。

878.《我们要求政府切实保障言论自由》，《民主》周刊第 2 卷第 1、2 期合刊，署名沈钧儒、郭沫若、叶圣陶等。

879.《"经典常谈"》，《上海文化》第 4 期。

880.《自学成功的夏丏尊先生》，《上海文化》第 5 期。

881.《谈鲈鱼》，《文艺春秋》第 2 卷第 3 期，署名叶绍钧。

882.《根本改革》，《文艺春秋》第 3 卷第 1 期。

883.《去私》，《〈中原〉〈文艺杂志〉〈希望〉〈文哨〉联合特刊》第 1 卷第 1 期。

884.《我们的态度》，《"争取人权，抗议陪都凶案"联合特刊》，署名中学生杂志社。

885.《契诃夫的〈苦恼〉》，《国文杂志》第 3 卷第 5、6 期合刊，署名朱逊。

886.《"张居正大传"》，《文艺复兴》第 1 卷第 4 期。

887.《文艺团体》，《文艺青年》第 7 期。

888.《谈学习文艺》，《文艺学习》第 3 期。

1947 年

889. 叶圣陶、郭绍虞、周予同、覃必陶编：《开明新编国文读本(甲种)》(共六册)，上海：开明书店。

890. 叶圣陶著：《少年国语读本》(共 4 册)，上海：开明书店。

891. 叶圣陶著：《李太太的头发》，上海：博文书店。

892. 叶绍钧、吴研因等编：《中华民国的成立》(中学文库小学第一集)，上海：中华书局。

893. 叶绍钧、吴研因等编：《十种玩具》(中华文库小学第一集高级工艺类），上海：中华书局。

894.《〈少年们的一天〉序》，收录于开明少年社选编之征文集：《少年们的一天》，上海：开明书店。

895.《题〈江山情诗〉》，收录于姚江滨著：《江山情诗》，上海：中国图书杂志公司。

896.《〈学习国文的新路〉序》，收录于孙起孟、庞翔勋著：《学习国文的新路》，上海：开明书店。

897.《健吾兄〈和平颂〉上演为题一绝》，《文汇报·笔会》1 月 11 日第 142 期。

898.《如果教育者发表〈精神独立宣言〉》，《文汇报·新教育》3 月 7 日第 1 期，署名圣陶，

899.《文艺工作者和教育工作者一样》，《文汇报·新文艺》3 月 31 日第 5 期。

900.《理想的白话文——以上口不上口做标准》，《华北日报·国语周刊》10 月 2 日新 18 期，署名朱自清、叶绍钧。

901.《答〈大公报〉询问函）》，《大公报》12 月 11 日"作家及其作品特辑"。

902.《读〈五代史伶官传叙〉》《新年与希望》（署名圣陶），《题木刻画〈春耕〉》（未署名），《中学生》1 月号。

903.《谈"利用"》《记教师的话》，《中学生》2 月号，署名圣陶。

904.《读〈飞〉》《"重新做人"》，《中学生》3 月号，署名圣陶。

905.《关于本期的"笔谈会"》，《中学生》4 月号，署名圣陶。

906.《关于〈读"飞"〉》（署名刘永漘、叶圣陶），《投稿之前可以请教老师》（署名圣陶），《中学生》5 月号。

907.《读〈史记孙叔通传〉》《理应怎样与实际怎样》《南京事件》，

《中学生》6月号，署名圣陶。

908.《干什么以前的考虑》，《中学生》7月号。

909.《谈谈本志的旨趣》(署名本社同人)，《回问一句》(署名圣陶)，《中学生》8月号。

910.《读〈风波〉》，《中学生》9月号，署名圣陶。

911.《国文常识试题》，《中学生》10月号，署名圣陶。

912.《讲解》，《中学生》11月号，署名圣陶。

913.《"青春的旋律"》，《中学生》12月号，署名圣陶。

914.《努力》，《明社消息》第18期。

915.《也来谈谈》《不必效学官场的派头》，《明社消息》第19期，署名翰先。

916.《夏先生周年祭》《关于〈长闲〉》，《明社消息》第22期。

917.《当代文选评〈民主·宪法·人权(序言)〉(潘光旦)、〈饯梅兰芳〉(黄裳)》，《国文月刊》第52期，未署名。

918.《当代文选评〈文学的标准和尺度〉(朱自清)》(署名圣陶)，《夏先生纪念基金委员会启事》，《国文月刊》第54期。

919.《当代文选评〈北大清华两校教授一百零二人告学生与政府书〉》，《国文月刊》第56期，未署名。

920.《致范泉》，《文艺春秋》月刊第4卷第3期。

921.《一篇像样的作品》，《文艺春秋》第4卷第3期。

922.《"努力事春耕"》，《开明少年》第19期，署名编者。

923.《享受艺术》，《开明少年》第26期，署名编者。

924.《悼念六逸先生》，《文讯月刊》第3卷第7期，署名叶绍钧。

925.《工余随笔》，《文讯月刊》第7卷第5号。

926.《零星的谈些》，《文艺复兴》第3卷第5期。

927.《学生家属看学潮——我们对于最近学生运动的意见》，《朋友》半月刊第 2 期，署名叶圣陶、傅彬然、杨卫玉、贾祖璋、孙起孟。

928.《答编者问——关于散文写作》，《文艺知识连丛》第 1 集之《论普及》。

929.《天地》，《京沪周刊》第 1 卷第 26 期，署名叶绍钧圣陶。

930.《谈弘一法师临终偈语》，《觉有情》第 8 卷 10 月号。

931.《工余随笔》，《今文学丛刊》第 1 集《跨越东海》。

932.《生活修养——给青年同学们》，《生活杂志》第 3 期。

933.《从梦说起——工余随笔之一》，《文艺丛刊》第三集《边地》。

934.《为万世开太平》，《国讯》第 445 期。

1948 年

935. 叶圣陶选编：《叶圣陶文集》，上海：春明书店。

936. 朱自清、叶圣陶、吕叔湘合编：《开明文言读本》，上海：开明书店。

937. 叶圣陶、蔡尚思、江向渔、周予同等合著：《新教师的新认识》，上海：华华书店出版。

938.《开明新编高级国文读本》（共出 2 册），上海：开明书店。第 1 册署朱自清、吕叔湘、叶圣陶合编。第 2 册署朱自清、吕叔湘、李广田、叶圣陶合编。

939. 叶圣陶撰：《儿童国语读本》（共 4 册），上海：开明书店。

940.《〈挣扎〉序》，收录于中学生月刊社编选：《挣扎》，上海：开明书店。

941.《〈我〉序》，收录于开明少年社编选：《我》，上海：开明书店。

942.《中学各科学习法·国文》（《认定目标》《靠自己的力》《阅读举要》《写作须知》《写作要举》《附说写字》），收录于《中学生手册》，上海：开明书店。

943.《现在》,《新民报·夜光杯》1月1日。

944.《关于体验——工余随笔之一》,《星岛日报·文艺》5月3日第23期。

945.《〈艳阳天〉观后》,《大公报》5月26日。

946.《杂志界致书美大使》,《大公报》6月10日,署名叶圣陶、杨卫玉、周予同、王伯祥、高祖文、冯宾保等。

947.《再谈讲解》,《中学生》1月号,署名圣陶。

948.《修订中学课程标准》(署名圣陶),《师生之谊》(署名朱逊),《中学生》2月号。

949.《答来问——关于〈学习国文该读些什么书〉的问题》,《中学生》3月号,署名圣陶。

950.《新精神》,《中学生》4月号,署名圣陶。

951.《"失学算什么!"》,《中学生》5月号,署名逸君。

952.《我们的宗旨与态度》,《中学生》6月号,署名圣陶。

953.《朱佩弦先生》,《中学生》9月号,署名圣陶。

954.《添辟〈各科学习指导〉栏》,《中学生》12月号,署名圣陶。

955.《杂谈小学教学》,《生活的狂想》1月号。

956.《教育·文学》,《青年界》第4卷第5号。

957.《屠格涅甫和他的〈罗亭〉》,《青年界》第5卷第4号,署名叶圣陶、赵景深。

958.《夏(丏尊)先生纪念基金委员会启事》,《国文月刊》第69期。

959.《悼念朱自清先生》,《国文月刊》第71期。

960.《自己受用》,《开明少年》第31期,署名编者。

961.《夏丏尊先生》,《创世纪》第14、15合期。

962.《〈中学时代〉一周年》,《中学时代》第20期。

963.《佩弦的死讯——悼朱自清先生》,《文艺春秋》第7卷第2期。

964.《谈佩弦的一首诗——〈夜不成寐,忆业雅〈老境〉〉》,《文讯月刊》第 9 卷第 3 期。

965.《在朱自清先生追悼会上的致辞》,《文潮月刊》第 5 卷第 6 期,署名叶圣陶(赵景深记录)。

966.《念辛亥,看建国——纪念建国三十七周年》,《中国建设》第 7 卷第 1 期。

1949 年

967. 叶圣陶撰、丰子恺绘:《幼童国语读本(小学低年级适用)》(共 4 册),上海:开明书店。

968.《〈熟悉的人〉序》,收录于开明少年社编:《熟悉的人》,上海:开明书店。

969.《谈谈写口语》,收录于中华全国文艺协会香港分会方言文学研究会编:《方言文集》,香港:新民主出版社。

970.《国旗》,收录于《高级小学国语课本》第一册,北京:新华书店,未署名。

971.《咱们的新国家》,收录于《高级小学语文课本》第三册,北京:新华书店,未署名。

972.《新编初中精读文选》(《语体文选》(共六册)、《实用文篇》一册、《语法篇》一册、《文章作法篇》一册、《文言文选》三册),桂林:文化供应社,署叶圣陶校订。

973.《谈抽象词语》,《大公报·思想与生活》2 月 7 日第 2 期。

974.《不断的进步》,《人民日报》5 月 4 日。

975.《回忆瞿秋白先生》,《新民报晚刊》6 月 28 日。

976.《划时代》,《文艺报》6 月 30 日第 9 期。

977.《祝文代大会》,《光明日报》7 月 2 日。

978.《往实际方面钻——介绍〈思想与生活〉》,《文汇报》7 月 6 日。

979.《纪念杨贤江先生》,《人民日报》8 月 9 日。

980.《佩弦周年祭》,《进步日报·生活副刊》8 月 12 日。

981.《〈我要向青年说的〉前言》《〈我要向青年说的〉书后》,《中学生》1 月号。

982.《本年第二次征文题——解放前后》,《中学生》7 月号。

983.《〈进步青年〉与〈中学生〉合并》,《中学生》9 月号,署名圣陶。

984.《敬告在校青年》,《〈进步青年〉发刊辞》(署名编者),《加紧学习,迎接"五四"!》(署名朱逊),《进步青年》创刊号。

985.《零星的感想》,《进步青年》第 3 期,署名朱逊。

986.《中国人站起来了》,《进步青年》第 217 期①,署名圣陶。

987.《大学国文〈现代文之部〉序》,《新观察》第 2 卷第 7 期。

988.《文艺创作》,《春风》半月刊第 3 卷第 6 期。

989.《读了〈煤〉想到的》,《小说》月刊第 2 卷第 3 期。

990.《依靠口耳》,《华北文艺》第 6 期。

1950 年

991.《叶圣陶副署长在第一届全国出版会议上的开幕词》,收录于《第一届全国出版会议纪念刊》,北京:人民出版社。

992.《教学一例——8 月 12 日在北京中学国文教员暑期讲习会讲稿》,收录于《语文教学讲座》(《北京市一九五〇年暑期教师学习讲座专辑》)。

993.《语文随笔》,《人民日报》1 月 4 日。

---

① 1949 年 9 月《进步青年》与《中学生》合并,实际是《进步青年》取代了《中学生》。当时《中学生》出至第 215 期,于是 1949 年 10 月出版的《进步青年》就延用《中学生》的期数,标明是"216 期"。1949 年 11 月出版的《进步青年》就标明为"217期"。真可谓"为了进步,不讲科学"。——编者注

994.《类乎"喝饭"的说法》,《人民日报》5 月 24 日。

995.《拆开来说》《〈拆开来说〉附带的话》,《人民日报》6 月 7 日。

996.《多说跟少说》,《人民日报》6 月 21 日。

997.《谈揉用文言成分》,《人民日报》7 月 5 日。

998.《坚决起来保卫和平》,《文艺报》7 月 25 日第 2 卷第 9 期"反对美国侵略台湾朝鲜"特辑。

999.《一年来的出版工作》,《文汇报》10 月 1 日。

1000.《大学国文(文言之部)序》,《新建设》第 2 卷第 7 期。

1001.《有关教学文法的几个问题》,《人民教育》第 1 卷第 6 期,署饶瑞思问、叶圣陶答。

1002.《没有什么文字问题》,《学习》杂志第 11 期。

1951 年

1003.《〈叶圣陶选集〉自序》,收录于茅盾主编:《叶圣陶选集》,北京:开明书店。

1004.《写文章跟说话》,收录于叶圣陶、华罗庚等著:《怎样学习得好》,北京:青年出版社。

1005.《语文课本里的爱国主义内容——答江山野先生》,《人民日报》4 月 21 日,署名人民教育出版社。

1006.《出版工作者应该认真参加〈武训传〉的讨论》,《人民日报·书报评论》6 月 10 日,未署名。

1007.《标点符号用法》,《人民日报》9 月 26 日,署名中央人民政府出版总署。

1008.《先从语文课本谈起——在中学语文学习问题座谈会上的讲话》,《进步青年》第 231 期。

1009.《"五四"谈翻译》,《翻译通报》第 2 卷第 5 期。

1010.《第一届全国翻译工作会议闭幕词》,《翻译通报》第 3 卷第 5 期。

1011.《拿起笔来之前》,《中国青年》第 70 期。

1012.《谈〈孔乙己〉中的一句话》,《语文学习》创刊号,署名翰先。

1013.《写话》,《新观察》第 2 卷第 1 期。

1952 年

1014.《读宋庆龄和平会议开幕词》,《人民日报》10 月 6 日。

1015.《赠和平代表》,《人民日报》10 月 17 日。

1016.《人民教育出版社编审部生物组〈初中植物学课本的初步检查〉编者按》,《人民教育》3 月号,未署名。

1017.《刘御〈对初中语文课本第一册思想内容的几点意见〉编者按》,《人民教育》4 月号,未署名。

1018.《介绍祁建华"速成识字法"》,《语文学习》5 月号,署名秉诚。

1019.《在〈中国新文学史稿(上册)〉座谈会上的发言》,《文艺报》第 20 号。

1953 年

1020. 叶圣陶著:《倪焕之》(删节本),北京:人民文学出版社。

1021. 叶圣陶著:《寒假的一天》,北京:人民文学出版社。

1022.《〈朱自清文集〉题记》,收录于《朱自清文集》第 1 卷,北京:开明书店。

1023.《对改进今后儿童文学提出了五点希望》,《人民日报》10 月 6 日。

1024.《从西安到兰州》,《人民日报》12 月 25 日。

1025.《一些简单的意见》,《中国语文》1 月号。

1026.《太阳跟空气》,《文艺报》第 5 号。

1027.《咱们熟悉他》,《新观察》第 7 期。

1028.《语言跟思想的联系》,《语文学习》第 4 期,署名仲颖。

1029.《读〈古丽雅的道路〉》,《中国青年》第 13 期。

1030.《"干杯!"——赠国际友人》,《人民文学》11 月号。

1954 年

1031. 叶圣陶著:《叶圣陶短篇小说选集》(作者自选集),北京:人民文学出版社。

1032.《宪法草案管窥》,《光明日报》6 月 22 日。

1033.《应当写入世界史的伟大事件》,《人民日报》7 月 8 日。

1034.《我打上个圈》,《北京日报》9 月 22 日。

1035.《登雁塔》,《新观察》第 4 期。

1036.《荣宝斋的彩色木刻画》,《新观察》第 10 期。

1037.《唯有努力》,《新观察》第 18 期。

1038.《讨论为的实行》,《文艺报》半月刊第 12 号。

1039.《融合起来了》,《文艺报》半月刊第 18 号。

1040.《在西安看的戏》,《戏剧报》月刊 2 月号。

1041.《在朝鲜慰问期间的早晨》,《中学生》4 月号。

1042.《友谊》,《中国青年》第 11 期。

1043.《〈课本中的数字使用问题〉的按语》,《编辑工作》第 2 期。

1044.《文艺写作必须依靠语言》,《文艺学习》第 4 期。

1955 年

1045. 叶圣陶著:《一个练习生》,北京:通俗读物出版社。

1046.《牛郎织女》《孟姜女》,收录于初级中学课本《文学》第一册,北京:人民教育出版社,未署名。

1047.《习惯可以改变》,《光明日报》1 月 5 日。

1048.《从〈语法修辞讲话〉谈起》,《人民日报》1 月 15 日。

1049.《在中国文联和作家协会主席团扩大会议上叶圣陶的发言》,《人民日报》5 月 27 日。

1050.《在第一届全国人民代表大会第二次会议上的发言》,《人民日报》7 月 23 日。

1051.《跟高小和初中毕业同学的家长谈谈》,《中国青年报》8 月 15 日。

1052.《观开发黄河规划欣然有作》,《光明日报》8 月 20 日。

1053.《新的学年》,《光明日报》9 月 4 日。

1054.《青年们——庆祝"全国青年社会主义建设积极分子大会"》,《光明日报》9 月 17 日。

1055.《教师怎么样尽责任》,《文汇报》10 月 1 日。

1056.《荣宝斋的贡献》,《光明日报》10 月 5 日。

1057.《什么叫汉语规范化》,《人民日报》10 月 28 日。

1058.《游了三个湖》,《旅行家》第 1 期。

1059.《景泰蓝的制作》,《旅行家》第 3 期。

1060.《黄山三天》,《旅行家》第 9 期。

1061.《编辑施工计划》,《编辑工作》第 6 期。

1062.《重视书籍的绘画工作》,《编辑工作》第 9 期。

1063.《看了五月十三日〈人民日报〉关于胡风的材料》,《文艺报》第 9、10 号合刊。

1064.《文字改革和语言规范化》,《文艺报》第 14 号。

1065.《广播工作跟语言规范化》,《广播爱好者》创刊号。

1066.《关于语言文学分科问题》,《人民教育》8 月号。

1067.《就整体着想》,《文艺学习》第 10 期。

1068.《响应号召》,《人民文学》11 月号。

1069.《〈绝句四首〉教学参考资料》,《语文学习》6 月号,署名人民教育出版社中学文学编辑室。

1070.《"六亿人民的意志"》,《大众电影》第 3 期。

1071.《实施小学生守则,教师必须以身作则》,《小学教师》第 4 期。

1072.《有关升学和从事劳动的几个问题》,《江苏教育》第 11 期。

1073.《大家都来学习普通话》,《中学生》12 月号。

1074.《大家拿起笔来》,《读书月报》第 4 期。

1956 年

1075. 叶圣陶著:《叶圣陶童话选》,北京:中国少年儿童出版社。

1076. 叶圣陶著:《叶圣陶〈小学教师"倪焕之"和其他小说〉》,莫斯科:国家艺术文学出版社,书前有索洛金写的《前言》。

1077.《任瑞卿老先生》,《教师报》5 月 1 日。

1078.《优秀的青年演员张辉同志》,《光明日报》5 月 12 日。

1079.《增产酒精能手——记苏进国同志用黑霉菌制曲》,《人民日报》6 月 8 日。

1080.《改进语文教学,提高语文教学的质量——在全国语文教学工作会议上的报告》,《教师报》7 月 3 日。

1081.《"老爷"说的准没错》,《人民日报》7 月 20 日,署名秉丞。

1082.《从"己所不欲"着想》,《人民日报》8 月 6 日。

1083.《表达的方式》,《人民日报》8 月 16 日,署名秉丞。

1084.《一个少年的笔记〈爬山虎的脚〉》,《中国少年报》11 月 1 日。

1085.《"以文会友"——记亚洲作家会议》,《人民日报》12 月 30 日。

1086.《排除"空瓶子观点"》,《中国青年》第 17 期,署名秉丞。

1087.《带点儿教育意味的事都一样》,《中国青年》第 18 期。

1088.《也要说说乐趣》,《中国青年》第 21 期,署名秉丞。

1089.《利用广播发表作品》,《广播爱好者》9 月号。

1090.《关于使用话言》,《人民文学》3 月号。

1091.《谈〈小石潭记〉里的几句话》,《人民文学》10 月号。

1092.《文艺作者怎样看现代汉语规范化问题》,《文艺月报》3 月号。

1093.《一定要回答这个挑战》,《文艺报》第 21 号。

1094.《一个少年的笔记〈诗的材料〉》《一个少年的笔记〈三棵老银杏〉》,《旅行家》11 月号。

1957 年

1095. 叶绍钧著:《十三经索引》,北京:中华书局。

1096.《给温州中小学毕业生的致词》,《温州日报》4 月 21 日。

1097.《学习与劳动》,《新华日报》5 月 16 日。

1098.《收集本地的文物》,《浙江日报》5 月 17 日。

1099.《"瓶子观点"》,《文汇报》6 月 3 日。

1100.《"领导"这个词儿·个人自己的哲学——在作协党组召开的座谈会上的发言》,《文艺报》6 月 9 日第 10 号。

1101.《公文写得含糊草率的现象应当改变——第一届人民代表大会第四次会议上的发言》,《人民日报》7 月 8 日。

1102.《反右派斗争和思想改造》,《文汇报》7 月 22 日。

1103.《今年的国庆节》,《文汇报》10 月 1 日。

1104.《国际主义》,《人民日报》10 月 20 日。

1105.《苏联的教育影片〈天职〉》,《大公报》11 月 4 日。

1106.《悼剑三》,《人民日报》12 月 5 日。

1107.《绍虞先生作整风一律步其韵》,《文汇报》12 月 9 日。

1108.《临摹与写生》,《东海》6 月号。

1109.《右派分子与人民为敌》,《人民文学》8 月号。

1110.《介绍〈斯巴达克思〉》,《读书月报》第 9 期。

1111.《关于中国文字改革问题的一些争论》,《文字改革》第 9 期,署名叶圣陶等。

1112.《解放前后的出版自由》,《新观察》第 18 期。

1113.《记金华的两个岩洞》,《旅行家》第 11 期。

1114.《谈谈语法修辞》,《新闻与出版》第 12 期。

1115.《一个少年的笔记〈"你们幸福了"〉》《一个少年的笔记〈小弟弟的三句话〉》,《雨花》第 2 期。

1116.《中国文学中的优良传统》,《人民中国通讯》第 4 期。

1958 年

1117. 叶圣陶著:《叶圣陶文集》第 1 卷,北京:人民文学出版社。

1118. 叶圣陶著:《叶圣陶文集》第 2 卷,北京:人民文学出版社。

1119. 叶圣陶著:《叶圣陶文集》第 3 卷,北京:人民文学出版社。

1120. 叶圣陶著:《叶圣陶选集》,香港:新艺出版社。

1121. 叶圣陶著:《小记十篇》,天津:百花文艺出版社。

1122. 叶圣陶著,巴恩斯译:《倪焕之》(英文版),北京:外文出版社。

1123. 叶圣陶著,璞仁来、德钦译:《叶圣陶童话选》(蒙文版),呼和浩特:内蒙古出版社。

1124.《祝贺新年》《元旦题词》,《大公报·大公园》1 月 1 日。

1125.《大家都来做文字改革的促进派——在全国人大一届五次会议上的发言》,《人民日报》2 月 7 日,署名叶圣陶、胡愈之等。

1126.《赠下乡劳动锻炼诸同志》,《人民日报》2 月 12 日。

1127.《新春赠教师同志》,《教师报》2 月 17 日。

1128.《不仅此也》,《人民日报》3 月 11 日。

1129.《可写可不写,不写》,《人民日报》3 月 15 日。

1130.《把心交给党》,《人民日报》3 月 24 日。

1131.《想清楚然后写》,《教师报》4 月 11 日。

1132.《谈谈翻译》,《人民日报》4 月 14 日。

1133.《修改是怎么一回事》,《教师报》4 月 18 日。

1134.《几种树》,《中国少年报》4 月 24 日。

1135.《把稿子念几遍》,《教师报》4 月 25 日。

1136.《劳动节,歌劳动》,《文汇报》4 月 30 日。

1137.《平时的积累》,《教师报》5 月 2 日。

1138.《对古今的厚薄》,《北京晚报》5 月 4 日。

1139.《学点语法》,《解放军报》5 月 6 日。

1140.《写东西有所为》,《教师报》5 月 9 日。

1141.《再从有所为谈起》,《教师报》5 月 16 日。

1142.《十三陵水库》,《北京晚报》5 月 24 日。

1143.《访花园乡》,《人民日报》6 月 2 日。

1144.《题康保县〈农民报〉》,《农民报》6 月 5 日。

1145.《劈山大渠四首》,《光明日报》6 月 10 日。

1146.《登赐儿山》,《人民日报》6 月 18 日。

1147.《涿鹿的劈山大渠》,《文汇报》6 月 23 日第 3 版。

1148.《写什么》,《教师报》6 月 27 日。

1149.《挑能写的题目写》,《教师报》7 月 4 日。

1150.《人人都来推广普通话》,《文汇报》7 月 31 日。

1151.《巨人的声音》,《光明日报》8 月 10 日。

1152.《水调歌头——读周总理关于台湾海峡地区局势的声明》,《人民日报》9 月 8 日。

1153.《给艾森豪威尔》,《光明日报》9 月 11 日。

1154.《满江红——赠〈徐水报〉》,《徐水报》9 月 17 日。

1155.《沁园春 庆祝一九五八年国庆节》,《文汇报》10 月 1 日。

1156.《徐水棉花丰收》《基干民兵》,《人民日报》10 月 7 日。

1157.《妇女真解放》,《人民日报》11 月 2 日。

1158.《从教育与生产劳动相结合展览会谈起》,《中国青年报》12 月 3 日。

1159.《悼王剑三(统照)先生二十四韵》,《人民文学》1 月号。

1160.《写短文,写短短篇》,《人民文学》4 月号。

1161.《〈普通劳动者〉是一篇好小说》《惊闻振铎先生噩耗伤悼殊甚作一律悼之意未尽次日复有此作》,《人民文学》11 月号。

1162.《一首歌颂集体劳动的诗》,《中学生》第 8 期。

1163.《从教育与劳动相结合展览会谈起》,《中学生》第 11、12 期合刊,署名仲炳。

1164.《儿童诗二首〈蚂蚁〉〈夹竹桃〉》,《诗刊》5 月号。

1165.《心中激出口头歌》《登赐儿山望口内外群山》《高塔耸蓝天》,《诗刊》6 月号。

1166.《在〈文艺报〉改变文风座谈会上的发言》,《文艺报》第 4 期。

1167.《悼振铎先生》,《文艺报》第 20 期。

1168.《从语言教育的角度看》,《新闻战线》第 3 期。

1169.《算式似的组织要不得》,《新闻战线》第 4 期。

1170.《题汉语拼音方案》,《文字改革》1 月号"笔谈"栏。

1171.《愚公移山小论》,《文艺月报》第 4 期。

1172.《送给孩子的礼物》,《学前教育》第 2 期。

1173.《叶圣陶副部长题词》,《历史教学》第 4 期。

1174.《文风问题在哪儿》《怎样改进文风?》,《语文学习》4 月号。

1175.《改进文风》,《中国语文》第 4 期。

1176.《祖国绿化太可爱》《栽树》,《儿童文学丛刊》第 2 集。

1177.《"我们也来修水库!"》,《红领巾》10 月号。

1178.《和平》,印度《新生命》季刊第 2 期。

1179.《为什么要学语法》,《中国青年》第 10 期。

1180.《最适于写儿童文学的人》,《延河》6 月号。

1181.《青年农场即事》,《人民教育》第 6 期。

1182.《青年农场记闻〈抬粪〉〈种桃树〉》,《新港》6 月号。

1183.《马卡连柯的〈父母必读〉》《培养青少年的创造精神》,《读书月刊》第 6 期。

1184.《题杜甫草堂》,《星星》8 月号。

1185.《新农村的新面貌——读〈喜鹊登枝〉》,《读书》第 14 期。

1186.《坝上一天》,《旅行家》第 9 期。

1187.《全国普通话教学成绩观摩会》,《文字改革》第 10 期。

1959 年

1188. 叶圣陶著,车达成译:《倪焕之》(朝文版),北京:民族出版社。

1189. 叶圣陶著:《抗争》,北京:人民文学出版社。

1190. 叶圣陶著:《叶圣陶选集》,北京:人民文学出版社。

1191. 叶圣陶著:《古代英雄的石像》,香港:今代图书公司。

1192.《新年献辞》,俄文《友好报》1 月 1 日。

1193.《踏莎行——新春纪事三首》,《人民日报》1 月 16 日。

1194.《菩萨蛮(四首)》,《北京日报》2 月 6 日。

1195.《读〈我们播种爱情〉》,《光明日报》2 月 6 日。

1196.《南京五七新诗》《南通博物馆》《南通红旗公社南园食堂》《狼

山历史文物展览馆》《扬州制花工艺厂》《参观和题赠》,《人民日报》4 月
17 日。

1197.《听周总理政府工作报告》,《光明日报》4 月 23 日。

1198.《鹧鸪天——上海解放十周年》,《文汇报》5 月 28 日。

1199.《给少年儿童更多的课外读物》,《光明日报》6 月 1 日。

1200.《建国十年咏·大炼钢铁》《建国十年咏·公社万岁》,《光明
日报》9 月 23 日。

1201.《浣溪沙——天安门前观礼(四首)》,《北京晚报》10 月 1 日。

1202.《振铎老友周年祭》,《光明日报》10 月 17 日。

1203.《读〈草原烽火〉》,《人民文学》1 月号。

1204.《建国十年咏·百花齐放》《建国十年咏·画会开》《建国十年
咏·说部丰收》,《人民文学》10 月号。

1205.《建国十年咏·良工绝艺》《建国十年咏·真平等》,《新观察》
第 19 期。

1206.《读〈老木将凋又逢春〉》,《新观察》第 20 期。

1207.《读〈野火春风斗古城〉》,《读书》第 2 期。

1208.《最后的彻底胜利属于古巴和刚果的人民》,《世界文学》2
月号。

1209.《略叙文学研究会》,《文学评论》第 2 期。

1210.《短篇小说集〈老长工〉》,《文学书籍评论丛刊》第 3 期。

1211.《作品里涉及工程技术的部分》,《文艺月报》3 月号。

1212.《读〈伍嫂子〉》,《解放军文艺》3 月号。

1213.《给初学写作者》,《红旗手》第 6 期。

1214.《语文教学二十韵》,《语文》第 9 期。

1215.《普通话的宣传工作还得多做》,《文字改革》第 23 期。

1960 年

1216. 叶圣陶著：《倪焕之》(德文版)，北京：中国外文书局出版。

1217. 叶圣陶著：《箧存集》，北京：作家出版社。

1218. 叶圣陶著，Lola Falcdn 译：《叶圣陶童话选》(西班牙文版)，北京：中国外文书局。

1219. 莫德索文、特尔洛夫、卡留日娜等译：《叶圣陶故事集》(俄文版)，莫斯科：国家艺术文学出版社。

1220.《〈老牛筋〉的新生》，《光明日报》5 月 11 日。

1221.《赠群英代表》，《光明日报》6 月 1 日。

1222.《心心相通——寄到日本去的信》，《人民日报》6 月 2 日。

1223.《颂职工教师》，《工人日报》6 月 3 日。

1224.《崭新的县志——读〈红色的南江〉》，《文艺报》第 1 期。

1225.《教育革命的源泉》，《文艺报》第 19 期。

1226.《要写得便于听》，《新闻战线》第 1 期。

1227.《揣摩——读〈孔乙己〉》，《语文学习》第 1 期。

1228.《"上口"和"入耳"》，《文字改革》第 5 期。

1229.《适应大跃进的形势，中小学教科书必须改革》，《人民教育》4 月号。

1961 年

1230. 叶圣陶著：《叶圣陶童话选》(英文版)，北京：外文出版社。

1231.《话剧〈关汉卿〉插曲〈蝶双飞〉欣赏》，收录于中央人民广播电台文教科学编辑部编：《阅读与欣赏第二集(现代文学部分)》，北京：北京出版社。

1232.《天气》，《人民日报》6 月 6 日。

1233.《成都杂诗》(《青羊宫花会三首》《望江楼怀亡友朱佩弦自清》《听第七中学白敦仁同志讲授政论文》《东城区第一中心小学畜兔甚多》《观川剧二首》),《光明日报》6月17日。

1234.《改变字风》,《光明日报》6月24日。

1235.《重庆南温泉》《庐山植物园》《出峡》,《光明日报》7月4日。

1236.《水龙吟——武昌东湖》《水龙吟——庐山雾》《蝶恋花——云锦杜鹃》《水龙吟——赠苏昆剧团》,《文汇报》7月13日。

1237.《"教师下水"》,《文汇报》7月22日。

1238.《诗二首:〈草原〉〈套马〉》,《呼伦贝尔日报》8月10日。

1239.《访陈巴尔虎旗牧区》(四首),《光明日报》8月31日。

1240.《自牙克石至甘河林区》《采桑子——扎兰屯即景》《玉楼春——呼伦池》,《光明日报》8月31日。

1241.《题赠昭盟宾馆》,《昭乌达报》9月2日。

1242.《浣溪沙——哲盟安代舞》《通辽大林公社保安屯》,《内蒙古日报》9月17日。

1243.《忆秦娥——包头》,《包头日报》9月17日。

1244.《三姝媚——访包钢》,《包头日报》9月21日。

1245.《荒沙的改造》,《光明日报》10月14日。

1246.《多登载知识小品》,《新华日报》10月15日。

1247.《鲁迅先生二十五周年祭》,《人民日报》10月19日。

1248.《建议难字注音》,《人民日报》10月27日。

1249.《林区二日记》,《人民日报》11月11日。

1250.《〈塔里木行〉——一篇情文并茂的游记》,《新疆日报》12月6日。

1251.《樱花精神》,《文艺报》第6期。

1252.《绚烂的文锦——读〈没有织完的筒裙〉》,《文艺报》第7期。

1253.《听评弹小记》,《曲艺》第 3 期。

1254.《刺绣和缂丝》,《人民文学》7、8 月号合刊。

1255.《说话训练决不该疏忽》,《文字改革》第 7 期。

1256.《关于语言——在新闻工作者协会讲话的记录稿》《同编辑记者同志谈心》,《新闻业务》第 8 期。

1257.《为哲盟展览馆题句》《莫力庙水库》,《草原》第 9、10 月合刊。

1258.《菩萨蛮——毛织厂观织地毯》,《民族团结》第 10、11 期合刊。

1259.《听蒙古族歌手哈扎布歌唱》,《民间文学》12 月号。

1962 年

1260. 吴选、王瓒、泰璜译:《叶圣陶文集》,河内:文化出版社。

1261. 叶圣陶著:《小学教师倪焕之》(即《倪焕之》,法文版),北京:外文出版社。

1262.《混冰的三篇小说》,《大公报》3 月 17 日。

1263.《教育家和语言学家谈语文教学——叶圣陶等就当前语文教师普遍关心的一些问题发表意见》,《文汇报》4 月 6 日。

1264.《阅读是写作的基础》,《文汇报》4 月 10 日。

1265.《漪与内蒙古》,《内蒙古日报》5 月 2 日。

1266.《小学教师的工作》,《北京日报》8 月 10 日。

1267.《致王力》,《光明日报》10 月 10 日。

1268.《致王力》,《光明日报》10 月 11 日。

1269.《艺苑炳日星——〈在延安文艺座谈会上的讲话〉发表二十周年纪念》,《文艺报》5 月 23 日第 5、6 期合刊。

1270.《谈谈〈小布头奇遇记〉》,《文艺报》第 9 期。

1271.《文稿的加工——在〈光明日报〉编辑部座谈会上的讲话》,

《新闻业务》第 1 期。

1272.《观〈珍珠塔〉》《题赠苏州昆剧团》,《上海文学》第 3 期。

1273.《水调歌头——内蒙古自治区成立十五周年纪念》,《草原》5
月号。

1274.《草原的青春》,《解放军画报》5 月号。

1275.《谈一篇作文的批改》,《人民教育》7 月号,署名叶圣陶、张
志公。

1276.《怎样通过写作关》,《中国青年》第 17 期。

1963 年

1277.《朱自清〈读书指导〉后记》,收录于朱自清著:《读书指导》,
香港:太平书局。

1278.《评语二十则》《〈我和姐姐争冠军〉序》,收录于《北京市少年
儿童习作选第 3 辑·我和姐姐争冠军》,北京:北京出版社。

1279.《春雷》,《文汇报》1 月 1 日。

1280.《看了少年儿童应征文选》,《北京晚报》6 月 1 日。

1281.《认真写字》,《中国青年报》7 月 5 日。

1282.《临江仙》,《北京晚报》10 月 3 日。

1283.《认真学习语文》,《文汇报》10 月 5 日。

1284.《评讲一篇作文〈当我在工作中碰到困难的时候〉》,《语文学
习讲座》第 4 辑。

1285.《叶圣陶同志在"讲座"第二学期开学典礼上的讲话》,《语文
学习讲座》第 6 辑。

1286.《〈最近半年工作情况汇报〉一文的评讲》,《语文学习讲座》第
8 辑。

1287.《评改〈南京路上好八连〉》,《语文学习讲座》第 12 辑。

1288.《文稿的挑选和加工——在中央人民广播电台少儿部的讲

话》,《广播业务》第 6 期。

    1289.《看报随笔》,《儿童文学》创刊号。

1964 年

    1290.《新春咏四首》,《西安晚报》2 月 12 日。

    1291.《新春联》,《大公报》2 月 12 日。

    1292.《水龙吟——连日观京剧现代戏观摩演出,喜赋二阕》,《人民日报》6 月 13 日。

    1293.《继续促进文字改革工作——在全国人大二届四次会议上的发言》,《文字改革》1 月号,署名叶圣陶等。

    1294.《观话剧〈千万不要忘记〉》《地官——大庆油田标本模型图表之陈列馆也》《闽南秋兴》,《民进》第 9 期。

    1295.《评改一篇报道〈平谷西南一枝花——运用科学技术提高生产的南张岱大队〉》,《语文学习讲座》第 18 辑。

    1296.《评〈读和写〉,兼论读和写的关系》,《语文学习讲座》第 20 辑。

    1297.《评改一篇作文〈雷锋式的战士〉》,《语文学习讲座》第 21 辑。

1965 年

    1298. 叶圣陶著:《评改两篇报道》,北京:北京出版社。

    1299.《〈文章评改〉序》,《语文学习讲座》第 22 辑。

    1300.《评改〈"我受到了一次深刻的阶级教育"〉》,《语文学习讲座》第 25 辑。

    1301.《评〈一次事半功倍的参观〉》,《语文学习讲座》第 27 辑。

1976 年

    1302.《水调歌头——在"学习毛主席词二首座谈会"上的发言》,《人民文学》第 2 期。

1303.《满江红——十月二十四日天安门庆祝大会》,《人民文学》第
8 期。

1977 年

1304.《七绝·金猴诛白骨》,《文汇报》3 月 20 日。

1305.《颂党的"十一"大》,《文汇报》8 月 23 日。

1306.《〈毛泽东选集〉第五卷出版欣然有作》,《人民文学》第 5 期。

1307.《满庭芳——毛主席逝世一周年纪念》,《人民文学》第 9 期。

1308.《前洲之桥》,《江苏文艺》10 月号。

1309.《自力二十二韵》,《人民教育》第 11 期。

1310.《〈中学语文〉题词》《致〈中学语文〉编辑部的信》,《中学语
文》第 1 期。

1978 年

1311. 叶圣陶著:《倪焕之》,北京:人民文学出版社。

1312.《纪念内蒙古自治区成立三十周年》,收录于叶圣陶等著:《草
原·诗的盛会》,呼和浩特:内蒙古人民出版社。

1313.《巴金兄索书作此赠之》,《文汇报》1 月 15 日。

1314.《清平乐——春节应〈体育报〉之嘱作》,《体育报》2 月 6 日。

1315.《"五一"文艺演出节目好》,《北京日报》5 月 2 日。

1316.《大家一起来努力》,《人民日报》6 月 1 日。

1317.《致山西师院〈语文教学通讯〉》,《语文教学通讯》第 1 期。

1318.《"平了反"不通》,《新闻业务》第 2 期。

1319.《端正文风——在新华社国内记者业务训练班的讲话》,《新闻
业务》第 27 期。

1320.《大力研究语文教学　尽快改进语文教学——在北京地区语
言学科规划座谈会上的发言》,《中国语文》第 2 期。

1321.《江南行〈重到甪直〉〈题赠吴县保圣寺文物陈列室〉〈邓尉四古柏(二首)〉》,《江苏文艺》第 3 期。

1322.《动笔之前和完篇之后》,《少年文艺》5 月号。

1323.《〈丹心谱〉的台词好》,《人民戏剧》第 6 期。

1324.《我听了〈第一个回合〉》,《文艺报》9 月 15 日第 3 期。

1979 年

1325. 叶圣陶著:《〈稻草人〉和其他童话》(童话集),北京:中国少年儿童出版社。

1326. 叶圣陶、吕叔湘等著:《文章评改》,上海:上海教育出版社。

1327.《一定要慎重其事地出好孩子们的书——全国少年儿童读物出版工作座谈会书面发言》,收录于《儿童文学研究》第二辑,上海:少年儿童出版社。

1328.《要做杂家》,《人民日报》3 月 14 日。

1329.《怀念子恺》,《文汇报》4 月 11 日。

1330.《关于"耳朵听字"的新闻报道》,《人民日报》5 月 18 日。

1331.《六幺令——丁玲同志见访,喜极,作此赠之》,《人民日报》6 月 6 日。

1332.《七一放歌》,《工人日报》6 月 30 日。

1333.《临江仙——建国三十周年致祝》,《人民日报》10 月 1 日。

1334.《齐天乐——建国三十周年致祝》,《文汇报》10 月 11 日。

1335.《踏莎行——第四次文代大会致祝》,《光明日报》11 月 4 日。

1336.《学习不光为了高考》,《中国青年报》11 月 27 日。

1337.《语重心长话育苗——叶圣陶、吕叔湘、王企贤等同志谈小学语文教学》,《北京日报》12 月 1 日。

1338.《在春节联欢茶话会上的致词》,《民进通讯》第 1 期。

1339.《在民进中央招待参加五届人大和政协二次会议同志的会上的讲话》,《民进通讯》第 3 期。

1340.《鹧鸪天——民进代表大会既毕全体欢宴席间诵此阕》,《民进通讯》第 5 期。

1341.《语文教育书简(上)》,《教育研究》第 3 期。

1342.《语文教育书简(中)》《当前教育工作中的几个问题》,《教育研究》第 4 期。

1343.《语文教育书简(下)》,《教育研究》第 5 期。

1344.《未厌居诗抄》《杭州》《六月二日偕三午兀真携阿牛并三午之友三人同游香山》《抄书》《闽人赠红豆二颗嘱咏之》《顾文霞惠赠所绣猫蝶图报以诗》,《芒种》第 1 期。

1345.《章行严先生惠贶所著〈柳文指要〉酬以一律》《老境》《已凉》《从未》《未厌居诗抄(二)》(《青岛海滨晨眺　至善至美从》《朴初参观西南闻得诗甚富索观之》《赠程浩飞　浩飞同志久不晤近承惠访倾谈甚欢》),《芒种》第 2 期。

1346.《未厌居诗抄:〈偶成〉一首,〈论诗绝句〉八首,〈访得故友朱佩弦(自清)"犹贤博弈斋诗抄"缮录毕题二绝句〉》,《诗刊》8 月号。

1347.《追怀黎劭西先生(七绝二首)》,南京师院《文教资料简报》2 月号。

1348.《浣溪沙　寄深先生为治盆景老而益笃填浣溪沙奉赠》,《文化与生活》第 3 期。

1349.《七绝一首——题嘉兴南湖纪念馆》,《东海》7 月号。

1350.《去年高考的语文试题》,《中学语文教学》第 2 期。

1351.《祭文·悼词》,《读书》第 5 期。

1352.《叶圣陶同志的两封信》,山东临沂师专中文系编:《语文教学》第 4 期。

1353.《齐天乐——题民进会员先进事迹选辑》,《民进会员先进事迹选辑》。

1354.《跟〈人民文学〉编辑谈短篇小说》,《人民文学》第 11 期。

1355.《兰陵王》,《雨花》第 10 期。

1356.《探讨语文教学问题要重视调查研究》,《语文教学研究——中学语文教学研究会会刊第一集》。

1980 年

1357. 朱自清、叶圣陶、吕叔湘编:《文言读本》,上海:上海教育出版社。

1358. 叶圣陶著、萨拉迈·奥贝德译:《叶圣陶童话集》(阿拉伯文译本),北京:外文出版社。

1359. 中央教育科学研究所编:《叶圣陶语文教育论集》(上、下册),北京:教育科学出版社。

1360.《祝出版工作者协会成立》,收录于《中国出版年鉴》。

1361.《我和儿童文学》,收录于叶圣陶等著:《我和儿童文学》,上海:少年儿童出版社。

1362.《纪念"语文学习讲座"》,收录于中华函授学校编:《语文学习讲座丛书(一)〈语文学习的基础〉》,北京:商务印书馆。

1363.《重印〈化学奇谈〉序》,收录于法布尔著、顾均正译:《化学奇谈》,北京:中国青年出版社。

1364.《〈闻一多全集〉重印后记》,收录于《闻一多全集》(重印本),北京:三联书店。

1365.《书此二语以迎新岁——为〈解放日报〉一九八〇年元旦题辞》,《解放日报》1 月 1 日。

1366.《〈晴窗随笔〉小引》《德智体三育——〈晴窗随笔〉之一》,《文汇报》1月3日。

1367.《学生守则——〈晴窗随笔〉之二》,《文汇报》1月16日。

1368.《"守则"第三条——〈晴窗随笔〉之三》,《文汇报》1月23日。

1369.《俞曲园与曲园》,《苏州报》1月24日。

1370.《讲和教——〈晴窗随笔〉之四》,《文汇报》1月30日。

1371.《考试——〈晴窗随笔〉之五》,《文汇报》2月13日。

1372.《书赠〈北京晚报〉》,《北京晚报》2月15日。

1373.《再谈考试——〈晴窗随笔〉之六》,《文汇报》2月20日。

1374.《响应号召之外——〈晴窗随笔〉之七》,《文汇报》3月12日。

1375.《学习五中全会公报——〈晴窗随笔〉之八》,《文汇报》3月19日。

1376.《读〈关于党内政治生活的若干准则〉——〈晴窗随笔〉之九》,《文汇报》3月26日。

1377.《听了一个好倡议——〈晴窗随笔〉之十》,《文汇报》4月9日。

1378.《"非重点"——〈晴窗随笔〉之十一》,《文汇报》4月15日。

1379.《叶圣陶给少先队员的信》,《北京晚报》4月19日。

1380.《尊师爱生是大家的事——〈晴窗随笔〉之十二》,《文汇报》5月7日。

1381.《体育·品德·美——〈晴窗随笔〉之十三》,《文汇报》5月15日。

1382.《叶圣陶谈教育目的》,《人民日报》8月5日。

1383.《望江南十阕》,《成都日报》8月11日。

1384.《改进语文教学的意见》,《光明日报》8月13日。

1385.《不应单纯追求升学率——叶圣陶希望全社会重视关于中学教育工作的五条纠正措施》,《光明日报》8月18日。

1386.《小学教师应得到全社会尊重》,《人民日报》9月4日,署名叶圣陶、吕叔湘、苏步青等。

1387.《敬祝中学语文教学研究会成立》,《语文学习》第 1 期。

1388.《关于〈多收了三五斗〉及其他——给华蓓蓓同志的复信》,《语文学习》第 3 期。

1389.《听、说、读、写都重要》《给〈语文学习〉编辑部的信》,《语文学习》第 7 期。

1390.《在五届政协第九次常委会上的发言》,《民进通讯》第 3 期。

1391.《在两省四市工作座谈会上的讲话》,《民进通讯》第 4 期。

1392.《叶圣陶在民进中央欢迎小盖叫天(张剑鸣)茶话会上的致辞》,《民进通讯》第 8 期。

1393.《中学语文科课程标准草稿》,《中学语文教学》第 6 期。

1394.《在〈中学语文教学〉杂志编辑部召开的座谈会上的讲话》,《中学语文教学》第 7 期。

1395.《在中学语文教材改革第二次座谈会上的发言》,《中学语文教学》第 12 期。

1396.《关于作文批改的一封信》,《上海教育》第 5 期。

1397.《叶圣陶先生关于作文批改的一封信》,《上海教育》第 5 期。

1398.《未厌居词钞(十七首)》,《艺术世界》第 1 期。

1399.《周恩来总理挽诗》,《花城》第 4 期。

1400.《祝〈中学生〉复刊》,《中学生》第 1 期。

1401.《致姚雪垠》,《文汇增刊》第 1 期。

1402.《题关良〈五醉图〉》,《朔方》第 4 期。

1403.《祝〈艺丛〉创刊(代发刊词)》,《艺丛》创刊号。

1404.《读书二首》,《科学与文化》第 1 期。

1405.《给宋湘、纪克平的复信》,《语文教学》第 5 期。

1406.《大力开展语文教学研究——叶圣陶在〈教育研究〉编辑部召

开的语文教学座谈会发言摘要》，《教育研究》第 3 期。

1407.《重印〈经典常谈〉序》，《读书》7 月号。

1408.《满庭芳——题〈倾盖集〉》，《诗刊》8 月号。

1409.《提倡平等讨论》，《文艺报》第 10 期。

1410.《为〈长寿〉题词："多活几年，多做些事。"》，《长寿》第 1 期。

1411.《给语文教师的一封信》，《安徽教育》第 1 期。

1412.《诚于中而形于外》，《中国青年报》11 月 4 日。

1981 年

1413.《〈全国特级教师经验选第一集〉序言》，收录于教育部师范教育司编选：《全国特级教师经验选》，北京：人民教育出版社。

1414.《中国现代作家丛书——〈茅盾〉序》，收录于韦韬编选：《茅盾》，三联书店香港分店和人民文学出版社联合编辑出版。

1415.《对鲁迅先生的怀念》，收录于《鲁迅诞辰百年纪念集》，长沙：湖南人民出版社。

1416.《赋别四绝挽雁冰兄》，《人民日报》3 月 31 日。

1417.《关心少年儿童的读书问题》，《人民日报》8 月 2 日。

1418.《学作文的途径——读鲁迅〈人生识字糊涂始〉》，《文汇报》9 月 10 日，署名桑宁。

1419.《立志自学》，《中国青年报》11 月 5 日。

1420.《给少年儿童写东西》，《文艺报》第 11 期。

1421.《追怀调孚》，《文艺报》第 13 期。

1422.《重读鲁迅先生的〈作文秘诀〉》，《文艺报》第 18 期。

1423.《〈东归江行日记〉小记》，《战地增刊》第 1 期。

1424.《菩萨蛮 赠新凤霞》，《战地增刊》第 3 期。

1425.《对〈青铜器浅谈〉一文的修改意见》，《文史知识》创刊号。

1426.《我钦新凤霞》，《大地》第 3 期。

1427.《在全国小学语文教学研究会上的发言》,《小学语文教师》第1期。

1428.《〈北上日记〉小记》,《人民文学》第7期。

1429.《〈西谛书话〉序》,《文汇增刊》第12期。

1430.《〈内蒙日记〉小记》,《收获》第6期。

1431.《子恺的画》,《百科知识》第9期。

1432.《杨贤江同志逝世五十周年纪念》,《教育研究》第9期。

1433.《作文要道——同〈写作〉杂志编辑人员的谈话》,《写作》第2期。

1434.《〈中学作文指导实例〉序》,《语文学习》12月号。

1435.《赠小沫周湧》,《八小时以外》第3期。

1436.《"关于礼貌语言"的一封信》,《语文知识丛刊》创刊号。

1437.《跟初教语文的老师说的话》,《河南教育(中学版)》第10期。

1438.《我呼吁》,《中国青年》第22期。

1439.《几点想法》,《课程·教材·教法》第1期。

1982 年

1440. 叶圣陶著,欧阳文彬编选:《叶圣陶论创作》(文艺论文集),上海:上海文艺出版社。

1441. 叶圣陶著:《日记三抄》(《东归江行日记》《北上日记》《内蒙日记》),广州:花城出版社。

1442. 叶圣陶著:《叶圣陶论创作》,上海:上海文艺出版社。

1443.《中国现代作家丛书——〈叶圣陶〉序》,收录于叶至善编选:《叶圣陶》,三联书店香港分店和人民文学出版社联合编辑出版。

1444.《中国现代作家丛书——〈朱自清〉序》,收录于朱乔森编选:《中国现代作家丛书:朱自清》,三联书店香港分店和人民文学出版社联合编辑出版。

1445.《"洁本"和"节本"——重印洁本〈红楼梦〉〈水浒〉〈三国演义〉后记》，收录于《红楼梦》《水浒》《三国演义》，北京：宝文堂。

1446.《叶圣陶同志的贺信》，收录于《革命出版工作五十年纪念集》，北京：三联书店。

1447.《敬向老师们祝贺新年》，《光明日报》1 月 1 日。

1448.《致俞振兴》，《新华日报》1 月 30 日。

1449.《〈夏丏尊文集〉序》，《人民日报》4 月 23 日。

1450.《〈吴伯箫散文选〉序》，《人民日报》6 月 10 日。

1451.《要把事实真相告诉子孙后代》，《光明日报》8 月 2 日。

1452.《〈段力佩教育文集〉序》，《文汇报》9 月 3 日。

1453.《只说一点》，《光明日报》9 月 22 日。

1454.《"常惜深谈易歇"》，《人民日报》11 月 29 日。

1455.《要理解少年儿童——祝贺少年儿童出版社建社三十周年》，《人民日报》12 月 31 日。

1456.《有了真切的感受才写》，《文艺报》第 1 期。

1457.《及时佳作，中日共鉴》，《文艺报》第 9 期。

1458.《还要呼吁——在教育部座谈会上的发言》，《人民教育》第 1 期。

1459.《我和商务印书馆》，收录于《联合书讯·商务印书馆建馆八十五周年特刊》。

1460.《谈〈枕下诗〉——给吴祖光的信》，《读书》第 1 期。

1461.《身教与言教》，《教工月刊》第 6 期。

1462.《怎样辅导少先队员们读书》，《辅导员》第 8 期。

1463.《田汉兄的〈母亲的话〉》，《人民文学》第 6 期。

1464.《不要光捧着两本书，死读书》，山西《语文教学通讯》第 4 期。

1465.《漫谈标点分段的古籍》,《文献》第 14 辑。

1466.《谈观摩教学》,《教学通讯》(文科版)第 4 期。

1467.《咱们修改宪法具有世界意义——在民进中央常委扩大会议上的发言》,《民进》第 5 期。

1468.《说几句心里话——祝贺上海文艺出版社建社三十周年》,《文艺新书》第 3 期。

1469.《〈刘海粟文集〉序》,《艺潭》第 4 期。

1470.《〈蓉桂之旅〉小记》,《新文学史料》第 4 期。

1471.《关于思想品德课》,《课程·教材·教法》第 4 期。

1472.《叶老改〈体育教师〉》,《青春》9 月号,署叶至诚作、叶圣陶改。

1473.《爱好文艺是个好志向》,《青春》10 月号。

1474.《写好钢笔字》,《浙江青年》第 10 期。

1475.《伯翁、调孚兄》《致诸翁》《〈渝沪通信〉小记》,《收获》第 6 期。

1476.《为集邮赋诗一首》,《集邮》11 月号。

1477.《作文必须老实——在"外空探索"作文比赛发奖大会上的讲话》,《学作文报》第 15 期。

1478.《谈电视节目〈小小发明〉》,《电视周报》第 47 期。

1479.《出版事业和出版史料》,《出版史料》第 1 期。

1480.《重印〈小说月报〉(十八卷第七号—二十卷第六号)序》,影印本《小说月报》第 18 卷 7 月号。

1983 年

1481. 叶圣陶著:《叶圣陶散文甲集》,成都:四川人民出版社。

1482. 叶圣陶著,叶至善选编:《中国现代作家选集——叶圣陶》,生活·读书·新知三联书店香港分店和人民文学出版社6月联合出版。

1483. 叶圣陶著，叶至善、叶至诚选编：《叶圣陶序跋集》，北京：三联书店。

1484.《〈青年思想与青年教育〉序》，收录于杨贤江著：《青年思想与青年教育》，天津：天津人民出版社。

1485.《〈郑振铎文集〉序》，收录于《万叶散文丛刊·第一辑〈绿〉》，北京：文化艺术出版社。

1486.《〈丰子恺文集〉序》，收录于《万叶散文丛刊·第一辑〈绿〉》，北京：文化艺术出版社。

1487.《作文与做人》，《中国青年报》1月4日。

1488.《吕叔湘先生说的比喻》，《文汇报》1月6日。

1489.《近作一绝书赠〈解放日报〉》，《解放日报》1月9日。

1490.《追念金仲华兄》，《人民日报》4月4日。

1491.《我的三点希望》，《人民日报》6月5日。

1492.《"鼓励自学成才"》，《人民政协报》6月15日。

1493.《追念亚子先生》，《团结报》6月18日。

1494.《大家都来重视提高公文质量》，《人民政协报》7月2日。

1495.《冰心大姐以新印散文选相贻作一律奉酬》，《文汇报》7月6日。

1496.《从〈扬州园林〉说起》，《文汇报》10月11日。

1497.《读书和受教育》，香港《大公报·星期论文》10月24日。

1498.《努力事春耕》，《北京日报》12月31日。

1499.《新宪法把教育放在重要地位能够改变教育的落后状况——在政协民进组讨论宪法座谈会上的发言》，《民进》第1期。

1500.《教育杂谈——在民进外地来京参观教师茶话会上的讲话》，《民进》第9期。

1501.《两点意思》,《民进》第 12 期。

1502.《自学——为〈中学生〉出刊四百期而作》,《中学生》第 400 期。

1503.《〈蓉渝往返日记〉小记》,《红岩》第 3 期。

1504.《对写作课的建议》,《写作》第 6 期。

1505.《重视教师们的作品》,《少年文艺》9 月号。

1506.《时刻把少年儿童放在心上——序〈"儿童文学"二十年优秀作品选〉》,《儿童文学》第 8 期。

1507.《鲁迅先生的两首诗〈自嘲〉〈无题〉》,《河南教育》第 9 期。

1508.《〈嘉沪通信〉小记》,《收获》第 1 期。

1509.《〈论教育规律及其他〉序》,《读书》第 2 期。

1984 年

1510. 叶圣陶著:《我与四川》,成都:四川人民出版社。

1511. 叶圣陶著:《叶圣陶散文乙集》,北京:三联书店。

1512.《全面调和》,收录于中国佛教图书文物馆编:《弘一法师》,北京:文物出版社。

1513.《天津人民美术出版社三十周年纪念辞》,收录于《三十年(1954—1984)图书选目》,天津:天津人民美术出版社。

1514.《写给〈少年科技报〉的读者》,《少年科技报》(1 月 8 日)创刊号。

1515.《齐天乐——王惠云、苏庆昌二君撰〈老舍评传〉填此阕题之》,《人民日报》1 月 9 日。

1516.《关于师范教育》,《中国教育报》2 月 18 日。

1517.《诗一首 丁玲陈明馈花篮问病作此奉酬》,《光明日报》5 月 15 日。

1518.《奉酬北京医院吴蔚然院长》,《人民日报》5 月 24 日。

1519.《致郭绍虞》,《新民晚报》6 月 25 日。

1520.《贺我女排荣获奥运会冠军》,《文汇报》8 月 9 日。

1521.《迎接大变革的时代》,《光明日报》12 月 30 日。

1522.《〈读书〉创刊五周年随笔》,《读书》第 4 期。

1523.《"反正是那么一回事"》,《教育研究》第 1 期。

1524.《〈辞书研究〉创刊五周年随笔》,《辞书研究》第 3 期。

1525.《题〈李健吾小说选集〉》,《文汇增刊》第 1 期。

1526.《恳请各工厂给中小学生出力》,《教工》第 4 期。

1527.《教育工作者的全部工作就是为人师表》,《教工》第 5 期。

1528.《略述我的健康情况》,《中国老年》第 1、2、3、5 期。

1529.《教育子女的典范》,《中国老年》第 4 期。

1530.《新发行的拙政园邮票》,《集邮》第 6 期。

1531.《在全国中学语文教学研究会第三次年会开幕式上的讲话》,《课程·教材·教法》第 2 期。

1985 年

1532.《我的第一本童话集〈稻草人〉》,收录于上海《书讯报》编辑部汇编:《我的第一本书》,长沙:湖南人民出版社。

1533.《邵力子先生和开明书店》,收录于《我与开明》,北京:中国青年出版社。

1534.《霍懋征〈小学语文教学经验谈〉序》,收录于霍懋征:《小学语文教学经验谈》,上海:上海教育出版社。

1535.《你们是二十一世纪的创造者》,《北京日报》1 月 6 日。

1536.《六州歌头 读〈周恩来统一战线文选〉》,《人民日报》1 月 22 日。

1537.《抗战胜利后三十天》,《文艺报》8 月 17 日、24 日。

1986 年

1538.《悼丁玲》,《瞭望》周刊(海外版)第 10 期。

1539.《来自故乡的礼品》,《瞭望》周刊(海外版)第 13 期。

1540.《悼念愈之兄》,《群言》第 4 期。

1541.《〈俞平伯旧体诗钞〉序》,《读书》第 4 期。

1987 年

1542. 叶至善、叶至美、叶至诚编:《叶圣陶集》(25 卷本),南京:江苏教育出版社 1987 年 6 月至 1994 年 9 月陆续出版。

1543.《〈民国时期总书目〉序》,收录于田大畏总编:《民国时期总书目》,北京:书目文献出版社。

1544.《怎样当个好教师》,《北京日报》8 月 21 日。

1988 年

1545.《〈国文教学〉后记》,收录于《朱自清全集》第 2 卷,南京:江苏教育出版社。

1546.《致刘叶秋》,《人民日报》9 月 2 日第 8 版。

1547.《为〈中国老年〉杂志题词》,《中国老年》第 1 期。

1548.《致陆咸》,《苏州杂志》创刊号。

1989 年

1549. 叶圣陶著,叶至善编:《叶圣陶答教师 100 封信》,北京:开明出版社。

1990 年

1550.《致姚江滨》(1980 年 1 月 10 日),《文艺报》3 月 10 日。

1551.《致张秀熟》,《龙门阵》第 6 期。

1991 年

1552. 刘麟编:《叶圣陶周颖南通信集》,郑州:河南教育出版社。

2002 年

1553. 叶至善、俞润民、陈煦编:《暮年上娱——叶圣陶俞平伯通信集》,石家庄:花山文艺出版社。

1554.《致刘延陵》,《新文学史料》第 3 期。

2003 年

1555. 叶至善、贾柏松编:《涸辙旧简——叶圣陶贾祖璋京闽通信集》,福州:福建人民出版社。

2004 年

1556. 叶圣陶著,叶至善、叶至美、叶至诚编:《叶圣陶集》(26 卷本),南京:江苏教育出版社。(此为在 1994 年第一版基础上修订、整理的第二版,新增第 26 卷为叶至善《父亲长长的一生》和六百多篇索引。)

2007 年

1557. 叶小沫、叶永和编:《叶圣陶叶至善干校家书(1969—1972)》,北京:人民出版社。

图书在版编目（CIP）数据

教是为了不需要教：叶圣陶教育文选. 下册/叶圣陶著；朱永新选编.
--北京：开明出版社，2023.1

（开明教育书系/蔡达峰主编）

ISBN 978-7-5131-7385-8

Ⅰ.①教… Ⅱ.①叶… ②朱… Ⅲ.①叶圣陶(1894–1988)–教育思想
–文集 Ⅳ.①G40-092.7

中国版本图书馆 CIP 数据核字（2022）第 191321 号

出 版 人：陈滨滨
责任编辑：卓　玥　孟嘉悦

教是为了不需要教：叶圣陶教育文选

JIAOSHIWEILEBUXUYAOJIAO：YESHENGTAOJIAOYUWENXUAN

出　版：开明出版社
　　　　（北京海淀区西三环北路 25 号　邮编 100089）
印　刷：保定市中画美凯印刷有限公司
开　本：710×1000　1/16
印　张：38
字　数：590 千字
版　次：2023 年 1 月第 1 版
印　次：2023 年 1 月第 1 次印刷
定　价：130.00 元（全二册）

印刷、装订质量问题，出版社负责调换。联系电话：（010）88817647